耿马县景颇族语言使用现状及其演变
The *Status Quo* and Evolution of Language Use of the Jingpo Nationality in Gengma

戴庆厦 主编

Edited by
Dai Qingxia

作者 戴庆厦 蒋 颖 余金枝 乔 翔
　　 余成林 林新宇 朱艳华 范丽君

Authors　Dai Qingxia　　Jiang Ying　Yu Jinzhi　　Qiao Xiang
　　　　　Yu Chenglin　　Lin Xinyu　Zhu Yanhua　Fan Lijun

特邀审稿人　何　荣(景颇族)　岳世明(景颇族)
Special Reviewer　He Rong(Jingpo)　Yue Shiming(Jingpo)

商务印书馆
The Commercial Press
Beijing

图书在版编目(CIP)数据

耿马县景颇族语言使用现状及其演变/戴庆厦主编.—北京:商务印书馆,2010
ISBN 978-7-100-07152-9

Ⅰ.耿… Ⅱ.①戴… Ⅲ.①景颇语－研究－耿马县 Ⅳ.①H259

中国版本图书馆 CIP 数据核字(2010)第 086695 号

所有权利保留。
未经许可,不得以任何方式使用。

GĚNGMǍ XIÀN JǏNGPŌZÚ YǓYÁN SHǏYÒNG XIÀNZHUÀNG JÍQÍ YǍNBIÀN
耿马县景颇族语言使用现状及其演变
戴庆厦 主编

商 务 印 书 馆 出 版
(北京王府井大街36号 邮政编码 100710)
商 务 印 书 馆 发 行
北京瑞古冠中印刷厂印刷
ISBN 978-7-100-07152-9

2010年12月第1版 开本 787×1092 1/16
2010年12月北京第1次印刷 印张 18¼ 插页 2
定价:42.00元

课题组成员在中缅边境线上调查跨境语言

目　录

第一章　绪论 …………………………………………………………………… 1
　第一节　开题缘由 …………………………………………………………… 1
　第二节　调查方案 …………………………………………………………… 2

第二章　耿马县景颇族概况 …………………………………………………… 8
　第一节　耿马县概况 ………………………………………………………… 8
　第二节　历史来源及迁徙 …………………………………………………… 10
　第三节　文化　教育 ………………………………………………………… 13
　第四节　习俗　宗教 ………………………………………………………… 15

第三章　耿马县景颇族语言使用现状分析 …………………………………… 21
　第一节　景颇语是耿马县景颇族聚居村寨的主要交际工具 ……………… 21
　第二节　耿马县景颇族普遍兼用汉语及其他语言 ………………………… 29
　第三节　耿马县景颇族支系语言的存在与变化 …………………………… 37

第四章　耿马县景颇族村落和城镇语言使用情况个案分析 ………………… 47
　第一节　城镇机关景颇族家庭语言使用情况个案分析 …………………… 47
　第二节　贺派乡芒抗村景颇新寨语言使用情况个案分析 ………………… 54
　第三节　耿马镇弄巴村那拢组语言使用情况个案分析 …………………… 77
　第四节　孟定镇景信村贺稳组语言使用情况个案分析 …………………… 96
　第五节　孟定镇邱山村河边寨语言使用情况个案分析 …………………… 117
　第六节　孟定镇芒艾村草坝寨语言使用情况个案分析 …………………… 128

第五章　耿马县景颇族青少年的语言生活 …………………………………… 155
　第一节　耿马县景颇族青少年语言生活现状 ……………………………… 155
　第二节　耿马县景颇族青少年的母语能力下降及其成因 ………………… 164
　第三节　少数青少年不会说母语或以母语作为第二语言 ………………… 171

第六章　耿马景颇语的主要特点及其演变······175
　　第一节　耿马景颇语的语音系统······175
　　第二节　耿马景颇语的语法特点······180
　　第三节　耿马景颇语词汇的一些特点······185

第七章　结语······187

附录······189
　　一　临沧市、耿马县有关领导访谈录······189
　　二　景颇语水平400词测试统计表和测试记录······204
　　三　景颇语70例句······229
　　四　盈江、新寨、草坝三个点的1000个基本词······250
　　五　调查日志······276
　　六　照片······281

参考文献······286

后记······287

Contents

Chapter 1 Introduction ··· 1
  1.1 A brief account of the project ··· 1
  1.2 The plan of the survey ··· 2

Chapter 2 The brief description of Jingpo in Gengma ················ 8
  2.1 The brief introduction of the Gengma county ························ 8
  2.2 The historical origin and migration of Jingpo in Gengma ········· 10
  2.3 Civilization and education ·· 13
  2.4 Custom and religion ·· 15

Chapter 3 The analysis of current status of language use of Gengma Jingpo ··· 21
  3.1 The Jingpo language is the major communication tool in Jingpo villages in Gengma ··· 21
  3.2 Chinese and other languages are widely used as the second language of the Jingpo people in Gengma ································ 29
  3.3 The existence and change of different branches of the Jingpo language in Gengma ·· 37

Chapter 4 Case studies of language use of the Jingpo villages and towns in Gengma ··· 47
  4.1 Case study of language use of Jingpo families of government departments in towns ··· 47
  4.2 Case study of language use of Jingpo Xinzhai in the Mangkang village, the Hepai township ·· 54
  4.3 Case study of language use of the Nalong community in the Nongba village, the Gengma town ··· 77
  4.4 Case study of language use of the Hewen community in the Jingxin village, the

    Mengding town ·· 96
 4.5 Case study of language use of the Hebianzhai in the Qiushan village, the
    Mengding town ·· 117
 4.6 Case study of language use of the Caobazhai in the Mangai village, the
    Mengding town ·· 128

Chapter 5 The language life of the Gengma Jingpo teenagers ················ 155
 5.1 The language *status quo* of the Gengma Jingpo teenagers ················ 155
 5.2 The decline tendency in mastering the mother tongue among Gengma
    Jingpo teenagers and the reasons ··· 164
 5.3 A few teenagers cannot speak the Jingpo language or take it as the
    second language ··· 171

Chapter 6 The main characteristics of the Gengma Jingpo language and its evolution ·· 175
 6.1 The phonological system of the Gengma Jingpo language ················ 175
 6.2 The grammatical characteristics of the Gengma Jingpo language ······ 180
 6.3 Some characteristics of vocabulary of the Gengma Jingpo language ······ 185

Chapter 7 Conclusion ·· 187

Appendices ·· 189
 1 Interviews with concerning leaders in Lincang and Gengma ················ 189
 2 The test form of 400 Jingpo words and results ····································· 204
 3 The 70 Jingpo sentences ·· 229
 4 1000 Jingpo words of three places of Yingjiang, Xinzhai and Caoba ······ 250
 5 The Journal of Investigation ··· 276
 6 Photographs ·· 281

References ·· 286

Postscript ·· 287

第一章 绪论

本章主要论述以下问题:开题缘由;耿马县景颇族的基本概况;调查设计方案等。目的是为读者提供认识耿马县景颇语的使用现状及其语言演变的背景材料,帮助读者了解全书所要论述的问题。①

第一节 开题缘由

语言是一种文化现象,是传承一个民族丰富的文化内涵的载体。每一种语言都能反映使用该语言的群体的历史和现状的特点。因此,语言是民族的最重要特征之一,其使用和演变与民族的发展和演变息息相关。

景颇族是我国分布在边疆地区的人口较少的民族之一。据 1998 年末统计,云南景颇族人口为 12.56 万人,占全省少数民族人口的 0.947%。景颇族主要聚居于德宏傣族景颇族自治州境内的陇川、盈江、潞西、瑞丽、梁河等五县市山区,还有一些散居于临沧地区的耿马傣族佤族自治县(以下简称耿马县)以及怒江傈僳族自治州的片马、岗房、古浪等地。景颇族包括 5 个支系:景颇、载瓦、勒期、浪速和波拉。

我们这次调查的对象是耿马县的景颇族。这个县的景颇族人口是 1004 人,分布在耿马大山东面和南面的一乡两镇五个行政(自然)村,分别是贺派乡芒抗村民委员会的景颇新寨、耿马镇弄巴村民委员会的那拢组、孟定镇芒艾村民委员会的草坝寨、孟定镇景信村民委员会的贺稳组、孟定镇邱山村民委员会的河边寨。

耿马县景颇族人口少,而且居住分散、杂居。其中景颇支系人数最多。景颇支系的语言属汉藏语系藏缅语族景颇语支;载瓦等四个支系的语言比较接近,同属藏缅语族缅语支。景颇族文字有景颇文和载瓦文两种,是以拉丁字母为基础的拼音文字;前者创制于 19 世纪末,后者创制于 1957 年。景颇族不同支系的差别,主要表现在语言上。使用不同的语言,是景颇族不同支系之间最明显和最主要的差别。长期以来,景颇族各支系以各自的支系语言作为主要的交际工具,记录和传承着景颇族的传统文化。

---

① "耿马县"本书有些地方简称"耿马";"耿马镇"则专指耿马县下辖的一个小镇。

过去,语言学界关注的重点是景颇族各支系语言的本体研究。迄今发表的专著主要有:《景颇语语法纲要》(1959年)、《汉景词典》(1981年)、《景汉词典》(1983年)、《景颇语语法》(1992年)、《景颇语词汇学》(1995年)、《浪速语研究》(2005年)、《载瓦语简志》(1984年)、《波拉语研究》(2007年)、《勒期语研究》(2007年)等,还有一批研究论文。但对景颇族各支系语言的使用情况则研究得很少。而且,过去对景颇语的研究主要以德宏州的景颇族语言为对象,对人口较少的耿马县、泸水县的景颇族语言的使用情况及语言结构特点则没有研究。

耿马县景颇族是我国景颇族的组成部分。它虽然人口少,但具有重要的研究价值。有许多重要的问题摆在我们的面前,需要我们去调查、去分析、去认识。比如:使用人口如此少的耿马县景颇语,处在佤族、傣族、汉族的杂居环境中,其语言形成了一个"语言孤岛",在长期与其他少数民族语言和汉语的接触中,其语言的活力如何?是否还能保留其母语使用的功能?特别是在现代化进程中,景颇语的使用情况有没有发生变化?其使用的前景会是怎样的,是否还能保持其语言活力,稳定地使用下去?其不同的支系语言在使用上和语言结构上有没有发生变化?应当怎样从共时和历时、内部和外部、主观和客观等不同角度,对景颇族语言的使用现状及其演变进行科学的分析?还有,景颇语与使用人口较多的汉语、傣语、佤语是怎样相互兼用、相互补足,构成语言和谐的?以上这些是本书所要研究的问题。

由教育部领导的中央民族大学"985"工程创新基地语言中心设立了"耿马县景颇族语言使用现状及其演变"课题组,旨在通过对耿马县景颇语的个案调查研究,探讨中国少数民族语言在现代化进程中的语言国情、语言关系,以及支系语言的特点和演变规律。该课题组一行8人,于2009年6月28日赴云南省临沧市耿马县进行了半个多月的田野调查。在当地景颇族干部、群众的大力支持下,获得了大量的第一手材料,并形成了对耿马县景颇族语言使用现状及其历史演变的一些认识。本书主要反映这次田野调查所获得的新材料、新认识。

第二节 调查方案

本节主要介绍全书的调查方法、语言能力的划分、年龄段的划定以及调查阶段的安排等几个问题。

一 关于调查方法

近年来,中国少数民族语言国情研究有了较大的进步。2005年,由教育部主持的中央民族大学"985"工程专门设立了"中国少数民族语言使用情况调查系列"课题。该课题拟通过有代表性的个案调查研究,进一步认识我国少数民族地区的语言国情。目前,该课题下设的12个子课题,大部已完成,并已付梓出版。这一系列成果,将为新时期我国民族地区开展全面的语言国情调查研究,以及语言和谐调查研究提供先期的经验和成果。本书主要使用这一时期在语言国情调查上所取得的经验。

(一) 基本的调查方法

1. 穷尽式个案调查法

这个方法是指对所要调查的问题、对象尽量做到微观的分析描写,从中提取、归纳出规律和认识。为此,我们走访了耿马县所有景颇族聚居或杂居的5个行政村,逐户进行语言使用情况的调查,了解每个家庭各个成员的语言使用情况(包括第一、第二语言的使用情况,有的还包括第三语言的使用情况)。这项调查的工作量很大,要求必须细致地、不厌其烦地逐个询问,逐一输入电脑,然后进行数据统计。只有掌握具体的数据,才能够显示出调查对象的语言使用状况。除了调查村民日常生活的语言使用状况,我们还调查了临沧市级机关、耿马县级机关、孟定镇级机关单位的景颇族城镇人口,走访了耿马县民族博物馆、普通全日制中小学和民族中小学、乡镇村公所以及医疗卫生所等语言生活社区,走访村民、村干部、政府公务员、教师和学生等各方面有代表性的人物百余人。下表是我们的实地调查点以及调查到的家庭和人口数据。

表 1-1

调查点	调查家庭(户)	调查人口(人)
耿马县政府机关	16	52(统计人口47)
耿马县孟定镇政府机关	7	21(统计人口21)
耿马县贺派乡政府机关	5	18(统计人口17)
耿马县贺派乡芒抗村景颇新寨	69	280(统计人口265)
耿马县耿马镇弄巴村那拢组	26	85(统计人口79)
耿马县孟定镇景信村贺稳组	53	246(统计人口229)
耿马县孟定镇邱山村河边寨	8	38(统计人口33)
耿马县孟定镇芒艾村草坝寨	78	372(统计人口354)
合计	262	1112(统计人口1045)

由于部分景颇族家庭是族际婚姻家庭,因婚姻关系而进入景颇族家庭的其他民族,有的学会了景颇语,有的会听不会说景颇语,还有的一点也不懂景颇语,他们使用景颇语的差异对家庭的下一代使用景颇语产生一定的影响。这是我们在分析、解释景颇语的使用现状时必须注意的。为此,我们对这些不同民族的家庭成员的语言使用情况也进行了调查和统计。我们的调查点除了景颇族聚居的村寨外,还包括一些景颇族和其他民族杂居的村寨。如芒艾村草坝寨共78户家庭,其中景颇族家庭有35户;总人口为372人,其中景颇族164人,汉族87人,拉祜族100人,其他民族21人。我们对景颇族以外的这些民族的语言使用情况也进行了统计和分析,从中得到对民族杂居区的语言和谐的认识。因此,上表的数据包含了景颇族家庭和非景颇族家庭、景颇族人口和非景颇族人口。"统计人口"是指年龄在6岁以上(含6岁)的人口,是我们进行调查、统计、分析的主要对象。

由于本课题的主要任务是研究耿马县景颇族的语言使用情况,因此,景颇族家庭、景颇人是我们调查的重点对象。我们调查到的景颇族家庭(指户主为景颇族的家庭)共183户,景颇族人口(指民族成分为景颇族的人口)共739人,这个数字约占耿马县景颇族总人口的73.6%。下表是各调查点的统计数据:

表1-2

调查点	景颇族家庭(户)	景颇族人口(人)
耿马县政府机关	11	33(统计人口28)
耿马县孟定镇政府机关	4	16(统计人口16)
耿马县贺派乡政府机关	4	14(统计人口13)
耿马县贺派乡芒抗村景颇新寨	51	230(统计人口217)
耿马县耿马镇弄巴村那拢组	19	56(统计人口52)
耿马县孟定镇景信村贺稳组	51	203(统计人口191)
耿马县孟定镇邱山村河边寨	8	23(统计人口23)
耿马县孟定镇芒艾村草坝寨	35	164(统计人口156)
合计	183	739(统计人口696)

2. 核心词汇测试法

为了在较短时间内有效地掌握景颇人不同年龄段的语言使用情况,我们课题组根据景颇语的特点设计了"景颇语400词测试表"(以下简称"400词表"),作为景颇语语言能力的测试范本,用于对本族不同年龄段的人进行测试。这"400词表"是从1000多个常用词中挑选出来的。为便于被试人理解词义,每个词条都用汉语对照,使被试者能借助汉语理解该词条的原意。"400词表"所选用的词汇具有代表性,能够通过这少量的词测出景颇族人的实际语言能力。"400词表"挑选的标准是:

(1)景颇族大多数人都会说出的基本词汇。如:自然现象类的天、地、月亮、星星、风、雨、火等;动物类的马、牛、猪、狗、鸡、鸭、鱼等;身体部位类的眼睛、鼻子、耳朵、肩膀、手、脚、腿、肚子等;人物称谓类的男人、女人、姑娘、孩子、父亲、母亲、女儿、媳妇;工具类的锄头、梯子、绳子、臼、杵等;动词类的看、听、咬、吃、说、笑、哭等,以及形容词类的高、低、圆、轻、重、多、少等。

(2)不收现代的外来借词,即使是在日常生活中已普遍使用的。如:电视、电话、手机、汽车、公路等。因为这些词测不出景颇族掌握景颇语的实际能力。

(3)不收有歧义的词。如:不收"霹雳",因为景颇族有的青少年分不清它与"雷"、"电"的区别,认为"打霹雳"跟"打雷"是一样的。不收在现代生活中已逐渐不用的词。如:妾、麻风病等。

词的掌握能力分为四级:A、B、C、D。A级:能脱口而出的。B级:需想一想说出的。C级:经测试人提示后,测试对象想起的。D级:虽经测试人提示,但测试对象仍不知道的。

400词测试综合评分的标准是:

(1)A级和B级相加的词汇达到350个以上的,语言能力定为"优秀",即能较好地掌握景颇语。

（2）A级和B级相加的词汇在280～349之间的,语言能力定为"良好",即基本掌握景颇语。

（3）A级和B级相加的词汇在240～279之间的,语言能力定为"一般",即景颇语的使用能力出现轻度衰退。

（4）A级和B级相加的词汇在240以下的,语言能力定为"差",即景颇语的使用能力出现严重衰退。

对于400词的测试,一人一般需使用两至三小时,母语能力较强或认识汉字的则一个小时就能完成。通过测试,能够看到不同年龄段的景颇族人母语能力的差异。我们这半个多月的测试结果,也证实了这一点。

3. 多学科综合法

本项目虽然主要以语言学的研究方法为主,但在对个案进行综合分析时,还重视吸取民族学、人类学、文化学、统计学的有关知识和方法,力图在综合分析的基础上,得出科学的结论。

(二) 特别强调的几个调查方法

掌握了语言使用的基本情况后,我们特别强调以下几点调查方法。

1. 知心访谈法

多年的实践证明,访谈法是进行国情调查的一个好方法,对有代表性的人物进行面对面的交谈,能够在较短时间内获得真实的、能够反映客观实际的信息。被访者进入角色后,都会尽力把自己的观点、看法说给我们听,都会努力去提取"亮点"。采访任何一个人,第一件需要做的事情,就是取得对方的信任和好感。特别是要调查语言关系,做不到这一点,就很难采访到真实的、有价值的材料。因此,采访的时候,调查组成员必须像知心朋友似的,与采访对象交谈。你要尊重他(她)、关心他(她)、理解他(她)。采访中,每一句问话的意思,都应当是非常明确的,让对方容易理解。态度要热情、细致,使两个人的交流自由放松。要多问一些具体的事情,并记录典型的事例,这样,采访的内容就比较实在。

2. 说明来意法

调查组在进入调查地区后,首先应向接待我们的当地干部、群众说明来意,以期得到他们的理解和支持,便于工作的顺利开展。要说明我们的调查是响应联合国关于濒危语言、弱小民族语言的保护,在我国教育部的主持下立项的科研课题,它对我国语言学的研究和少数民族语言国情的研究具有重要的理论价值和应用价值,对人口较少民族的语言抢救和保护有着重要的意义。实践证明,调查组向当地的干部和群众说明调查的目的和意义后,在实地调查中才能得到自上而下的积极配合,取得真实、鲜活的第一手资料。我们这次调查有个很好的条件,就是在当地土生土长的干部何荣会长和岳世明书记,每次都亲自陪同我们下寨,他们用景颇语与村寨的干部——也是他们的老朋友,交代了我们的来意,这就使村里的群众很快就与我们沟通了感情,使我们的调查得以顺利地进行。

3. 细心观察法

语言产生于群众之中,使用于群众之中,所以要真正了解语言的使用情况和各民族语言和谐的特点,就必须深入到使用语言的人群中去观察、采集第一手鲜活的语料。特别是语言活力,总是在使用现场中才得到真实的反映。所以,我们调查组一直强调要深入群众的语言生活,细心观察语言和谐的表现。为此,我们把大量的时间放在田野调查上,深入到景颇、佤、拉祜、汉等族居住的村寨与各民族父老兄弟们接触。除了访问、聊天外,还要观察他们的具体的语言生活。因为语言和谐关系总是在他们的日常生活中体现。在有人交往的地方,我们尽可能靠近人群,仔细观察他们是如何使用语言的。在田野调查中,对语料的收集应当具有高度的敏锐性。不要让一个个鲜活的语言现象不经意地在面前悄悄滑过。比如,我们细心观察景颇人之间的语言交谈,发现他们从不说其他语言,都说景颇语,哪怕有外族人在场。这既反映了他们的语言习惯,又反映了他们对本族母语的忠诚。我们每到一村,都要与不同年龄段的人接触,都要细心观察他们的语言使用特点。在贺稳组,我们做完入户调查记录后,就到村里各个地方走一走。我们遇到了一个汉族青年和一个景颇族青年,看到他们在用景颇语热烈交谈。在一个小卖部,店主是一个老大娘,能说一口熟练的景颇语。我们与她交谈后,才知道她是一个汉族,使我们吃惊的是,她的景颇语说得那么地道,那么有韵味。这些现象促使我们去思考景颇语在当地的生命力,以及景颇语得以保存的成因和条件。

4. "摸着石头过河"法

由于对耿马县景颇族的情况了解甚少,加上对人数很少的"孤岛语言"的调查研究过去还没有经验,所以我们只能边调查边总结经验,逐步形成我们的调查方法和工作规范。为了使工作更有成效、更有针对性,课题组几乎每天都要花一些时间坐下来交流经验、研究问题。实践是获得真知的重要途径,所以我们非常强调从实践中进行理论思考,获取更多的理性认识。我们也强调理论的重要性,但我们坚持把理论与实践结合在一起。

此外,在调查设计上我们首先要求突出一个"新"字,即在成果上多反映一些前人没有调查过的或没有说过的,也就是说要有原创性。耿马县的景颇语使用情况和语言特点,国内外都还没有人研究过,也没有现成的结果。我们面对这个现实,决心要公布一批由我们亲自调查得来的新语料。二是要求一个"实"字,就是要实实在在地调查,实实在在地记录、归纳新语料,力图能为后人提供有用的研究资料。为此,细致描写、细心统计是我们对自己的要求。三是一个"准"字,就是所公布的语料基本上做到准确无误,防止似是而非的、错误的材料进入本书。

二 关于语言使用等级的划分

语言使用等级的调查,除了母语外还有兼用语——第二语言、第三语言。本调查根据调查对象的听、说能力,将其语言能力分为三个等级:熟练、略懂、不懂。三个等级的划定标准为:

1. 熟练:听、说能力俱佳;日常生活中能够自如地运用该语言进行交际。

2. 略懂:听、说能力均为一般或较差,或听的能力较强,说的能力较差;日常生活中以兼用语为主。

3. 不懂:听、说能力均较为低下或完全不懂;已转用兼用语。

三 关于年龄段的划分

根据景颇族的特点和实际情况,本书对年龄段的划分提供一个标准供大家在实际调查中参考。参考标准是:

1. 少年段(6—19岁);2. 青壮年段(20—39岁);3. 中年段(40—59岁);4. 老年段(60岁以上)。

由于6岁以下儿童(0—5岁)的语言能力不甚稳定,所以本书将统计对象的年龄划定在6岁以上(含6岁)。

四 关于调查阶段的划分

此次调查大致可分为3个阶段:

1. 材料准备阶段(2009.6.1—6.27)。搜集课题相关的资料,制订相应的调查计划,设计调查问卷和调查表。

2. 进入耿马县调查和写作阶段(2009.6.28—7.15)。深入耿马县5个景颇族自然村以及机关、学校入户调查,记录第一手原始材料,包括社会文化、语言使用方面的材料。边收集边完成初稿。

3. 修改成书阶段(2009.7.16—7.30)。对全文的架构进行"微调";润色文字。最终定稿,送交出版社。

第二章　耿马县景颇族概况[①]

景颇族主要分布在中国、缅甸、印度等地。在缅甸的景颇族被称为"克钦"（Kachin），人口共有 116 万余人。在印度阿萨姆邦的景颇族自称为"兴颇"（Singpo），人口共有 5 万余人。在我国，景颇族主要分布在云南省德宏傣族景颇族自治州，少部分散居在保山市腾冲县、临沧市耿马县、怒江州泸水县、思茅市澜沧县和孟连县、西双版纳州勐海县等地，人口共约 13 万。

景颇族内分景颇、载瓦、浪速、勒期、波拉等五个支系。每个支系都有自己的支系语言。景颇支系说的景颇语属汉藏语系藏缅语族景颇语支；载瓦、浪速、勒期、波拉等支系说的载瓦语、浪速语、勒期语、波拉语比较接近，同属藏缅语族缅语支。景颇语与载瓦等语言差异较大，分属不同的语支。中国的景颇族诸语言在缅甸也有分布，相互间差异不大，可以互相通话。景颇族于 19 世纪末有了以拉丁字母拼写的景颇文。1957 年中国政府考虑到景颇语、载瓦语差异较大，又创制了以拉丁字母形式拼写载瓦语的载瓦文。

第一节　耿马县概况

景颇族是耿马傣族佤族自治县（以下简称"耿马县"）的少数民族之一。为了认识耿马县景颇族的特点，有必要对耿马县的基本状况有个大致的了解。

耿马县地处云南省西南部。"耿马"，傣语直译为"勐相耿坎"，意为跟随白马寻觅到的黄金宝石之地。位于东经 98°48′~99°54′，北纬 23°21′~24°02′之间。北回归线穿越县境。耿马东与临翔区和双江县接壤，南与沧源县毗邻，北与镇康、永德县隔南汀河相望，西与缅甸山水相连。国境线长 47.35 公里。县府所在地耿马镇，东北距省会昆明横距 112 公里，南北纵距 76 公里。总面积 3837 平方公里。山地面积约占 92.4%，坝区约占 7.6%。全县辖 4 个镇、5 个乡（其中 1 个民族乡）和 2 个农场，即：耿马镇、勐永镇、勐撒镇、孟定镇、大兴乡、芒洪拉祜族布朗族乡、四排山乡、贺派乡、勐简乡，勐撒、孟定两个农场。

全县总人口 26.3 万人，有汉、傣、佤、拉祜、彝、布朗、景颇、傈僳、德昂、回、白等 26 个民族，

[①] 本章除了我们课题组的实地调查外，还参考并引用了临沧市政协副主席杨老三所著的《耿马景颇族》（德宏民族出版社，2007）的许多材料，在此致谢。

少数民族人口占总人口的 51.35%。

县内地势东北高,西南低。全境自东北向西南渐呈梯级递降。东北山峰高耸陡峭,中部宽阔起伏,西部略显狭窄,坝子多为丘陵坝。最高点位于东部与双江县交界的大雪山,海拔3323米;最低处是南汀河与清水河汇合地,海拔450米。多数地区海拔处于800—1500米之间。境内有孟定、勐简、耿马、勐撒、勐永5个较大的坝子。县城海拔1125米。境内山峰较多,参差巅连,分别组成大雪山和大青山,均为碧罗雪山。因东北高西南低的特殊地势,山水多呈东北至西南走向。县内有大小河流57条,分属怒江水系和澜沧江水系。

耿马县的气候分属以耿马坝为主的南亚热带半湿润气候和以孟定为主的北热带气候两种类型。境内气候温热,雨量充沛,立体气候明显。耿马县城年平均气温为18.8℃;最冷月平均气温11.6℃;最热月平均气温23.3℃。

耿马县是云南通往缅甸的重要门户和陆上捷径,国家粮食和蔗糖基地,云南民营橡胶生产区,蒸酶茶之乡,土地资源和生物资源富集之地。县内有金、银、铜、铁等矿藏资源。县内有动物60多种,国家重点保护的珍稀动物有孟加拉虎、金钱豹、懒猴、猕猴等,鸟类有340多种。

耿马县于1950年11月22日解放,是继周边地区临沧、双江、沧源、镇康等解放后在滇西南地区乃至全省最后解放的一块版土。1955年10月15日耿马傣族佤族自治县成立。建国以来,耿马县各族干部群众经过50余年艰苦而又卓越的历程,取得了经济持续发展、社会稳定、民族团结、边防巩固的良好局面,并在各项事业建设中创造了辉煌的成就。50余年来,耿马县各族人民励精图治,艰苦奋斗,在社会主义建设中创造了辉煌业绩。特别是党的十一届三中全会以后,广大干部群众坚定不移地贯彻党的基本路线,解放思想,深化改革,致力于边疆民族经济发展,战胜了前进道路中的各种自然灾害和困难,全县国民经济的整体实力跃上一个新台阶,进入了一个团结稳定、全面发展的新阶段。

经过50余年的努力,全县已形成以粮、糖、胶、茶、畜、边贸为优势产业,工农商技贸同时发展的产业格局。在粮食产量稳中有增、自足有余的前提下,以耿马糖业有限责任公司为龙头的一批企业不断壮大。耿马糖业有限责任公司已跃入中国制糖业十强,是西南最大的制糖企业,其主产品"景戈塔"牌白砂糖被中国社会调查评价中心认定为"中国公认名牌产品"。由云南耿马蒸酶茶(集团)有限公司生产的"回味牌"高级蒸酶茶驰名中外。孟定镇生产的优质橡胶成为了免检产品。以羊耿二级油路线开通为典型的一批水利、交通、城镇、通信等重点工程不断取得新突破,水利化程度有较大提高,交通"瓶颈"的制约得到缓解,通信建设迅猛发展。县城的城镇建设通过近几年的努力,已成为布局合理、功能齐全、初具地方民族特色的现代化小城镇。全省唯一的副县级镇、国家级口岸——孟定镇,经过多年的努力,各项基础设施逐步完善,已成为云南省集商贸、旅游、文化于一体的边陲重镇,被誉为滇西南的"现代丝绸之路"和"黄金口岸"。

1978年党的十一届三中全会以来,耿马县景颇族在耿马自治县委、县政府的领导下,在党的民族理论和民族政策指引下,坚持以经济建设为中心,牢固树立科学发展观,紧紧抓住发展这个第一要务,发扬艰苦奋斗、自强不息的精神,建设家园,脱贫致富奔小康。

经济得到发展,人民生活水平不断提高。伴随农业经济结构调整,农业产业化的不断推进,传统的农业生产经营方式正在适应市场需求,向着高产、高效和特色、绿色农业方面转变。除种一定面积的粮食外,孟定镇三个村寨主要种植橡胶,人均3.7亩橡胶地。耿马县贺派乡、耿马镇的两个村主要是发展甘蔗,人均2.8亩甘蔗地。通过发展绿色农业,突出抓橡胶、马铃薯、甘蔗产业的发展,产业结构不断优化,农业基础地位日益巩固,农村经济全面发展。

景颇族村寨在抓好种植业的同时大力发展畜牧业,通过发展畜牧业有力推进农牧业产业化不断发展,使景颇族群众的收入不断增加。如景颇族村寨由改革开放前人均只有三四百元到现在人均增加到二千多元;由过去缺钱缺粮,到现在不仅不缺粮食,而且有钱用,改善了景颇族群众的居住和提高了他们的生活质量。

随着收入的不断增加,景颇族群众纷纷购买拖拉机和各种家用电器,家里安装电话,身带手机。到2006年,景颇族家庭平均每4户拥有1辆拖拉机,平均每3户拥有一辆摩托车。通信设施已进入景颇族人家,大大方便了与外界的联系和沟通。平均每3户拥有一台座机(电话),平均每3户拥有1部手机,几乎户户有电视机。电视机进入景颇族农家,不仅丰富了农民群众的文化生活,而且对农民群众接受科技知识、了解信息、学习汉语等都起到十分重要的作用。

第二节　历史来源及迁徙

景颇族的来源与古代的氐、羌有关。据史书记载,古代西北的甘、青高原上,是氐羌部落的主要游牧聚居区。氐羌部落的人们,曾不断地流动于中原和西南之间,过着迁徙不定的游牧生活。周武王伐纣时,羌族人曾参加周武王伐纣的队伍。到公元前7世纪以后,秦国发动大规模的兼并战争,居住在甘肃、青海一带的氐羌部落"畏秦之威",有的向西南迁徙,有些迁至青海以西乃至西藏地区,有的则迁至今四川西南的西昌至云南一带。因此,《史记·西南夷列传》记载公元前2世纪云南境内的族群时说:"皆氐类也。"而氐、羌是同一部落,在文献记录中,有时并称,有时分称。根据记载,约在东汉时期及两晋南北朝时期,因政局动荡,又有大批羌人南迁至西南地区的氐羌部落,后来演变为使用汉藏语系藏缅语族语言的各民族祖先。

传说景颇族的祖先曾经在甘、青高原的木拽省腊崩居住了较长时间。大概在宁贯瓦时代开始南迁,迁到卡库戞(江心坡)以北的藏东南、川西北及滇北交界处,即金沙江、澜沧江和怒江上游地区。以后,他们又逐渐迁徙到滇西地区。景颇支系早期曾活动到怒江及澜沧江一带,以后迁至恩梅开江和迈立开江流域及以西的广大地区。恩梅开江与迈立开江的名称就是以景颇语命名的。浪速支系则一直活动到金沙江边。在历史的迁徙过程中,景颇族分成了东、西两大支。其中西支——景颇支系,大概是从德钦一带西渡澜沧江和怒江,然后南下西走,向四周扩散。东支——主要是浪速支系,曾活动到金沙江一带,尔后便沿着澜沧江东岸南下,来到云龙县以北的地区。由于在这一带居住的时间长,分布广,历史上称为"古浪速地"。后来从浪速支系中分出勒期(茶山)支系,分住小江流域,再后来又从勒期支系中分出载瓦支系。载瓦支系继续南迁,来到恩梅开江以东地区。由于浪速、勒期、载瓦、波拉4个支系分化较晚,所以他们在语言、服饰、风俗等方面都极为相似。如4个支系都实行父子连名制,载瓦支系直到景颇支系的拉排姓贵族来统治后才废除父子连名制;4个支系都自称来自"古浪速地";在4个支系中,前几代祖先的名字都是相同的。

秦汉至三国、两晋、南北朝时期的西南地区称为南中地区。当时聚居在平坝地区的氐羌族群有滇僰、叟、爨,居住在山区的氐羌部落有"昆明诸种",其中包括与之相近的嶲、邛等族部落。当时居住在这一带的一些部落,社会发展不平衡,有一些部落首领据地自雄,称为地方"大姓""夷帅"。诸葛亮平定南中后,把大郡划分为小郡,限制"大姓""夷帅"的兼并扩张,但仍然委任他们继续管理属于他们管辖的地方,给他们颁发"瑞锦铁券",在承认他们的基础上改设郡县,同时派遣内地官吏任副职,促使少数民族上层人士服从于蜀汉官吏。诸葛亮在南中采取"南抚夷越,稳定南中"的政策,深受云南各民族的欢迎。

唐代,景颇族的先民被称为"寻传蛮"。《蛮书》卷四说:"寻传蛮,阁罗凤所讨定也。"《南诏德化碑》又说:"西开寻传,禄郫出丽水之金。"丽水即今天的伊洛瓦底江,禄郫乃丽水的支流,即今泸水县境内的小江。小江自片马、岗房、古浪边境西北流入伊洛瓦底江上游的恩梅开江。当时恩梅开江东西两岸皆有"寻传蛮",又从"寻传蛮"居住之地往南即至骠国,所以《蛮书》卷三说阁罗凤"西开寻传,南通骠国"。骠国在今缅甸曼德勒地区。《南诏德化碑》还说:"爰有寻传,畴壤沃饶,人物殷凑,南通渤海,西近大秦。"渤海当为印度洋孟加拉湾,"大秦"一般认为在印度的南部,即"达亲"。显然,这里的"寻传"是在澜沧江以西至缅甸克钦邦境内伊洛瓦底江上游的恩梅开江和迈立开江流域一带。《蛮书》卷四说:"裸形蛮,在寻传城西三百里,为巢穴,谓之为野蛮。阁罗凤既定寻传,而令野蛮散居山谷。其蛮不战自调伏集,战即招之。其男女漫山遍野,亦无君长。"《蛮书》卷六说:"丽水渡西南至祁鲜山(今伊洛瓦底江西岸的甘高山),山西有神龙河删,祁鲜以西即裸形蛮也。管摩零都督城,置腹心,理寻传……"据此,丽水渡的西南是祁鲜山,祁鲜山的西面是裸形蛮,而阁罗凤"西开寻传"是自东到西,"祁鲜望风而全"则祁鲜史在寻传之西,可见"寻传蛮"只能在祁鲜山之东。

元代时期,史籍上景颇族又称为"峨昌""莪昌""蛾昌"等。《元史·地理志》有关金齿等处宣抚司载:"其地在大理西南,澜沧江界其东,与缅地接。其西土蛮凡人种,曰金齿、曰白夷、曰僰、曰峨昌……"《元混一方舆胜览》记载:"麓川江(今龙川江)出萼昌(即峨昌)经越赕(今腾冲)傍高黎贡山,由茫施(今芒市)、孟乃甸入缅中。"麓川江发源于今泸水县西部,元明时期属云龙州,往西南经腾冲、潞西至缅甸,这大片地区均有"峨昌"。《滇略》卷九载:"茶山在腾冲西北五百里,距高黎贡山,地瘠土寒,不生五谷。其人强狞好斗,土酋早姓,旧属孟养。永乐二年,孟养叛,茶山不从,自诣阙下,授长官司。其他僻远,偿为野人杀房,今奔入内地阿幸(今腾冲北部)栖在。""里麻与茶山接壤,旧亦属孟养,土酋刀姓亦以拒贼功授官,所辖皆峨昌夷。近其地亦为野人所夺,奔入内地赤石坪栖在。"从上述记载可知,茶山、里麻二长官司地的景颇族一直臣属于中国中央皇朝,土酋早姓、刀姓(均为景颇族)均因"拒贼功"受封官职;茶山、里麻二长官司地(小江流域至江心坡一带)所辖皆"峨昌夷",这一带是唐时的"寻传蛮"地区。当时他们分为许多部落,散布在澜沧江上游以西到伊洛瓦底江上游地区。被南诏征服后,他们仍然保持原来的政治制度与经济结构。

明景泰《云南图经志书》卷五龙州说:"境内多峨昌蛮,即寻传蛮,似蒲而别种,散居山壑间,男子顶髻戴竹兜鍪,以毛熊皮饰之,上以猪牙、鸡尾羽为顶饰,其衣无领袖,兵不离身,以挚畜佃种为生,好食蛇。"其风俗与《蛮书》卷四所载全同,聚居的地区也是一致的。而"峨昌"是浪速支系,载瓦支系原来的族称因为"峨昌"与"阿昌"相近,而今傣族仍然称浪速支系及载瓦支系为"峨昌""阿昌"。另外,今天景颇族举行盛大节庆——"目瑙节"期间,领舞者"脑双"必须头戴兜鍪,用孔雀羽毛为顶饰,此风俗沿袭至今,证明了原云龙州境内的"峨昌蛮"是"寻传蛮"。

居住在耿马县境内的景颇族,大约在公元 1855—1883 年间从德宏洲的盈江、陇川、瑞丽、芒市、遮放和缅甸的普浪、腊戌等地迁徙而来,至今已有 150 年左右的历史。根据老人的口碑资料,迁至耿马县的缘由有两种传说:一种传说是景颇族的先辈们听说有一个叫做耿马的地方,坝子很宽,生态较好,资源丰富,野生动植物较多,土地肥沃,容易谋生,是一个适宜人类生存和发展的地方。景颇族的先辈们请"董萨"算卜,认定该地是繁衍生息的地方,于是长途跋涉来到了耿马。

另一种传说是,公元 1855—1883 年间,耿马傣族第二十代土司罕荣升因与沧源太爷争斗失败流亡于德宏的芒市、陇川等地。为恢复土司位,问卜看卦,寻找光复之路,渴求同盟之师。卦师告诉罕荣升说要找身佩短把刀、嘴出血(指景颇族先辈有嚼槟榔的嗜好,嚼槟榔时,口水变红,似血)的民族来帮忙,才能夺回土司位。于是罕荣升就去请景颇族,说耿马地方宽,坝子大,土地肥沃,人口较少,生存条件很好,鼓动景颇族去耿马。据传就在这期间罕荣升的长子病故,素有热心相助、仗义执言美德的景颇族送给罕荣升一头牛、一头猪,为其办丧事。罕荣升在困难中得到景颇族兄弟的鼎力相助,就和景颇族结为生死之交,并请"佩短把刀"、"嘴出血"的景颇族帮助他恢复土司位,认为景颇族是可以依赖和依靠的民族。他立即动员景颇人拇刀上路,到地广物丰田肥坝子平的耿马坝建立家园,并许诺可以自由选择居住地,自种自吃,免除一切苛捐杂税。于是,一些骁勇剽悍的景颇族男子随罕荣升到耿马,在途中还参加了杜文秀起义部队,共同反抗清朝廷的统治。后因起义失败,景颇兵返回德宏。耿马土司罕荣升为维护其统治地位,清光绪初年又指派其弟海岛太爷罕荣庆第二次请景颇族迁来耿马。罕荣庆请到景颇族以后,景颇族由头目南谷瓦(景颇族,岳姓)率队,由瑞丽行经缅甸的勐拱等地,经月余跋涉到达河外等地。当时耿马土司、孟定土司还派员组织欢迎队在孟定一线等待,欢迎景颇族的到来。率队的南谷瓦等人也知道耿马土司、孟定土司派员等待他们的到来,但南谷瓦等人认为,孟定坝有瘴气疾病,不能走孟定线路,要走山路,于是从河外到镇康木厂、崇岗方向进入勐简坝子头,跨过南汀河上勐简的大寨方向,经大寨山经过耿马三尖山进入耿马芒旧、复兴寨等地落脚。景颇人到耿马后,以景颇族的礼节将他们带来的2对象牙、3对野牛角、1把银刀等物品作为见面礼分别送给孟定土司和耿马土司。土司罕荣升认为景颇族是很讲义气、重感情、讲礼节、有礼貌的民族,也是信得过的民族,于是同意景颇族在进入耿马地的第一落脚地的芒旧、复兴等地建寨立业(距县城8公里左右)。景颇族就这样在耿马开始了新的生活。在复兴寨停留建寨期间,南谷瓦之母病故,南谷瓦认为,此地风水不好,不是长久之地,不能建寨,遂向耿马土司提出要求,另找适宜发展的风水宝地。耿马土司为兑现诺言,同意他们的要求,就让他们自由选择繁衍生息之地。之后,南谷瓦率领景颇人离开他们到耿马时的第一落脚地复兴等地,来到耿马镇的弄抗,贺派的落阳、南掌、遮卖建寨。传说在遮卖建寨后,耿马傣族土司知道景颇族想要傣族这块宽广的水田,就对景颇族说,你们想要田坝宽,就到勐省坝去吧,那里坝子宽,田块大,人口少。于是他们又离开遮卖,从遮卖往勐省方向下到勐省坝。在勐省坝建寨立业期间,他们得到了很好的发展。因为勐省坝子土地肥沃,气候条件好,庄稼生长快,坝子宽人口少,坝子里只生长着一片片芦苇,想多开垦就可多开垦,有的是田地。据说,景颇族在勐省坝子期间,发展到百余户,千余人。到清光绪十三年(1887年),沧源勐董和耿马划定以档怕河为界,将勐省景颇寨划归沧源勐董。先后陆续迁来的景颇人达到500多户,千余人。正当景颇人安居乐业,发展生产,文化兴旺之际,发生了风云突变的事件,即"召温班奈"战争和"黄瓜之战"的武装械斗,居住在勐省的景颇村寨被烧毁,东西被抢,家破人亡,妻离子散,多数景颇人被勐董太爷逐至缅甸。部分迁回景颇老寨(景颇语称崩弄嘎)建寨定居,延续至今。

以上关于景颇族迁至耿马的传说,是否真实难以考证。但可以作为研究耿马景颇族来源的一个重要参考资料。耿马景颇族的历史来源,以及其迁徙过程等问题,至今尚未解决,有待今后进一步研究。

第三节 文化 教育

一 文化

耿马县各族人民,在长期的历史过程中,共同创造了光辉灿烂的文化。县内发掘出多处新石器文化遗址,并有许多重要文物胜迹。

各少数民族都是勤劳智慧、能歌善舞的民族。很早就有自己的音乐、舞蹈和各种乐器,内容丰富多彩,形式为本民族喜闻乐见。此外,绘画、泥塑、扎纸和民族工艺也独具特色。

1953年起先后建立了广播站、文化馆、书店、图书馆等文化机构,利用各种形式开展文化娱乐活动,继承、传播科学文化知识,满足各族人民精神文化生活的需要。1955年成立自治县后,文化工作由县委宣传部、县人委文教科(局)统一管理。

景颇族的乐器有吹奏乐器、弹拨乐器、打击乐器。吹奏乐器有勒绒(用一尺多长的竹根来制成,竹根上穿5个小孔,人吹气竹管就发音,用手指来控制和调节音调)、洞巴(是用牛角来制成的,有一节用木穿孔并有5个小孔)、吐仁(用小竹来制成)、文蚌颂毕(竹笛)、毕蔓、毕托、锐作、三弦、口弦等;打击乐器有大、中、小铓,锣,大木鼓、象脚鼓等。木鼓是景颇族的古老乐器。耿马地区由于景颇族人口较少,傣、汉文化影响较大,如象脚鼓、铓、锣均由傣、汉族传入。木鼓、大铓、锣只能在作战或较大祭献活动和目瑙时才用,别的场合是禁用的。

景颇族民间舞蹈丰富多彩,保持了传统的民族风格,舞姿朴实、和谐庄重。景颇族的舞蹈有祭祀性的,如人死时举行的"格崩董";有"目瑙"歌舞,传统的目瑙歌舞,既是宗教祭典,又是集体歌舞。举行"目瑙"的种类和形式多种多样,如老人死时举行的"目瑙",景颇语叫"祀目瑙";有准备作战时举行的"目瑙",景颇语叫"苏目瑙";有象脚鼓舞,景颇语叫"统嘎"。进新房必跳象脚鼓舞(统嘎),是群众性的舞蹈。

景颇族的美术有绘画、雕刻、织物图案、刺绣等。景颇族妇女都会织筒裙和筒帕,甚至个别男人也会织筒裙和筒帕。有些妇女还会做篾活,如编制坦笆(用粗竹篾编的像席的东西,用来晾晒粮食等)、簸箕、箩等。雕刻和绘画比较原始,而服饰和棉毛织物方面,图案花纹相当精美。绘画大多与原始宗教信仰相结合,采用单线回纹和单线直仿画法,在寨门、鬼桩、横梁等公共祭献设施上,形象地画出人们日常生活、生产中熟悉的日、月、河和其他动物图案。雕刻有简单粗糙的圆雕和竹木刻,佩刀刀鞘、斧、镰刀、弓箭、枪锤等和织布的木梭上刻画的图案线条很细。筒裙、筒帕、护腿、腰带上都织有各式各样的花纹图案。作画工具虽然简单,但能织出绚丽美观的多种图案。如:图案花纹有虎脚印、毛虫脚、南瓜子、树叶、蜂巢等实物造型。刺绣品主要是手巾和护腿,尤以手巾为多,作为姑娘们送给情人的信物。在男子的裤腿上、包头布两端,姑娘和儿童上衣袖口、衣领上也有刺绣作为装饰。

景颇族的民间体育活动有摔跤、赛跑、跳高、推扁担、比臂力、爬杆、打陀螺、射弹弓、射弩、拔河等。

二　教育

1950年以前,耿马县景颇族地区既没有汉语学校,也没有景颇文学校。大约在1885年前后,在勐省坝景颇寨(现佤族居住)曾经有过基督教教堂,传教士是一位从缅甸来的景颇族,后又返回缅甸。解放后孟定镇贺稳寨也有基督教堂,部分群众信基督教。耿马县的景颇族过去大都是不识字的,景颇族悠久历史的传统风俗也只凭老人的记忆口耳相传,没有文字记载。2007年4月17日成立了耿马景颇族协会,协会对农村所有村寨进行景颇文扫盲,现在已有70

人能看懂景颇文。协会还在寒暑假对在校生进行景颇文扫盲。目前已举办了2期培训班,共培训250余人。

由于重视基础教育,景颇族受教育年限不断提高,劳动者素质不断提高。截至2009年,耿马县景颇族接受小学教育370人(含在校生),初中教育186人(含在校生),高中、中专教育59人(含在校生),专科10人(含在校生1人),本科8人,研究生1人。

各级党委、政府十分重视少数民族干部的培养,如在解放初期就选了一些景颇族骨干到云南民族学院作为民族工作人员进行培养。随着形式的发展,各级党委政府加大了培养少数民族干部的力度,采取学习培训、挂职锻炼、到基层任职等多种措施,培养了不少景颇族干部。景颇族干部的成长,为景颇族地区的发展稳定起到了积极地推动和促进作用。

耿马县景颇族因受汉族文化和其他民族文化的影响,多数能兼用汉语、傣语和佤语。景颇族群众会讲汉语、傣语和其他民族语,有利于不同民族的相互往来、交流感情、增进友谊,更重要的是有利于接受新事物,促进景颇族的发展和进步。

第四节 习俗 宗教

一 住房

景颇族村寨多建在山顶或者依着山顶的斜坡上,也有的村寨是依着山梁子而建。村寨里一栋栋的房屋,呈一个方向平行并列。村寨的出入口有农尚(官庙)、神林。农尚附近神林内的树木,不许任何人砍伐。而且这些地方禁止鸣枪、玩弹弓乃至大小便等。景颇族认为这些行为都会触怒农尚(官庙)和神林的鬼,从而使老虎、豹子、野猪、豺狼进入村寨,危害人畜。很显然,在景颇族心目中,"农尚"与神林除了是公共祭祀的场所外,它还有保护村寨的意思。

过去,景颇族的住房分平房和掌楼房,都是干栏式,草顶木柱篾笆墙。房屋的建筑材料是竹子、木料和茅草。无论平房或掌楼房,分别在房屋两端山墙顺梁各开一道门,人们经常出入比较宽大的那一道。屋长一般约为四五丈,最长的有七八丈乃至十多丈的。壁矮无窗,光线不足。对于一个不熟悉的人来说,白天进屋也得掌火。房屋的柱子是木质的,其他地板、椽子、墙壁均为竹质,屋脊上的竹椽不是钉的,而是用竹篾绑的,屋顶盖以茅草排。屋的两端各开一门,经常出入的为正门,又叫前门,有楼梯。景颇族的房屋与其他民族的房屋最大的区别在于景颇族的房屋门是顺山墙开而不是侧边开。后门经常关闭,外人不能出入,因为紧靠后门处是供奉神鬼的地方(神台),所以后门又叫"鬼门"。景颇族认为,人们若进出"鬼门",会惊动神鬼。"善神不惊、恶鬼会闹",对家不利。生人进门时必须脱鞋,不能进出"鬼门"区域。否则,主人会不喜欢。景颇族的房子,在前门范围利用率较高。正右侧为舂米处,左侧为妇女织布处。

景颇族进出门有个规矩,不能从后门直通过前门。确需从后门(神门)出,需在客房处坐片刻后才能走向鬼门,家人和外人都是如此。若遇有办丧事或进行较大的祭献活动时,人们可从前门直通后门(神门)。还有一个规矩是,进入别人家时,一般都要先坐下后说话,不能在房内直立不坐而说话。房内一般设三个火塘:一个放在客房(客房景颇语叫"夺搭"),供客人用;一个设在主要的卧室,后门内左侧,供老人(主人)烤火;一个设在专用煮食的房间,用于煮饭、菜和猪食。

耿马县景颇族近十年随着经济水平的提高,有不少人盖起了水泥楼房,代替过去的草房。水泥楼房的设计既考虑到使用方便,又尽可能地体现景颇族传统民居的特点(水泥楼房参见后面的图片)。

二 服饰

景颇族的穿着,男子一般为黑色对襟短上衣,裤腿短而宽。老年人缠黑布包头,青年人喜欢缠已加工有红色花絮的白布包头。

妇女一般穿黑色对襟上衣或斜襟衣,黑布包头,自织的棉毛筒裙和护腿。上衣饰有用银币制作的大圆形纽扣,前后佩以数排银片、银泡及各种银饰,手戴银手镯,耳戴银耳环。景颇族的盛装服饰华贵美观,银饰间围着几个刻有各种花纹图案的红、绿、黑色竹圈或藤圈。年轻姑娘喜欢在上衣和筒裙衔接处系一红色腰带,颈上戴一串或几串红色项珠。姑娘不包头,一般都留短发,前及眉,周及颈;婚后包头,这点就可以区分未婚和已婚妇女。已包头的妇女就是已婚的妇女,但男人没有明显的标志是否已婚。

景颇族男子爱枪、爱刀如命,以前男子外出枪不离身、刀不离手,肩上必须挎长刀、铜炮枪,斜挎筒帕(毛质的有花挎包),既是自卫武器,又起到装饰作用。现在,男子出外一般不带刀枪,但佩戴筒帕、带手机、手表、骑摩托车。只有下地劳动时,有的还佩长刀作为劳动工具。

耿马景颇族的服饰,经历了从较完整的保存到部分失传又到逐步恢复发展的过程。在"文化大革命"时期,景颇族的服饰几乎到了失传的边缘。党的十一届三中全会后,随着经济的发展,人民群众的生产生活的不断改善和提高,特别是 1993 年 2 月成功举办耿马首届景颇目瑙纵歌节后,耿马景颇族的民族服饰得到逐步恢复和新的发展。如一段时间妇女很少织裙、绣花,现在不仅是一些老年妇女开始织裙、绣花,而且年轻妇女也开始学织裙、绣花,使景颇族优秀的织裙技术得以继承和发扬。

现在的耿马县景颇族,无论男女老幼,人人都有自己的民族服装。凡是群众性的节日、文艺表演或重大的祭祀活动,景颇人都身着民族服装。

三 饮食

景颇族主要种植谷子和包谷,所以,以大米为主食,玉米次之。家家户户房前屋后都有园子,园里种植豆和薯类,多数时间采集野菜、野果当菜或副食品。

过去耿马县景颇族的饮食习惯是每天两餐,早饭多在上午 10 点,晚饭约在晚上 9 点以后,这是经常的情况。农忙季节则早饭移前,天一亮就吃;中午休息时在田间随便吃一些从家里带去的冷饭;对晚餐则较为重视。吃饭时,老少围坐在一起,用芭蕉叶或枇杷叶包饭,用手抓食。主食为大米,在每年四、五月到七、八月间,缺粮的人家也吃包谷、芋头、红薯、野山药、枇杷饭(野枇杷、芋头、红薯、野山药和大米一起煮的饭)等等。副食有数十种野菜,其中有酸味的腌菜,如帕滚菜、腌青菜、腌笋等,以及带臭味的臭黄豆和臭豆腐、野蒜、野生姜(野生姜也叫岩姜)等。景颇族常吃的肉食除牛、猪、鸡等家畜家禽,还有麂子、山羊、野猪、野鸡、田螺等野味。

过去,耿马县景颇族所住的地方都是山区,野兽较多,只要能够掌握一定的捕猎技能,就能捕到猎物。打猎的方法也很多,到了狩猎的旺季,就合伙或单独进山,支扣子、追野兽。合伙者有多有少,到野兽较多的地方组织守口组和追赶组进行"撵山"。现为了保护野生动物,已禁止上山捕猎。

景颇族到野外,不用备锅灶,可用竹筒烧饭,把米装进竹筒后,再装一些水,并用叶子塞紧口,放在大火上烧即可。竹筒烧菜,把肉、鱼、禽切成块剁碎,拌上佐料、盐,装进新鲜的大竹筒里,再用叶子塞紧口子,放到大火上不断翻转烧烤,直到竹筒烧焦,剖开竹筒,香味飘溢,烧出的肉原汁原味再加竹子清香,食用时软而不烂,味道鲜美独特。竹筒烧菜可在家进行,是一道招待贵宾的菜肴。

景颇族对肉类的吃法有烧吃、煮吃、舂吃等。对于斑鸠之类的小飞禽则是烧吃或煮稀饭吃。景颇族的生活中,酒是一种不可缺少的东西,都善于喝酒。他们大都随身带有竹制的酒筒,外出串门子的时候也是这样。对外来客人,并不招待特别的饭菜,而是以酒敬客。

四 婚姻家庭

景颇族的家庭是父系父权的一夫一妻个体家庭,一般以夫妇为主,包括子女在内。

成年男子婚后即与父母分居,老家由幼子留守。幼子是父母养老送终的直接负担者。因此,大家对幼子都比较重视和尊敬。幼子的家庭地位高于其兄长。在财产的继承关系上,也反映了幼子的家庭地位。如果老家的财产较少,兄弟关系不睦,则长兄空手出门,分不到财产;如果老家财产比较富裕,兄弟情感笃厚,长兄可分到部分田地耕畜,但大部分须留给幼弟。在景颇族山官家庭里,官位的继承权属于幼子。在耿马,幼子继承制已不很严格,分家时除家庭特别清寒长子不分财产外,一般是父母和诸子平均各得一份,幼子留守老家赡养父母,则父母的一份也为幼子所得;如幼子不愿留守老家,则也如其他诸兄一样,分得一份,并无特殊权利。

女子一般没有继承财产的权利。女子出嫁时,兄长赠以牛或其他礼品。若父母无子,而女儿未嫁者,父母死后女儿可以继承家产;或虽嫁而为父母安葬、埋魂者,亦能继承父母财产。否则,归代为安葬、埋魂的近亲所得。女子招婿,亦有继承财产的权利。

幼子继承制和对老家血缘联系的衰落,在一定程度上反映了景颇族社会一夫一妻制日臻稳固,它是私有制进一步发展和地域联系不断加强的结果。

景颇族村寨往往由许多不同姓氏的小家庭组成。如：我们调查的耿马县贺派乡芒抗村景颇新寨的景颇族共有杨、赵、岳、李、何、陈、徐、排、包、周等10个姓氏；孟定镇景信村贺稳寨的景颇族共有岳、石、杨、赵、何、保、孔、宋、苏、童、李、张、董等13个姓氏；孟定镇芒艾村二队（广歪也称草坝寨）的景颇族，共有岳、何、李、张、罗、马、刘、赵等8个姓氏；孟定镇邱山村河边寨的景颇族，共有李、岳、孔、余等4个姓氏；耿马镇弄巴村那拢寨的景颇族，共有岳、王、田、赵、李、张等6个姓氏。这些姓氏之间，往往相互具有"木育"（丈人种）、"达玛"（姑爷种）的关系。这种婚姻关系，是建立在同姓不婚原则基础上的。不同姓氏一经建立婚姻关系，女方姓氏即成男方姓氏的丈人种，相对的男方姓氏即成姑爷种；凡属男方姓氏的男子就有权利娶女方姓氏任何一家的姑娘。但彼此已经确认为"丈人种"和"姑爷种"的，不能把姑娘嫁给"丈人种"。正因为这样，这种通婚关系非有三个以上的集团（姓氏）组成不可。事实上景颇族的通婚关系很广泛，一个姓氏同时可以和几个姓氏建立"丈人种""姑爷种"的关系。严格遵守"丈人种"或"姑爷种"的关系是景颇族的通婚原则，青年男女恋爱过程中（串姑娘），首先要问清彼此姓氏和通婚关系，不合适者不能在一起。

景颇族的通婚关系还反映在彼此间的亲属称谓中，男子称自己的子女和自己兄弟的子女为"格沙"（我的孩子），他们（子女）间互称"格普"（兄）、"格脑"（弟）、"格纳"（姊）、"格占"（妹），称他们的父亲和父亲的兄弟均为父亲。女子称自己的子女和自己的姊妹的子女亦为"格沙"（我的孩子），他们（子女）间称兄弟姊妹，称他们的母亲和母亲的姊妹均为母亲，这表明他们有着共同的父母。因此，根据族外婚原则他们间不能通婚。相反，男子称自己姊妹的子女为"期"（外甥），自己的子女和姊妹的子女间，不是兄弟姊妹的关系而是姑表关系。他们之间男称男为"考"，女称女为"宁"；女称表兄为"咱"，男称表姊为"阿热"，称表妹为"艾南"；女子称自己兄弟的子女为"格南"（侄），自己的子女和兄弟的子女间不是兄弟姊妹而是舅表关系。他们之间，男称男为"考"，女称女为"宁"；女称表兄为"顾"，称表弟为"阿热"；男称表姊为"克杂"，称表妹为"克施"，这表明他们间不具有共同的父母亲，因此可以通婚。

对于亲属称谓中所反映的通婚关系，主要服从于"丈人种"和"姑爷种"的关系，如母亲的姊妹的子女，与我原是兄弟姊妹的关系，不能通婚。但如果母亲的姊妹的父亲是我的"丈人种"，则我就能与之通婚，因此通婚关系主要以"丈人种"和"姑爷种"为转移。

景颇族的婚恋方式和特点是实行单向姑表婚，即姑家男子必须娶舅家的女子，但舅家的男子不能娶姑家女子。所以景颇族岳父和舅父同称，岳母和舅母同称，公公与姑父同称，婆婆与姑母同称。这种单方姑表婚形成了景颇族社会所谓的"丈人种"和"姑爷种"的关系，景颇族称为"木育"和"达玛"。舅家的女儿生下来就是姑家的儿媳；舅父无女儿，向非舅家外娶的时候，也要取得舅父的同意。相反，姑家的女儿绝不能嫁给舅家的儿子，这是景颇族所说的"血不能倒流"的婚姻规则。

只要不是同姓，都可以建立婚姻关系，但须遵守姨表不婚。姨表视作同胞兄妹一样，连开玩笑都不行。不能违反同姓不婚、姨表不婚和"血不能倒流"的原则。

时过境迁,景颇族的血缘关系已日趋淡漠;"姑爷种"、"丈人种"的原则,也已开始打破。这些血缘关系的松弛,是和地域联系的加强紧密相关的。

景颇族的姓氏在婚姻关系和社会地位中都起着非常重要的作用。因为在景颇族中同姓是不能通婚的。

在耿马县,解放前景颇族的结婚方式仍按照传统方式进行;改革开放后,传统的结婚方式发生了改变。现在,相爱的男女结婚前双双到当地有关部门申请办理登记手续,领到结婚证后,选定日子举行婚礼。婚礼仪式中已不再祭鬼,也不过"草桥"。

近年来,族际婚姻已被普遍认可,成为一种新风尚。耿马县景颇族与其他民族通婚的现象越来越多。族际婚姻不仅有利于各民族之间的团结,而且有利于提高人口素质。景颇人已充分认识到婚姻关系在人类生存、文明和发展中的作用。他们的婚姻观念已有较大的改变,在注重保留发扬光大好的景颇族传统美德的同时,废除不利于景颇人民繁荣发展的习俗。通过婚姻关系,景颇族与周围各民族形成你中有我、我中有你的团结、和睦的局面。

五 节日

耿马县景颇族比较重要的节日是"过年"(春节),其次是"新米节"。"目瑙"节作为耿马景颇族的一种盛大节日,是从1993年在耿马县举行首届景颇族"目瑙"节后逐步形成为一种传统的节日,也就是说1993年之前在耿马没有景颇目瑙节。或者说在1993年前,在耿马县景颇族中没有目瑙节的概念。1993年成功举办目瑙节活动后,耿马县每年都按时举行目瑙节活动,只是活动的规模大小不一。2003年举行较大规模的十周年庆典活动,与1993年举行的首届"目瑙"节规模差不多。通过欢度"目瑙"节,景颇族同胞增强了发展经济、改善生活水平的信念,弘扬了传统的民族文化,激发了景颇族和其他民族团结进取的民族精神。

六 宗教信仰

景颇族大都信仰原始宗教,认为地上的万物都有魂灵,都有神鬼之分。信仰的神鬼种类较多,各姓氏信仰的神鬼是不同的,尤其是家神野鬼。从景颇族所信仰的神鬼,就可以确定是不是一家人(直系血亲),如信仰的神鬼是同一种就认为是最近亲。所以,过去在耿马县的景颇族中,老人问姓氏后又问信仰问题。信仰在景颇族中既可以区分亲属关系,即是近亲还是远亲,同时又可以区别地位身份,是不是官种。

耿马县的景颇族1950年之前,几乎家家户户信仰家神,家神又分为主神和次鬼神,家内前后都有神台。所谓主神和次鬼神的区别是,在祭祀时先献家内的祖先神,再祭献门外的神(神台、神架在外)。1957年前仍信神,1958年"大跃进"后停止了一段时间,1962年到1966年又开始恢复。

景颇族为了求得神灵的保佑,官家和百姓家,每年都有两次祭祀活动,即在播种前和秋收后,对自家信仰的神灵进行祭献。播种前祭献就是求家人不生病,种下谷物获得丰收。秋收后祭献就是得到神的保佑,获得丰收。无论哪种祭祀献神,是杀牛、杀猪,还是杀鸡献糖果神才满意,要由"董萨"占卦决定。景颇族自家祭献的基本上都是自家祖先神,整个寨子还共同祭献寨神(农尚神)。

近期,景颇族信仰基督教的人数在逐渐增多,有的村寨还建立了自己的教堂。

耿马县景颇族社会风气良好,不同民族间团结一致,互相尊重。景颇族对老者尊重、对朋友热情的风气受到各族群众的称赞。值得一提的是,到目前为止,耿马县景颇族未发现一例吸毒现象。

第三章 耿马县景颇族语言使用现状分析

耿马景颇族人口少,而且处在多个民族的包围之中,其语言使用状况究竟如何,有无可能出现母语衰变或濒危,怎样对耿马景颇族语言使用的现状进行科学的分析,这是本章所要关注的问题。

第一节 景颇语是耿马县景颇族聚居村寨的主要交际工具

我们逐村走访、入户调查了5个村寨及城镇景颇人使用母语的情况,统计对象共计696人,全是6岁以上且具有正常语言能力的人。调查结果显示,耿马景颇族普遍稳定使用自己的母语景颇语,同时全民兼用汉语。还有一部分景颇人在兼用汉语之外,还兼用傣语、佤语、拉祜语等少数民族语言。

一 耿马景颇人稳定保留景颇语的表现

经过调查,我们认识到景颇族目前母语使用的特点主要是:1. 景颇语是景颇族聚居村寨的主要交际工具,在景颇族社区内仍保持着强大的生命力。2. 景颇语在不同村寨、不同场合的使用出现一定程度的差异。城乡景颇人的语言使用也出现了差异。我们按此把景颇语的使用分成聚居型、杂居型、城镇型三种类型。3. 景颇语在杂居区、城镇青少年中出现了衰退的迹象。

实地调查显示,景颇人基本上都能掌握自己的母语。除了完全杂居的邱山村、城镇地区熟练掌握母语的人口比例分别为47.8%、78%外,其余均在97%以上。根据这个数字,我们把耿马县景颇族使用母语的类型定为全民稳定使用母语型。请看下面各村寨及城镇景颇人母语使用水平统计表。

表 3-1

调查点	总人口	熟练		略懂		不懂	
		人口	百分比(%)	人口	百分比(%)	人口	百分比(%)
芒抗村景颇新寨	217	217	100	0	0	0	0
弄巴村那拢组	52	51	98.1	1	1.9	0	0

景信村贺稳组	191	189	99	1	0.5	1	0.5
邱山村河边寨	23	11	47.8	10	43.5	2	8.7
芒艾村草坝寨	156	152	97.4	3	2	1	0.6
耿马县城镇	57	45	78	6	11	6	11

从上面的表格我们可以看到,除了邱山村河边寨和城镇地区,耿马县景颇族基本都能熟练使用自己的母语景颇语。这说明景颇语具有很强的活力。河边寨景颇族之所以出现了较突出的母语能力下降现象,主要是因为他们的人口过少(除未调查到的 2 户外,共有 8 户 23 人),并与拉祜族、佤族、傈僳族、汉族等多个当地主体民族杂居在一起。其实,部分河边寨景颇人不能熟练地使用母语,是指母语的听说能力发展不平衡,即听的能力较强,说的能力较弱,但他们还是能够使用母语进行交际的。完全不懂景颇语的只有 2 人。草坝寨的青少年虽然喜欢用汉语,但母语仍然能听、能说,有一定的母语使用能力。

在河边寨之外的 4 个景颇村寨里,无论是在村头巷尾还是在家庭里,无论是在劳动中还是在休息、开会的时候,无论男女老幼,景颇人都能通过景颇语交流信息、表达感情。甚至连嫁入景颇村寨的外族媳妇、娶了景颇媳妇的外族上门女婿,在景颇语为主的语言环境下,也都逐渐掌握了景颇语。正如贺稳组村民李学忠所说:"我们组没有景颇族互相讲汉话这样的事。我们只有在遇到外族人的时候才讲汉话。孩子们在学校的时候讲汉话,在村里就讲景颇话。"在全国通用语汉语、地方强势语言傣语和佤语的包围下,人口如此之少的耿马景颇人却能稳定地传承母语并在日常生活中坚持使用母语,实属难得。

下面具体分析景颇语在具体场合中的使用情况。

(一)家庭内部的语言使用情况

族内婚姻家庭与族际婚姻家庭,景颇语的使用情况存在一些差异。具体有以下几种情况:

1. 绝大多数族内婚姻家庭以景颇语为唯一的交际工具。

在 5 个景颇村寨里,大部分家庭都是族内婚姻家庭。族内婚姻家庭,所有的成员都是景颇人,有的是三代同堂,有的是父母亲与子女的四(五)口之家。在这样的家庭里,其成员之间(长辈之间、长辈与晚辈之间、晚辈之间)的饮食起居、生活劳动,一般都是用景颇语交流。无论是简单的日常交际,还是比较深入的思想交流,家庭成员们都必须依赖他们的母语景颇语这个最重要的交际工具。

2. 杂居村寨的少数族内婚姻家庭使用"景颇语—汉语"双语。

在河边寨、草坝寨这两个民族杂居村寨,有少数族内婚姻家庭使用"景颇语—汉语"双语。这两个村寨的成年人之间仍以景颇语为主要交际语言,但成人与青少年子女之间、青少年之间的交际语言主要是汉语。

3. 族际婚姻家庭中,有些以景颇语为主要交际工具,有些则是使用"景颇语—汉语"双语。

耿马景颇人的家庭形式虽然主要是族内婚,但也有一些族际婚姻家庭。这些家庭的外族媳妇或女婿主要是佤族、拉祜族、汉族,也有少数的傣族、傈僳族等。族际婚姻家庭的这些非景颇族成员,受周围景颇语语言环境的影响,婚后三五年左右一般都能听懂景颇语,时间再长一点的,则能说景颇语,只是与母语人相比,一般带有口音。正如芒抗村景颇新寨组长赵志勇所说:"寨子里的人见面一般都说景颇语,跟外来媳妇也都说景颇语,她们也用景颇语跟我们交谈。如果是刚嫁过来的媳妇,听不懂景颇语,我们就用汉语跟她讲。嫁过来一段时间后,会听景颇语了,我们就不用汉语跟她讲了,用景颇语讲,这时她还是用汉语回答我们。等她们会讲景颇语后,我们就可以用景颇语与她交谈了。"

以贺稳组为例,全组景颇人中,族际婚姻家庭共有 22 户,外族媳妇及女婿主要是汉族,共13 人,其他还有佤族 6 人,拉祜族 3 人,傈僳族 2 人。这些非景颇族家庭成员中,能熟练使用景颇语进行日常交流的有 21 人,他们家庭里所有的成员都说景颇语,以景颇语为主要的交际工具。具体情况如下表:

表 3-2

家庭序号	姓名	性别	年龄	民族	文化程度	景颇语语水平
1	字从英	女	36	汉	小学	景颇语,熟练
2	那都	男	71	拉祜	文盲	景颇语,熟练
	李卫华	男	44	拉祜	小学	景颇语,熟练
3	胡容妹	女	48	傈僳	小四	景颇语,熟练
4	李金兰	女	35	汉	小学	景颇语,熟练
5	胡志英	女	36	佤	小二	景颇语,熟练
6	李玉珍	女	54	汉	小学	景颇语,熟练
7	陈天兰	女	33	汉	初中	景颇语,熟练
8	赵芬菊	女	31	汉	初中	景颇语,熟练
9	李志荣	女	35	佤	初中	景颇语,熟练
10	李玲兰	女	38	汉	小四	景颇语,熟练
11	张道华	男	46	汉	高中	景颇语,熟练
12	张安明	男	54	汉	高中	景颇语,熟练
13	李双英	女	36	汉	初中	景颇语,熟练
	李扎模	男	60	拉祜	文盲	景颇语,熟练
14	李勇	男	43	汉	小四	景颇语,熟练
	李金梅	女	27	佤	小三	景颇语,熟练
15	李小妹	女	65	汉	文盲	景颇语,熟练
16	雷建国	女	28	汉	小学	景颇语,熟练
	李玉梅	女	23	汉	小学	景颇语,熟练
17	余秀美	女	48	傈僳	小学	景颇语,熟练

贺稳组的族际婚姻家庭里的非景颇族成员中,有 3 人景颇语水平为略懂,即能听懂所有景颇语的对话,但是他们说景颇语的能力还比较差,家庭的日常交际就使用了"景颇语—汉语"双语。具体情况如下表:

表 3-3

姓名	性别	出生年月	民族	文化程度	景颇语水平
李小二	女	54	佤	文盲	景颇语,略懂
李双婷	女	26	佤	小学	景颇语,略懂
李四妹	女	25	佤	小学	景颇语,略懂

上表中的 3 个外族媳妇,景颇语程度只是略懂,具体原因各有不同。其中李小二有轻微的智力障碍;李双婷是寡居,景颇族丈夫因车祸去世;李四妹与景颇男子结婚不久,在贺稳组生活的时间不长,接触景颇语的时间还不多,所以景颇语也只是略懂。

(二) 学校的语言使用情况

景颇人崇尚教育,适龄儿童基本上全部都入学接受基础教育。由于景颇村寨里没有学校,所以孩子们都是步行相当远的距离到别村上学。在学校里,景颇孩子课堂上讲汉语普通话,下课后同族孩子单独相处时主要讲景颇语,与他族孩子在一起时则讲当地汉语方言。在学校景颇学生以说汉语为主,但打电话回家时用母语景颇语。升入高中的景颇族学生不太多,一般读到高中的景颇族青少年的景颇语水平低于村里的同龄人。

草坝寨现在开设了学前班,有景颇族老师。经过学前班阶段的学习,学龄儿童都普遍掌握了"景颇语—汉语"双语。但其他四个村寨都没有学前班。据我们调查,刚入小学的低年级景颇学生,不能完全听懂老师的普通话授课内容,通常要到二年级时才能基本全部听懂。因此,小学低年级的景颇学生说景颇语的时长、频率都高于高年级学生。

(三) 使用景颇语的其他场合

1. 田间的生产劳动

景颇人聚居的村寨,田地都在一起。主要种植水稻、甘蔗等作物。现在部分村寨也种植香蕉、橡胶等经济作物。景颇人一起种植农作物、经济作物,例如收割甘蔗需要多户人家配合互助,通常是一户人家需要收割时有多户人家前来帮忙,主人家会记录下帮忙者收割的捆数,等他们需要帮忙时自己就会前去还情。如果收割的捆数不一样多,还会支付多劳者一定的报酬。做这些田间劳动时,他们都讲的是景颇语。

2. 商铺、集市

景颇人在村寨里开设了日用品小卖部,收费的台球桌,还有一些人从事小买卖,收购一些农产品拉到县城卖。在商铺购买物品、在村里进行贸易活动时,景颇人之间使用的都是景颇语。

3. 村民会议

在景颇新寨、贺稳组,村民们开会也使用景颇语。除了无法对译的汉语新词术语外,会议基本上都能用景颇语贯彻始终。在那拢组,村民会议常常同时使用景颇语、汉语、佤语等多种语言进行。在草坝寨和河边寨村民会议用语以汉语为主。

4. 节日、集会

当地比较隆重的节日主要有景颇族的目瑙纵歌节、汉族的春节和傣族的泼水节等。在节日的盛会上，全乡村民载歌载舞，热闹非凡。景颇族用自己的母语景颇语尽情地歌唱，抒发自己的喜悦心情。在节宴上，大家聊天、敬酒也全都使用景颇语。在这些重要节日的聚会上，热情的景颇人会一起吹响竹笛，敲起象脚鼓，跳起传统舞蹈。排练中，演员们都是使用景颇语来协调指挥。

5. 婚丧嫁娶

耿马景颇人的婚礼有的还沿用传统礼仪，有新娘过草桥等一系列仪式。在婚宴上，新人的长辈会用景颇语祝福他们"同心同德"、"和和美美"、"共同建设新家庭"。婚礼参加者通常除了景颇族亲朋好友外，还有许多是同村、邻村的其他民族村民。因此，婚宴用语景颇人之间是景颇语，景颇人与其他民族之间则说汉语。

村里有人去世时，除贺稳组全组因信仰基督教不请巫师之外，其余4个村寨通常都会请本族巫师前来做法事。巫师一般都是通晓本族历史、了解村民血缘关系的本族长者。他们会在葬礼上用景颇语讲述逝者的生平事迹，追忆逝者家族的来历、变迁，并祝祷逝者的灵魂归属到祖先的行列之中。中老年人基本能够听懂巫师的讲述，青少年由于对历史典故、家族谱系不太了解，往往只能听懂一部分。

综上所述，在景颇村寨的各种不同场合中，景颇语都得到了全民性的稳定使用，都发挥了表情达意、沟通思想的重要作用。

二 耿马景颇人稳定保留景颇语的原因

耿马景颇人能够稳定使用、传承母语的原因主要有四个：

（一）相对聚居是景颇族稳定使用景颇语的客观条件

同一民族的聚居有利于民族语的传承。虽然在耿马县的景颇族人口少，但他们相对集中地分布在5个村寨，基本都处于"大杂居、小聚居"的居住状态。这是保证景颇语稳定使用的一个重要因素。

在景颇新寨、那拢组、贺稳组和草坝寨，景颇人都处于组内小聚居的分布状态。其中，景颇新寨和贺稳组是景颇人高度聚居村寨。景颇新寨有71户，298人，由景颇族、佤族、汉族、拉祜族、傣族等多个民族构成。其中景颇族人口最多，约占全组总人口的80%。贺稳组全组共有53户，246人。其中景颇族人口最多，占全组总人口的84.15%。在那拢组，虽然佤族人口占绝对优势，而且24户景颇族家庭中只有4户是族内婚，但景颇人迁入那拢的历史长，组内的景颇族房屋相连、田地紧挨、关系亲密，所以实际上仍处于组内小聚居的状态。在草坝寨，虽然是景颇、拉祜、汉等多个民族杂居，但景颇人在寨内占了人口总数上的优势。草坝寨共有84户，381

人,其中景颇族 50 户,230 人。在这 4 个寨子里,无论是寒暄聊天、日常劳动、生活贸易,还是婚丧嫁娶、节日庆典、村民会议,景颇人每天都使用着自己的母语景颇语,形成了一个良性循环的景颇语语言环境。

只有邱山村是民族杂居,而且景颇族人口总数少,占全村总人口的比例很低。邱山村下辖 10 个组,只有 2 组(河边寨)有景颇人。2 组是一个拉祜族、景颇族、汉族杂居的自然村寨,全组有 53 户,其中景颇族仅 10 户。景颇族的母语使用水平出现了明显的下降现象,只有 47.8% 的景颇人景颇语达到"熟练"级,43.5% 的景颇语能力为"略懂"级,还有 8.7% 的人不懂景颇语,出现了第一语言转用现象。

由上面 5 个村寨的母语使用熟练度可以看出小聚居对保存母语的重要作用。景颇族分布的小聚居性是其语言能稳定保留的主要原因。

(二)与缅甸景颇族关系密切、往来频繁是景颇语保持活力的一个原因

耿马县与缅甸接壤,县内国境线长 47.35 公里,两国边民交往频繁。耿马与缅甸的景颇人同出一支,血脉相通,很多本地景颇人有缅甸亲戚。每逢景颇人的传统节日或婚丧嫁娶,两国景颇人会互相邀请,积极参加这些活动。本地景颇族与缅甸景颇族的语言基本相同,双方能够流畅地使用景颇语进行交流。耿马县景颇族人口少,但在缅甸的景颇族有 100 余万人,约占缅甸全国总人口的 2.4%。

(三)母语感情深厚是稳定使用景颇语的情感基础

景颇语不仅是耿马县景颇人最重要的交际工具,还是当地景颇人民族心理、民族习惯、民族文化、民族感情的重要载体。景颇族对自己的民族语言有着很深厚的感情。他们把景颇语与景颇族人的身份紧密联系在一起,认为语言是一个民族的重要标志之一,作为一个景颇人就必须掌握本民族的语言,只有把语言传下去才能真正保护、传承景颇人的优良民族传统。那拢组村民岳成明说:"(我们)本来是景颇族,如果不会语言就没有什么意义了,我会教育孩子任何时候都不要忘本,尊重自己的民族,尊重自己就是尊重别人。"景颇人这种强烈的民族意识和语言情感有利于景颇语的传承。

由语言情感决定的语言态度对语言的传承影响巨大。我们在以往的调查中见到,部分少数民族家长不愿意孩子说民族语,担心孩子的汉语学不好。为了让孩子能更快适应学校教育,他们从小就开始教孩子汉语,甚至只对孩子讲汉语,使孩子的第一语言变成了汉语,孩子的民族语水平偏低。与这些家长相反,景颇人都不担心孩子的汉语水平,担心的是孩子说不好景颇语。中学生岳颖说:"大家都觉得汉话是自然而然就能会的,不用教。但是我们景颇话不教就学不会。所以爸爸妈妈都不担心孩子学不会汉话,担心的是学不会景颇话。城镇的景颇人还利用寒暑假,把孩子送回农村爷爷奶奶家,希望下一代能学会景颇话。"这是景颇人深厚母语情感的外在表现。日常生活中,景颇人发自内心地倾向于尽量使用母语。景颇新寨的岳忠伟说:

"我喜欢用景颇语。用汉语时有些不自然,不习惯。"语言感情深厚,对母语持高度认同的语言态度,是景颇族稳定使用母语的情感基础。

(四) 景颇人语言兼用能力强是景颇语稳定保留的一个有利因素

语言兼用在一定的条件下也有助于母语的保存。景颇族与当地汉族、佤族、拉祜族、傣族的关系十分密切,经过长期的接触交流,景颇族基本全民兼用汉语,还有一部分人能够同时兼用佤语、拉祜语、傣语等少数民族语言。母语景颇语和多种兼用语都是他们生活中不可缺少的交际工具。景颇语主要在家庭内、村寨内和传统活动等领域使用,担负着日常交际以及传播民族文化的功能。其他少数民族语言主要在村寨周边、集贸市场等领域使用,汉语则主要在商贸、学校、机关单位使用。它们"各司其职",各自在不同场合、不同领域发挥作用。母语与兼用语的这种有机互补,有利于景颇语的保存。这是景颇语得以保存的另一重要原因。

三 景颇人母语使用的三种类型

按照母语使用水平的不同,我们可以把耿马县景颇族的母语使用分成以下三种类型:

(一) 聚居型

景颇新寨和贺稳组是景颇人高度聚居的聚居型村寨。这两个村寨的景颇语语言生态环境好,语言活力强,语言保存最完好,代际传承没有出现明显差异。这两个村按年龄段母语能力情况见下表:

表 3-4

年龄段(岁)	人数	熟练		略懂		不懂	
		人数	百分比(%)	人数	百分比(%)	人数	百分比(%)
6—19	114	113	99.1	1	0.9	0	0
20—39	168	168	100	0	0	0	0
40—59	99	99	100	0	0	0	0
60以上	27	26	96.3	0	0	1	3.7
合计	408	406	99.5	1	0.25	1	0.25

上表显示,景颇新寨和贺稳组99.1%的6—19岁青少年景颇语熟练;20—59岁的景颇人景颇语100%熟练;60岁以上的景颇人,除了一人由于属于景颇族浪速支系,使用支系语言浪速语,并且嫁给了佤族因而不会景颇语之外,其余全部达到景颇语熟练级。这说明在景颇人聚居的景颇新寨和贺稳组景颇语语言使用情况稳定。青少年景颇人也未出现母语衰退的现象。

那拢组和草坝寨属于景颇人"大杂居、小聚居"型的聚居型村寨。这两个村寨的景颇语语言环境比较好,语言活力比较强,但由于处于本地人口较多的民族——佤族、拉祜族、汉族等民族的包围杂居之中,语言本体受其他语言的影响产生了一些细微的变化,语言的代际传承也出现了一定程度的差异。这两个村按年龄段母语能力情况见下表：

表 3－5

年龄段（岁）	人数	熟练		略懂		不懂	
		人数	百分比(%)	人数	百分比(%)	人数	百分比(%)
6—19	62	57	91.9	4	6.5	1	1.6
20—39	77	77	100	0	0	0	0
40—59	51	51	100	0	0	0	0
60 以上	18	18	100	0	0	0	0
合计	208	203	97.6	4	1.9	1	0.5

上表显示，那拢组和草坝寨 91.9% 的 6—19 岁青少年景颇语熟练；20 岁以上的景颇人景颇语 100% 熟练。这说明在这两个景颇人小聚居村寨景颇语语言使用情况稳定，但青少年景颇人出现了轻微的母语衰退现象。

从整体上来看，聚居型的景颇语使用很稳定，没有表现出明显的代际性衰退现象。在聚居区内，从老年人到儿童都能熟练地使用景颇语。景颇人无论是进行家庭内部讨论，还是协商、解决村内纠纷，或是邻里传递、沟通信息，或是参加村里的红白喜事、节日庆典，景颇语都是景颇人的首选语言。

（二）杂居型

耿马县景颇人完全与其他民族杂居的村寨只有一个邱山村河边寨。我们调查到的 23 名河边寨景颇人的景颇语使用水平出现了明显的衰退下滑。达到母语"熟练级"的只有 11 人，占 47.8%。景颇语能力为"略懂"级的有 10 人，占 43.5%。还有 2 人完全不懂景颇语，占 8.7%。23 人中，有 9 人的第一语言不是景颇语，而是别的语言。按年龄段母语能力情况见下表：

表 3－6

年龄段（岁）	人数	熟练		略懂		不懂	
		人数	百分比(%)	人数	百分比(%)	人数	百分比(%)
6—19	7	2	28.6	3	42.8	2	28.6
20—39	10	5	50	5	50	0	0
40—59	5	3	60	2	40	0	0
60 以上	1	1	100	0	0	0	0
合计	23	11	47.8	10	43.5	2	8.7

河边寨景颇人由于族际婚姻多、大杂居分布、人口总数少，出现了比较突出的青少年母语断层的现象。上表显示，河边寨能够熟练地使用景颇语的人不到一半，代际之间更是出现了明显的母语水平差异。绝大多数青少年的景颇语水平较低，甚至有近 30% 的青少年完全不懂景颇语。

(三) 城镇型

城镇景颇人的景颇语使用出现了一定程度的衰退倾向。尤其是40岁以下的城镇景颇人，由于在城镇生活时间长，受学校教育程度高，使用景颇语的机会少，母语水平下降较为明显。城镇景颇人年龄段母语能力情况见下表：

表 3-7

年龄段(岁)	人数	熟练		略懂		不懂	
		人数	百分比(%)	人数	百分比(%)	人数	百分比(%)
6—19	20	14	70	4	20	2	10
20—39	18	13	72	2	11	3	17
40—59	16	15	94	0	0	1	6
60以上	3	3	100	0	0	0	0
合计	57	45	78	6	11	6	11

上表显示，40岁以上的城镇景颇人母语保留较好，但在城镇长大的青少年景颇人由于多出生于族际婚姻家庭，缺乏景颇语语言习得环境，加上从幼儿园、学前班开始接受汉语教学教育，学校生活及大多数的社会交往都以汉语为唯一的交际工具，景颇语水平下降明显，甚至有的城镇居民根本不懂自己的民族语景颇语。

第二节 耿马县景颇族普遍兼用汉语及其他语言

景颇语虽然能满足景颇族在村寨内的交际需要，但离开村寨必然需要使用通用语进行交际。因此，耿马县景颇族普遍能够熟练兼用全国通用语汉语。还有一部分人能够熟练或简单兼用傣语、佤语、拉祜语等当地人口占优势的少数民族语言。

一 耿马景颇人的兼语类型

(一) 双语型

耿马景颇族的兼用状态从兼用语种来看可以分为两类：一是仅兼用汉语；二是除了兼用汉语外还兼用其他民族语言。在这两种类型中，前一类型的人数最多，影响也最大。景颇族兼语现象的产生和发展是由它所处的客观环境和自身需要决定的。

双语通常指个人或语言(方言)集团除了使用自己的母语外，还能够使用另一种语言进行日常交际。双语现象是随着民族接触、语言接触而产生的。耿马县景颇人多能在熟练使用母语的同时，熟练地兼用汉语。我们把这种熟练掌握景颇语、汉语两种语言，同时不会使用别的少数民族语言的兼语现象称为"双语型"。

为了方便与外界的交流,5个村寨的景颇族都能熟练运用汉语进行日常交际。请看各村寨汉语使用水平统计表。

表 3-8

调查点	总人口	熟练		略懂		不懂	
		人口	百分比(%)	人口	百分比(%)	人口	百分比(%)
芒抗村景颇新寨	217	217	100	0	0	0	0
弄巴村那拢组	52	48	92.3	4	7.7	0	0
景信村贺稳组	191	184	96.34	6	3.14	1	0.52
邱山村河边寨	23	21	91.3	2	8.7	0	0
芒艾村草坝寨	156	155	99.4	0	0	1	0.6
城镇	57	57	100	0	0	0	0

熟练掌握汉语的能力与景颇人的年龄、受教育程度有关。一般而言,中青年景颇人的汉语水平高于老年人及未入学的儿童;受教育程度越高汉语表达能力越好,汉语水平越高。下面是5个村寨及城镇按年龄段汉语能力统计表:

表 3-9

年龄段(岁)	人数	熟练		略懂		不懂	
		人数	百分比(%)	人数	百分比(%)	人数	百分比(%)
6—19	203	200	98.5	3	1.5	0	0
20—39	273	273	100	0	0	0	0
40—59	171	168	98.2	3	1.8	0	0
60以上	49	41	83.7	6	12.2	2	4.1
合计	696	682	98	12	1.7	2	0.3

上表显示,耿马景颇族基本上能够全民兼用汉语,但在不同年龄段上汉语水平有细微差别。景颇族适龄儿童一般6—7岁入学。在入小学之前,在村寨居住的景颇儿童接触到的大多是景颇语。进入小学以后,汉语才慢慢熟练起来。因此,共有3个6—19岁的青少年汉语水平只是略懂。到20—39岁年龄段的景颇人由于接触汉语的时间已经足够长,加上正处于劳动工作责任重、对外交往多的壮年时期,使用汉语的机会远远超过老人和儿童,因此这个年龄段的景颇人汉语水平最高,达到了100%熟练使用汉语。部分老年人以及个别较少离开村寨的中年人汉语水平一般。60岁以上的老年人里有两人完全不懂汉语。因为两人都是文盲,其中一人年已88岁;一人是景颇族浪速支系,从傣族聚居地嫁来,浪速语、傣语、佤语都很熟练,但不懂汉语。

(二)多语型

一部分景颇人在景颇语、汉语之外,还能熟练兼用佤语、拉祜语、傣语等少数民族语言。我们把这种兼语状态称为"多语型"。不同的杂居民族,存在不同的兼语能力。例如,由于景颇新寨的南、北两边是傣族寨,东、西两边是佤族寨,所以该组的217个景颇族在兼用汉语之外,还有少部分人能兼用傣语和佤语。具体情况见下表:

表 3-10

兼用语	熟练		略懂		不懂	
	人数	百分比(%)	人数	百分比(%)	人数	百分比(%)
傣语	18	8.3	33	15.2	166	76.5
佤语	11	5.1	25	11.5	181	83.4

又如,那拢组总人口的80%都是佤族,因此,那拢景颇人在普遍兼用汉语之外,大部分成年人还能够兼用佤语。具体情况见下表:

表 3-11

年龄段(岁)	人数	熟练		略懂		不懂	
		人数	百分比(%)	人数	百分比(%)	人数	百分比(%)
6—19	17	4	23.5	11	64.7	2	11.8
20—39	16	12	75	2	12.5	2	12.5
40—59	16	11	68.75	5	31.25	0	0
60以上	3	1	33.3	2	66.7	0	0
合计	52	28	53.8	20	38.5	4	7.7

再如,河边寨拉祜族人口最多,该村的景颇人多能兼用拉祜语。具体情况见下表:

表 3-12

年龄段(岁)	人数	熟练		略懂		不懂	
		人数	百分比(%)	人数	百分比(%)	人数	百分比(%)
6—19	7	7	100	0	0	0	0
20—39	10	9	90	0	0	1	10
40—59	5	4	80	1	20	0	0
60以上	1	1	100	0	0	0	0
合计	23	21	91.4	1	4.3	1	4.3

还有一部分景颇人能够同时兼用佤语、拉祜语、傣语等多种语言。在调查中我们不由得惊叹,他们是生活中的语言人师。以草坝寨为例,该寨的景颇人多能兼用两种以上的语言,还有一些人能够兼用3种以上的语言。草坝寨懂3种以上语言的景颇人语言情况见下表:

表 3-13

家庭序号	姓名	年龄	民族	第一语言及水平	第二语言及水平	第三语言及水平	其他兼用语及水平
1	赵志勇	46	景颇	景颇语,熟练	汉语,熟练	傈僳语,熟练	拉祜语,熟练
	赵兴	71	景颇	景颇语,熟练	汉语,熟练	傈僳语,熟练	拉祜语,熟练

	岳 大	57	景颇	景颇语,熟练	汉语,熟练	傈僳语,熟练	拉祜语,熟练
2	赵莲红	52	景颇(载瓦)	景颇语,熟练	汉语,熟练	傣语,略懂	载瓦语,熟练
	岳笑天	30	景颇	景颇语,熟练	汉语,熟练	傈僳语,熟练	傣语,熟练
3	岳文学	47	景颇	景颇语,熟练	傣语,熟练	汉语,熟练	佤语、傈僳语,熟练
4	岳四妹	82	景颇	景颇语,熟练	载瓦语,熟练	汉语,熟练	载瓦语,熟练
5	何兴荣	48	景颇(载瓦)	载瓦语,熟练	景颇语,熟练	汉语,熟练	载瓦语,熟练
6	岳利琴	50	景颇	景颇语,熟练	汉语,熟练	载瓦语,熟练	傈僳语、拉祜语、勒期语,熟练
7	李大妹	83	景颇	景颇语,熟练	载瓦语,略懂	傣语,略懂	傈僳语,略懂
8	张 明	70	景颇	景颇语,熟练	汉语,熟练	傈僳语,熟练	载瓦语,熟练
9	苏卫兰	40	景颇	景颇语,熟练	汉语,熟练	载瓦语,略懂	勒期语,略懂
10	张四妹	91	景颇	景颇语,熟练	汉语,熟练	载瓦语,略懂	勒期语,略懂
11	李 平	49	景颇	景颇语,熟练	汉语,熟练	傈僳语,熟练	拉祜语,熟练
12	岳 兵	53	景颇	景颇语,熟练	汉语,熟练	傈僳语,熟练	拉祜语,略懂

综上所述,无论是双语型还是多语型,当与别的民族在一起时,景颇人都会根据具体的环境、场合、交际目的自由地转换使用语言,建立起具有和谐气氛的双语、多语语言环境。

二 耿马景颇人的兼语特点

(一)兼用语具有普遍性

耿马景颇族普遍能够兼用汉语,部分人还能兼用其他少数民族语言,兼用语现象具有普遍性。无论是在乡镇还是在村寨,无论是聚居还是杂居,无论是老人还是儿童,无论是男性还是女性,无论文化程度是高还是低,他们都能自如地使用汉语等兼用语。

(二)兼用语具有一定的层次性

耿马景颇族的双语除了具有一定的普遍性外,其内部还具有一定的层次性。形成层次的主要因素是年龄代际差异、受教育程度及不同的社会经历。老、中、青、少掌握汉语等兼用语的程度不同。通常是老人、少儿的汉语水平稍差一些,但老人的佤语、拉祜语、傣语水平较高。少儿通常不懂其他少数民族语言。中青年的汉语水平无论是发音还是词汇、语法的运用,都比老年人要好一些。但兼用其他少数民族语言的水平低于老年人。

出现这种差别的原因之一是,老年人和少儿一般受学校教育少,与外界交流接触少,汉语水平因而不高。此外,很多耿马景颇族老年人都有集体劳动和多次搬迁的经历,他们与佤族、傣族、拉祜族等本地人口较多的少数民族有很长时间的共同生活、共同劳动的历史,因此,老人一般兼用少数民族语言的水平比较高。

（三）兼用语具有功能差异

耿马景颇族使用的不同语言，其社会功能存在差异。景颇语、汉语等语言使用的场合、领域也各有不同。其中，"景颇语—汉语"双语型景颇人以景颇语为主要交际工具，景颇语使用频率高，家庭内部、村寨内部一般不使用汉语，汉语只在学校、行政机关等特定场合中使用。处于聚居状态的村寨里的景颇族，基本上都属于这种类型。"景颇语—汉语—其他民族语"多语型景颇人仍以景颇语为主要交际工具，但同时在村寨内部使用汉语及其他民族语。族际婚姻家庭的景颇人属于多语型的较多。

三 耿马景颇人兼语的成因

（一）大杂居的民族分布状态是景颇族全民兼语的客观基础

耿马景颇族主要分布在5个村寨和一些城镇里，他们全部处于民族大杂居的分布状态。其中，景颇新寨隶属于贺派乡芒抗村，该村由景颇族、佤族、汉族、拉祜族、傣族等多个民族构成。那弄组属耿马镇弄巴村委会所辖的17个自然小组之一，是一个由佤族、景颇族、汉族组成的自然村寨。贺稳组隶属于孟定镇景信村，该村由汉族、拉祜族、佤族、傈僳族、景颇族等多个民族构成。邱山村委会隶属于耿马县孟定镇，该村由拉祜族、佤族、傈僳族、汉族、景颇族、傣族、彝族等民族构成。草坝寨隶属于孟定镇芒艾村，该村有傈僳族、景颇族、拉祜族、汉族、彝族、傣族、佤族等7个民族。城镇景颇人更是少数民族里的少数民族，处于各种民族语言的包围之中。这样的大杂居分布状态为景颇人学习、兼用其他民族的语言提供了客观物质基础。这种分布状态必然带来多民族的频繁接触和交际往来，掌握更多的语言成为景颇人的内在需要。

（二）人口总数少使得景颇族需要全民兼语

人口总数越多、分布越集中，其语言使用越稳定，就越不需要学习别的语言；反之，人口总数越少、分布越分散，其语言使用就越容易受到冲击，就越需要学习、兼用别的语言。耿马县全县总人口26.3万人，景颇人只有1004人（含外族媳妇等落户景颇户主家里的人口），仅占全县人口比例的0.38%。人口总数过少使得景颇族需要全民兼用别的语言，以便与人口占优势的民族沟通交往、互通有无。

（三）语言态度开放、兼容是景颇族全民兼语的情感背景

景颇人对母语持有深厚的情感，同时也具有与时俱进、开放兼容的语言态度。我们在调查中遇到的每一位景颇人都热情爽朗地用汉语与我们亲切交谈。景颇人李智和说："学习汉语也重要。因为汉语是社会上交流比较广泛的一种语言。"

(四) 语言和谐是景颇族全民兼语的语言环境

无论是双语型还是多语型,景颇语与兼用语都是并存共用,互补互辅,形成了和谐统一的语言环境。这是景颇族全民兼语能力强的重要语言环境。

景颇语和其他语言在使用功能上和谐互补。景颇人的双语和多语现象都是随语言交际的实际需要而出现和发展的。随着景颇族对外联系不断增多、经济交流不断增强,只使用景颇语是不够的,必须学习、掌握别的语言。例如,在学校教育中、在政府机关的工作中以及与外族的接触中,都需要使用全国通用语汉语。在与当地少数民族的交往中,则是使用佤语、拉祜语、傣语更能拉近感情,方便沟通。因此,景颇语与汉语等语言在景颇人的语言生活中互相补充,难以或缺。而且,不同语言的使用场合、表达功能互补和谐,促进景颇人形成了较高水平的全民兼语。例如,景颇语常用于家庭内部日常的表情达意;汉语常用于会议、课堂、商贸往来,属正式官方用语及对外交际用语;佤语、拉祜语、傣语等少数民族语言则常用于田间劳动、村寨之间。总之,语言和谐是景颇族全民兼语的重要语言大环境,在这个和睦的环境里,景颇人自由选择使用语言,最大可能地发挥了语言的交际工具的功能。那拢组村民岳正光说:"我们家里,我跟孩子讲话一般讲景颇语,我妻子跟小孩只讲汉语,我和我妻子之间也讲汉语。没有因为说什么话而闹矛盾。村里不同民族的人在一起,一般讲话的时候看跟什么人讲,如果是跟佤族人讲就讲佤语,跟景颇族人讲就讲景颇语,跟汉族人就讲汉语。"

(五) 经济发展的需求是景颇族全民兼语的内在动力

景颇人曾经长期处于自给自足的小农经济状态。在这种经济模式下,母语景颇语足以应对所有的语言场合,承担全部的交际功能。但是,现在耿马景颇族的经济收入有了较大幅度的提高,经济模式也由自给自足的传统农耕田猎状态转入现代化耕种运作状态。很多景颇人开始大量饲养牛羊,种植橡胶、香蕉等经济作物。这些经济作物及牛羊家畜有的是商人上门来收购加工,有的卖给了邻近村落的加工厂,还有一部分则由村民个人运送至市场上兜售。这些经济交往直接促使景颇人学习汉语及别的民族语言。

此外,景颇人出外打工的也逐年增多。外出务工挣钱已经成为重要的经济来源之一。景颇新寨村民岳忠伟说:"会说汉语在我们中国更重要,因为出门了如果只会景颇语不会汉语,就不能跟别人交往,什么事都不能做。"贺稳组村民岳卫国说:"必须学习好汉语,才能跟得上社会的发展。"

四 耿马县其他民族兼用景颇语的情况

在耿马景颇人兼用其他语言的同时,生活在景颇人身边的其他民族也在兼用景颇语。尤其是在景颇人高度聚居的景颇新寨和贺稳组里,汉族及其他少数民族普遍兼用景颇语,其中大部分人能够达到熟练级;还有一部分人能基本听懂景颇语,但说的能力较差;完全不懂景颇语的人很少。

例如,在景颇新寨,除景颇族外,还有汉族、佤族、拉祜族、傣族和彝族。这些民族占全寨统计人口的18.1%。下面是这几个民族兼用景颇语的情况统计表:

表 3-14

民族	人数	景颇语					
		熟练	百分比(%)	略懂	百分比(%)	不懂	百分比(%)
汉族	17	6	35.29	11	64.71	0	0
佤族	27	25	92.60	2	7.40	0	0
拉祜族	2	1	50	0	0	1	50
傣族	1	0	0	1	100	0	0
彝族	1	1	100	0	0	0	0
总计	48	33	68.75	14	29.17	1	2.08

上表显示,景颇新寨的汉族、佤族等民族共48人中有68.75%能熟练兼用景颇语;29.17%的人能听懂景颇语,但口语表达能力较差;只有2.08%的人完全不懂景颇语。

又如,在贺稳组,除景颇族外,还有汉族、佤族、拉祜族、傈僳族等民族。这些民族占全组总人口的15.85%。下面是这几个民族兼用景颇语的具体情况:

表 3-15

家庭序号	姓名	年龄	民族	第一语言及水平	第二语言及水平	第三语言及水平	其他兼用语及水平
1	那都	71	拉祜	拉祜语,熟练	景颇语,熟练	汉语,略懂	
	罗扎提	61	拉祜	拉祜语,熟练	景颇语,熟练	汉语,略懂	
	李卫华	44	拉祜	拉祜语,熟练	汉语,熟练	景颇语,熟练	
	李牛	12	拉祜	景颇语,熟练	拉祜语,略懂	汉语,略懂	
	李梅	10	拉祜	景颇语,熟练	汉语,熟练		
2	李小二	54	佤	佤语,熟练	拉祜语,略懂	景颇语,略懂	汉语,略懂
3	余大妹	82	傈僳	傈僳,熟练	拉祜语,熟练	汉语,熟练	景颇语,略懂
4	李红英	23	拉祜	景颇语,熟练	汉语,熟练	拉祜语,略懂	
5	赵加艳	41	汉	汉语,熟练	景颇语,略懂		
	李四妹	42	拉祜	拉祜语,熟练	景颇语,熟练	汉语,熟练	
	赵春发	21	汉	景颇语,熟练	汉语,熟练		
	赵兴玲	19	汉	景颇语,熟练	汉语,熟练	拉祜语,略懂	
	杨思兰	82	汉	汉语,熟练	景颇语,略懂		
6	郭小英	28	佤	佤语,熟练	汉语,熟练	景颇语,熟练	
	郭红英	23	汉	汉语,熟练			
7	李金兰	35	汉	汉语,熟练	景颇语,熟练		
8	胡志英	36	佤	佤语,熟练	汉语,熟练	景颇语,熟练	

9	胡小三	21	佤	佤语,熟练	汉语,熟练	景颇语,略懂	
10	李玉珍	54	汉	汉语,熟练	景颇语,熟练		
11	陈天兰	33	汉	汉语,熟练	景颇语,熟练		
12	赵芬菊	31	汉	汉语,熟练	景颇语,熟练		
13	李志荣	35	佤	佤语,熟练	汉语,熟练	景颇语,熟练	
14	李玲兰	38	汉	汉语,熟练	景颇语,熟练		
15	张道华	46	汉	汉语,熟练	景颇语,熟练		
16	张安明	54	汉	汉语,熟练	景颇语,熟练		
17	李双英	36	汉	汉语,熟练	拉祜语,熟练	景颇语,熟练	
	李扎模	60	拉祜	拉祜语,熟练	汉语,熟练	景颇语,熟练	
18	李 勇	43	汉	汉语,熟练	景颇语,熟练		
	李金梅	27	佤	佤语,熟练	汉语,熟练	景颇语,熟练	
19	李小妹	65	汉	汉语,熟练	景颇语,熟练	傣语,略懂	
	李双婷	26	佤	佤语,熟练	汉语,熟练	景颇语,略懂	傣语,略懂
20	雷建国	28	汉	汉语,熟练	景颇语,熟练		
	李玉梅	23	汉	汉语,熟练	景颇语,熟练		
21	李四妹	25	佤	佤语,熟练	景颇语,略懂	汉语,熟练	
22	余秀美	48	傈僳	傈僳语,熟练	景颇语,熟练	汉语,熟练	拉祜语,略懂

在高度杂居而且景颇人口处于绝对弱势的河边寨,其他民族基本不懂景颇语。在"大杂居、小聚居"的那拢组,佤族人口占全组总人口的80%。在景颇族和佤族相互通婚的族际婚姻家庭,佤族人普遍习得了景颇语。但在纯佤族人家庭里,佤族一般不懂景颇语。在景颇人口占优势,但分布上处于民族杂居状态的草坝寨,汉族、拉祜族兼用景颇语的情况如下表:

表 3-16

民族	人数	熟练		略懂		不懂	
		人数	百分比(%)	人数	百分比(%)	人数	百分比(%)
汉族	84	42	50	17	20	25	30
拉祜族	95	28	30	21	22	46	48
合计	179	70	39.1	38	21.2	71	39.7

景颇人处于聚居状态的景颇新寨、贺稳组和处于杂居状态的那拢组、河边寨、草坝寨,这5个村寨的其他民族兼用景颇语的不同情况,可以说明两个问题:

一是聚居分布是保证使用人口较少的语言保持活力的最重要条件之一。景颇语在景颇人聚居村寨里具有很高的语言威望和较大的社区影响力。因此,不仅本族人普遍稳定使用本族语,还吸引了其他民族兼用景颇语。而处于完全杂居状态下的景颇语(如河边寨)则不具备吸引其他民族兼用的条件。所以,我们可以认为,聚居分布是保持小语言生命力的最重要的因素。

二是耿马县是典型的语言和谐之地。当地民族的平等和谐首先就体现在语言的平等和谐上。宽松自由的语言选择和深厚浓烈的母语情感自然地形成对立统一,景颇族、汉族、佤族、傣族等各个民族,既坚定地稳定保留自己的母语,又灵活地兼用其他多种语言,形成了"各有其用"的平衡互补语言状态。

第三节 耿马县景颇族支系语言的存在与变化

我国景颇族主要有5个支系,分别是景颇支系、载瓦支系、浪速支系、勒期支系、波拉支系。在德宏傣族景颇族自治州,景颇族的5个支系特点鲜明。5种支系语言是支系的重要标志,各支系的人以自己的支系语言为母语。支系语言之间界限分明,绝不混用。

但是在耿马县我们看到,景颇人的支系意识淡化了。5个支系只有4个在耿马有分布,分别是景颇支系、载瓦支系、浪速支系和勒期支系。不同支系的传统风俗、服饰、语言都已基本趋同。体现在语言上,最突出的表现就是载瓦、浪速两个支系的景颇人基本上都转用了景颇支系语言——景颇语,本支系语言的代际传承出现严重危机。载瓦语、浪速语、勒期语这三种支系语言只在少数中老年人中使用,非景颇支系的绝大多数青少年以及大部分中老年人已完全不懂自己所属支系的语言。由于那拢组、河边寨的景颇人全是景颇支系,不存在支系语言的使用问题,所以下面我们逐村分析其余3个村寨的景颇族支系语言情况。

一 景颇新寨景颇族支系语言情况

景颇新寨共有景颇族217人,其中景颇支系143人、载瓦支系34人、浪速支系40人。这217名不同支系的景颇人全部熟练使用景颇语,载瓦语、浪速语已无人会用。非景颇支系的景颇家庭语言使用情况见下表:

表3-17

家庭关系	姓名	年龄	民族	第一语言及水平	第二语言及水平	其他兼用语及水平	支系语言及水平
户主	李智和	49	景颇(浪速)	景颇语,熟练	汉语,熟练	傣语,熟练;佤语,略懂	浪速语,不懂
妻子	王燕枝	43	汉	汉语,熟练	景颇语,略懂		
长子	李春俊	19	景颇(浪速)	景颇语,熟练	汉语,熟练		浪速语,不懂
长女	李春霞	17	景颇(浪速)	景颇语,熟练	汉语,熟练		浪速语,不懂
户主	李忠才	53	景颇(浪速)	景颇语,熟练	汉语,熟练	傣语,熟练;佤语,略懂	浪速语,不懂
长女	李燕	31	景颇(浪速)	景颇语,熟练	汉语,熟练		浪速语,不懂
长孙	彭建雄	3	景颇(浪速)				浪速语,不懂

户主	李佳斌	39	景颇(浪速)	景颇语,熟练	汉语,熟练	傣语,略懂;佤语,略懂	浪速语,不懂
妻子	杨阿花	32	汉	汉语,熟练	景颇语,略懂		
长子	李大康	7	景颇(浪速)	景颇语,熟练	汉语,熟练		浪速语,不懂
户主	李金英	40	景颇(浪速)	景颇语,熟练	汉语,熟练	傣语,略懂	浪速语,不懂
长女	李 芳	11	景颇(浪速)	景颇语,熟练	汉语,熟练	傣语,略懂	浪速语,不懂
户主	李 萍	46	景颇(浪速)	景颇语,熟练	汉语,熟练		浪速语,不懂
长子	李洪云	24	景颇(浪速)	景颇语,熟练	汉语,熟练		浪速语,不懂
长女	李洪香	21	景颇(浪速)	景颇语,熟练	汉语,熟练		浪速语,不懂
次子	李洪斌	18	景颇(浪速)	景颇语,熟练	汉语,熟练		浪速语,不懂
户主	赵海荣	42	景颇(载瓦)	景颇语,熟练	汉语,熟练	傣语,略懂	载瓦语,不懂
妻子	岳四妹	38	景颇(景颇)	景颇语,熟练	汉语,熟练	佤语,熟练	
长女	排南仙	22	景颇(景颇)	景颇语,熟练	汉语,熟练		
次女	排南帮	18	景颇(景颇)	景颇语,熟练	汉语,熟练		
长子	排早利	15	景颇(景颇)	景颇语,熟练	汉语,熟练		
户主	包春日	40	景颇(浪速)	景颇语,熟练	汉语,熟练	傣语,熟练	浪速语,不懂
妻子	那 卡	38	拉祜	拉祜语,熟练	汉语,熟练		
户主	包老三	33	景颇(浪速)	景颇语,熟练	汉语,熟练		浪速语,不懂
妻子	艾 细	43	佤	佤语,熟练	汉语,熟练	景颇语,略懂	
户主	包老四	30	景颇(浪速)	景颇语,熟练	汉语,熟练		浪速语,不懂
母亲	米大妹	56	景颇(景颇)	景颇语,熟练	汉语,熟练	傣语,略懂	
妹妹	包红梅	28	景颇(浪速)	景颇语,熟练	汉语,熟练		浪速语,不懂
长子	包昆生	9	景颇(浪速)	景颇语,熟练	汉语,熟练		浪速语,不懂
户主	李正明	46	景颇(浪速)	景颇语,熟练	汉语,熟练	傣语,略懂	浪速语,不懂
长子	李 生	14	景颇(浪速)	景颇语,熟练	汉语,熟练		浪速语,不懂
户主	李金花	43	汉	汉语,熟练	景颇语,熟练		
长子	李 杰	23	景颇(浪速)	景颇语,熟练	汉语,熟练		浪速语,不懂
户主	杨诺第	25	景颇(景颇)	景颇语,熟练	汉语,熟练		
妻子	岳二妹	23	景颇(景颇)	景颇语,熟练	汉语,熟练		
母亲	何三妹	56	景颇(载瓦)	景颇语,熟练	汉语,熟练		载瓦语,不懂
长女	宽 玲	6	景颇(景颇)	景颇语,熟练	汉语,熟练		
户主	赵三妹	46	景颇(载瓦)	景颇语,熟练	汉语,熟练		载瓦语,不懂
长女	刘金梅	21	景颇(载瓦)	景颇语,熟练	汉语,熟练		载瓦语,不懂
次女	刘金玲	18	景颇(载瓦)	景颇语,熟练	汉语,熟练		载瓦语,不懂
三女	刘金珊	16	景颇(载瓦)	景颇语,熟练	汉语,熟练		载瓦语,不懂
户主	岳忠华	44	景颇(景颇)	景颇语,熟练	汉语,熟练	佤语,略懂	
妻子	赵丽琴	43	景颇(载瓦)	景颇语,熟练	汉语,熟练	傣语,略懂	载瓦语,不懂

母亲	杨四妹	65	景颇(景颇)	景颇语,熟练	汉语,熟练	傣语,略懂	
长女	岳麻弄	21	景颇(景颇)	景颇语,熟练	汉语,熟练		
次女	岳 颖	19	景颇(景颇)	景颇语,熟练	汉语,熟练		
长子	岳 明	16	景颇(景颇)	景颇语,熟练	汉语,熟练		
户主	孙章顺	51	汉	汉语,熟练	景颇语,熟练		
妻子	岳莲英	46	景颇(景颇)	景颇语,熟练	汉语,熟练	佤语,略懂	
岳母	赵三妹	71	景颇(载瓦)	景颇语,熟练	汉语,熟练	傣语,熟练	载瓦语,不懂
长女	孙忠梅	26	景颇(景颇)	景颇语,熟练	汉语,熟练		
长子	孙刚双	23	景颇(景颇)	景颇语,熟练	汉语,熟练		
次子	孙诺第	23	景颇(景颇)	景颇语,熟练	汉语,熟练		
户主	赵玉香	40	景颇(载瓦)	景颇语,熟练	汉语,熟练		载瓦语,不懂
长女	许 露	18	景颇(载瓦)	景颇语,熟练	汉语,熟练		载瓦语,不懂
次女	许 丽	15	景颇(载瓦)	景颇语,熟练	汉语,熟练		载瓦语,不懂
长子	许 文	12	景颇(载瓦)	景颇语,熟练	汉语,熟练		载瓦语,不懂
户主	李 光	28	景颇(浪速)	景颇语,熟练	汉语,熟练	傣语、佤语,略懂	浪速语,不懂
妻子	周 丽	32	景颇(景颇)	景颇语,熟练	汉语,熟练		
长子	李 乐	8	景颇(浪速)	景颇语,熟练	汉语,熟练		浪速语,不懂
长女	李 丽	1	景颇(浪速)				浪速语,不懂
户主	李老二	37	景颇(浪速)	景颇语,熟练	汉语,熟练		浪速语,不懂
妻子	杨大妹	35	景颇(景颇)	景颇语,熟练	汉语,熟练		
长子	李干双	22	景颇(浪速)	景颇语,熟练	汉语,熟练		浪速语,不懂
次子	李诺嗯	20	景颇(浪速)	景颇语,熟练	汉语,熟练		浪速语,不懂
长女	李努定	18	景颇(浪速)	景颇语,熟练	汉语,熟练		浪速语,不懂
户主	赵红英	51	景颇(载瓦)	景颇语,熟练	汉语,熟练	佤语、傣语,熟练	载瓦语,不懂
丈夫	马 大	59	汉	汉语,熟练	景颇语,略懂		
长子	徐小大	25	景颇(载瓦)	景颇语,熟练	汉语,熟练		载瓦语,不懂
长女	马 努	10	景颇(载瓦)	景颇语,熟练	汉语,熟练		载瓦语,不懂
次子	马 诺	8	景颇(载瓦)	景颇语,熟练	汉语,熟练		载瓦语,不懂
户主	赵智勇	35	景颇(载瓦)	景颇语,熟练	汉语,熟练		载瓦语,不懂
妻子	阿三妹	28	汉	汉语,熟练	景颇语,略懂		
长子	赵 坚	8	景颇(载瓦)	景颇语,熟练	汉语,熟练		载瓦语,不懂
长女	赵 努	3	景颇(载瓦)				载瓦语,不懂
户主	赵阿八	32	景颇(载瓦)	景颇语,熟练	汉语,熟练		载瓦语,不懂
妻子	阿 花	35	汉	汉语,熟练			
长女	赵麻果	7	景颇(载瓦)	景颇语,熟练	汉语,熟练		载瓦语,不懂
长子	赵麻干	4	景颇(载瓦)	景颇语,熟练	汉语,熟练		载瓦语,不懂

户主	赵志明	48	景颇（载瓦）	景颇语,熟练	汉语,熟练	佤语、傣语,熟练	载瓦语,不懂
妻子	李会英	43	景颇（浪速）	景颇语,熟练	汉语,熟练		浪速语,不懂
长女	赵 钦	25	景颇（载瓦）	景颇语,熟练	汉语,熟练		载瓦语,不懂
次女	赵 仙	23	景颇（载瓦）	景颇语,熟练	汉语,熟练		载瓦语,不懂
长子	赵早畔	19	景颇（载瓦）	景颇语,熟练	汉语,熟练		载瓦语,不懂
户主	李玉花	38	汉	汉语,熟练	景颇语,略懂		
长女	麻 稞	13	景颇（载瓦）	景颇语,熟练	汉语,熟练		载瓦语,不懂
次女	麻 路	11	景颇（载瓦）	景颇语,熟练	汉语,熟练		载瓦语,不懂
三女	麻 锐	9	景颇（载瓦）	景颇语,熟练	汉语,熟练		载瓦语,不懂
四女	麻 途	7	景颇（载瓦）	景颇语,熟练	汉语,熟练		载瓦语,不懂
户主	李志明	36	景颇（浪速）	景颇语,熟练	汉语,熟练		浪速语,不懂
妻子	岳丽红	35	景颇（景颇）	景颇语,熟练	汉语,熟练		
长女	李麻果	16	景颇（浪速）	景颇语,熟练	汉语,熟练		浪速语,不懂
长子	李 刚	10	景颇（浪速）	景颇语,熟练	汉语,熟练		浪速语,不懂
户主	岳老三	56	景颇（景颇）	景颇语,熟练	汉语,熟练	傣语、佤语,熟练	
妻子	赵大妹	49	景颇（载瓦）	景颇语,熟练	汉语,熟练		载瓦语,不懂
次子	岳甲诺	28	景颇（景颇）	景颇语,熟练	汉语,熟练		
户主	杨向荣	49	景颇（景颇）	景颇语,熟练	汉语,熟练	傣语、佤语,略懂	
妻子	赵伟红	46	景颇（载瓦）	景颇语,熟练	汉语,熟练		载瓦语,不懂
次女	杨秀美	25	景颇（景颇）	景颇语,熟练	汉语,熟练		
三女	杨麻锐	23	景颇（景颇）	景颇语,熟练	汉语,熟练		
长子	杨早畔	20	景颇（景颇）	景颇语,熟练	汉语,熟练		
户主	赵明永	43	景颇（载瓦）	景颇语,熟练	汉语,熟练	傣语,略懂	载瓦语,不懂
母亲	岳阿东	67	景颇（景颇）	景颇语,熟练	汉语,熟练	傣语,略懂	
长女	赵麻果	20	景颇（载瓦）	景颇语,熟练	汉语,熟练		载瓦语,不懂
长子	赵刚斗	18	景颇（载瓦）	景颇语,熟练	汉语,熟练		载瓦语,不懂
户主	李 妹	38	佤	佤语,熟练	汉语,熟练	景颇语,熟练	
母亲	岳麻东	67	景颇（景颇）	景颇语,熟练	汉语,熟练	傣语,略懂	
长女	阿 甲	10	景颇（浪速）	景颇语,熟练	汉语,熟练		浪速语,不懂
户主	李秀英	42	景颇（浪速）	景颇语,熟练	汉语,熟练		浪速语,不懂
长女	麻 宽	22	景颇（浪速）	景颇语,熟练	汉语,熟练		浪速语,不懂
长子	麻 都	18	景颇（浪速）	景颇语,熟练	汉语,熟练		浪速语,不懂
户主	周小四	62	景颇（景颇）	景颇语,熟练	汉语,熟练		
妻子	岳红连	56	景颇（景颇）	景颇语,熟练	汉语,熟练		
长女	周大妹	35	景颇（景颇）	景颇语,熟练	汉语,熟练		
女婿	赵老三	36	景颇（载瓦）	景颇语,熟练	汉语,熟练		载瓦语,不懂

长孙女	赵麻南	17	景颇（景颇）	景颇语,熟练	汉语,熟练		
次孙女	赵麻甲	14	景颇（景颇）	景颇语,熟练	汉语,熟练		
长孙	赵早崩	8	景颇（景颇）	景颇语,熟练	汉语,熟练		
户主	李新明	35	景颇（浪速）	景颇语,熟练	汉语,熟练		浪速语,不懂
妻子	岳秀英	32	景颇（景颇）	景颇语,熟练	汉语,熟练		
长子	李小大	13	景颇（浪速）	景颇语,熟练	汉语,熟练		浪速语,不懂
户主	李志华	43	景颇（浪速）	景颇语,熟练	汉语,熟练	傣语、佤语,略懂	浪速语,不懂
妻子	李金兰	41	景颇（浪速）	景颇语,熟练	汉语,熟练		浪速语,不懂
长子	双 刚	12	景颇（浪速）	景颇语,熟练	汉语,熟练		浪速语,不懂

从上表我们可以清楚看到,景颇新寨的非景颇支系景颇族无论男女老幼,都已转用景颇语,完全不懂自己的支系语言。

二 贺稳组景颇族支系语言情况

贺稳组有景颇族191人。景颇族中景颇支系人口最多,有93人,占该组景颇总人口的48.7%;浪速支系人口次之,有60人,占31.4%;载瓦支系有33人,占17.3%;勒期支系人口最少,仅有5人,占2.6%。浪速、载瓦、勒期3个支系共计98人,基本都能熟练使用景颇语。其景颇语使用情况见下表:

表 3-18

支系	人数	熟练		略懂		不懂	
		人数	百分比(%)	人数	百分比(%)	人数	百分比(%)
浪速支系	60	58	96.66	1	1.67	1	1.67
勒期支系	5	5	100	0	0	0	0
载瓦支系	33	33	100	0	0	0	0
合计	98	96	98	1	1	1	1

据我们的调查,该组这3个支系98人的支系语言出现了明显的退化、衰变现象,其中只有16.33%的支系人还能够熟练地使用自己的支系语言,8.16%的支系人略懂自己的支系语言,剩余75.51%的支系人都完全不懂自己的支系语言。其中,勒期语的问题最为突出。5个勒期人全部都已转用景颇语,不懂勒期语。载瓦支系33人里只有6人还能熟练的掌握载瓦语。而且这6人基本上都是60岁以上的老人,其余的人完全不懂自己的载瓦语。浪速支系60人里只有10人能够熟练地使用浪速语,并且这10人中7人是60岁以上的老人,3人是40—59岁的中年人。

因此我们可以得出一个清晰的结论:在贺稳组支系语言的代际传承出现了明显的年龄层级差异和突出的语言断层现象。60岁以上的支系人91%还能熟练地使用自己支系的语言,但支系6—19岁的青少年100%不懂自己的支系语言。具体情况见下表:

表 3-19

年龄(岁)	支系人数	熟练		略懂		不懂	
		人数	百分比(%)	人数	百分比(%)	人数	百分比(%)
6—19	16	0	0	0	0	16	100
20—39	45	1	2.2	1	2.2	43	95.6
40—59	26	5	19.2	7	26.9	14	53.9
60以上	11	10	90.9	0	0	1	9.1
合计	98	16	16.33	8	8.16	74	75.51

贺稳组非景颇支系的景颇家庭语言使用情况见下表：

表 3-20

家庭关系	姓名	年龄	民族	第一语言及水平	第二语言及水平	第三语言及水平	支系语言及水平
户主	苏国田	73	景颇(浪速)	景颇语,熟练	汉语,熟练	傣语,熟练	浪速语,熟练
妻子	宋小四	68	景颇	景颇语,熟练	汉语,熟练	傣语,略懂	浪速语,不懂
长子	苏卫兵	39	景颇(浪速)	景颇语,熟练	汉语,熟练	傣语,略懂	浪速语,略懂
长媳	字从英	36	汉	汉语,熟练	景颇语,熟练	佤语,熟练	
长孙	苏伟	18	景颇(浪速)	景颇语,熟练	汉语,熟练		浪速语,不懂
长孙女	苏美金	16	景颇(浪速)	景颇语,熟练	汉语,熟练		浪速语,不懂
次孙女	苏玉琴	15	景颇(浪速)	景颇语,熟练	汉语,熟练		浪速语,不懂
户主	赵中明	45	景颇(载瓦)	景颇语,熟练	汉语,略懂	傣语,熟练	载瓦语,略懂
妻子	南刀	46	景颇	景颇语,熟练	汉语,熟练	傣语,略懂	
长子	赵红平	24	景颇(载瓦)	景颇语,熟练	汉语,熟练		载瓦语,不懂
长女	赵红	25	景颇(载瓦)	景颇语,熟练	汉语,熟练		载瓦语,不懂
次女	赵小三	20	景颇(载瓦)	景颇语,熟练	汉语,熟练		载瓦语,不懂
户主	孔志明	48	景颇(浪速)	景颇语,熟练	汉语,熟练		浪速语,略懂
长女	孔小英	25	景颇(浪速)	景颇语,熟练	汉语,熟练	傣语,略懂	浪速语,不懂
次女	孔丽英	24	景颇(浪速)	景颇语,熟练	汉语,熟练	拉祜,略懂	浪速语,不懂
三女	孔小三	21	景颇(浪速)	景颇语,熟练	汉语,熟练		浪速语,不懂
户主	苏明亮	49	景颇(浪速)	景颇语,熟练	汉语,熟练		浪速语,不懂
妻子	赵玉平	49	景颇(浪速)	景颇语,熟练	汉语,熟练	傣语,略懂	浪速语,不懂
长子	苏强	27	景颇(浪速)	景颇语,熟练	汉语,熟练		浪速语,不懂
次子	苏小伟	25	景颇(浪速)	景颇语,熟练	汉语,熟练		浪速语,不懂
户主	赵小二	66	景颇(浪速)	浪速语,熟练	佤语,熟练	傣语,熟练	浪速语,熟练
长子	杨大	48	景颇(浪速)	景颇语,熟练	汉语,熟练		浪速语,不懂
次子	杨二	41	景颇(浪速)	景颇语,熟练	汉语,熟练		浪速语,不懂
次女	杨红梅	39	景颇(浪速)	景颇语,熟练	汉语,熟练		浪速语,不懂

称谓	姓名	年龄	民族(支系)	语言1	语言2	语言3	语言4
孙子	杨金军	24	景颇(浪速)	景颇语,熟练	汉语,熟练	佤语,熟练	浪速语,不懂
孙女	杨金芳	22	景颇(浪速)	景颇语,熟练	汉语,熟练	佤语,熟练	浪速语,不懂
外孙	陈 东	20	景颇(浪速)	景颇语,熟练	汉语,熟练	佤语,熟练	浪速语,不懂
户主	宋卫明	49	景颇(载瓦)	景颇语,熟练	汉语,熟练	傣语,熟练	载瓦语,不懂
妻子	岳红兰	50	景颇	景颇语,熟练	汉语,熟练	傈僳,熟练	
长子	宋小东	28	景颇(载瓦)	景颇语,熟练	汉语,熟练	傣语,略懂	载瓦语,不懂
长女	宋玉玲	26	景颇(载瓦)	景颇语,熟练	汉语,熟练		载瓦语,不懂
次子	宋玉祥	24	景颇(载瓦)	景颇语,熟练	汉语,熟练		载瓦语,不懂
户主	岳 帕	74	景颇(浪速)	浪速语,熟练	景颇语,熟练	傣语,熟练	浪速语,熟练
妻子	岳小四	63	景颇	景颇语,熟练	载瓦语,熟练	浪速语,熟练	
次子	岳新明	36	景颇	景颇语,熟练	汉语,熟练		浪速语,不懂
户主	宋卫清	42	景颇(载瓦)	景颇语,熟练	汉语,熟练		载瓦语,不懂
妻子	麻 果	39	景颇(载瓦)	载瓦语,熟练	景颇语,熟练	汉语,熟练	载瓦语,熟练
长女	宋麻果	16	景颇(载瓦)	景颇语,熟练	汉语,熟练		载瓦语,不懂
长子	宋麻刚	14	景颇(载瓦)	景颇语,熟练	汉语,熟练		载瓦语,不懂
户主	保华安	48	景颇(浪速)	景颇语,熟练	浪速语,熟练	载瓦语,熟练	浪速语,不懂
妻子	宋美英	48	景颇(载瓦)	景颇语,熟练	汉语,熟练		载瓦语,不懂
父亲	保老大	77	景颇(浪速)	景颇语,熟练	浪速语,熟练	载瓦语,熟练	浪速语,熟练
母亲	宋小三	69	景颇(浪速)	景颇语,熟练	载瓦语,熟练	浪速语,熟练	浪速语,熟练
长子	保明忠	27	景颇(浪速)	景颇语,熟练	汉语,熟练	傣语,熟练	浪速语,不懂
长媳	李红英	23	拉祜	景颇语,熟练	汉语,熟练	拉祜,略懂	
长女	保建梅	25	景颇(浪速)	景颇语,熟练	汉语,熟练	拉祜,略懂	浪速语,不懂
户主	岳建华	54	景颇(浪速)	景颇语,熟练	浪速语,略懂	汉语,略懂	浪速语,略懂
妻子	何文珍	53	景颇	景颇语,熟练	汉语,熟练	傈僳,略懂	
长子	岳红兵	30	景颇(浪速)	景颇语,熟练	汉语,熟练	拉祜,略懂	浪速语,不懂
长媳	郭小英	28	佤	佤语语,熟练	汉语,熟练	景颇语,熟练	
次子	岳春江	27	景颇(浪速)	景颇语,熟练	汉语,熟练	傣语,略懂	浪速语,不懂
次媳	郭红英	23	汉	汉语,熟练			
三女	岳翠英	26	景颇(浪速)	景颇语,熟练	汉语,熟练		浪速语,不懂
户主	岳 春	29	景颇	景颇语,熟练	汉语,熟练	傣语,略懂	
奶奶	刀 剑	78	景颇(浪速)	浪速语,熟练	景颇语,熟练	汉语,熟练	浪速语,熟练
母亲	苏美英	43	景颇(浪速)	浪速语,略懂	景颇语,熟练		浪速语,略懂
二弟	岳 龙	26	景颇	景颇语,熟练	汉语,熟练	傣语,略懂	
三弟	岳 辉	24	景颇	景颇语,熟练	汉语,熟练	傣语,不懂	
三弟媳	胡小三	21	佤	佤语,熟练	汉语,熟练	景颇语,略懂	
户主	张老大	59	景颇	景颇语,熟练	汉语,熟练	傣语,略懂	

关系	姓名	年龄	民族(支系)				
妻子	岳秀英	43	景颇(浪速)	浪速语,熟练	景颇语,熟练	汉语,熟练	浪速语,熟练
弟弟	岳秀明	48	景颇	景颇语,熟练	汉语,熟练	傣语,略懂	
长女	张小兰	31	景颇(浪速)	景颇语,熟练	汉语,熟练	傣语,略懂	浪速语,略懂
长子	张国荣	29	景颇(浪速)	景颇语,熟练	汉语,熟练	傣语,略懂	浪速语,不懂
侄子	岳 刚	24	景颇	景颇语,熟练	汉语,熟练	傣语,略懂	
户主	宋卫华	47	景颇(载瓦)	载瓦语,略懂	景颇语,熟练	汉语,熟练	载瓦语,略懂
妻子	排小红	48	景颇(浪速)	浪速语,略懂	景颇语,熟练	汉语,熟练	浪速语,略懂
岳母	龙 诺	68	景颇(浪速)	浪速语,熟练	景颇语,熟练	汉语,略懂	浪速语,熟练
长子	宋桂强	28	景颇(载瓦)	景颇语,熟练	汉语,熟练	傣语,略懂	载瓦语,不懂
长女	宋桂兰	26	景颇(载瓦)	景颇语,熟练	汉语,熟练	傣语,略懂	载瓦语,不懂
次女	宋桂玲	23	景颇(载瓦)	景颇语,熟练	汉语,熟练	傣语,略懂	载瓦语,不懂
户主	童光明	50	景颇(载瓦)	载瓦语,熟练	景颇语,熟练	汉语,熟练	载瓦语,熟练
妻子	李玉珍	54	汉	汉语,熟练	景颇语,熟练		
父亲	童 二	76	景颇(载瓦)	载瓦语,熟练	景颇语,熟练	汉语,熟练	载瓦语,熟练
长女	童 珍	30	景颇(载瓦)	景颇语,熟练	汉语,熟练		载瓦语,不懂
次女	童 玲	28	景颇(载瓦)	景颇语,熟练	汉语,熟练		载瓦语,不懂
长子	童 军	27	景颇(载瓦)	景颇语,熟练	汉语,熟练		载瓦语,不懂
户主	童家洪	41	景颇(载瓦)	景颇语,熟练	汉语,熟练		载瓦语,不懂
妻子	岳春兰	36	景颇(载瓦)	景颇语,熟练	汉语,熟练		载瓦语,不懂
长子	童金福	16	景颇(载瓦)	景颇语,熟练	汉语,熟练	傣语,略懂	载瓦语,不懂
长女	童果胖	14	景颇(载瓦)	景颇语,熟练	汉语,熟练	傣语,略懂	载瓦语,不懂
次女	童玛甲	11	景颇(载瓦)	景颇语,熟练	汉语,熟练	傣语,略懂	载瓦语,不懂
户主	宋小八	58	景颇(浪速)	浪速语,熟练	景颇语,熟练	汉语,熟练	浪速语,熟练
次女	岳建红	42	景颇(浪速)	景颇语,熟练	汉语,熟练		浪速语,不懂
女婿	李 勇	43	汉	汉语,熟练	景颇语,熟练		
长孙	李成龙	24	景颇(浪速)	景颇语,熟练	汉语,熟练		浪速语,不懂
长孙媳	李金梅	27	佤	佤语,熟练	汉语,熟练	景颇语,熟练	
长孙女	李丛英	22	景颇(浪速)	景颇语,熟练	汉语,熟练		浪速语,不懂
次孙女	李 平	18	景颇(浪速)	景颇语,熟练	汉语,熟练		浪速语,不懂
户主	苏国荣	44	景颇(浪速)	景颇语,熟练	汉语,熟练		浪速语,不懂
长女	苏小红	23	景颇(浪速)	景颇语,熟练	汉语,熟练		浪速语,不懂
次女	苏小霞	21	景颇(浪速)	景颇语,熟练	汉语,熟练		浪速语,不懂
三女	苏小梅	18	景颇(浪速)	景颇语,熟练	汉语,熟练	拉祜语,略懂	浪速语,不懂
户主	岳老六	81	景颇(载瓦)	载瓦语,熟练	景颇语,熟练	汉语,熟练	载瓦语,熟练
妻子	孟老二	78	景颇(载瓦)	载瓦语,熟练	景颇语,熟练	汉语,熟练	载瓦语,熟练
三子	岳老三	46	景颇(载瓦)	景颇语,熟练	汉语,熟练		载瓦语,不懂

四子	岳志明	40	景颇（载瓦）	景颇语,熟练	汉语,熟练		载瓦语,不懂
户主	石正华	48	景颇（勒期）	景颇语,熟练	汉语,熟练		勒期语,不懂
妻子	岳会兰	44	景颇（勒期）	景颇语,熟练	汉语,熟练		勒期语,不懂
长子	石玉龙	28	景颇（勒期）	景颇语,熟练	汉语,熟练		勒期语,不懂
次子	石玉平	25	景颇（勒期）	景颇语,熟练	汉语,熟练		勒期语,不懂
次女	石玉琴	22	景颇（勒期）	景颇语,熟练	汉语,熟练		勒期语,不懂
户主	保金华	46	景颇（浪速）	景颇语,熟练	汉语,熟练	傣语,熟练	浪速语,略懂
长子	保国强	18	景颇（浪速）	景颇语,熟练	汉语,熟练		浪速语,不懂
次子	保国荣	16	景颇（浪速）	景颇语,熟练	汉语,熟练		浪速语,不懂
户主	岳伟强	28	景颇（浪速）	景颇语,熟练	汉语,熟练		浪速语,不懂
妻子	李四妹	25	佤	佤语,熟练	景颇语,略懂	汉语,熟练	
父亲	岳国良	60	景颇（浪速）	景颇语,熟练	汉语,熟练	傣语,熟练	浪速语,不懂
母亲	麻 果	61	景颇	景颇语,熟练	汉语,熟练		
妹妹	岳春芳	25	景颇（浪速）	景颇语,熟练	汉语,熟练		浪速语,不懂
户主	岳卫红	38	景颇（浪速）	景颇语,熟练	汉语,熟练	佤语,熟练	浪速语,不懂
长子	岳刀孔	17	景颇（浪速）	佤语,熟练	汉语,熟练	景颇语,略懂	浪速语,不懂
户主	黄小刚	41	景颇（载瓦）	景颇语,熟练	汉语,熟练	载瓦语,熟练	载瓦语,熟练
妻子	何秀珍	37	景颇	景颇语,熟练	汉语,熟练	傈僳语,熟练	
长女	董小芳	8	景颇（载瓦）	景颇语,熟练	汉语,熟练		载瓦语,不懂

三　草坝寨景颇族支系语言情况

草坝寨共有156个景颇人。其支系概念已相当模糊，一般都称自己是大山人，只有一人明确说自己是浪速支系，但他已经不会说浪速话。载瓦支系有7人，其中能熟练使用载瓦语的有4人。此外还有8位景颇支系的人会说载瓦语。具体情况如下表：

表 3-21

家庭序号	姓名	年龄	民族	第一语言及水平	第二语言及水平	第三语言及水平	备注
1	岳进华	43	景颇（浪速）	景颇语,熟练	汉语,熟练	拉祜语,不懂	浪速语,不懂
2	小何三妹	67	景颇（载瓦）	载瓦语,熟练	景颇语,熟练	汉语,熟练	载瓦语,熟练
2	岳文兵	24	景颇（载瓦）	景颇语,熟练	汉语,熟练	拉祜语,不懂	载瓦语,不懂
3	赵莲红	52	景颇（载瓦）	景颇语,熟练	汉语,熟练	傣语,略懂	载瓦语,熟练
4	何三妹	68	景颇（载瓦）	景颇语,熟练	汉语,熟练		载瓦语,熟练
5	岳四妹	82	景颇	景颇语,熟练	载瓦语,熟练	汉语,熟练	
6	何 强	26	景颇（载瓦）	景颇语,熟练	汉语,熟练	拉祜语,不懂	载瓦语,不懂
6	何兴荣	48	景颇（载瓦）	载瓦语,熟练	景颇语,熟练	汉语,熟练	载瓦语,熟练
6	何梦成	7	景颇（载瓦）	汉语,熟练	景颇语,略懂	拉祜语,不懂	载瓦语,不懂

7	岳利琴	50	景颇	景颇语,熟练	汉语,熟练	载瓦语,熟练	载瓦语,熟练
8	李大妹	83	景颇	景颇语,熟练	载瓦语,略懂	傣语,略懂	载瓦语,略懂
9	张 明	70	景颇	景颇语,熟练	汉语,熟练	傈僳语,熟练	载瓦语,熟练
	岳大妹	68	景颇	景颇语,熟练	汉语,熟练	载瓦语,熟练	载瓦语,熟练
10	苏卫兰	40	景颇	景颇语,熟练	汉语,熟练	载瓦语,略懂	载瓦语,略懂
11	张四妹	91	景颇	景颇语,熟练	汉语,熟练	载瓦语,略懂	载瓦语,略懂
12	何伍妹	84	景颇	景颇语,熟练	载瓦语,熟练	汉语,熟练	载瓦语,熟练

通过上面3个村寨的支系语言使用情况我们看到，耿马县景颇族的支系观念已经淡化，支系语言发展不平衡。景颇支系还在稳定使用自己的母语景颇语，但其他3个支系都普遍出现了语言转用现象，浪速、载瓦、勒期人里的大多数都不懂自己的支系语言，转而使用景颇支系语言——景颇语。目前懂得3个支系语言的景颇人基本都是60岁以上的老人，非景颇支系的青少年100%不懂自己的支系语言，支系语言出现了明显的衰退倾向。可以肯定的是，随着时间推移，耿马景颇族将不再区分支系，景颇语将逐渐取代全部的支系语言，成为各支系景颇人的母语。

第四章 耿马县景颇族村落和城镇语言使用情况个案分析

第一节 城镇机关景颇族家庭语言使用情况个案分析

一 耿马县城镇景颇族基本情况

耿马傣族佤族自治县有景颇族1004人,其中城镇人口主要集中在耿马镇、孟定镇和贺派乡机关。20世纪50年代参加工作的有8人,1976年以后参加工作的有35人。其中有省政协委员1人,地级政协委员2人,人代会代表2人,县政协委员8人。现在岗人员25人,公务员8人,教师8人,医务人员4人,职工5人,单位行政干部1人,厅级干部1人,处级干部1人,科级10人。

为了使景颇文化壮大、发展,耿马景颇族于2007年4月17日正式成立"耿马景颇族协会"。有164名会员,24名理事会理事,9名常务理事。临沧市政协副主席杨老三任耿马景颇族协会名誉会长。

2008年景颇族协会组织、聘请德宏州及缅甸的景颇文老师,利用寒暑假进行扫盲,普及景颇文字。扫盲班先后举办了两期,有250人参加,现有70人能够使用景颇文。

二 耿马县城镇景颇族语言使用的特点

我们随机抽取了耿马县3个点28户城镇家庭进行分析。其中耿马县级机关16户(含景颇族家庭11户),共52人(含景颇族33人);孟定镇机关7户(含景颇族家庭4户),共21人(含景颇族16人);贺派乡机关5户(含景颇族家庭4户),共18人(含景颇族14人)。总家庭数为28户,其中景颇家庭为19户;总人口数为91人,其中景颇族为63人。其中年龄在6岁以下的儿童6人,不做统计,实际统计景颇族人数为57人。

(一)城镇景颇族语言使用特点

1. 景颇族景颇语使用情况见下表。

表 4-1

年龄段（岁）	人数	熟练		略懂		不懂	
		人数	百分比(%)	人数	百分比(%)	人数	百分比(%)
6—19	20	14	70	4	20	2	10
20—39	18	13	72	2	11	3	17
40—59	16	15	94	0	0	1	6
60 以上	3	3	100	0	0	0	0
合计	57	45	78	6	11	6	11

上表数据显示，89%的城镇景颇族不同程度地使用景颇语，其中 78%是熟练等级。在使用景颇语的能力上，耿马城镇景颇族出现代际性差别。其中 60 岁以上的老年人和 40—59 岁的中年人熟练度较高，分别达到 100%和 94%。而青壮年和青少年的熟练度分别是 72%和 70%。各个阶段熟练掌握景颇语的能力呈递减的趋势。实际上，由于他们长期在机关单位工作，日常用语是汉语，景颇语水平已经出现不同程度地下降。比如：今年 54 岁的退休法官何文，老家在孟定镇芒艾村草坝寨，初中二年级时就离开家乡，到外面学习、工作、生活。平时以汉语为主要的交际工具，很少讲景颇语。只是一些日常生活用语，如"你是哪里的人？""你叫什么名字？"等用景颇语讲。他爱人是拉祜族，不会说拉祜语，夫妻之间都说汉语。孩子出生后，家庭用语也是汉语，所以女儿的第一语言就是汉语。

也有一些老家离县城较近的城镇景颇家庭，周末常回家与父母团聚，或让父母帮忙照看小孩，因此不但他们本人景颇语非常熟练，子女、配偶的景颇语说得也比较流利。如岳世明和赵志明等家庭就是这种情况。

耿马县城镇景颇族完全不会讲景颇语的有 6 人，占景颇族人口总数的 11%。具体情况如下：

(1) 6—19 岁的青少年中不懂景颇语的有 2 人，见下表。

表 4-2

姓名	年龄	民族	文化程度	第一语言及水平	第二语言及水平
赵姬瑶	14	景颇	初二在读	汉语，熟练	景颇语，不懂
岳 青	14	景颇	初二在读	汉语，熟练	景颇语，不懂

情况分析：

赵姬瑶，从小由奶奶在老家带看，那时候还会说景颇语，但三岁后被父母接回县上，由于妈妈是汉族，不会说景颇语，家庭交际语言是汉语，加上现在在学校住读，所以已经忘了景颇语。岳青的情况也和赵姬瑶相似，妈妈是汉族，景颇语只是略懂，家里没有讲景颇语的语言环境，所以不会说。

(2) 20—39 岁的青壮年中有 3 人不懂景颇语，见下表：

表 4 - 3

姓名	年龄	民族	文化程度	第一语言及水平	第二语言及水平
孙树玲	35	景颇	本科	汉语,熟练	景颇语,不懂
彭宏林	34	景颇	高中	汉语,熟练	景颇语,不懂
何庆翎	25	景颇	初中	汉语,熟练	景颇语,不懂

情况分析:

孙树玲、彭宏林、何庆翎都是来自族际婚姻家庭。孙树玲和彭宏林的父亲都是汉族,何庆翎的妈妈是拉祜族,家庭交际语言都是汉语。这三人受教育程度较高,汉语的使用机会多,所以自己母语的使用能力就必然会受到影响。

(3) 40—59 岁有 1 人不懂景颇语,见下表:

表 4 - 4

姓名	年龄	民族	文化程度	第一语言及水平	第二语言及水平
孙树兵	42	景颇	本科	汉语,熟练	景颇语,不懂

情况分析:

孙树兵,现任耿马县委副书记,是孙树玲的哥哥。1967 年 12 月出生在耿马县。父亲是汉族,1958 年随民族土改工作队来到耿马。母亲是德宏陇川的景颇族。因为他从小生活在县城,后到外地读书、学习,参加工作后又长期从事党政工作,没有机会说景颇语,主要交际语言是汉语。

2. 景颇族汉语使用情况

耿马县城镇景颇族全民使用汉语,能熟练使用的达 100%。第一语言是汉语的有 18 人,占总人数的 32%。详细情况见下表。

表 4 - 5

年龄段(岁)	人数	熟练		略懂		不懂	
		人数	百分比(%)	人数	百分比(%)	人数	百分比(%)
6—19	20	20	100	0	0	0	0
20—39	18	18	100	0	0	0	0
40—59	16	16	100	0	0	0	0
60 以上	3	3	100	0	0	0	0
合计	57	57	100	0	0	0	0

3. 景颇族其他民族语使用情况

耿马县城镇景颇族还能够不同程度地掌握其他民族语,我们对此也做了统计。其结果见下表:

表 4-6

民族语	人数	熟练		略懂		不懂	
		人数	百分比(%)	人数	百分比(%)	人数	百分比(%)
傣语	57	17	30	6	11	34	59
佤语	57	14	24.5	4	7.1	39	68.4
拉祜语	57	5	8.8	2	3.5	50	87.7
傈僳语	57	6	10.5	3	5.3	48	84.2

耿马县有 26 个少数民族，城镇景颇族工作的机关单位也不乏这些少数民族人才。机关干部到基层工作会和当地少数民族接触，在长期的工作生活交往中，很多景颇族干部学会了多种民族语。如：耿马县旅游局局长赵智明，会熟练使用汉语、景颇语、傣语和佤语四种语言。在县委组织部工作的岳向东不但会汉语、景颇语、傣语和佤语，还略懂缅语。孟定地税分局的赵志明会说汉语、景颇语、拉祜语和傈僳语，还能听懂傣语和佤语。孟定遮哈小学教师岳红卫会说景颇语、汉语、佤语、傣语和缅语，而且会读、会写景颇文。耿马城镇景颇族有 30 人和其他民族通婚，他们也不同程度地学会了妻子或丈夫的民族语。如：耿马景颇族协会会长何荣的爱人是傈僳族，所以何荣的傈僳语就相当熟练。

（二）城镇景颇族非景颇族配偶景颇语使用情况

我们还统计了城镇景颇族的配偶共 30 人。其中景颇族配偶 13 人，非景颇族配偶 17 人，包括汉族 8 人、傣族 4 人、傈僳族 2 人、拉祜族 2 人、阿昌族 1 人。我们对非景颇族配偶 17 人的景颇语使用情况进行了统计，其结果见下表。

表 4-7

景颇语	总人数	17
熟练	人数	3
	百分比(%)	17.6
略懂	人数	2
	百分比(%)	11.8
不懂	人数	12
	百分比(%)	70.6

通过统计，我们可以看出，只有 29.4% 的配偶能够不同程度地使用景颇语，不懂的人占了 70.6%。城镇景颇族族际婚姻家庭很多，占 57%。家庭交际语言大多是汉语。这种状况使得城镇景颇族青少年景颇语的使用能力下降。

（三）城镇景颇族青少年第一语言使用情况

在我们实际统计的景颇族 57 人中，第一语言是景颇语的有 38 人，其中 6—19 岁青少年为 7 人；第一语言是汉语的有 18 人，其中 6—19 岁青少年为 12 人，占城镇景颇族青少年人口总数的 60%。具体情况见下表。

表 4-8

姓名	年龄	民族	文化程度	第一语言及水平	第二语言及水平	第三语言及水平
岳尼那	16	景颇	高一在读	汉语,熟练	景颇语,略懂	
赵缘缘	15	景颇	初二在读	汉语,熟练	傣语,熟练	景颇语,略懂
赵姬瑶	14	景颇	初二在读	汉语,熟练	景颇语,不懂	
岳 青	14	景颇	初二在读	汉语,熟练	景颇语,不懂	
岳 坤	13	景颇	小六在读	汉语,熟练	景颇语,熟练	
孙朝阳	12	景颇	初二在读	汉语,熟练	景颇语,略懂	
李楠楠	10	景颇	小四在读	汉语,熟练	景颇语,熟练	
杨雨龙	9	景颇	小二在读	汉语,熟练	景颇语,熟练	
王子于	9	景颇	小三在读	汉语,熟练	景颇语,略懂	
赵世忠	8	景颇	小一在读	汉语,熟练	景颇语,熟练	
何大卫	7	景颇	小一在读	汉语,熟练	景颇语,略懂	傈僳语,略懂
马秋萍	6	景颇	小一在读	汉语,熟练	景颇语,熟练	

城镇生活、族际婚姻使半数以上的耿马县城镇景颇族青少年的第一语言转用汉语,母语景颇语逐渐退到第二语言或第三语言的位置上。有的虽然景颇语说得熟练,但仅限于日常交际;有的只听得懂但不会说;有的会说一点儿简单话语但不愿意说。由于出现语言能力下降,在语言交际上呈现出一种回避的语言表现力,即见到会说景颇语的就避开不说,或遇到对方用景颇语跟自己说话,就用汉语回答。

三 耿马县城镇景颇族家庭语言使用情况总表

表 4-9

家庭关系	姓名	年龄	民族	文化程度	第一语言及水平	第二语言及水平	其他语言及水平
户主	何 荣	63	景颇	中专	景颇语,熟练	汉语,熟练	傈僳语、傣语、佤语、拉祜语,熟练;布朗语,略懂
妻子	李会兰	60	傈僳	小三	傈僳语,熟练	拉祜语,熟练	汉语,熟练
儿子	何春华	21	景颇	中专	汉语,熟练	傈僳语,略懂	景颇语,略懂
儿媳	赵忠翠	29	汉	大专	汉语,熟练		
孙子	何大卫	7	景颇	小一在读	汉语,熟练	景颇语,略懂	傈僳语,略懂
户主	何 文	56	景颇	本科	景颇语,熟练	汉语,熟练	傈僳语,熟练
妻子	张群艳	54	拉祜	大专	汉语,熟练	景颇语,熟练	
女儿	何庆翎	25	景颇	初中	汉语,熟练		
户主	赵智明	42	景颇	本科	景颇语,熟练	汉语,熟练	佤语、傣语,熟练

妻子	张思团	39	汉	中专	汉语,熟练		
女儿	赵姬瑶	14	景颇	初二在读	汉语,熟练		
户主	岳世明	37	景颇	本科	景颇语,熟练	汉语,熟练	佤语,熟练;傣语,略懂
妻子	刘 琼	29	汉	中专	汉语,熟练		
女儿	岳 媛	2	景颇	学前			
户主	岳新忠	41	景颇	本科	景颇语,熟练	汉语,熟练	佤语、傣语,略懂
妻子	陈玉芝	35	傈僳	大专	汉语,熟练	傈僳语,略懂	景颇语,熟练
儿子	岳 坤	13	景颇	小六在读	汉语,熟练	景颇语,熟练	
户主	岳向东	51	景颇	中专	景颇语,熟练	汉语,熟练	佤语、傣语,熟练;缅语,略懂
妻子	徐镜桂	44	汉	高中	汉语,熟练		
儿子	岳 魁	25	景颇	大专	汉语,熟练	景颇语,略懂	
儿媳	胡桂英	20	傣	初中	傣语,熟练	汉语,熟练	
孙女	岳佳丽	2	景颇	学前			
户主	岳新和	42	景颇	高中	景颇语,熟练	汉语,熟练	佤语、傣语,熟练
妻子	贺玲舒	38	汉	初中	汉语,熟练	景颇语,略懂	
儿子	岳 青	14	景颇	初二在读	汉语,熟练		
户主	赵志华	40	景颇	高中	景颇语,熟练	汉语,熟练	佤语、傣语,略懂
妻子	白 情	40	汉	初中	汉语,熟练		
儿子	赵世忠	8	景颇	小一在读	汉语,熟练	景颇语,熟练	
户主	孙树兵	42	景颇	本科	汉语,熟练		
妻子	赵临芬	38	阿昌	大专	汉语,熟练		
儿子	孙朝阳	12	景颇	初二在读	汉语,熟练	景颇语,熟练	
户主	孙学强	73	汉	初中	汉语,熟练		
妻子	岳麻蚌	74	景颇	中专	景颇语,熟练	汉语,熟练	
户主	孙树玲	35	景颇	本科	汉语,熟练		
丈夫	蒋国忠	41	汉	中专	汉语,熟练		
儿子	蒋 一	1	景颇	学前			
户主	石 斌	33	汉	大专	汉语,熟练		
妻子	赵志萍	35	景颇	大专	景颇语,熟练	汉语,熟练	
女儿	石佳宇	3	景颇	学前	汉语,熟练	景颇语,熟练	
户主	杨志昭	41	汉	高中	汉语,熟练		
妻子	杨玉琴	30	景颇	初中	景颇语,熟练	汉语,熟练	
儿子	杨雨龙	9	景颇	小二在读	汉语,熟练	景颇语,熟练	
户主	景光明	44	傣	初中	傣语,熟练	汉语,熟练	景颇语,略懂
妻子	杨秀琴	37	景颇	小学	景颇语,熟练	汉语,熟练	傣语,熟练
女儿	景 云	13	景颇	初一在读	傣语,熟练	汉语,熟练	景颇语,熟练

户主	周 臣	45	汉	高中	汉语,熟练		
妻子	赵文英	44	景颇	高中	景颇语,熟练	汉语,熟练	佤语,熟练
女儿	周 媛	17	汉	高二在读	汉语,熟练		
户主	岳二妹	66	景颇	初小	景颇语,熟练	汉语,熟练	佤语,熟练
儿子	彭宏林	34	景颇	高中	汉语,熟练		
儿媳	俸贵珍	29	傣	初中	傣语,熟练	汉语,熟练	
孙子	彭子瑞	1	景颇	学前			
户主	岳红卫	50	景颇	高中	景颇语,熟练	汉语,熟练	傣语、佤语、傈语、缅语,熟练
妻子	孟 洁	47	景颇	初中	景颇语,熟练	汉语,熟练	傣语,熟练
长子	岳 町	21	景颇	中专	景颇语,熟练	汉语,熟练	傣语,熟练
次子	岳 更	19	景颇	高中在读	景颇语,熟练	汉语,熟练	傣语,熟练
户主	赵志明	42	景颇	大专	景颇语,熟练	汉语,熟练	拉祜语、傈僳语,熟练;傣语、佤语,略懂
妻子	王春梅	36	傣	大专	傣语,熟练	汉语,熟练	景颇语,略懂
儿子	赵缘缘	15	景颇	初二在读	汉语,熟练	傣语,熟练	景颇语,略懂
户主	李中金	36	汉	大专	汉语,熟练		
妻子	何文英	34	景颇	大专	景颇语,熟练	汉语,熟练	傈僳语,略懂
儿子	李楠楠	10	景颇	小四在读	汉语,熟练	景颇语,熟练	
户主	王文军	38	傣	中专	傣语,熟练	汉语,熟练	
妻子	赵 会	36	景颇	中专	景颇语,熟练	汉语,熟练	傈僳语,熟练
儿子	王子于	9	景颇	小三在读	汉语,熟练	景颇语,略懂	
户主	马建国	35	拉祜	大专	拉祜语,熟练	汉语,熟练	景颇语,熟练
妻子	张志梅	27	景颇	初中	景颇语,熟练	汉语,熟练	
女儿	马秋萍	6	景颇	小一在读	汉语,熟练	景颇语,熟练	
户主	李建文	44	景颇	大专	景颇语,熟练	汉语,熟练	拉祜语、傈僳语,熟练
妻子	李红梅	38	景颇	初中	景颇语,熟练	汉语,熟练	
儿子	马双龙	19	景颇	初中	景颇语,熟练	汉语,熟练	拉祜语,熟练
户主	赵志红	38	景颇	小学	景颇语,熟练	汉语,熟练	拉祜语、傈僳语,熟练
丈夫	扎五烈	25	拉祜	初中	拉祜语,熟练	汉语,熟练	
户主	杨忠华	44	景颇	中专	景颇语,熟练	汉语,熟练	傣语,熟练、佤语,略懂
妻子	岳麻锐	40	景颇	初中	景颇语,熟练	汉语,熟练	傣语、佤语,熟练
长子	杨 干	14	景颇	初二在读	景颇语,熟练	汉语,熟练	傣语,略懂
次子	杨红波	9	景颇	小三在读	景颇语,熟练	汉语,熟练	
户主	陈子明	48	景颇	初中	景颇语,熟练	汉语,熟练	傣语、佤语,熟练;拉祜语,略懂
妻子	杨麻锐	40	景颇	初中	景颇语,熟练	汉语,熟练	傣语、佤语,熟练

长女	陈麻努	17	景颇	高二在读	景颇语,熟练	汉语,熟练	佤语,略懂
长子	陈麻诺	14	景颇	初二在读	景颇语,熟练	汉语,熟练	
户主	陈子华	38	景颇	大专	景颇语,熟练	汉语,熟练	傣语、佤语,熟练
妻子	刀春美	35	傣	大专	傣语,熟练	汉语,熟练	景颇语,不懂
女儿	陈 童	5	景颇	学前			
户主	俸云开	33	傣	初中	傣语,熟练	汉语,熟练	景颇语,不懂
妻子	岳麻鲁	35	景颇	初中	景颇语,熟练	汉语,熟练	佤语,熟练
女儿	俸 玉	10	傣	小四在读	景颇语,熟练	汉语,熟练	
户主	岳春红	35	景颇	小学	景颇语,熟练	汉语,熟练	傣语、佤语,熟练
妻子	王宝贵	44	汉	高中	汉语,熟练	景颇语,略懂	
女儿	岳宽双	19	景颇	大专在读	景颇语,熟练	汉语,熟练	
儿子	岳尼那	16	景颇	高一在读	汉语,熟练	景颇语,略懂	

第二节 贺派乡芒抗村景颇新寨语言使用情况个案分析

一 芒抗村景颇新寨基本情况

景颇新寨是贺派乡芒抗村的一个景颇族聚居寨,也称景颇组。景颇新寨北距耿马县城7公里。全寨有71户,298人,主要由景颇族、佤族、汉族、拉祜族、傣族构成。其中景颇族人口最多,约占80%。景颇新寨是1954年起陆续由老寨迁移而来的。老寨位于距新寨对面3公里的山上,交通不便。到1976年前后,老寨的住户已全部搬迁至景颇新寨。

景颇新寨南、北两边是傣族寨,东、西两边是佤族寨。这些不同民族的村寨之间相互交往密切,来往频繁,民族关系和谐、融洽。景颇族过去的婚姻关系十分严格,如不同民族不能通婚。如今,景颇人的婚姻观念变得更加开放,择偶范围扩大。景颇新寨的族际婚姻家庭较多,约占50%。有景颇姑娘嫁汉族、傣族、佤族小伙子的,也有景颇小伙娶其他民族姑娘的。调查中我们了解到,寨中有一位叫陈世忠的佤族汉子,娶了景颇新寨的景颇族姑娘,二人感情非常好,妻子去世后,陈世忠一直未娶。在景颇新寨,这样的族际婚姻家庭还有很多。虽然夫妻是不同的民族,有的还说不同的语言,但没有一家因为民族习俗、语言等问题而产生矛盾。在景颇新寨,融洽的族际婚姻促进了民族关系的和谐。

景颇新寨全寨有耕地面积994.42亩,人均占有耕地面积3.2亩。近10年来,景颇新寨调整产业结构,过去以种水稻为主,现在则大力发展甘蔗产业。农民年人均收入比以前增加了3000元左右。生活条件比以前有了很大的改善,寨中家家都有电视机、摩托车、手机,告别了过去"交通基本靠走,通信基本靠吼"的状况。有的家中还盖了新房。

景颇新寨人普遍重视文化教育。适龄儿童的小学入学率达到了100%,初中达到了90%,高中有50%左右。寨子里出了1个研究生,4个大学生。父母亲对孩子接受学校教育的态度是,只要孩子想继续读书,读得上去,哪怕家里再困难也要供。

景颇族的传统习俗在景颇新寨存在一定程度的淡化。寨子里的人平时大都着汉装,文化生活主要是看电视。但在过年过节、婚丧嫁娶等重要的日子,或有贵宾到来的时候,人们就穿上景颇族的传统服装,为宾客准备好竹筒烧的饭、菜和自家蒸的"啤冈"(水酒),盛放在铺垫了绿色芭蕉叶的桌上。村民会从四面八方赶过来,用勒绒、洞巴、铓、锣、象脚鼓等乐器为宾客演奏景颇歌曲,主宾一起跳景颇族的传统"统嘎"(象脚鼓舞)舞蹈,场面热烈欢腾。

二 芒抗村景颇新寨语言使用的特点

我们抽样调查了芒抗村景颇新寨69户家庭(其中景颇族家庭51户),计280人。除15个6岁以下儿童外,统计人口265人。在6岁以上(含6岁)人口中,景颇族有217人,其他民族有48人。下面是对这265人语言使用情况的统计分析。

(一)景颇族的语言使用特点

景颇族是景颇新寨的主体民族,占全寨人口的81.9%。景颇族的语言使用情况见表4-10、表4-11、表4-12、表4-13、表4-14。表4-10为景颇族的景颇语使用情况,表4-11为景颇族的汉语使用情况,表4-12为景颇族的傣语使用情况,表4-13为景颇族的佤语使用情况,表4-14为景颇族支系语言的使用情况。

表4-10

年龄段(岁)	人数	熟练		略懂		不懂	
		人数	百分比(%)	人数	百分比(%)	人数	百分比(%)
6—19	76	76	100	0	0	0	0
20—39	83	83	100	0	0	0	0
40—59	49	49	100	0	0	0	0
60以上	9	9	100	0	0	0	0
合计	217	217	100	0	0	0	0

表4-11

年龄段(岁)	人数	熟练		略懂		不懂	
		人数	百分比(%)	人数	百分比(%)	人数	百分比(%)
6—19	76	76	100	0	0	0	0
20—39	83	83	100	0	0	0	0

40—59	49	49	100	0	0	0	0
60以上	9	9	100	0	0	0	0
合计	217	217	100	0	0	0	0

表 4-12

年龄段(岁)	人数	熟练		略懂		不懂	
		人数	百分比(%)	人数	百分比(%)	人数	百分比(%)
6—19	76	0	0	2	2.63	74	97.37
20—39	83	0	0	9	10.84	74	89.16
40—59	49	14	28.57	18	36.73	17	34.70
60以上	9	4	44.44	4	44.44	1	11.12
合计	217	18	8.30	33	15.20	166	76.50

表 4-13

年龄段(岁)	人数	熟练		略懂		不懂	
		人数	百分比(%)	人数	百分比(%)	人数	百分比(%)
6—19	76	0	0	2	2.63	74	97.37
20—39	83	2	2.41	8	9.64	73	87.95
40—59	49	8	16.33	13	26.53	28	57.14
60以上	9	1	11.11	2	22.22	6	66.67
合计	217	11	5.07	25	11.52	181	83.41

表 4-14

支系(人数)	使用的支系语言	支系语言的使用能力	人数	百分比(%)
景颇支系(143人)	景颇语	熟练	143	100
载瓦支系(34人)	景颇语	熟练	34	100
浪速支系(40人)	景颇语	熟练	40	100

通过对以上表格统计数据的分析,我们认为景颇新寨景颇族的语言使用有如下特点:

1. 景颇语是景颇新寨全体景颇族的第一语言,100%的人都能够熟练地掌握运用景颇语。调查中我们了解到,景颇语是这里最通用的语言,寨子里的景颇人见面都用景颇语交谈。景颇族的孩子在一起玩耍时说的也是景颇语。寨中的一些传统文化习俗,如宗教祭祀、婚丧嫁娶,一般由寨中的巫师周小四主持,他主持这些仪式时所使用的语言是景颇语,但其他民族的村民也都能听懂。此外,景颇语的民间故事、歌曲、唱词等,也仍在寨中的景颇族中流传。

2. 景颇新寨的景颇族全民兼用汉语。表 4-11 显示,汉语是景颇族的重要交际工具,在汉语的使用能力上,这里的景颇人不存在代际差异,均能熟练运用。我们通过调查了解到,汉语的使用范围主要在寨子以外以及族际婚姻家庭。如:景颇族学生在学校的用语是汉语;村民外出打工、办事、做买卖、走亲戚时,一般也使用汉语,除非交谈对象也会景颇语。在族际婚姻家庭,如果一方不会景颇语,则双方多使用汉语。不会景颇语的人与寨中人交往时,寨中的景颇族都会迁就对方,使用汉语与之交谈。

3. 少数景颇族还兼用傣语、佤语。表4-12显示,傣语使用为"熟练"的有18人,占8.30%,"略懂"的为33人,占15.20%,二者合计为51人。"不懂"的为166人,占76.50%。从年龄段来看,傣语使用人口呈现出代际差异,即从老年到青少年,各年龄段傣语使用能力为"熟练"和"略懂"级别的比例呈递减的趋势,而"不懂"级别的比例呈递增的趋势。9名60岁以上的人中,有8人能"熟练"使用傣语或"略懂"傣语。

从表4-13的统计数据来看,佤语的使用也大致呈现出这一规律。

傣语和佤语在景颇新寨使用人口少,使用范围也较有限。多是同民族的在一起时使用,或是会这两种语言的在一起时偶尔使用。40岁以下的多数已不懂这两种语言了。

4. 景颇族有5个支系,即景颇支系、载瓦支系、浪速支系、勒支系期、波拉支系。景颇新寨的景颇族有3个支系:景颇支系(143人)、载瓦支系(34人)、浪速支系(40人)。从表4-14的统计数据来看,3个支系100%人口都能熟练使用景颇语,载瓦语、浪速语已无人使用。

(二) 非景颇族的语言使用特点

在景颇新寨,除景颇族外,还有汉族、佤族、拉祜族、傣族、彝族。这些民族占全寨统计人口的22.1%。以下表4-15至表4-19是这几个民族使用本民族语及使用汉语、景颇语的情况统计。

1. 汉族的语言使用情况:

表 4-15

汉族(共17人)	本民族语(汉语)			汉语			景颇语		
	熟练	略懂	不懂	熟练	略懂	不懂	熟练	略懂	不懂
人数	17	0	0	17	0	0	6	11	0
百分比(%)	100	0	0	100	0	0	35.29	64.71	0

表4-15显示,景颇新寨汉族的语言使用特点是:

(1) 景颇新寨的汉族人口有17人,第一语言均为汉语,全都能熟练运用汉语。

(2) 景颇语是他们的第二语言,100%都掌握景颇语,但是掌握的差异程度没有表现出明显的规律性。我们通过访谈了解到,这些汉族人都来自外地,有四川、贵州、湖南等省的,也有耿马县其他地区的。如王燕枝,嫁到景颇新寨后,学会了景颇语,现在能听懂景颇语,一般性的交际用语也会说。在家庭里,夫妻、母子、母女之间有时说景颇语,有时说汉语。

2. 佤族的语言使用情况：

表 4-16

佤族(共27人)	本民族语(佤语)			汉语			景颇语		
	熟练	略懂	不懂	熟练	略懂	不懂	熟练	略懂	不懂
人数	24	0	3	26	1	0	25	2	0
百分比(%)	88.89	0	11.11	96.30	3.70	0	92.60	7.40	0

表 4-16 显示，景颇新寨佤族的语言使用特点是：

(1)兼用汉语、景颇语的水平较高，属于熟练等级的人数，汉语为26人，景颇语为25人，均高于佤语熟练的人数。比较典型的例子是村民陈仕杰家，他家只有弟媳是景颇族，其余都是佤族。他和母亲、三弟、小妹的第一语言均为佤语，但是现在他们全家都能熟练使用汉语和景颇语，平时多讲景颇语。佤族中不懂汉语的人数为0，略懂汉语的只有1人。这个人叫肖叶嘎，53岁，没接受过学校教育，1995年前后来到景颇新寨。刚来时说佤语，因景颇新寨有不少人会佤语，就跟她讲佤语。在寨子生活的时间长了又学会了景颇语，主要以景颇语作为她的交际用语。在寨中，懂佤语和景颇语就能满足日常的交际需求，因而对汉语的学习缺乏迫切性和必要性，加之个人的性格、语言天赋等因素，肖叶嘎目前的汉语水平仍只是略懂。不懂景颇语的佤族也没有，略懂景颇语的为2人。其中一人叫艾细，43岁，佤族，没接受过学校教育，嫁到景颇新寨之前就能熟练使用汉语和佤语，来到景颇新寨后，由于这里的人都能熟练使用汉语，部分人还懂佤语，所以她的日常生活不存在语言障碍，学习景颇语的积极性不高，目前，景颇语水平仅为略懂。

(2)佤族青少年已不会自己的母语。景颇新寨佤族人口中，6—19岁年龄段的青少年有3人，这3人均不懂佤语。他们是：陈麻东(13岁，初一在读)、陈阿妹(8岁，小三在读)、陈小二(6岁，小一在读)。陈麻东来自族际婚姻家庭，其父为佤族，其母为景颇族。他父母亲的第一语言均为各自的民族语；而陈麻东的第一语言则为景颇语，同时熟练兼用汉语。陈阿妹、陈小二两姐妹来自佤族家庭，她们的父亲和奶奶都是佤族，第一语言是佤语。但她们俩都不懂佤语，第一语言均为汉语，同时熟练兼用景颇语。这一现象说明佤语的使用在景颇新寨已出现断层。

3. 拉祜族的语言使用情况：

表 4-17

拉祜族(共2人)	本民族语(拉祜语)			汉语			景颇语		
	熟练	略懂	不懂	熟练	略懂	不懂	熟练	略懂	不懂
人数	2	0	0	2	0	0	1	0	1
百分比(%)	100	0	0	100	0	0	50	0	50

表 4-17 显示，景颇新寨的拉祜族人口共2人，全都能熟练使用拉祜语和汉语，能熟练使用景颇语和不懂景颇语的各为1人。二人均没有受过学校教育。

4. 傣族的语言使用情况：

表 4-18

傣族(共1人)	本民族语(傣语)			汉语			景颇语		
	熟练	略懂	不懂	熟练	略懂	不懂	熟练	略懂	不懂
人数	0	0	1	1	0	0	1	0	0
百分比(%)	0	0	100	100	0	0	100	0	0

表4-18显示，景颇新寨的傣族人口为1人，不懂傣语，但能熟练运用汉语和景颇语。

5. 彝族的语言使用情况：

表 4-19

彝族(共1人)	本民族语(彝语)			汉语			景颇语		
	熟练	略懂	不懂	熟练	略懂	不懂	熟练	略懂	不懂
人数	0	0	1	1	0	0	1	0	0
百分比(%)	0	0	100	100	0	0	100	0	0

表4-19显示，景颇新寨的彝族人口为1人，不懂彝语，但能熟练使用汉语和景颇语。

三 芒抗村景颇新寨语言使用情况总表

表 4-20

家庭关系	姓名	年龄	民族	教育程度	第一语言及水平	第二语言及水平	其他语言及水平
户主	李智和	49	景颇(浪速)	大学	景颇语,熟练	汉语,熟练	傣语,熟练；佤语,略懂；懂景颇文
妻子	王燕枝	43	汉	初中	汉语,熟练	景颇语,略懂	
长子	李春俊	19	景颇(浪速)	中专	景颇语,熟练	汉语,熟练	
长女	李春霞	17	景颇(浪速)	中专二年级在读	景颇语,熟练	汉语,熟练	
户主	李忠才	53	景颇(浪速)	小学	景颇语,熟练	汉语,熟练	傣语,熟练；佤语,略懂
长女	李 燕	31	景颇(浪速)	高中	景颇语,熟练	汉语,熟练	
长孙	彭建雄	3	景颇(浪速)				
户主	李佳斌	39	景颇(浪速)	初中	景颇语,熟练	汉语,熟练	傣语、佤语,略懂
妻子	杨阿花	32	汉	初中	汉语,熟练	景颇语,略懂	
长子	李大康	7	景颇(浪速)	小二在读	景颇语,熟练	汉语,熟练	
户主	李金英	40	景颇(浪速)	高中	景颇语,熟练	汉语,熟练	傣语,略懂；懂景颇文
长女	李 芳	11	景颇(浪速)	小五在读	景颇语,熟练	汉语,熟练	傣语,略懂；懂景颇文
户主	李 萍	46	景颇(浪速)	小二	景颇语,熟练	汉语,熟练	

长子	李洪云	24	景颇（浪速）	初中	景颇语,熟练	汉语,熟练	
长女	李洪香	21	景颇（浪速）	初中	景颇语,熟练	汉语,熟练	
次子	李洪斌	18	景颇（浪速）	中专在读	景颇语,熟练	汉语,熟练	
户主	岳春生	47	景颇（景颇）	小学	景颇语,熟练	汉语,熟练	傣语、佤语,熟练
妻子	杨大妹	51	景颇（景颇）	文盲	景颇语,熟练	汉语,熟练	傣语、佤语,略懂
长女	岳英	25	景颇（景颇）	小学	景颇语,熟练	汉语,熟练	佤语,略懂
次女	岳萍	15	景颇（景颇）	小学	景颇语,熟练	汉语,熟练	
户主	何六妹	51	景颇（景颇）	小学	景颇语,熟练	汉语,熟练	佤语、傣语,略懂
长子	岳奇杰	23	景颇（景颇）	初二在读	景颇语,熟练	汉语,熟练	傣语,略懂
户主	李明生	31	佤	小学	佤语,熟练	汉语,熟练	景颇语,略懂
妻子	岳安连	31	景颇（景颇）	小学	景颇语,熟练	汉语,熟练	
长女	李燕	7	景颇（景颇）	小一在读	景颇语,熟练	汉语,熟练	
户主	杨军宏	47	景颇（景颇）	小学	景颇语,熟练	汉语,熟练	傣语,熟练;佤语,略懂
妻子	岳文仙	43	景颇（景颇）	初中	景颇语,熟练	汉语,熟练	佤语,熟练;傣语,略懂
长子	杨锋	24	景颇（景颇）	小学	景颇语,熟练	汉语,熟练	傣语,略懂
次子	杨华	20	景颇（景颇）	初中	景颇语,熟练	汉语,熟练	
长女	杨主仙	22	景颇（景颇）	初中	景颇语,熟练	汉语,熟练	
长孙	杨果生	4	景颇（景颇）				
户主	陈子明	49	佤	中专	佤语,熟练	景颇语,熟练	汉语、傣语,熟练
妻子	杨金香	43	景颇（景颇）	小学	景颇语,熟练	汉语,熟练	懂景颇文
长女	陈霞	16	景颇（景颇）	高二在读	景颇语,熟练	汉语,熟练	
长子	陈云	14	景颇（景颇）	初一在读	景颇语,熟练	汉语,熟练	
户主	杨忠华	43	景颇（景颇）	高中	景颇语,熟练	汉语,熟练	傣语、佤语,略懂
妻子	岳向春	40	景颇（景颇）	小学	景颇语,熟练	汉语,熟练	
长子	杨浩宇	15	景颇（景颇）	初二在读	景颇语,熟练	汉语,熟练	
三子	杨波	10	景颇（景颇）	小四在读	景颇语,熟练	汉语,熟练	
户主	李武顺	38	彝	高中	汉语,熟练	景颇语,熟练	
妻子	排红芳	35	景颇（景颇）	初中	景颇语,熟练	汉语,熟练	
岳母	杨五妹	57	景颇（景颇）	文盲	景颇语,熟练	汉语,熟练	傣语,熟练
弟弟	排勇	29	景颇（景颇）	初中	景颇语,熟练	汉语,熟练	傣语,略懂
长子	李伟	14	景颇（景颇）	初二在读	景颇语,熟练	汉语,熟练	傣语,略懂
次子	李才	11	景颇（景颇）	小五在读	景颇语,熟练	汉语,熟练	
侄子	陈保	20	景颇（景颇）	大二在读	景颇语,熟练	汉语,熟练	
户主	赵海荣	42	景颇（载瓦）	小学	景颇语,熟练	汉语,熟练	傣语,略懂

关系	姓名	年龄	民族	文化程度	母语	第二语言	第三语言
妻子	岳四妹	38	景颇（景颇）	小学	景颇语,熟练	汉语,熟练	佤语,熟练
长女	排南仙	22	景颇（景颇）	初中	景颇语,熟练	汉语,熟练	
次女	排南帮	18	景颇（景颇）	初中	景颇语,熟练	汉语,熟练	
长子	排早利	15	景颇（景颇）	初中肄业	景颇语,熟练	汉语,熟练	
户主	岳忠伟	35	景颇（景颇）	小二	景颇语,熟练	汉语,熟练	
妻子	二妹	30	汉	小学	汉语,熟练	景颇语,熟练	佤语,熟练
长子	岳子超	9	景颇（景颇）	小三在读	景颇语,熟练	汉语,熟练	
长女	岳麻努	4	景颇（景颇）				
户主	岳云飞	25	景颇（景颇）	初中	景颇语,熟练	汉语,熟练	傣语,略懂
妻子	杨丽梅	25	景颇（景颇）	小学	景颇语,熟练	汉语,熟练	
长子	板迪	2	景颇（景颇）				
户主	陈尼垮	32	佤	小学	佤语,熟练	汉语,熟练	景颇语,熟练
妻子	赵托宽	31	景颇（景颇）	小学	景颇语,熟练	汉语,熟练	
母亲	俄砍	55	佤	文盲	佤语,熟练	汉语,熟练	景颇语,熟练
长女	陈叶	2	佤	学前			
户主	陈岩荣	35	佤	小三	佤语,熟练	汉语,熟练	景颇语,熟练
妻子	赵艾嘎	35	佤	小二	佤语,熟练	汉语,熟练	景颇语,熟练
长子	杨板双	16	景颇（景颇）	小学	景颇语,熟练	汉语,熟练	
长女	杨叶布	14	景颇（景颇）	初二在读	景颇语,熟练	汉语,熟练	佤语,略懂
次子	杨军	12	景颇（景颇）	小六	景颇语,熟练	汉语,熟练	佤语,略懂
户主	包春日	40	景颇（浪速）	初中	景颇语,熟练	汉语,熟练	傣语,熟练
妻子	那卡	38	拉祜	文盲	拉祜语,熟练	汉语,熟练	
户主	包老三	33	景颇（浪速）	文盲	景颇语,熟练	汉语,熟练	
妻子	艾细	43	佤	文盲	佤语,熟练	汉语,熟练	景颇语,略懂
户主	包老四	30	景颇（浪速）	小学	景颇语,熟练	汉语,熟练	
母亲	米大妹	56	景颇（景颇）	文盲	景颇语,熟练	汉语,熟练	傣语,略懂
妹妹	包红梅	28	景颇（浪速）	小学	景颇语,熟练	汉语,熟练	
长子	包昆生	9	景颇（浪速）	小四在读	景颇语,熟练	汉语,熟练	
户主	李正明	46	景颇（浪速）	小学	景颇语,熟练	汉语,熟练	傣语,略懂
长子	李生	14	景颇（浪速）	小学	景颇语,熟练	汉语,熟练	
户主	李金花	43	汉	小学	汉语,熟练	景颇语,熟练	
长子	李杰	23	景颇（浪速）	小学	景颇语,熟练	汉语,熟练	
户主	陈老六	32	佤	小学	佤语,熟练	汉语,熟练	景颇语,熟练
岳母	杨二妹	51	景颇（景颇）	文盲	景颇语,熟练	汉语,熟练	傣语,熟练
长女	陈宽然	15	景颇（景颇）	初二在读	景颇语,熟练	汉语,熟练	
户主	杨诺第	25	景颇（景颇）	小学	景颇语,熟练	汉语,熟练	

妻子	岳二妹	23	景颇（景颇）	小学	景颇语，熟练	汉语，熟练	
母亲	何三妹	56	景颇（载瓦）	文盲	景颇语，熟练	汉语，熟练	
长女	宽 玲	6	景颇（景颇）	小一在读	景颇语，熟练	汉语，熟练	
户主	李双朝	38	汉	初中	汉语，熟练	景颇语，略懂	
妻子	岳春萍	37	景颇（景颇）	小二	景颇语，熟练	汉语，熟练	
长子	李大忠	17	景颇（景颇）	高二在读	景颇语，熟练	汉语，熟练	
长女	李麻样	13	景颇（景颇）	初二在读	景颇语，熟练	汉语，熟练	
户主	岳春忠	44	景颇（景颇）	小二	景颇语，熟练	汉语，熟练	傣语，熟练
妻子	罗从子	40	拉祜	文盲	拉祜语，熟练	汉语，熟练	景颇语，熟练
母亲	那 尼	65	景颇（景颇）	文盲	景颇语，熟练	汉语，熟练	傣语，熟练
长子	岳早生	22	景颇（景颇）	小学	景颇语，熟练	汉语，熟练	
次子	岳早诺	19	景颇（景颇）	小学	景颇语，熟练	汉语，熟练	
长女	岳努机	16	景颇（景颇）	初一	景颇语，熟练	汉语，熟练	
户主	赵三妹	46	景颇（载瓦）	小二	景颇语，熟练	汉语，熟练	
长女	刘金梅	21	景颇（载瓦）	初中	景颇语，熟练	汉语，熟练	
次女	刘金玲	18	景颇（载瓦）	高中	景颇语，熟练	汉语，熟练	
三女	刘金珊	16	景颇（载瓦）	初中	景颇语，熟练	汉语，熟练	
户主	岳忠华	44	景颇（景颇）	小学	景颇语，熟练	汉语，熟练	佤语，略懂
妻子	赵丽琴	43	景颇（载瓦）	小三	景颇语，熟练	汉语，熟练	傣语，略懂
母亲	杨四妹	65	景颇（景颇）	文盲	景颇语，熟练	汉语，熟练	傣语，略懂
长女	岳麻弄	21	景颇（景颇）	初中	景颇语，熟练	汉语，熟练	
次女	岳 颖	19	景颇（景颇）	高中	景颇语，熟练	汉语，熟练	
长子	岳 明	16	景颇（景颇）	高一	景颇语，熟练	汉语，熟练	
户主	孙章顺	51	汉	小学	汉语，熟练	景颇语，熟练	
妻子	岳莲英	46	景颇（景颇）	小二	景颇语，熟练	汉语，熟练	佤语，略懂
岳母	赵三妹	71	景颇（载瓦）	初中	景颇语，熟练	汉语，熟练	傣语，熟练
长女	孙忠梅	26	景颇（景颇）	初中	景颇语，熟练	汉语，熟练	
长子	孙刚双	23	景颇（景颇）	初中	景颇语，熟练	汉语，熟练	
次子	孙诺第	23	景颇（景颇）	初中	景颇语，熟练	汉语，熟练	
户主	岳向兰	32	景颇（景颇）	高中	景颇语，熟练	汉语，熟练	
丈夫	刘树林	41	汉	初中	汉语，熟练	景颇语，略懂	
长女	麻 波	9	景颇（景颇）	小四在读	景颇语，熟练	汉语，熟练	
长子	板 第	3	景颇（景颇）	学前			
户主	岳麻刚	56	景颇（景颇）	小三	景颇语，熟练	汉语，熟练	佤语，熟练
妻子	陈红英	51	佤	小三	佤语，熟练	汉语，熟练	景颇语，熟练
长子	岳生畔	30	景颇（景颇）	初中	景颇语，熟练	汉语，熟练	

儿媳	麻坛	28	景颇(景颇)	小学	景颇语,熟练	汉语,熟练	
长孙	岳麻干	7	景颇(景颇)	小二在读	景颇语,熟练	汉语,熟练	
长孙女	岳麻努	1	景颇(景颇)	学前			
户主	陈明华	40	佤	初中	佤语,熟练	汉语,熟练	景颇语,熟练
母亲	玉太	72	佤	文盲	佤语,熟练		景颇语,熟练
长女	陈阿妹	8	佤	小三在读	汉语,熟练	景颇语,熟练	
次女	陈小二	6	佤	小一在读	汉语,熟练	景颇语,熟练	
户主	赵玉香	40	景颇(载瓦)	小二	景颇语,熟练	汉语,熟练	
长女	许露	18	景颇(载瓦)	初中	景颇语,熟练	汉语,熟练	
次女	许丽	15	景颇(载瓦)	初三在读	景颇语,熟练	汉语,熟练	
长子	许文	12	景颇(载瓦)	小五在读	景颇语,熟练	汉语,熟练	
户主	岳三妹	52	景颇(景颇)	小三	景颇语,熟练	汉语,熟练	傣语,略懂
长子	老大	32	景颇(景颇)	小学	景颇语,熟练	汉语,熟练	
长媳	玉	30	佤	小学	佤语,熟练	汉语,熟练	景颇语,熟练
次子	麻波	28	景颇(景颇)	小学	景颇语,熟练	汉语,熟练	
次媳	双秀	23	汉	小学	汉语,熟练	景颇语,略懂	
长孙	麻板	7	景颇(景颇)	小二在读	景颇语,熟练	汉语,熟练	
次孙	小二	5	景颇(景颇)	学前			
户主	李光	28	景颇(浪速)	初中	景颇语,熟练	汉语,熟练	傣语、佤语,略懂
妻子	周丽	32	景颇(浪速)	初中	景颇语,熟练	汉语,熟练	
长子	李乐	8	景颇(浪速)	小三在读	景颇语,熟练	汉语,熟练	
长女	李丽	1	景颇(浪速)	学前			
户主	杨海荣	42	景颇(景颇)	文盲	景颇语,熟练	汉语,熟练	傣语、佤语,略懂
妻子	娥	35	佤	小二	佤语,熟练	汉语,熟练	景颇语,熟练
长女	杨春	13	景颇(景颇)	小六在读	景颇语,熟练	汉语,熟练	
次女	小二	9	景颇(景颇)	小三在读	景颇语,熟练	汉语,熟练	
户主	陈三垮	41	佤	小学	佤语,熟练	汉语,熟练	景颇语,熟练
妻子	杨玉香	38	景颇(景颇)	小学	景颇语,熟练	汉语,熟练	傣语,略懂
长子	陈麻东	13	佤	初一在读	景颇语,熟练	汉语,熟练	
户主	小杨老二	56	景颇(景颇)	文盲	景颇语,熟练	汉语,熟练	傣语、佤语,熟练
妻子	肖叶嘎	53	佤	文盲	佤语,熟练	景颇语,熟练	汉语,略懂
长子	杨干畔	30	景颇(景颇)	小学	景颇语,熟练	汉语,熟练	
儿媳	周三妹	30	景颇(景颇)	小学	景颇语,熟练	汉语,熟练	
户主	李老二	37	景颇(浪速)	文盲	景颇语,熟练	汉语,熟练	
妻子	杨大妹	35	景颇(景颇)	小学	景颇语,熟练	汉语,熟练	
长子	李干双	22	景颇(浪速)	初中	景颇语,熟练	汉语,熟练	

次子	李诺嗯	20	景颇(浪速)	小学	景颇语,熟练	汉语,熟练	
长女	李努定	18	景颇(浪速)	初二	景颇语,熟练	汉语,熟练	
户主	赵红英	51	景颇(载瓦)	文盲	景颇语,熟练	汉语,熟练	佤语、傣语,熟练
丈夫	马 大	59	汉	小学	汉语,熟练	景颇语,略懂	
长子	徐小大	25	景颇(载瓦)	初中	景颇语,熟练	汉语,熟练	
长女	马 努	10	景颇(载瓦)	小四在读	景颇语,熟练	汉语,熟练	
次子	马 诺	8	景颇(载瓦)	小二在读	景颇语,熟练	汉语,熟练	
户主	赵志勇	38	景颇(载瓦)	初中	景颇语,熟练	汉语,熟练	
妻子	阿三妹	28	汉	小学	汉语,熟练	景颇语,略懂	
长子	赵 坚	8	景颇(载瓦)	小二在读	景颇语,熟练	汉语,熟练	
长女	赵 努	3	景颇(载瓦)	学前			
户主	赵阿八	32	景颇(载瓦)	初一	景颇语,熟练	汉语,熟练	
妻子	阿 花	35	汉	小学	汉语,熟练		
长女	赵麻果	7	景颇(载瓦)	小一在读	景颇语,熟练	汉语,熟练	
长子	赵麻干	4	景颇(载瓦)				
户主	赵志明	48	景颇(载瓦)	小三	景颇语,熟练	汉语,熟练	佤语、傣语,熟练
妻子	李会英	43	景颇(浪速)	小三	景颇语,熟练	汉语,熟练	
长女	赵 钦	25	景颇(载瓦)	大学	景颇语,熟练	汉语,熟练	
次女	赵 仙	23	景颇(载瓦)	初中	景颇语,熟练	汉语,熟练	
长子	赵早畔	19	景颇(载瓦)	高一	景颇语,熟练	汉语,熟练	
户主	李玉花	38	汉	小学	汉语,熟练	景颇语,略懂	
长女	麻 棵	13	景颇(载瓦)	初一在读	景颇语,熟练	汉语,熟练	
次女	麻 路	11	景颇(载瓦)	小五在读	景颇语,熟练	汉语,熟练	
三女	麻 锐	9	景颇(载瓦)	小三在读	景颇语,熟练	汉语,熟练	
四女	麻 途	7	景颇(载瓦)	小一在读	景颇语,熟练	汉语,熟练	
户主	岳文忠	51	景颇(景颇)	初中	景颇语,熟练	汉语,熟练	佤语、傣语,熟练
妻子	俸 玉	48	傣	文盲	汉语,熟练	景颇语,略懂	
长子	岳早南	30	景颇(景颇)	小学	景颇语,熟练	汉语,熟练	
儿媳	海 花	28	汉	小学	汉语,熟练	景颇语,略懂	
次子	岳麻诺	28	景颇(景颇)	小学	景颇语,熟练	汉语,熟练	
孙子	岳麻干	5	景颇(景颇)	学前			
户主	陈尼嘎	47	佤	小学	佤语,熟练	汉语,熟练	景颇语,熟练
妻子	岳二妹	47	景颇(景颇)	文盲	景颇语,熟练	汉语,熟练	
长子	陈阿田	25	景颇(景颇)	小学	景颇语,熟练	汉语,熟练	
长女	陈麻努	22	景颇(景颇)	初中	景颇语,熟练	汉语,熟练	
次女	陈麻路	16	景颇(景颇)	初三在读	景颇语,熟练	汉语,熟练	

三女	陈麻锐	16	景颇（景颇）	初三在读	景颇语,熟练	汉语,熟练	
户主	李志明	36	景颇（浪速）	文盲	景颇语,熟练	汉语,熟练	
妻子	岳丽红	35	景颇（景颇）	小学	景颇语,熟练	汉语,熟练	
长女	李麻果	16	景颇（浪速）	初二	景颇语,熟练	汉语,熟练	
长子	李 刚	10	景颇（浪速）	小四在读	景颇语,熟练	汉语,熟练	
户主	岳老三	56	景颇（景颇）	小学	景颇语,熟练	汉语,熟练	傣语、佤语,熟练
妻子	赵大妹	49	景颇（载瓦）	文盲	景颇语,熟练	汉语,熟练	
次子	岳甲诺	28	景颇（景颇）	小学	景颇语,熟练	汉语,熟练	
户主	杨老伍	85	景颇（景颇）	小学	景颇语,熟练	汉语,熟练	傣语,熟练；佤语,略懂
四子	杨 杰	31	景颇（景颇）	初中	景颇语,熟练	汉语,熟练	傣语、佤语,略懂
儿媳	岳 玲	20	景颇（景颇）	小学	景颇语,熟练	汉语,熟练	
户主	岳新忠	36	景颇（景颇）	小学	景颇语,熟练	汉语,熟练	佤语,熟练
次女	岳麻波	13	景颇（景颇）	小六在读	景颇语,熟练	汉语,熟练	
三女	岳麻锐	10	景颇（景颇）	小三在读	景颇语,熟练	汉语,熟练	
长子	岳早刚	4	景颇（景颇）	学前			
户主	岳志明	38	景颇（景颇）	小五	景颇语,熟练	汉语,熟练	
妻子	阿 花	30	汉	文盲	汉语,熟练	景颇语,熟练	
长子	岳早生	10	景颇（景颇）	小三在读	景颇语,熟练	汉语,熟练	
次子	岳早东	6	景颇（景颇）	学前	景颇语,熟练	汉语,熟练	
户主	杨向荣	49	景颇（景颇）	初中	景颇语,熟练	汉语,熟练	傣语、佤语,略懂
妻子	赵伟红	46	景颇（载瓦）	文盲	景颇语,熟练	汉语,熟练	
次女	杨秀美	25	景颇（景颇）	大学	景颇语,熟练	汉语,熟练	
三女	杨麻锐	23	景颇（景颇）	高三	景颇语,熟练	汉语,熟练	
长子	杨早畔	20	景颇（景颇）	初中	景颇语,熟练	汉语,熟练	
户主	杨金成	40	景颇（景颇）	小二	景颇语,熟练	汉语,熟练	傣语,略懂
妻子	岳 丽	38	景颇（景颇）	小学	景颇语,熟练	汉语,熟练	懂景颇文
长子	杨早翁	11	景颇（景颇）	小四在读	景颇语,熟练	汉语,熟练	
次子	刘 金	7	景颇（景颇）	小一在读	景颇语,熟练	汉语,熟练	
户主	赵明永	43	景颇（载瓦）	小学	景颇语,熟练	汉语,熟练	傣语,略懂
母亲	岳阿东	67	景颇（景颇）	文盲	景颇语,熟练	汉语,熟练	傣语,略懂
长女	赵麻果	20	景颇（载瓦）	初二	景颇语,熟练	汉语,熟练	
长子	赵刚斗	18	景颇（载瓦）	高一	景颇语,熟练	汉语,熟练	
户主	董大妹	70	景颇（景颇）	文盲	景颇语,熟练	汉语,熟练	傣语,略懂
户主	李 妹	38	佤	小学	佤语,熟练	汉语,熟练	景颇语,熟练
母亲	岳麻东	67	景颇（景颇）	文盲	景颇语,熟练	汉语,熟练	傣语,略懂

长女	阿甲	10	景颇（浪速）	小三在读	景颇语,熟练	汉语,熟练	
户主	陈世忠	52	佤	初中	佤语,熟练	汉语,熟练	景颇语,熟练
长子	陈麻灵	25	景颇（景颇）	初中	景颇语,熟练	汉语,熟练	佤语,略懂
次子	陈诺波	22	景颇（景颇）	初中	景颇语,熟练	汉语,熟练	佤语,略懂
三子	陈腊捌	20	景颇（景颇）	高中	景颇语,熟练	汉语,熟练	佤语,略懂
户主	李秀英	42	景颇（浪速）	小三	景颇语,熟练	汉语,熟练	
长女	麻宽	22	景颇（浪速）	初中	景颇语,熟练	汉语,熟练	
长子	麻都	18	景颇（浪速）	初中	景颇语,熟练	汉语,熟练	
户主	岳新华	41	景颇（景颇）	小学	景颇语,熟练	汉语,熟练	傣语,略懂
妻子	杨志改	38	汉	初中	汉语,熟练	景颇语,略懂	
次女	岳麻波	16	景颇（景颇）	初二	景颇语,熟练	汉语,熟练	
长子	岳坤	12	景颇（景颇）	小六在读	景颇语,熟练	汉语,熟练	
户主	周小四	62	景颇（景颇）	小学	景颇语,熟练	汉语,熟练	
妻子	岳红连	56	景颇（景颇）	文盲	景颇语,熟练	汉语,熟练	
长女	周大妹	35	景颇（景颇）	小学	景颇语,熟练	汉语,熟练	懂景颇文
女婿	赵老三	36	景颇（载瓦）	初二	景颇语,熟练	汉语,熟练	懂景颇文
长孙女	赵麻南	17	景颇（景颇）	初中	景颇语,熟练	汉语,熟练	
次孙女	赵麻甲	14	景颇（景颇）	初二在读	景颇语,熟练	汉语,熟练	
长孙	赵早崩	8	景颇（景颇）	小四在读	景颇语,熟练	汉语,熟练	
户主	王金兰	45	汉	文盲	汉语,熟练	景颇语,熟练	
长子	杨光	25	景颇（景颇）	小学	景颇语,熟练	汉语,熟练	
次女	杨波地	20	景颇（景颇）	小学	景颇语,熟练	汉语,熟练	
户主	陈仕杰	34	佤	高中	佤语,熟练	景颇语,熟练	汉语,熟练;傣语,略懂
母亲	肖娥甩	51	佤	文盲	佤语,熟练	景颇语,熟练	汉语,熟练
三弟	陈三了	31	佤	小学	佤语,熟练	景颇语,熟练	汉语,熟练
弟媳	赵六妹	30	景颇（景颇）	小学	景颇语,熟练	汉语,熟练	
小妹	陈秀琴	25	佤	研究生	佤语,熟练	景颇语,熟练	汉语,熟练;懂景颇文
小侄女	宽甲	4	佤				
户主	岳伟	35	景颇（景颇）	小二	景颇语,熟练	汉语,熟练	佤语,略懂
妻子	娥	28	佤	文盲	佤语,熟练	汉语,熟练	景颇语,熟练
父亲	岳世明	57	景颇（景颇）	文盲	景颇语,熟练	汉语,熟练	傣语、佤语,熟练
母亲	何三妹	57	景颇（景颇）	文盲	景颇语,熟练	汉语,熟练	
四弟	岳麻杜	24	景颇（景颇）	小学	景颇语,熟练	汉语,熟练	
长女	岳果生	7	景颇（景颇）	小一在读	景颇语,熟练	汉语,熟练	
户主	李新明	35	景颇（浪速）	初中	景颇语,熟练	汉语,熟练	
妻子	岳秀英	32	景颇（景颇）	初中	景颇语,熟练	汉语,熟练	懂景颇文

关系	姓名	年龄	民族（支系）	文化程度	母语	第二语言	其他语言
长子	李小大	13	景颇（浪速）	初一在读	景颇语,熟练	汉语,熟练	
户主	李志华	43	景颇（浪速）	小三	景颇语,熟练	汉语,熟练	傣语、佤语,略懂
妻子	李金兰	41	景颇（浪速）	初中	景颇语,熟练	汉语,熟练	懂景颇文
长子	双 刚	12	景颇（浪速）	小六在读	景颇语,熟练	汉语,熟练	
户主	岳忠明	67	景颇（景颇）	小学	景颇语,熟练	汉语,熟练	傣语,熟练;佤语,略懂
妻子	杨二妹	56	景颇（景颇）	文盲	景颇语,熟练	汉语,熟练	傣语、佤语,略懂
三女	岳秀琴	26	景颇（景颇）	大学	景颇语,熟练	汉语,熟练	
户主	张明生	38	汉	初中	汉语,熟练	景颇语,熟练	
妻子	岳二妹	32	景颇（景颇）	小三	景颇语,熟练	汉语,熟练	
长子	张刚第	12	景颇（景颇）	小六在读	景颇语,熟练	汉语,熟练	
次子	张诺第	7	景颇（景颇）	小一在读	景颇语,熟练	汉语,熟练	
户主	徐老大	46	景颇（景颇）	小二	景颇语,熟练	汉语,熟练	傣语、佤语,略懂
妻子	娥	40	佤	文盲	佤语,熟练	汉语,熟练	景颇语,熟练
长女	徐麻果	13	景颇（景颇）	初一在读	景颇语,熟练	汉语,熟练	
次女	徐麻波	11	景颇（景颇）	小五在读	景颇语,熟练	汉语,熟练	
户主	岳玉香	31	景颇（景颇）	小学	景颇语,熟练	汉语,熟练	懂景颇文
长女	麻 努	9	景颇（景颇）	小三在读	景颇语,熟练	汉语,熟练	
长子	板 第	5	景颇（景颇）				

四　芒抗村景颇新寨村民访谈录

访谈一　芒抗村景颇新寨组长赵志勇访谈录

访谈对象：赵志勇,景颇族,男,38岁,初中毕业,耿马县贺派乡芒抗村景颇新寨组长

访谈时间：2009年7月7日上午

访谈地点：耿马县天鹅湖酒店

访谈人：朱艳华

问：请您介绍一下芒抗村景颇新寨的基本情况。

答：我们组有298人,71户。主要由景颇族、佤族、汉族、拉祜族、傣族构成。景颇族占80%左右,其他民族都是外来的媳妇和上门女婿。他们的孩子现在都是景颇族了,也都学会了景颇语。在寨子里他们都说景颇语,到别的地方才会讲其他民族语。主要经济来源是种甘蔗,人均年收入有三四千元。村民的生活比以前好多了,1997年开始种甘蔗后,村民的收入比以前增加了3000元左右。有些村民家里盖了新房子,家家都有电视、摩托、手机。离县城很近,

只有7公里,交通很方便。村民经常骑摩托车到县城做买卖、走亲戚。

问:寨子里的语言使用情况怎样?

答:寨子里所有人都会汉语、景颇语,30岁以上的大部分还会佤语、傣语,30岁以下的只有一小部分会佤语、傣语。佤语、傣语都是长大之后跟佤族、傣族人交往时学会的,或者是在学校里跟佤族、傣族的同学一起才学会的。寨子里的人见面一般都说景颇语,跟外来媳妇也都说景颇语,她们也用景颇语跟我们交谈。如果是刚嫁过来的媳妇,听不懂景颇语,我们就用汉语跟她讲。嫁过来一段时间后,会听景颇语了,我们就不用汉语跟她讲了,用景颇语讲,这时她还是用汉语回答我们。等她们会讲景颇语后,我们就可以用景颇语与她交谈了。景颇语学得最快的是佤族,一般半年就可以学会;其次是傣族,要一年左右时间学会;汉族差不多要到一两年才能学会。

问:你们寨子还有一些族际婚姻家庭,这些家庭的语言使用情况怎样?

答:刚开始的时候都讲汉语,因为互相都不懂对方的话。后来别的民族就学习景颇语,学会后就用景颇语交流了。比如李明生家,李明生是佤族,是上门女婿,媳妇岳安连是景颇族,他刚到我们寨子时不会景颇语,岳安连也不会佤语,两个人就都讲汉语。半年后李明生学会了景颇语,他们之间就用景颇语交谈。他们的小孩也讲景颇语。在寨子里,他刚来的时候大家都跟他讲汉语,现在都是用景颇语跟他交谈了。

问:您家里的语言使用情况怎样?

答:我妻子是汉族,刚嫁过来的时候一点景颇语都不懂,我就跟她讲汉语。后来学会了景颇语,但是我还是习惯跟她讲汉语。因为我们结婚之前就不在寨子里生活,在清水河口岸做生意,那时我们都讲汉语。我的两个小孩,一个9岁,一个4岁。9岁的儿子出生在清水河口岸,2003年才跟我们一起回寨子,所以他最先学会汉语。回寨子后几个月又学会了景颇语。4岁的女儿一岁多开始学说话,同时学会景颇语和汉语。现在我的两个孩子跟妈妈有时候讲景颇语,有时候讲汉语。在寨子里大家一般都跟她讲景颇语,她有时候用景颇语答话,有时候用汉语答话。我跟我的孩子之间都讲景颇语。

问:你们寨子是一个景颇族聚居的寨子,景颇族的传统文化保持得怎样?

答:保持得一般。在服饰方面,平时一般都穿汉族服装了,不过会背景颇族的挎包。但在一些重要的场合,如结婚的时候,主人一家都会穿景颇族的服装。饮食方面,平时基本上都是跟汉族一样,用碗筷吃饭。但是在过年过节的时候,或者是来重要的客人的时候,会做景颇族的饭菜,像竹筒饭、竹筒鱼、竹筒肉、水酒等,用芭蕉叶盛饭菜给客人吃。文娱活动方面,在过年过节的时候,如目瑙纵歌节,或者外面的朋友、贵宾到来的时候,整个寨子里的人就会在一起跳景颇舞、唱景颇歌。

问:寨子里孩子受教育的情况怎样?

答:寨子的小孩100%都上了小学;90%以上的都上初中;上高中的有50%。有些初中毕业就打工了,学习成绩不好不想读高中。家长对孩子的教育还是很重视的,只要孩子想上学,家里再困难都会供孩子读书。村里文化程度最高的是研究生,有1个;大学文化程度的有4个。

问:您觉得现在年轻一代的景颇语水平怎么样?

答:他们的景颇语都说得很好,因为是从小就学会的。现在景颇族协会每年暑假都在我们寨子里开设景颇文学习班,寨子里的中小学生都会去学。有些大人也去学,像我大嫂李慧英,她利用晚上的时间去学习景颇文,现在已经学得很好了,景颇文的书都会看了。不过景颇文的书很少,都是从德宏那边买来的。

问:您认为景颇语在你们寨子里会一直用下去吗?

答:应该会的,每个民族不能丢自己的语言。要一直保存下去。我们大多数景颇人都有这种意识,想让我们的语言一直传下去。

问:您怎样看汉语和景颇语的重要性?

答:汉语是一种交际工具,使用更广泛,更实用。但是景颇语是我们的民族语言,也应该一代代传下去。父辈留给我们的只有景颇语了,别的什么都没留下。

访谈二　　崩弄村完小校长李智和访谈录

访谈对象:李智和,景颇族,男,49岁,大学文化程度,景颇新寨人,耿马县贺派乡崩弄村完
　　　　　小校长

访谈时间:2009年7月1日

访谈地点:耿马县金孔雀酒店

访谈人:朱艳华

问:您好,请您介绍一下您个人的情况。

答:我是贺派乡芒抗村景颇新寨人。参加工作后被派往崩弄村任校长,已有15年。我小时候最先学会景颇语,然后才学会了汉语、傣语、佤语。傣语、汉语是在小学时学会的。佤语是在初中学会的,主要是学校有佤族、傣族、汉族的学生,跟他们一起玩、一起学习就学会了。那时,我们学校景颇族人少,傣族、汉族多,上初中后班上佤族最多。

问:请您介绍一下村小学的基本情况。

答:我们崩弄村小学占地面积3333平方米,校舍建筑面积760平方米。在校生有7个教学班,164人。在校生全部都是佤族。教职工有9人,民族结构有傣族、汉族、景颇族、彝族、回族。教职工的学历结构最低为高中,最高为专科。

芒抗村景颇新寨小学的情况是:学生主要来自景颇新寨(景颇族聚居区)、芒海组(佤族聚居区)、芒抗组(傣族聚居区)、红砖厂(大部分为汉族,外地打工者)这几个地方。学生的民族成分有傣族、景颇族、佤族、汉族。

问:学校这些孩子的第一语言一般是什么?在学校上课用什么语言?下课同学之间玩耍

的时候用什么语言？师生之间课下交流用什么语言？老师有没有在课堂上要求学生们使用什么语言,不使用什么语言？

答:学生的第一语言都是本民族语。但在学校上课都说普通话,下课同学之间玩耍也说普通话。老师要求学生在校使用普通话。虽然这些学生在上学前基本上都学会了汉语耿马话,但上学之后都要求他们说普通话。

问:景颇族同学在一起都用什么语言交流？

答:如果不在学校,一般都用景颇语交谈。如果一个是景颇族,一个是汉族,他们之间就会用汉语交谈。

问:小学生几年级开始写作文？会不会出现病句？

答:三年级开始写作文。有时语序会出错,比如把"我吃饭"写成"我饭吃"。一般五年级才能纠正过来。

问:和过去相比,这里的景颇族使用语言上有什么变化？

答:在日常用语上有些变化,有些词说不上来了。如"经常"这个词不会说了；虽然会用景颇语数数,但是习惯用汉语去数数。生活中使用景颇语多一些。一般在说话时看对象,如果对方会景颇语,就跟他说景颇语,不会就说汉语。我小时候,寨子里的人主要说景颇语。随着生活水平的提高,家家户户都有了电视,电视里用的都是汉语,听汉语的机会多了。另外,外地人在这里上门的也多,他们都说汉语,跟村里人主要用汉语交流。村子里出去打工的人也很多,他们出去之前就会景颇语和汉语,年纪大一点的还会傣语、佤语,他们在外打工学会了那个地方的汉语方言,如很多在湖南衡阳打工的都学会湖南话了。

问:请您介绍一下寨子周边的情况,有哪些村？是些什么民族？

答:我们寨子北边是傣族,东边是佤族,南边是傣族,西边是佤族。平常上山砍柴、下山种田都遇到这些人,就自然学会了这些民族语。但他们不会景颇语。

问:村民平时的文化生活都有哪些？

答:唱、跳景颇族、佤族的歌舞。

问:村民与外界的交往情况怎样？

答:跟周边村庄交流比较多。

问:不同民族的人对于使用什么语言,会产生矛盾吗？

答:不会,我们都会拣对方会的语言说。

问:您怎样看待景颇语的地位？

答:重要啊。我们寨子那些学生说的景颇话已经不是那么地道了。作为我们的母语,景颇语不能失传。

当然,学习汉语也重要。因为汉语是社会上使用广泛的一种语言。

问:您觉得景颇语的前景怎么样？

答:从现在的发展趋势来看,说景颇语的会越来越少,说汉语的会越来越多。我觉得在家庭、村寨里面还是应该加强用景颇语交流。我希望能够有景颇文的教材,能够在学校开设景颇语课。现在有些二三十岁的人说景颇语的一些常用词都说不准了。

问:在景颇族家庭里有没有家长主动教自己的孩子说汉语的情况?

答:家庭里面一般教景颇语。他们认为,自己小时候没学过汉语,现在也会了,不用特意去教汉语。孩子一般在五六岁就自然学会汉语了。我们教小孩子景颇语是不想让本民族语失传。像临沧县的傣族已经不会说傣语了,我们不希望出现这种情况。

问:像您这样四五十岁的人,一般来说,景颇语都是比较熟练的吧?

答:一般都很熟练。但是有些人发音不太准了。

问:那年纪再大一些的老人景颇语说得怎么样?会说汉语吗?

答:他们的景颇语水平很熟练。也都会汉语,不是那么好,但是会交流。

问:二十来岁的年轻人和小孩子一般说什么话?他们最先学会的是什么话?

答:在寨子里都说景颇语,出去如果跟其他民族交流就说汉语,跟本民族说景颇语。

问:您家里人的景颇语和汉语说得怎么样?

答:我家有四口人。我们在一起都说景颇语。两个孩子在上中专,都会说景颇语。在学校一般就说汉语,但是遇到景颇族就说景颇语。

问:你们家属于族际婚姻家庭,就是家里人不是同一个民族的情况。那么,在家里,家庭成员之间说什么话?汉语、景颇语都常讲吗?

答:对,我妻子是汉族,以前跟我和孩子都说汉语,我们也用汉语回答她。最近这三年她学会了景颇语,因为我经常批评她,我说,小孩子跟我在一起的时间比你跟我在一起的时间要短,小孩子都学会了景颇语,你还学不会。她就慢慢学会了。村子里年纪大的人一般要过五六年到十年才学会。

问:耿马的景颇族只有1004人,很多景颇族人都会几种语言,您觉得景颇语会不会慢慢消失?

答:不会,因为有文字就不会失传,现在会看、会读、会写景颇文的人很多。平常看看报纸、杂志、小说,然后用景颇语讲给那些不会的,这样就不会失传。

问:寨子里的人都愿意学景颇文吗?

答:愿意。去年8月,耿马县景颇族协会发出通知,对县内5个景颇族村寨分片区、分寒暑两个假期进行景颇文扫盲普及工作,取得了好的效果。希望今后坚持办下去。

访谈三 芒抗村景颇新寨村民岳忠伟访谈录

访谈对象:岳忠伟,景颇族,男,35岁,读过小学二年级,景颇新寨土生土长的村民

访谈时间:2009年7月6日

访谈地点:耿马县天鹅湖酒店

访谈人:朱艳华

问:您是土生土长的本地人,我想向您了解一下景颇新寨的情况。

答:景颇新寨原来不在这里,在对面的山上,我们叫老寨。那里比这里高很多,离新寨有 3 公里,交通不太方便。大概是在上个世纪 50 年代老寨子的住户开始往下面搬迁。我家是 1976 年搬下来的。现在的景颇新寨主要有景颇族、佤族、汉族。佤族大概是上个世纪 70 年代搬来的。他们原来从沧源搬到老寨,后来又和老寨的人一起搬到新寨。刚开始只有 3 家,现在有 9 家。汉族有 10 多家,他们从湖南、四川、贵州来到我们寨子,然后讨了景颇族媳妇,就在这里落户了。新寨子距离县城 7 公里,通往县城的公路有 6 公里柏油路,还有 1 公里弹石路。我们到县城一般就骑摩托车,我们寨子差不多家家户户都有摩托车。

我们的经济来源主要靠甘蔗,家家户户都种。农民种甘蔗卖到县城。现在不种粮食,卖甘蔗的钱拿去买粮食吃。户年均收入基本上有 2 万元左右。家家都有电视、摩托、手机,有些家还有洗衣机、冰箱。平均每户有 10 多亩地,甘蔗每吨可以卖到 260 元,一亩可以产 7 吨。

小孩都上学,一般可以上到初中毕业,如果能考上高中,家里还是供。考不上的孩子,如果还愿意读书,家里就出钱让他们读;不愿意读的,要么在家干农活,要么出去打工,许多人都出去打工了。打工大多在广东、浙江。父母还是想让孩子多接受一些教育。我们这里读书读得最好的还读了研究生,现在在一个大学教书。还出了 4 个大学生,我哥是我们贺派乡的第一个大学生。

问:您们这个寨子周边都是什么民族?

答:我们芒抗村有 10 个组,除了我们景颇新寨之外,还有 4 个傣族组、4 个佤族组、1 个汉族组。我们寨子被这些民族包围。

问:寨子里村民的语言使用情况怎样?

答:现在我们村子里的人在一起主要是讲景颇语。佤族的一般来一两年就学会了景颇语,现在的小孩子都不会佤语了,都说景颇语了。汉族的大部分不会说景颇语,但是会听。他们在寨子里一般都说汉语。我们跟汉族在一起,如果他会景颇语,就跟他讲景颇语;如果不会景颇语,就跟他讲汉语。景颇族在一起都讲景颇语。景颇族 40 岁以上的人一般都会傣语、佤语。我们这个年龄(二三十岁)的一般会听傣语、佤语,但是只会说一点。年纪再小一点的只会听一点傣语、佤语了,不会说了。那些上学的孩子在学校里一般都说汉语,回寨子有时说汉语,有时说景颇语。

问:您的汉语是什么时候学会的?

答:我最先学会的是景颇语,读书的时候学会了汉语。老师上课就讲汉语,用的课本也都是汉语的。在读书之前只会一点汉语,上学之后汉语水平提高了。因为哥哥读书,家里要有人放牛,所以就辍学了。放牛时就接触到了很多当兵的,跟他们讲汉语,喜欢跟他们讲话。这样汉语就说得比较好了。

问:您觉得您的汉语好还是景颇语好?

答:景颇语好。平时都习惯说景颇语。

问:您妻子是什么民族?说什么话?您有几个小孩?他们平时说什么话?

答:我妻子是汉族,她是从弄巴嫁过来的,弄巴是一个佤族聚居的村。她所在的5队是一个汉族队,全部是汉族人。她先学会汉语,后来学会佤语,嫁到我们这里又学会了景颇语。我有两个孩子,一个儿子,一个女儿。他们学说话的时候,我给他们教景颇语,他们的妈妈给他们教汉语。两个孩子从小就会景颇语和汉语。儿子出生时,他妈妈的景颇语还没学会,就给儿子教汉语,所以儿子先学会汉语,没过多久又学会了景颇语。女儿是2004年出生的,现在5岁,她出生的时候,她妈妈会一些景颇语了,而且孩子跟我母亲在一起的时间多,我母亲是说景颇语的,这样女儿就先学会景颇语。女儿在学会了一些景颇语后没多久又学会了汉语。平时我跟妻子说汉语,跟孩子说景颇语。儿子跟妈妈说汉语,女儿跟妈妈有时说景颇语,有时说汉语。主要看妈妈愿意说什么话。

问:你们寨景颇族的传统文化保持得怎么样?

答:一般。过年过节才有一些集会,跳跳景颇舞、唱唱景颇歌。景颇族的一些传说、故事会讲的人已经不多了,现在的小孩一般都不知道这些故事。六七十岁的老年人有些还穿传统的景颇族服装。一些传统的饮食习惯平时不用了,但在过年过节或者一些重要的日子里还是会用到。比如,过年给老人拜年、新媳妇回门时,家里都会准备芭蕉叶包饭、水酒。

问:您喜欢用汉语还是景颇语?

答:我喜欢用景颇语。用汉语时有些不自然,不习惯。主要是我读书少,有些汉语听不懂。

问:您认为现在的小孩景颇语和汉语水平哪个更好?

答:两个差不多。

问:那你们这个年龄段的呢?

答:我们这么大的一般是景颇语比汉语好。

问:您怎样看景颇语和汉语的重要性?

答:对我们景颇族来说,会说景颇语是很重要的。我们景颇族在一起讲景颇语感觉会更亲近。比如我们跟一些缅甸的景颇族交往,在一起说景颇语的时候,就感觉像兄弟一样。会说汉语在我们中国更重要,因为出门了如果只会景颇语不会汉语,就不能跟别人交往,什么事都不能做。

访谈四　　芒抗村景颇新寨岳云飞访谈录

访谈对象:岳云飞,男,25岁,芒抗村景颇新寨人,贺派中学初中毕业,景颇族协会会员

访谈时间:2009年7月7日下午

访谈地点:耿马县天鹅湖酒店

访谈人:余成林

问:请您介绍一下你们村的情况。

答：我们芒抗村景颇新寨位于耿马县贺派乡东南部，距耿马县城 7 公里，是一个以景颇族为中心的民族村寨，现有 71 户人家，298 人。其中景颇族最多，其他的还有以前迁徙过来的一两家佤族。少数的汉族、佤族、傣族、拉祜族都是嫁过来的媳妇或者是上门女婿。全组青壮年劳力（30—40 岁）112 人，其余的多数是老人和小孩。全组有 50 多人信基督教，没有一个人吸毒。全组民族关系比较和谐。

全组耕地总面积 994.42 亩，还有两三千亩山林。平均每家 30 亩左右的山林。

我们主要产业以甘蔗为主，其他的就是养殖，主要是养鸡、养猪，大米都是从外边购买，小菜都是自产。甘蔗每年一亩可以收入一千多块钱。甘蔗我家种了七八亩，有的家庭种的更多。

还有几家以打工为主，他们主要是到广东、江苏、浙江、山东等地打工，计划得好的，收入就比在家里好。

我以前也到广东打过工，没有文化只是干苦力活。现在感觉家里和外边都一样，只要你勤劳，在哪里都是一样。在家里比较自由，在外边还要受老板的限制。

问：你们理事会具体是做哪些事情？

答：我们理事会主要是负责村里的红白喜事，大小事都要经过我们来协商。村民只要把事情交给我们，就由我们来操办，主人家可以不用管任何事情。我们理事会，地方党委、政府都是承认的。村规民约由我们来制定，具有法律效应。我们村每个村民组都有理事会，每个理事会总共有 5 到 7 个成员，每个成员分管不同的事务。理事长和组长不一样，组长是每个村民小组的法人代表，是全权抓；理事长是理事成员的负责人，村里出了什么事都是由理事会办理，外边的事情和经济方面的问题由组长负责，也要我们理事会协助。组长、副组长也是理事会成员，当然有些村民组的组长不是理事会成员。我们村民组的理事长是由村委会的文书担任。他原来是佤族，因为热爱景颇族，现在也是景颇族。

问：你们组的交通、电器情况如何？

答：我们平时出去的交通工具有汽车，专门有跑车的，只要是打个电话他们就来了；摩托车、电话、电视是每家都有；冰箱、洗衣机有些家有，有些家没有；拖拉机全组有三台；手机青年人基本上都有，不喜欢的就没有。

问：请您介绍一下您家里的情况。

答：我家里现在有三口人，老婆、我和儿子。我们都是景颇族，老婆会景颇语，儿子才两岁，也在给他教景颇语。我除了会景颇语、汉语外，还会一点点佤语和傣语。因为平时和邻村人交往，以及读书的时候和傣族、佤族同学、朋友在一起，来来往往就学会了佤语和傣语。

问：你们平时都是用什么语言交流？

答：我们平时在家里都是用景颇语，进城了或者和邻村人交流用汉语，用佤语、傣语较少。村里的佤族都会讲景颇语，傣族不会讲景颇语，汉族有些会讲，有些只会听不会讲。

问：你们组村民的教育情况如何？

答：我们村原来已经出了好几位大学生。现在村里有一个读大学的，下学期就又会有几个;读高中的现在只有一个,其他的都高中毕业了;大部分是初中毕业。只要是适龄儿童都在读小学。

问:你们平时主要有些什么活动?

答:我们景颇族主要是目瑙纵歌节,其他的就是跟着佤族过青苗节,每年青苗节都要到耿马游街,整个节日都是跳舞的。还跟着傣族过泼水节,傣族的泼水节比较隆重。我们整个村以景颇族为主,所以我们村的其他民族也跟着我们过节日。

问:你们村周围的民族情况如何,民族关系如何?

答:我们村民组周围有佤族、傣族、汉族,全村10个村民组,其中汉族一个组,景颇族一个组,傣族4个组,佤族4个组。以前和他们有时也有一些冲突,现在很少了。主要是年轻人喝酒后引发冲突。

问:请问你对景颇语的发展有什么看法?

答:我现在还不会景颇文,假如有人教我景颇文,我还是想学。学了景颇文,子孙后代就会不断地传下去。

因为有些民族的文化都失传了,我们不想让我们的语言和文化失传,所以要对下一代进行很好的景颇语和景颇文的教育。我们景颇族要教育我们的后代发扬我们的民族传统,弘扬我们的民族文化。

问:你对你的小孩将来的读书有什么打算?

答:那就要看小孩能够到什么学校读书。最好是中央民族大学,其次是西南民族大学,再次是云南民族大学。这些学校都是培养少数民族学生最好的学校。

访谈五　　芒抗村景颇新寨高三毕业生岳颖访谈录

访谈对象:岳颖,景颇族,耿马县贺派乡芒抗村景颇新寨高中生

访谈时间:2009年7月7日上午

访谈地点:耿马县天鹅湖酒店

访谈人:蒋颖

问:请做一个简单的自我介绍。

答:我叫岳颖,是耿马县贺派乡芒抗村景颇新寨人。我1990年出生,属于景颇族景颇支系,现在刚高三毕业。我的爸爸叫岳忠华,妈妈叫赵丽琴,他们都是景颇族。我姐姐叫岳灵珊,今年21岁,现在在家劳动。她学过缝纫,村里有针线活儿就会找她。我弟弟叫岳明,今年17岁,现在高一刚读完,打算不再读了。

问:你的语言情况是怎样的?你们在家用什么语言?

答:我先学会景颇语。但上学前基本上能听懂汉语,也会说一点。因为我小时候和奶奶一起住在二叔岳新忠家,那时候他家在贺派乡中心完小,邻居都是老师,我跟他们学会了汉语。

上学后当地汉话、普通话都会了。我现在景颇语、汉语都没有问题。傣语、佤语能听懂一点，也会说几句最简单的，比如说吃饭、数1至10这十个数字等等。这是跟着外村的朋友和学校的同学学到的。我们组没有傣族，有嫁过来的佤族媳妇，她们一般也不讲佤语，所以在组里是学不到这些语言的。外村的孩子是佤族多，学校的同学是傣族多，跟他们玩自然就学会了一些佤语、傣语。

我们在家全说景颇话。我的兄弟姊妹之间全讲景颇话，村里的小娃娃在一起玩也是讲景颇话。但是像我这么大的年轻人，还有小孩儿们，跟爸爸妈妈讲电视内容的时候，用汉话，因为个别词语不会用景颇语来表达、翻译，就会用汉语代替。

问：村里的语言情况是怎样的？

答：村子里无论男女老少都是讲景颇话。我们打招呼、聊天、劳动、开会全部都用景颇话。村里的外族媳妇如果嫁来时间长了，自然也听得懂。嫁过来时间不长的，就会有人用汉语翻译给她听，时间长点儿懂景颇话就不用翻译了。村里的小孩第一语言都是景颇话，包括妈妈是外族的，因为孩子一般都是爷爷奶奶带大的，所以最先学会景颇话。

问：小孩儿和老年人之间的景颇话有什么不同？

答：有的。有很多词老人会讲，年轻人和小孩儿就不会讲。比如，昨天400词测试的时候"大蒜"这个词我不会讲，我回去问奶奶，她就会讲。平时老年人聊天的时候说的有些词，我们也听不懂了。句尾助词的变化最大。老年人用得多，我们也都听得懂，但是我们自己不会这样用了。我们只用最常用、最习惯的那几个，说得比较快、比较简化，老人说的那些我们一般都不用了。我们还能用景颇语讲故事，景颇歌因为没怎么学，所以会的不太多。

问：你觉得自己的景颇话讲得怎么样？

答：我觉得比爸爸妈妈讲得差。我妈妈也说过我景颇话讲得不好了。因为我很小开始就住在亲戚家，后来上小学开始就住校，说景颇话的时间还没有说汉话的时间长，所以景颇话就不行了。村子里我那些朋友们，他们不住校，天天都说的是景颇话，比我景颇话讲得好多了。村子里和我一样大的年轻人，一般是读到初中就不读了，高中毕业的只有4个。读到初中就回村的年轻人景颇话一般说得比较好。读到高中的景颇话就跟我水平差不多，但是也有比我说得好的。比如说我的表哥陈林国，他也是今年高中毕业，他的景颇语就比我好。原因可能是他住校的时间没有我长，讲景颇话的机会比我多。

问：长辈对你们说不好景颇话持什么态度呢？

答：他们会批评我们。像我奶奶，她就说我是不合格的景颇人。我们不会说不会讲的那些词她就会很积极地教我们，希望我们学会。爸爸妈妈也是这个态度，每次我说不出来景颇词，冒出汉语词的时候，他们就会把景颇语说法告诉我。

问：父母们对学汉话是什么态度呢？

答：大家都觉得汉话是自然而然就能会的，不用教。但是我们景颇话不教就学不会。所以爸爸妈妈都不担心孩子学不会汉话，担心的是学不会景颇话。城镇的景颇人还利用寒暑假，把孩子送回农村爷爷奶奶家,希望下一代能学会景颇话。比如我四叔岳世明,他在县城工作,女儿岳嫒才2岁多。他担心孩子将来不会景颇语,以前每个周末都带孩子回农村一趟。现在把奶奶接到他家去了,专门教嫒嫒景颇语。现在她已经能听懂景颇语,也能说一点景颇语了。

问:父母对你们学汉语、景颇语之外的语言有要求吗?

答:要求我们把英语学好。傣语、佤语这些民族语他们就没什么要求,无所谓学得好不好。

问:你懂景颇文吗?

答:我不懂。前阵子我们村里组织学过,但是我要上课,就没去学。我爸爸懂景颇文,我妈妈不懂。

问:村里有语言混杂用的现象吗?

答:我们这一代人有景颇语、汉语混着说的习惯,但不会混杂傣语、佤语进来。

第三节 耿马镇弄巴村那拢组语言使用情况个案分析

一 弄巴村那拢组基本情况

那拢组属耿马镇弄巴村委会所辖的17个自然小组之一,是一个由佤族、景颇族、汉族组成的自然村寨。那拢组又分为一、二两个组,共有86户人家,这两个组共有24户景颇族(70人),15户汉族,其余均为佤族,佤族人口占总人口的80%,其中景颇族大部分分布在一组。那拢组位于耿马县城东边,距县城10公里左右,主干道大部分是弹石路,村里3年前修了水泥路,与弹石路相连。自来水已通了五六年。村里有三辆公交车,每天进城,只要凑齐4个人就随时可以出发,一般每天会开五六班,最少也会跑三四班。

那拢组主要从事农业经济,农作物有甘蔗、玉米、水稻。有些村民也养猪养鸡,以补贴家用。全村只有几个人外出打工,人均年收入3500元左右。那拢组的经济状况在整个弄巴村处于中上水平。现在,几乎家家都有摩托车、手机,洗衣机和电饭煲等家电较少,有70%—80%的家庭有固定电话。

弄巴村17个组的孩子们都在弄巴完小读书。弄巴完小共有400多个学生,民族成分有佤族、汉族、傈僳族、景颇族等。完小全部用汉语授课,现在小孩子上小学前五六岁都已经学会说汉话。现在,那拢组80%的学生都能完成九年义务教育。但也有一部分因为不想学习等原因,就中途辍学。

那拢组由3个民族组成,即佤族、景颇族、汉族。其中佤族比其他两个民族的总数还要多。在这里生活的各民族关系相处融洽,哪家有什么大事情,如婚丧嫁娶,无论哪个民族,大家都会互相邀请。各民族之间可以互相通婚,族际婚姻家庭的后代的民族成分一般随父亲。村子中大家互相交流,大多用汉语。那拢组原来归属于傣族居多的允捧村委会,1980年后归属于佤族居多的弄巴村委会,所以村里50岁以上的人一般都会傣语。因为佤族居多,村里人大都能听得懂佤语。

那拢组一般过景颇族的目瑙纵歌节、傣族泼水节、佤族的青苗节和汉族的春节等传统节日,其中那拢组的佤族青苗节是近几年才开始过的。整个村的风俗习惯以景颇族风俗习惯为主。这是因为解放以前,景颇族最先迁到这个地方。解放后沧源的佤族,四排山乡的汉族、佤族等才陆续搬过来,形成了现在的那拢组。这里各民族婚丧嫁娶的风俗有所改变,但景颇族的还保留较好。佤族来自四面八方,风俗像汉族。

二 弄巴村那拢组语言使用的特点

我们共统计了26户会说景颇语的家庭,其中户主是佤族的有7户,户主是景颇族的有19户。那拢组的景颇族都是景颇支系。下面我们分析一下景颇族和家庭中有会说景颇语的佤族家庭的语言使用特点。

(一) 那拢组景颇族的语言使用特点

1. 那拢组景颇族母语保持比较好,20岁以上的人都能熟练地掌握本民族的语言。我们对19户景颇族52人的母语能力进行了统计分析(19户共有景颇族56人,其中4人是6岁以下的儿童,其语言能力不在统计范围之内),统计结果见下表。

表 4-21

年龄段(岁)	人数	熟练		略懂		不懂	
		人数	百分比(%)	人数	百分比(%)	人数	百分比(%)
6—19	17	16	94.1	1	5.9	0	0
20—39	16	16	100	0	0	0	0
40—59	16	16	100	0	0	0	0
60以上	3	3	100	0	0	0	0
合计	52	51	98.1	1	1.9	0	0

根据我们的统计,那拢组景颇族第一语言都是景颇语。各个年龄段的人几乎都会熟练地使用本民族语言。其中有一人的母语能力为"略懂",指的是可以听懂,但说得不是太好。

那拢组景颇族周围都是佤族、汉族,在整个组中景颇族算是少数。周围村寨更是其他民族,如傣族、佤族等,没有一个景颇族村。如果说耿马景颇族与其他地方的景颇族相比,像是处在一座孤岛上,那么那拢组的景颇族在那拢组算得上处于孤岛中的孤岛上。虽然如此,本民族语言是他们最先认识世界的工具。景颇族非常重视自己民族语的学习和传承。在我们对该组村民岳成明的访谈中也证实了这一点。岳成明的妻子是佤族,景颇语说得也很熟练,其原因就在于岳成明的母亲平时都有意识地用景颇语和媳妇交流,让佤族媳妇学会景颇语。他们的孩子由懂景颇语的奶奶和大妈们带大,使小孩自然习得景颇语。家庭中都有意识地培养孩子的本民族语言能力,认为先学会本民族语言是最重要的,汉语长大后肯定会说,所以小孩学说话的时候一般只教他们景颇语。

虽然那拢组几乎每个人的母语水平都是熟练,但不能否认的是,景颇语的使用范围已经在逐渐缩小。表现之一是,那拢组佤族占多数,几乎所有的人都能听懂佤语,有的也会说,但其他民族会听懂和说景颇语的并不多,景颇语的使用场合仅限于那拢组里景颇族之间的交流。表现之二是,根据访谈我们知道,那拢组景颇族族内婚姻只有4户,其他都是景颇和佤族、景颇和汉族组成的族际婚姻,族际婚姻家庭之间说景颇语的机会减少。如岳成明和他妻子之间有时用佤语交流,有时景颇语交流。另外据一些人的感觉,在佤族居多的那拢组,景颇族说的景颇语在语调和发音上已有佤语的腔调。

2. 那拢组景颇族92.3%都能熟练地兼用汉语,7.7%能够不太熟练地使用汉语交流。汉语在景颇族的日常生活中起到很重要的作用。下表是景颇族使用汉语的能力统计表。

表 4-22

年龄段(岁)	人数	熟练		略懂		不懂	
		人数	百分比(%)	人数	百分比(%)	人数	百分比(%)
6—19	17	16	94.1	1	5.9	0	0
20—39	16	16	100	0	0	0	0
40—59	16	15	93.75	1	6.25	0	0
60以上	3	1	33.3	2	66.7	0	0
合计	52	48	92.3	4	7.7	0	0

汉语是那拢组景颇族的第二语言,在他们的日常生活中起着重要作用。村民岳成明认为在日常交流中,最有用的是汉语。如组长在广播通知时,一般用汉语,有时也用佤语,有时这两种语言混着讲,如通知别人来领取肥料,用佤语说整个句子,"肥料"这个词用汉语说。在遇到不会对方民族语的情况时,对话的双方也都用汉语交流。现在,使用汉语的场合和频率越来越多,在表示祝贺时,向对方说祝福的话,不论对方是什么民族,都用汉语表达。原因是汉语表达方式多样,表达内容丰富。

从上表我们看到,那拢组的景颇族几乎每个人都能听懂和讲汉语,无论是青少年还是壮年和中年人,汉语的熟练程度超过了90%,20—39岁之间的青壮年和中年人熟练使用汉语的比例达到100%。60岁以上的老人普遍汉语言能力不强,虽然说的不是太好,但不影响交流。景颇族孩子从小在家学习母语,5—6岁时自然习得一些汉语,等到入学后,学校用汉语授课,他们的汉语语言能力开始逐渐变强。故入学后汉语水平都能达到"熟练"级别,再加上社会生活中经常使用汉语,大部分人都能熟练地掌握汉语。

3. 那拢组景颇族有53.8%的人能熟练兼用佤语,38.5%的人佤语能力为"略懂"级别,能听懂佤语,只是说得不太好。只有7.7%的景颇族不懂佤语。景颇族佤语的语言能力具体表现如下表。

表 4-23

年龄段(岁)	人数	熟练		略懂		不懂	
		人数	百分比(%)	人数	百分比(%)	人数	百分比(%)
6—19	17	4	23.5	11	64.7	2	11.8
20—39	16	12	75	2	12.5	2	12.5
40—59	16	11	68.75	5	31.25	0	0
60以上	3	1	33.3	2	66.7	0	0
合计	52	28	53.8	20	38.5	4	7.7

那拢景颇族所在的一组、二组主要居住的是佤族,佤族占到两组总人口的80%。因为使用人口多,佤语在那拢组中处于强势地位。根据对村民岳文祥的访谈,他说这个村子的所有景颇族都会说佤族语言,说得很流利,都像说自己的语言了,相当通顺。

根据表4-23的统计情况,6—19岁的景颇族青少年23.5%都能熟练使用佤语,64.7%的青少年能够听懂佤语并能做简单的交流。主要是因为佤族占全组人口的大部分,有一定的语言环境,另外是因为在学校与同学交流和同伴玩耍中自然学会了佤语。但由于汉语的普及,景颇族青少年的佤语能力较之青壮年和中年有所下降。20—59岁的景颇族,60%以上的佤语水平为"熟练"。60岁以上的老年人都会佤语,但语言能力不一,他们是最早迁到那拢寨的一批人,之后佤族陆续迁来,那时他们的语言能力已经定型,佤语能力没有母语好。

总的来说,那拢组的景颇族大多都是三语人,每种语言有它们使用的场合。家庭内部和景颇族之间讲话一般用景颇语,有时也用汉语,和外面人交流用汉语,遇到佤族和对方用佤语交流。景颇族掌握本民族语言较好,但使用场合有限,语调和语音开始发生变化,有佤语的腔调。汉语使用范围大、频率高,景颇族学习起来并不感到太难。佤语作为那拢组中较为强势的语言,景颇族使用佤语的频率也很高,掌握程度较好。

(二)佤族家庭会说景颇语的情况

我们抽样统计了7户佤族家庭,这些家庭中的成员几乎都会说景颇语,景颇语成了有的家庭的第一语言。在所统计的29个佤族中,包括佤族外嫁的人口,不包括2个6岁以下的儿童,实际统计人数为27人。他们语言的具体使用情况见表4-24、表4-25。

表 4-24

年龄段(岁)	人数	熟练		略懂		不懂	
		人数	百分比(%)	人数	百分比(%)	人数	百分比(%)
6—19	4	0	0	4	100	0	0
20—39	16	5	31.25	9	56.25	2	12.5
40—59	7	1	14.3	6	85.7	0	0
60以上	0	0	0	0	0	0	0
合计	27	6	22.2	19	70.4	2	7.4

从上图统计可以看出,92.6%的佤族懂景颇语,这其中景颇语使用熟练的有6人,占统计人数的22.2%。具体情况如下表:

表 4 – 25

姓名	年龄	民族	文化程度	第一语言及水平	第二语言及水平	第三语言及水平
肖理明	39	佤族	初毕	景颇语,熟练	汉语,熟练	佤语,熟练
肖理荣	36	佤族	小毕	景颇语,熟练	汉语,熟练	佤语,熟练
肖新红	40	佤族	初毕	景颇语,熟练	汉语,熟练	佤语,熟练
李建成	20	佤族	初毕	景颇语,熟练	汉语,熟练	佤语,熟练
肖理华	32	佤族	高中	景颇语,熟练	汉语,熟练	佤语,熟练
李 萍	32	佤族	初毕	佤语,熟练	汉语,熟练	景颇语,熟练

为什么这些佤族的第一语言为景颇语,并且语言能力能达到"熟练"级?通过访谈我们得知:主要是因为他们的父母双亲中有一位是景颇族。如肖新红的母亲岳小兰是景颇族、父亲是佤族,母亲的语言为第一个习得的语言。他的三个弟弟也像她一样,分别熟练地掌握了景颇语。李萍是我们访谈人岳成明的妻子,外嫁到景颇族家庭,家中的婆婆以及其他成员都有意识地教她学习景颇语,所以她的景颇语也很熟练。

70.4%的佤族的景颇语能力为"略懂"级别,能听懂景颇语,并能进行简单的交流。主要是因为他们家庭中有说景颇话的成员。

根据上面分析可知,族外人掌握景颇语的情况大多和他们所处家庭关系有关,家庭内部如果有人说景颇语,他们对景颇语就掌握得好。根据村民岳文祥所说,佤族会说景颇语的少,会说景颇语的一般都是老人,佤族小孩已经都不会说景颇语了。

需要做一下说明的是,我们统计的26户中包括8名汉族,但这些汉族都是外嫁到景颇族或佤族家庭中的,这里就不再考察他们的语言使用情况。

三 弄巴村那拢组家庭语言使用情况总表

表 4 – 26

家庭关系	姓名	年龄	民族	文化程度	第一语言及水平	第二语言及水平	其他语言及水平
户主	肖理明	39	佤	初中	景颇语,熟练	汉语,熟练	佤语,熟练
妻子	赵小泮	39	佤	小学	佤语,熟练	汉语,熟练	景颇语,略懂
长子	肖冬	15	佤	初二在读	佤语,熟练	景颇语,略懂	汉语,熟练
长女	肖梅	11	佤	小五在读	佤语,略懂	汉语,熟练	景颇语,略懂
户主	肖理荣	36	佤	小学	景颇语,熟练	汉语,熟练	佤语,熟练
妻子	赵琴	29	佤	小学	佤语,熟练	汉语,熟练	景颇语,略懂
长女	肖艳	10	佤	小四在读	佤语,略懂	汉语,熟练	景颇语,略懂
户主	赵国祥	47	佤	初中	佤语,熟练	汉语,熟练	景颇语,略懂

妻子	岳文林	44	景颇	小学	景颇语,熟练	汉语,熟练	佤语,熟练
长子	赵 成	24	佤	小学	佤语,熟练	景颇语,熟练	汉语,略懂
儿媳	尹 秋	23	佤	初中	佤语,熟练	汉语,熟练	景颇语,略懂
孙子	赵子豪	1	佤	学前			
户主	岳文忠	44	景颇	小学	景颇语,熟练	汉语,熟练	佤语,略懂
妻子	杨金秀	42	汉	小学	汉语,熟练	景颇语,略懂	佤语,略懂
母亲	王小四	79	景颇	文盲	景颇语,熟练	汉语,略懂	佤语,略懂
长女	岳星星	19	景颇	初一	景颇语,熟练	汉语,熟练	佤语,略懂
长子	岳金金	17	景颇	初中	景颇语,熟练	汉语,熟练	佤语,略懂
户主	岳 林	24	景颇	初二	景颇语,熟练	汉语,熟练	佤语,熟练
妻子	董福美	25	汉	初一	汉语,熟练	景颇语,略懂	佤语,略懂
长女	岳金怀	3	景颇	学前			
户主	岳红明	39	景颇	小学	景颇语,熟练	汉语,熟练	佤语,熟练
妻子	尹玉凤	36	佤	小学	佤语,熟练	汉语,熟练	景颇语,略懂
长子	岳加才	10	景颇	小一	景颇语,熟练	汉语,熟练	佤语,略懂
户主	田世明	41	景颇	文盲	景颇语,熟练	汉语,略懂	佤语,熟练
侄子	胡卫荣	24	汉	小学	汉语,熟练	景颇语,熟练	佤语,熟练
侄媳	赵加新	23	佤	初中	佤语,熟练	汉语,熟练	景颇语,略懂
长侄孙	胡顺安	1	汉	学前			
户主	赵文祥	42	景颇	小学	景颇语,熟练	汉语,熟练	佤语,熟练
妻子	赵开琴	39	汉	初中	汉语,熟练	景颇语,熟练	佤语,熟练
儿子	赵云龙	18	景颇	小学	景颇语,熟练	汉语,熟练	佤语,熟练
长女	赵秋菊	16	景颇	初中	景颇语,熟练	汉语,熟练	佤语,熟练
次女	赵季红	7	景颇	小一在读	景颇语,熟练	汉语,熟练	佤语,略懂
户主	王成明	35	景颇	小学	景颇语,熟练	汉语,熟练	佤语,略懂
户主	李国祥	42	佤	小学	佤语,熟练	汉语,熟练	景颇语,略懂
妻子	肖新红	40	佤	初中	佤语,熟练	汉语,熟练	佤语,熟练
长子	李 军	22	佤	初中	佤语,熟练	景颇语,略懂	汉语,熟练
次子	李建成	20	佤	初中	佤语,熟练	汉语,熟练	佤语,熟练
户主	岳 红	40	景颇	小学	景颇语,熟练	汉语,熟练	佤语,熟练
长女	俸 玉	11	景颇	小六在读	景颇语,熟练	汉语,熟练	
户主	岳红卫	56	景颇	大专	景颇语,熟练	汉语,熟练	佤语,略懂
妻子	杨麻在	51	景颇	初中	景颇语,熟练	汉语,熟练	佤语,熟练
长子	岳 丁	21	景颇	中专	景颇语,熟练	汉语,熟练	佤语,略懂
次子	岳麻弄	18	景颇	高中	景颇语,熟练	汉语,熟练	
户主	岳红林	50	景颇	高中	景颇语,熟练	汉语,熟练	佤语,熟练

丈夫	尹忠平	51	佤	高中	佤语,熟练	汉语,熟练	景颇语,略懂
长子	尹杰	34	景颇	高中	景颇语,熟练	汉语,熟练	佤语,熟练
儿媳	田红梅	23	佤	初中	佤语,熟练	汉语,熟练	
孙子	尹岩	半岁	景颇				
户主	岳金明	39	景颇	小学	景颇语,熟练	汉语,熟练	佤语,熟练
妻子	赵发兰	41	汉	小学	汉语,熟练	佤语,熟练	景颇语,略懂
户主	岳麻路	80	景颇	文盲	景颇语,熟练	汉语,略懂	佤语,略懂
户主	肖理华	32	佤	高中	景颇语,熟练	汉语,熟练	佤语,熟练
妻子	龚文英	32	汉	高中	汉语,熟练	景颇语,略懂	佤语,略懂
母亲	岳小兰	60	景颇	文盲	景颇语,熟练	汉语,熟练	佤语、傣语,熟练
女儿	肖彤	4	佤	学前			
户主	李志华	46	佤	初中	佤语,熟练	汉语,熟练	景颇语,略懂
妻子	岳正红	46	景颇	小学	景颇语,熟练	汉语,熟练	佤语,熟练
长子	李岳云	22	佤	初中	佤语,熟练	景颇语,略懂	汉语,熟练
长女	李岳冰	19	佤	中专	佤语,熟练	景颇语,略懂	汉语,熟练
户主	田秀英	40	佤	小学	佤语,熟练	汉语,熟练	景颇语,略懂
长子	岳飞	19	景颇	小学	景颇语,熟练	汉语,熟练	佤语,熟练
户主	王军荣	28	景颇	小学	景颇语,熟练	汉语,熟练	佤语,熟练
妻子	李叶青	20	佤	小学	佤语,熟练	汉语,熟练	景颇语,略懂
弟弟	王军明	24	景颇	小学	景颇语,熟练	汉语,熟练	佤语,熟练
儿子	王小明	3	景颇	学前			
户主	岳坚强	30	景颇	初中	景颇语,熟练	汉语,熟练	佤语,熟练
妻子	杨玉琴	27	景颇	小学	景颇语,熟练	汉语,熟练	佤语,熟练
长女	岳天瑜	7	景颇	小一在读	景颇语,熟练	汉语,略懂	佤语,略懂
户主	岳正光	40	景颇	初中	景颇语,熟练	汉语,熟练	佤语,熟练;傣语,略懂
妻子	李忠珍	36	汉	高中	汉语,熟练	景颇语,略懂	佤语,略懂
长女	岳玉	15	景颇	初二	景颇语,熟练	汉语,熟练	佤语,略懂
次女	岳童	9	景颇	小三	景颇语,熟练	汉语,熟练	佤语,略懂
户主	岳成明	38	景颇	初中	景颇语,熟练	汉语,熟练	佤语,熟练
妻子	李萍	32	佤	初中	佤语,熟练	汉语,熟练	景颇语,熟练
长子	岳航顺	13	景颇	初一在读	景颇语,熟练	汉语,熟练	佤语,略懂
长女	岳航秋	8	景颇	小二在读	景颇语,略懂	汉语,熟练	佤语,略懂
户主	岳文祥	47	景颇	初中	景颇语,熟练	汉语,熟练	佤语,熟练
妻子	李红梅	44	佤	小学	佤语,熟练	汉语,熟练	景颇语,略懂
长子	岳天明	24	景颇	大专	景颇语,熟练	汉语,熟练	佤语,熟练

次子	岳天云	22	景颇	初中	景颇语,熟练	汉语,熟练	佤语,熟练
三子	岳天雷	20	景颇	初中	景颇语,熟练	汉语,熟练	佤语,熟练
户主	岳正岗	53	景颇	初中	景颇语,熟练	汉语,熟练	佤语,熟练;傣语,略懂
妻子	李秀英	47	景颇	小学	景颇语,熟练	汉语,熟练	佤语、傣语,略懂
次子	岳金高	25	景颇	小学	景颇语,熟练	汉语,熟练	佤语,熟练
次媳	肖英	22	佤	小学	佤语,熟练	汉语,熟练	景颇语,不懂
孙子	岳天龙	1	景颇	学前			
户主	岳正祥	51	景颇	小学	景颇语,熟练	汉语,熟练	佤语,熟练;傣语,略懂
妻子	杨玉萍	45	景颇	小学	景颇语,熟练	汉语,熟练	佤语,略懂
次子	岳富荣	18	景颇	小学	景颇语,熟练	汉语,熟练	佤语,略懂
户主	岳正明	41	景颇	小学	景颇语,熟练	汉语,熟练	佤语,略懂
妻子	张红	32	景颇	小学	景颇语,熟练	汉语,熟练	佤语,略懂
长女	岳丽	17	景颇	初中	景颇语,熟练	汉语,熟练	佤语,略懂
长子	岳兵	13	景颇	初二	景颇语,熟练	汉语,熟练	佤语,略懂

四 弄巴村那拢组村民访谈录

访谈一 弄巴村那拢组四位景颇族老大娘访谈录

访谈对象:岳麻路,80岁,文盲;王麻土,74岁,文盲;岳小兰,64岁,文盲;岳正红,45岁,小学毕业。

访谈时间:2009年7月2日

访谈地点:耿马县弄巴村委那拢组

访谈人:乔翔

问:老妈妈好!咱们聊聊天儿,先请问一下你们的名字和年龄。

岳小兰:我叫岳小兰,64岁。这个年纪最大的是岳麻路,80岁了。这是王麻土,74岁。

问:老妈妈精神真好,一点儿也看不出是这么大年纪的。村子里你们这么大年龄的老人多吗?

岳麻路:不多了。还有两个,今天没在这儿。

问:你们现在还干活吗?

岳小兰:地里的活儿不干了,现在在家看看孙子,喂喂猪。

问:你们在这里生活多长时间了?

岳麻路:好多年了。我一两岁时就来这儿了。我老家是在沧源县勐省,那会儿打仗,我们逃难,搬到这里了。

问:那你们嫁的丈夫是哪里人?

岳小兰:我男人就是这个村子的佤族,去世12年了;她们两个的男人都是这里的景颇族,也都去世好几年了。

问:除了景颇语和汉语,你们还会其他民族的语言吗?

王麻土:我们还会说佤语。

问:什么时候学会佤语的?

王麻土:我们是土生土长的景颇族,平时和佤族一起干活,一起玩耍,相处得很好。

岳麻路:佤语不太难学,景颇语是自己的话,也不难。

问:你们的汉语也不错,能听得懂我的话,你们是什么时候学会汉语的?

岳小兰:年轻的时候,和汉族一起上山、一起下地,整天在一起嘛,慢慢就会说了。

问:平时看电视吗?

岳小兰:每天都看电视。

问:看得懂吗?喜欢什么节目?有没有民族语的节目?

岳小兰:看得懂。什么都喜欢看。耿马台和临沧台有民族语节目。

问:你们怎么没穿景颇族服装啊?

王麻土:有的。我们有自己的民族服装,但是衣服上有银泡,很重。平时干活时不穿,过节时才穿。

问:您身上这件蓝裙很特别。

王麻土:这是傣族的服装,我自己缝的。

岳麻路:我们景颇族过去的衣服都是自己做的,我们会织布、染布。现在的衣服很多都是买的。

问:请说说你们孩子的情况好吗?他们都是跟什么民族结婚,在家里说什么话?

岳小兰:我有三个儿子。大儿子、二儿子娶的都是佤族媳妇,小儿子娶的是汉族媳妇。老二媳妇还不会说景颇语,儿子就跟她说佤语。我和小儿子一起住,我们在家里汉语和景颇语都说,不说佤语。

问:媳妇和您说什么话?

答:媳妇还不会说景颇语。她没怎么学说景颇语。她跟我说汉语。他们结婚是按照汉族的习惯办的。孙女四岁了,她妈妈和她说汉语,我跟她说景颇语,有时也说汉语。

问:那王老妈妈家的情况是怎么样的?

王麻土:我有好几个儿子。大儿子娶的是汉族,结婚几十年,三个小孩儿都长大了。

问:儿媳会说景颇语吗?孩子们说什么话?

王麻土:她会说,说得还好。她的三个孩子都会说景颇语、汉语、佤语。

问：您其他的儿子家的情况呢？

王麻土：二儿子娶的也是汉族媳妇，结婚十多年，儿媳会听不会说景颇语，她不怎么愿意学。他们家的孩子是我带大的，一个 20 岁，一个 17 岁，会说景颇语。三儿子娶的是佤族媳妇，也是会听不说景颇语，他们的孩子会说景颇语、佤语，两三岁时就会说了。

岳麻路：从小不跟他们说景颇语，老说汉语的话，长大就不会说景颇语了。

问：那您是跟老二家住在一起了？

王麻土：是的。我们在家里，会景颇语的说景颇语，不会说景颇语的说汉语。

问：看你们这一代和儿子这一代，景颇族和汉族、佤族开亲的很普遍呀。

岳小兰：是的。寨子里景颇族姑娘少，所以娶媳妇从其他民族中娶。

岳麻路：这村子有两个景颇族姑娘，一个嫁到四川了，一个嫁给贺派乡的傣族。

问：你们和媳妇们相处得好吗？

岳小兰：相处得好。

岳麻路：我们三家都娶了汉族媳妇、佤族媳妇。我们老头老太会看人，佤族女子很会关心我们老人，我们很满意。

问：你们年纪大了，还到外面去吗？出去以后说什么话？

岳小兰：她们俩年龄大，都不出寨了，我还经常到外面去。出去后，汉语也说，佤语也说，遇见什么人就说什么话。

问：你们会讲景颇族传统故事吗？还会不会唱景颇族的传统歌曲？

（问到此处，老人家们都不好意思地笑了。这时，岳正红走近，加入访谈的小群体。以下是与岳正红的谈话。）

岳正红：她们老了，牙齿掉了，不会唱了，但是心里面还会唱，平时没有外人时会自己哼唱一两句，有了媳妇和孙子，就不好意思唱了。

问：您好！请问您怎么称呼？简单介绍一下您的个人情况好吗？

答：我叫岳正红，景颇族，45 岁，小学毕业。

问：您的普通话说得不错呀！上过小学，在您这个年龄的景颇族女性中还不多见呢。

答：没有啦！我家姊妹多，8 个兄弟姐妹，4 个男性 4 个女性，念书不多，没有条件。

问：您会唱景颇族古老的唱词吗？

答：出嫁前，跟德宏来的当兵的景颇族学唱过；这些老人年轻时会唱，也教我们唱，现在她们老了就不唱了。我也有 20 年不唱了，不过心里面还有。

问：您学的是什么歌？

答：我会唱庆祝的歌，比如目瑙纵歌节的歌会唱一点；不会出嫁时唱的歌。

问：请谈谈您丈夫的情况好吗？

答：我丈夫叫李志华，45 岁，佤族人，初中毕业，还去金平县当过三年兵。

问：那你们夫妻对话时用什么语言？

答:我们说佤语和景颇语,两种语言是一样的。我用景颇语问话,他用佤语回答;他拿佤语问话,我有时用景颇语回答,有时也用佤语回答,看哪种话好表达就用哪种话。我们夫妻俩都是耿马景颇族协会的会员。

问:我听你们的会长何荣老先生介绍过景颇族协会的情况。你丈夫是佤族,他怎么也会加入景颇族协会呢?

答:他嘛,热爱景颇族,跟我一起加入景颇族协会。协会有什么事情要我们做,会通知给我们。去年景颇族协会派老师来,办了一个月的培训班,普及景颇文,我的孩子假期都去学过。现在,他们还懂景颇文。

问:景颇族协会做的这项工作很好。您学会景颇文了吗?

答:我老了,学不会了,就没去学。去学习景颇文的大部分是学生,他们年纪小,学得快,也有假期。

问:您家有几个孩子?他们会说什么语言?

答:我有两个孩子,大儿子叫李岳云,22岁,念完初中后在家务农,景颇语、汉语、佤语三种语言都会说;女儿叫李岳冰,19岁,在昆明经贸学院念大专,她也会说这三种语言。

问:家里有念大学的孩子,是好事也是负担吧?

答:是的。女儿上大学,家里的经济负担更重了,但是我们愿意供她上学。我家种甘蔗,有十多亩,也种点粮食,够自家吃。我儿子外出打工两年,帮我供他妹妹上学。现在回家了,准备说媳妇。

问:您家是族际婚姻家庭,就是夫妻俩是不同的民族,那么你们日常生活有什么矛盾没有?

答:景颇族的生活习惯和佤族也相差不了太多,共同生活没有太大问题。景颇族和佤族的饭菜都吃,两个民族的节日都过,同样重视。

问:您女儿在外面念大学,回村子后说不说景颇语?

答:说的,会说,不会变。

问:好的,谢谢您!

访谈二　　弄巴村那拢组村民岳正光访谈录

访谈对象:岳正光,景颇族,男,40岁,初中文化程度,耿马县弄巴村那拢组村民。

访谈时间:2009年7月2日

访谈地点:耿马县弄巴村委那拢组

访谈人:朱艳华

问:请介绍一下您家里人的语言使用情况。

答:我家里有4口人,两个小孩,都是女儿。我会讲汉语、景颇语、佤语,傣语也会一点。我从小就学会了景颇语和佤语,因为我们这里80%都是佤族。父母都是景颇族,景颇语是他们教的。佤语是小时候跟村里的小孩在一起玩的时候学会的。汉语是读小学一年级时候学会的,因为学校老师用汉语教学,课本也都是汉语课本。村里没有傣族,我是上初中时在学校学了一点。

我的妻子是布朗族,她会汉语、景颇语,不会布朗语。因为她从小在芒洪乡安雅村长大,这个村有布朗族、汉族和拉祜族。她家附近有三个汉族寨子,她主要跟汉族人接触,所以只会说汉语。景颇语是嫁到那拢组后学会的。

大女儿读初二,会说汉语、景颇语、佤语三种语言。从小就学会了景颇语、汉语,佤语是上小学一年级的时候学会的,那个时候她接触到了佤族的小孩,跟他们一起玩,就学会了。在上学之前主要是跟景颇族小孩玩。

二女儿 8 岁,上小学三年级,会景颇语、汉语、佤语。跟大女儿的情况差不多。现在两个女儿的汉语水平是最好的。在家里主要讲景颇语和汉语。在外面,她们跟景颇族在一起讲景颇语,跟佤族在一起讲佤语,在家里跟妈妈讲汉语,在学校讲汉语和佤语。佤语比景颇语的水平更好一些。因为景颇族人比较少,说的机会少一些。

问:您了解村子里景颇语的使用情况吗?

答:50 岁以上的人景颇语水平很好,年轻的说得有点不顺了,发音有些不准。我觉得我讲的景颇语跟年纪大一些的发音不太一样,带有一些佤语的调子。

问:家里主要的经济收入是什么?

答:主要是甘蔗,种了 20 亩甘蔗,还养猪、养鸡,种玉米。

问:这些东西会拿到哪里去卖?做买卖的时候讲什么话?

答:会拿到耿马县城去卖。做买卖的时候讲汉语,买东西的人都讲汉语。

问:村子里是不是景颇族人都会景颇语?景颇语水平怎么样?

答:都会。一般年纪大的,五六十岁以上的水平高一些。年轻的发音不太准了。

问:您父母在世时会说什么话?

答:会景颇语、傣语、佤语、汉语。从小会讲的是景颇语,后来学会了佤语、傣语、汉语。

问:他们是怎么学会佤语的?

答:我们这里的佤族人是 1958 年前后搬到这里来的。那个时候搞"大跃进",政府组织老弄巴的佤族人搬迁到这里来。后来又有一些沧源、四排山乡的佤族人也陆续搬迁来到这里。这样佤族人就越来越多,超过了景颇族。这里的景颇族就开始学佤语了。

问:根据村长的介绍,你们这个村子有 80% 的佤族人,其他是汉族、景颇族,没有傣族。您父母怎么学会了傣语?现在还有人会傣语吗?

答:以前我们这个寨子归允捧大队管。这个大队主要是傣族人,大队干部工作的时候都说傣语。赶集啊,生产、生活啊,也都要跟傣族人打交道,所以那个时候的景颇族成年以后都学会了傣语,小时候是不会的。1983 年区乡改革的时候,我们这个寨子划归弄巴村委会管,这个村主要是佤族、汉族、景颇族这三个民族。所以现在 40 岁以下的都不会傣语了。

问：他们的汉语是怎么学会的？

答："大跃进"的时候还有很多汉族人搬到这里来，所以我父母也学会了汉语。

问：你们在村里遇到不同民族的人会说什么话？

答：如果遇到佤族人就说佤语，遇到汉族人就说汉语，遇到景颇族人就说景颇语。

问：你们这里的语言使用情况比较复杂，家里和村里有没有人因为使用什么语言而发生过矛盾？

答：我们家里，我跟孩子讲话一般讲景颇语。我妻子跟小孩就讲汉语，我和我妻子之间也讲汉语。没有因为说什么话而闹矛盾。村里不同民族的人在一起，一般讲话的时候看跟什么人讲，如果是跟佤族人讲就讲佤语，跟景颇族人讲就讲景颇语，跟汉族人就讲汉语。

问：如果是佤族人遇到你们景颇族人，会说什么话？

答：还是说佤语。

问：寨子里的佤族人会不会说景颇语？

答：会听景颇语的佤族人比较多，大概占60%。会说的只有几个与我们交往多的一些人。

问：村子里会说佤语的景颇族多吗？

答：全会，这里的景颇族全部会佤语。

问：你们这个寨子周边都有些什么民族？

答：大多数是佤族，还有汉族。

问：您觉得现在的景颇族小孩的景颇语说得怎样？

答：马马虎虎，跟我们这一代人相比，有些退化。不过还可以交谈。但是很多我们会说的词他们已经不会说了。

问：您觉得景颇语在这里会不会消失？

答：不会，因为我们还在继承我们的民族文化。比如，以前老人流传下来的宗教我们还在继承；还有一些民族歌曲也会一些。

问：您希望景颇语一直传下去吗？为什么？

答：希望。我们始终不能忘记我们的民族文化。

问：如果景颇族人不会说景颇语了会怎样？

答：应该不会出现这种情况的。我们都还在说我们的景颇语，孩子也都还会说。我们对我们的景颇语还是很有感情的。

问：您觉得有没有必要采取一些措施来保存、推广景颇语？

答：有必要，我希望有老师来教孩子们景颇语，这样景颇语就会一直传下去。

访谈三　弄巴村那拢组村民岳成明访谈录

访谈对象：岳成明，景颇族。耿马县耿马镇弄巴村委会那拢组村民

访谈时间：2009年7月2日上午

访谈地点:耿马县弄巴村委那拢组
访谈人:范丽君

问:请您介绍一下您个人和您家里人的情况。
答:我叫岳成明,景颇族,今年38岁,初中文化水平。我从小开始学话时说的是景颇语,后来还会佤语和汉语,说得都很好。我的妻子叫李萍,佤族,32岁,初中文化水平。她的第一语言是佤语,还会说汉语和景颇语,说得也很好,沟通交流没有问题。大儿子岳航顺,13岁,正在念初一,他学说话的时候我们教他景颇话,还会说汉语,都说得很好。他也听得懂佤语,会简单的交流。女儿岳航秋今年8岁,正在读小学二年级,跟哥哥一样,景颇语是第一语言,掌握得很好,汉语和佤语能听得懂,交流起来还不是很顺畅。

问:请问你们家庭互相交流时的用语情况?
答:我们家是个大家庭。我母亲叫王小四,79岁了,景颇族,她没有上过学,但景颇语、汉语、傣语、佤语都很熟练,这是她和这些民族在一起劳动时学会的。我有七个弟兄姐妹,母亲跟四哥住。平时家庭交流时,说的较多的是景颇语,如全家人聊天的时候说的是景颇语,其次是佤语。我们兄弟之间说话肯定说景颇语。由于我妻子是佤族,我们俩交流时用佤语,我妻子和孩子交流时用佤语或景颇语,二者使用的机会相当。一般是我妻子用佤语和孩子们说话,孩子们就用景颇语回答。孩子和孩子之间说话一般用景颇语。

问:你妻子是怎么学会景颇话的?
答:我妻子用佤语跟我母亲说话,我母亲就用景颇语回答,母亲有意识地让媳妇学习景颇语,提高她的景颇语能力。我的孩子是母亲带大的,她也有意识地教孩子们说景颇语,让孩子们永远不忘记自己民族的根。

问:平时和村里人交流,使用语言的情况如何?
答:一般是见什么人说什么话,根据场合和对象不同选择不同的语言。如婚丧嫁娶的时候,大家聚在一起,见到佤族就说佤语,见到汉族就说汉语。如果向主人表示祝贺,说祝福的话时,一般不论对方民族,都用汉语来说,因为汉语表达丰富,能说出我们想说的话。再比如去医院看病的时候,根据医生的民族情况选择使用的语言。

问:村里面广播通知用什么语言?
答:我们那拢组分一、二组,组长一个是佤族,一个是汉族。一般用汉语通知,佤族组长有时也用佤语,几率很少。用佤语通知的时候,也是汉语和佤语混着讲,如通知别人来领取肥料时,整句话用佤语说,但"肥料"一词用汉语说。我们那拢组佤族居多,大家也都能听得懂。

问:那拢组景颇族的风俗宗教情况如何?
答:虽然景颇族在那拢组占少数,但那拢组全组都和景颇族一起过目瑙纵歌节,佤族的青苗节是去年才开始过的。我们组景颇族保持了景颇族原始宗教信仰,风俗习惯保留较好。佤族因为来自不同寨子,现在风俗习惯更像汉族。广播通知时,一般先放一段景颇族音乐,我们就知道是我们组的通知，就留心去听，因为周围别的组没有景颇族，这也是我们组的一个标志。我还想在我们村入口建一个景颇族标志性的建筑，如寨门。景颇族在那拢组算是一个居住较早的民族，其他民族对景颇族很尊重，组长们也很支持我们建设文化事业，村里的目瑙场所，场地已经平整出来了，但资金还处于短缺状态。

问：你刚才说景颇族是一个在那拢组较早居住的民族，能说一下那拢组的历史吗？

答：说起那拢组的历史，还得提起我的父亲岳麻养，他是1931年出生的，现在已经去世了。他曾参加过解放耿马的战斗，是保山军区的地下组织，1947年，奉保山军区某团杨团长之命定居那拢组。原来这里没有人，后来他把周边分散的村寨整合起来，建立了一个自然村。1958年政府动员下坝工作，把弄巴村搬下来，很多其他民族从一河之隔的回沙迁过来。20世纪60、70年代，来自沧源的佤族、四排山乡的汉族、佤族等陆续搬下来，其中有两三户拉祜族。所以说景颇族是在那拢组最早居住的民族。

问：你会景颇文吗，你怎样看待景颇文？

答：我学过景颇文，就是景颇族协会来培训的，但学的时间不长，只是学简单的单词。景颇文对我来说用处不大，没有地方用，你写了别人不会看。但不论如何，景颇文还是要有，并且应该发扬光大。景颇族口头流传的家族历史和家谱都需要用景颇文记载，但现在很多还是口头传给下一代。我们下一代如果学会景颇文后，可以更清楚自己的历史和文化，做到不忘根本。希望往后学习景颇文时，时间能够长一点，要学到能够使用的程度，只学会自己的名字是不够的。

问：你会说景颇语、汉语和佤语，你会怎么排序？

答：从心理角度来排的话，肯定是"景颇语＞汉语＞佤语"这样一个顺序，如果按现实需要来排的话，汉语最重要，景颇语其次，最后是佤语。比如组长开会时，我心理上希望用景颇语来通知，但这不现实，所以什么语言也能接受。

问：对你的下一代，你希望他掌握什么语言？

答：我希望孩子汉语学得精通一点，这是社会大环境决定的。景颇语也应该学，本来是景颇族，如果不会语言就没有什么意义了，我会教育孩子任何时候都不要忘本，尊重自己的民族，尊重自己就是尊重别人。

访谈四　　弄巴村那拢组村民肖新红访谈录

访谈对象：肖新红，佤族，耿马县耿马镇弄巴村委会那拢组村民

访谈时间：2009年7月2日上午

访谈地点：耿马县弄巴村委那拢组

访谈人：蒋颖

问：请问那拢组归哪个村委会管？

答:那拢组原来归属于傣族居多的允捧村委会,1980年后归属于佤族居多的弄巴村委会。所以村里40岁以上的人一般都会傣语,但40岁以下的人会傣语的就不太多了,会佤语、汉语的多。

问:请您做一个简单的自我介绍。

答:我叫肖新红,佤族,1969年生,文化程度是初二。我父亲是佤族,早已去世。母亲岳小兰是景颇族,1949年出生。在家里我跟爸爸讲佤语,跟妈妈讲景颇语。我景颇语、佤语都很好。我有两套民族服装,景颇族的、佤族的,一样一套,两套我都喜欢。

问:请介绍一下您的兄弟姊妹和您的家庭语言基本情况。

答:我有三个弟弟。我们四姊妹的景颇语、汉语、佤语都很熟练,傣语不太懂,能听得懂一些,但不太能说。大弟叫肖理明,1971年生;二弟肖理荣,1973年生;小弟肖理华,1976年生。小弟高中毕业后参军6年,汉语普通话很好。

我的丈夫叫李国强,是佤族,1966年生,小学毕业。我们结婚后他也学会了景颇语,有景颇老人、孩子来家里的时候,他讲景颇语;但遇到同龄的景颇人时他就不好意思讲景颇语,一般就讲汉语。我们的家庭语言以景颇语为主,有时也讲佤语。

我的大儿子叫李军,1987年出生,书读到了初中毕业,现在在江苏打工。二儿子叫李健成,1989年出生,也是初中毕业,现在在山东打工。我家两个孩子都会讲景颇语、汉语、佤语这三种话,现在他们在外地,讲普通话,打电话回家妈妈接的就讲景颇语,爸爸接的就讲佤语。以前在家时,他们就是跟爸爸讲爸爸的语言,跟妈妈讲妈妈的话。

问:村里的各个民族相处得怎么样?

答:相处得很好。那拢组分一、二两个小组,大家的关系很好,从没有过打架斗殴,也没有一个人吸毒。一、二组之间也没有任何隔阂,平时交流很多。谁家有婚丧嫁娶红白喜事,村民全部都会去,风俗习惯各民族交融。佤族5月17号的青苗节,景颇族都参加;景颇族的目瑙纵歌节,佤族也参加。本村的青苗节是从2004年开始的。

这里受汉族文化影响最大。比如说过清明节很隆重,那一天村民会去山里整理坟墓,带饭菜祭祀祖先,下午才从山里回来。汉族的春节是这里最隆重的节日,那天晚上全村人会聚在一组(一组是景颇、汉、佤族杂居村,其中以景颇人最多,汉族其次,佤族人最少)的球场上跳景颇族象脚舞。初二晚上全村人会去二组(纯佤族聚居村)跳佤族舞。不管是本村还是外村人参加舞会,大家都欢迎。

不过,村民们的家里挂观音像,只是春节时上街遇到随便买的,不是真的信奉佛教。为了干活方便,平时各个民族都穿便装,不穿民族服装。过节的时候,比如春节跳舞时各族都穿民族服装,汉族还是穿平时的服装。但汉族过节也喜欢穿景颇、佤族的衣服,他们会买来穿。景颇族有两种服装,一种是带银泡的;一种是不带银泡的。这里主要穿不带银泡的,因为那个贵,以前买不起。现在经济条件逐渐好转,开始有人买带银泡的。

问:请介绍一下村里的语言情况。

答：这里的景颇人一般都是三语人，他们在家里主要讲景颇语，在外人来的时候讲汉语，遇到佤族就讲佤语。村里的佤族人40岁以上的一般都能听得懂景颇语，但说不好。年轻的佤族村民基本上不太懂景颇语。一组、二组的情况很接近。二组虽然都是佤族，但是他们跟一组住得很近，而且田地在一起，天天跟景颇人在一起劳动，所以年龄比较大的佤族人都能听得懂景颇语。而且过去一组是景颇人多，汉族、佤族人少，这里被人叫做"景颇村"。但是后来渐渐有很多汉族、佤族搬到一组来，景颇人的比例下降，佤族的比例上升，这是佤族年轻人不懂景颇语的主要原因。

问：不同民族的村民有没有因为语言不通而产生过矛盾？

答：没有。各个民族的人在一起的时候，景颇人如果说的是景颇语，佤族、汉族就会和我们开玩笑，说："你们是在骂我们吗？我们听不懂。"我就会回答说"你们听不懂是你们的事"，或者我也和他们开玩笑说"是的，就是在骂你呢！"

问：村里的经济情况怎么样？

答：最近5年，村里经济发展得很快。3年前村里修了水泥路，跟公路连起来了。自来水也已经开通了五六年。村里有3辆公交车，每天进城，只要凑齐4个人就可以随时出发，一般每天会开五六班，最少也会跑三四班。除了公共汽车，家家几乎都有摩托车，摩托车不受人数凑齐的限制，所以骑摩托车进城的人也很多。村里大多数家庭都有摩托车、手机、座机，只有很少一部分人没有。

问：有没有景颇孩子不会讲景颇语了？

答：没有。只要是景颇孩子，都会讲景颇话，也会讲佤话。没有不懂景颇话、佤话的景颇孩子。孩子一般先学会景颇语，然后在村里跟佤族小朋友一起玩儿，自然就学会佤话了。孩子们的佤话比他们的爸爸妈妈说得还好，跟佤族小孩没有区别。比如我们村的景颇小姑娘岳天瑜，今年7岁，读小学一年级。她现在景颇语、佤语、汉语都很熟练。她的爸爸妈妈在外面打工，她是爷爷奶奶带大的，先学会了景颇语，然后在上学前又完全学会了佤语。现在她景颇话、佤话没问题，汉话很好，还能说普通话。

问：村里的景颇族成人有没有人转用汉语或者别的语言，不说景颇语了？

答：没有。村民们出去打工，不管去多远、去多久，他们回来必然说景颇话。从来没有从外地回来改用别的语言的情况。我们村里有一个女人，景颇话没有问题（她的爸爸是佤族，妈妈是景颇族）。她在20年前离家出走到了山东，我们都以为她死了。去年她忽然回家乡来了，第一天的时候景颇话只能听，说不好，过了两天很快就说得很好了。

问：你们担心过将来的景颇孩子可能不会景颇语吗？

答：孩子将来会不会讲景颇话，我们从来没担过心。因为我们是景颇人，自然会一代一代地讲景颇话。现在我们村孩子们的景颇话跟我们没有什么区别。爸爸妈妈一般都会要求孩子说自己的语言。每家的老人都说："跟娃娃要讲景颇语，汉语、佤语你们不用讲，到学校去了他们自然都会讲得出来。"

问：村里不同民族的人通婚吗？结婚按什么风俗操办？婚后家里用什么语言呢？

答：以前景颇族娶佤族，老人会反对，现在大家都很支持，不反对了。佤族人很善良，与别的民族相处很好。景颇族和佤族比较起来各方面差不多，没有先进落后的区别。不同民族结婚，都按照男方的习惯办婚礼。男方是景颇人就按景颇礼仪结婚，男方是佤族就按佤族礼仪结婚。结婚后一般是说男方的语言。比如说我们村的岳金高、肖英两口子是景颇人和佤族人结婚，他们结婚的风俗就是按照景颇人的习惯操办的。他们的家庭语言主要是景颇语，在肖英听不懂的时候，他们会用佤语解释给她听，因为他们都懂佤语。现在他家的10个月大的儿子，爷爷奶奶也是对他讲景颇语，希望他长大后学会景颇语。

问：有景颇族、汉族通婚的家庭吗？

答：有。比如我二舅家的大媳妇，叫董福梅，就是汉族。她的丈夫岳林是景颇族。他们结婚5年，现在董福梅基本上能听得懂景颇话，但是不太会说，只能讲最简单的几句。她嫁过来以前是在汉族村子长大的，从来没有接触过景颇话，现在的情况算学得很快了。他们的女儿今年4岁，景颇语跟村里父母都是景颇族的孩子一样好。因为她主要是爷爷奶奶带大的。

问：你对景颇语的传承有什么样的期望？

答：因为这个村很早就是景颇人的村了，所以不管将来怎么样、不管发展到什么时候，我们也不会把景颇语忘掉。我们很珍重我们的民族语言，不管是我的儿子还是将来的媳妇孙儿孙女，我都会接着跟他们讲景颇语。

访谈五　　弄巴村委员会支书赵兴元访谈录

访谈对象：赵兴元，佤族，44岁，弄巴村委员会支书

访谈时间：2009年7月2日

访谈地点：耿马县弄巴村委那拢组

访谈人：余成林、林新宇

问：请先介绍一下村里的概况。

答：弄巴村委会这个地方以佤族为主，杂居着7个民族，有汉族、傣族、佤族、景颇族、布依族、布朗族，还有拉祜族。其中佤族占80%；汉族占15%；景颇族占0.5%，只有20几户；拉祜族最少，才百分之零点几。全村有812户，3829人。

问：村里有没有学校？学生情况怎么样？

答：我们有一个完小，有420个学生。还有两个村小，这里的适龄儿童全部入学，九年义务教育基本能够贯彻。我们村委会有专门的规定，坚决执行九年义务教育，要求每个学生要带着毕业文凭回到村里来。不送孩子去上学的家庭，要罚款。家里再困难也要送孩子读书。有的初中一年级就回来，文化程度假报初中毕业，在我们村委会是行不通的。没有文凭，村里就不承认你的学历。所以现在的年轻人大部分都能读到初中毕业。

问：村里人到外边工作的多吗？

答：没有完全统计，还是挺多的。有的到耿马、临沧市等地工作，有些还在领导岗位上。

问：村里人有没有在读大学、研究生的？

答：读研究生的没有。大学呢，每年都有，去年就有6个考上大专院校的，都是少数民族的孩子，到现在为止可以说有20多个吧。

问：你们村有7个民族，平时大家如何交往？

答：各民族彼此相互了解，相互体贴，和睦相处，还是比较团结的。7种民族的传统文化、风俗习惯各不相同，能够融洽地相处在一起，的确是很不容易的事情。对各民族的风俗习惯，其他民族不加干涉，甚至会积极参与。大家齐心协力，共同搞好村容村貌。哪家有什么大事情，如婚丧嫁娶，无论是哪个民族，都会互相邀请。各民族之间还互相通婚，景颇族娶佤族的有，汉族嫁傣族的也有。

问：各民族间用什么语言交流？

答：村里有7个民族，谁都不可能懂7种语言嘛（笑）。现在像组织开会呀什么的，全部都是使用汉语了。村里的拉祜族、傣族、布朗族都是特少的民族，才有几户，基本上是放弃本民族语言了。特别是拉祜族人口最少，语言在退化，小孩子都不会说了。当然也有一些村民会几种语言，各民族之间也可以用民族语进行日常交际，比如会佤语的景颇族就可以用佤语和佤族交谈。景颇族之间都说景颇语，我和景颇族也能用一点景颇语交流。特别是这两年在耿马景颇族协会的带动下，我们这里的景颇族都很积极地教家里的小孩学景颇话。

问：村里还保留哪些传统活动？

答：老年人还会保留一些传统节日、宗教信仰和传统舞蹈。有代表性的是佤族的甩发舞和景颇族的赶摆舞。汉族也学会了和少数民族一起打歌。比如景颇族过目瑙纵歌节的时候，各民族都来参加。在组织这些活动上也能体现出各民族的互相团结、互相尊重。

问：学校里有没有民族语课？

答：学校里用汉语上课，教师除了汉族的也有佤族的、傣族的，但我们还没有民族语课。文字的问题也存在，很多民族没有自己的文字，有也不见得认识，所以就都统一用汉语的课本，用汉语讲课。这方面还很薄弱。

问：你们村的经济情况怎么样？

答：我们村的人均年收入在2000元左右，主要以种植业为主，有甘蔗、水稻、水果等。搞个体种植业，个人承包甘蔗田。甘蔗、木材砍下来都还只是运出去，我们还没有能力自己进行加工。像甘蔗的价格还很低，每吨240块钱。但没办法，目前还没有其他产业能够代替。也有一部分村民搞运输和养殖业，当然这些只是附带产业。村委会也分期分批组织村民出去，到山东、浙江、广东等地的工厂打工。这样可以开阔大家的视野，也能学些技术回来，促进村里的发展。

第四节 孟定镇景信村贺稳组语言使用情况个案分析

一 景信村贺稳组基本情况

景信村贺稳组位于耿马县城的西边,孟定镇的东北方向,距离耿马县城 80 公里,距离孟定镇 7 公里。全组共有 53 户,246 人。除了一户汉族 5 人、一户拉祜族 6 人外,还有通过婚姻关系进入该组景颇族家庭成为景颇族家庭成员的汉族 14 人、拉祜族 3 人、佤族 8 人、傈僳族 3 人,其他都是景颇族。景颇族共 207 人,其中景颇支系 102 人,浪速支系 64 人,勒期支系 7 人,载瓦支系 34 人。景颇族占全组人口的 84.15%。

汉族赵家艳一家是上个世纪 70 年代为了谋生存从临沧迁过来的。户主赵家艳只会说汉语,但能听懂景颇语和拉祜语。妻子赵四妹是拉祜族,会汉语、拉祜语和景颇语。儿子赵春发和女儿赵兴玲也会汉语、拉祜语和景颇语。母亲杨思兰虽然 82 岁,也能听懂景颇话。

那都一家虽然是拉祜族,但其丈夫和女儿都是景颇族,在家里主要使用景颇语。到了第三代就全部使用景颇语了,并且景颇语成为她家第三代的第一语言。

贺稳村的浪速、勒期、载瓦等支系现在也都转用景颇语了。景颇语是该组的通用语言,平时开会、广播、通知都是用景颇语。

贺稳组所属的景信村,主体民族是傣族。周围还有几个少数民族分布的村寨,如芒海村是佤族聚居村,邱山村是拉祜族聚居村。这几个村子都在贺稳河畔,村民互有交往。60 岁以上的老人,不管男女,都会一两种其他民族的语言,如拉祜语、傣语、佤语,因为附近就有几个这些民族的村子。不过,年轻人懂少数民族语言的就少一些了,有的是上学时跟这些民族的同学交往学会的,有的是一起干活劳动学会的。不过年轻人多数都用汉语相互沟通。

景颇族平时遇到傈僳、佤族、傣族以及汉族的熟人都是讲汉话。汉语是在村外的通用语言,在村子里都是用景颇语交流。

贺稳组的经济作物主要是橡胶树,一亩地可以种植 30 多棵,管理得好一般六七年就可以开割。每户大概有 20 多亩山地。粮食作物以水稻为主,每年两季,第一季种植的水稻足够自家吃,第二季就可以全部出售。另外还种植西瓜、香蕉。家家户户都种西瓜,每亩瓜地产几吨西瓜。西瓜成熟后,一般是四川的商贩来批发,便宜时每公斤五六角钱,好的时候可以卖到每公斤两元钱;香蕉本地人很少种,因为投入成本高,一亩地要投入四千多块,主要是外地人来承包。

一般家庭人均年收入 2500 元左右。每家都有摩托车、电视机;20 多家有拖拉机,拥有率 30% 多;年轻人一般都有手机。

贺稳组40岁以上的人基本上是小学毕业,读初中的不多。普及九年义务教育后,村民们充分认识到了知识的重要性,再加上学费不高,家庭负担不大,读书的人越来越多。就像村民岳卫国所说:"现在不念书不行,没有文化是要落后的。"

全村都信基督教。一个星期做三次礼拜,即星期三、星期六、星期日。牧师都是本地人,其中一个就是贺稳村的景颇族,还有几个是从外面来的傈僳族。圣经有汉文、景颇文、傈僳文的。做礼拜时,景颇族说景颇语,傈僳族说傈僳语。过复活节和圣诞节,讲圣经上的故事就用汉语讲。唱诗时景颇族唱景颇歌,傈僳族唱傈僳歌,有时候也都唱汉语歌。

小孩子现在都在洞井完小读书。洞井完小离贺稳有6公里。因为离家太远,都是从一年级开始住校,周五家长接回来,周日下午送回学校。洞井完小学生很多,住校的孩子只有三四十个,都是离学校比较远的学生。

二 景信村贺稳组语言使用的特点

我们调查了该组全部53户人家,其中景颇族51户,人口235人(包括嫁到该组做媳妇或者招到该组做上门女婿的);汉族1户,5人;拉祜族1户,6人。共计246人。我们这里只对6岁以上、有语言能力的229人进行统计和分析。贺稳组各民族人口及占该组总人口的比例如下图。

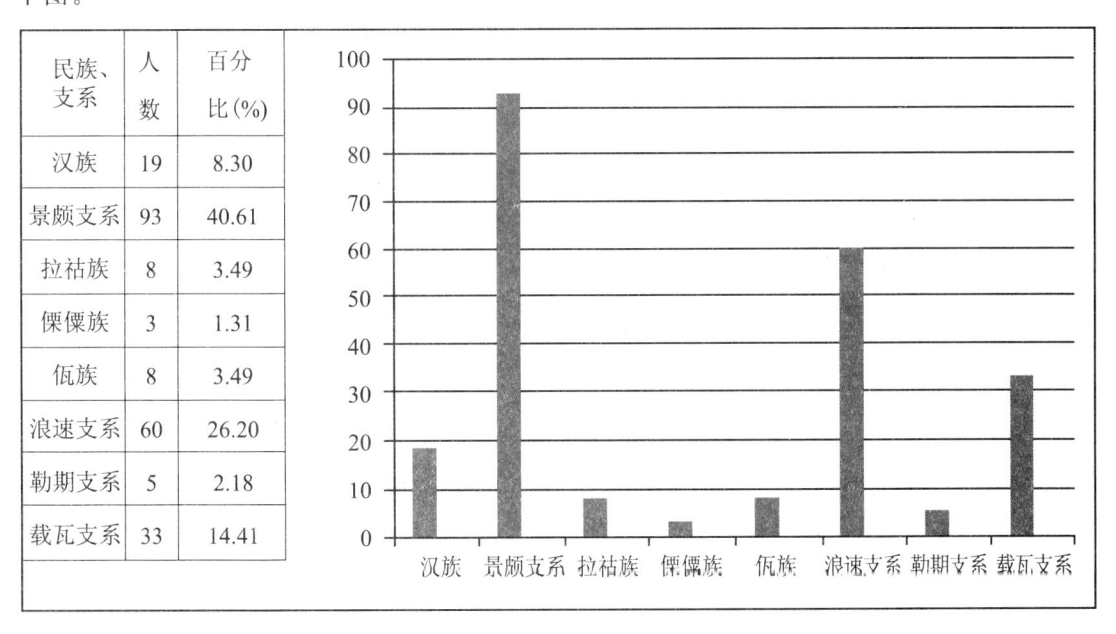

民族、支系	人数	百分比(%)
汉族	19	8.30
景颇支系	93	40.61
拉祜族	8	3.49
傈僳族	3	1.31
佤族	8	3.49
浪速支系	60	26.20
勒期支系	5	2.18
载瓦支系	33	14.41

图4-1

上图显示,在贺稳组的人口构成中,汉族19人,占8.30%;拉祜族8人,占3.49%;傈僳族3人,占1.31%;佤族8人,占3.49%;景颇族191人,占83.41%。景颇族中景颇支系93人,占40.61%;浪速支系60人,占26.20%;勒期支系5人,占2.18%;载瓦支系33人,占14.41%。这说明贺稳组是以景颇族为主兼有少部分其他民族的一个民族村寨。

下面我们分别分析该组景颇族、汉族和拉祜族语言使用的特点。

（一）景颇族的语言使用特点

1. 景颇族使用景颇语的情况分析

景颇语是这里的通用语，在村子内部主要运用景颇语进行交流。我们对 51 户的景颇族共 191 人进行了景颇语语言能力的统计，看到 99% 的人都能够熟练地掌握运用景颇语，0.5% 的景颇人略懂景颇语，0.5% 的景颇人不懂景颇语。统计结果见表 4-27 和表 4-28（分别从年龄构成和支系两个方面进行统计）：

表 4-27　景颇族景颇语使用情况

年龄段（岁）	人数	熟练		略懂		不懂	
		人数	百分比（%）	人数	百分比（%）	人数	百分比（%）
6—19	38	37	97.37	1	2.63	0	0
20—39	85	85	100	0	0	0	0
40—59	50	50	100	0	0	0	0
60 以上	18	17	94.44	0	0	1	5.56
合计	191	189	99	1	0.5	1	0.5

表 4-28　景颇族各支系景颇语使用情况

支系	人数	熟练		略懂		不懂	
		人数	百分比（%）	人数	百分比（%）	人数	百分比（%）
景颇支系	93	93	100	0	0	0	0
浪速支系	60	58	96.66	1	1.67	1	1.67
勒期支系	5	5	100	0	0	0	0
载瓦支系	33	33	100	0	0	0	0
合计	191	189	99	1	0.5	1	0.5

由上表数据看出，该组虽然有景颇、浪速、载瓦、勒期等不同的景颇族支系，但是他们对景颇语掌握得都非常熟练，除了景颇支系以外，勒期和浪速支系也都百分之百地能够熟练掌握景颇语，只是在浪速支系中有 1 人略懂、1 人不懂景颇语。其中赵小二现已 66 岁，会浪速语。她是在三四十岁的时候跟着丈夫迁徙到此地，其夫是佤族，所以后来就没有学习景颇语。不管是从年龄的不同层级还是从不同的支系来分析，景颇、载瓦、勒期、浪速等支系对景颇语的学习和使用都有非常浓厚的兴趣。

2. 景颇族使用汉语的情况分析

汉语是这里的景颇人在村外进行交流的主要用语。不仅和汉族人交流用汉语，和其他民族的人交流也用汉语。我们对 51 户的景颇族共 191 人进行了汉语语言能力的统计，96.34%

的人熟练地掌握了汉语,3.14%的人略懂汉语,只有0.52%的人不懂汉语。统计结果见表4-29和表4-30(分别从年龄构成和支系两个方面进行统计):

表4-29 景颇族汉语使用情况

年龄段(岁)	人数	熟练		略懂		不懂	
		人数	百分比(%)	人数	百分比(%)	人数	百分比(%)
6—19	38	38	100	0	0	0	0
20—39	85	85	100	0	0	0	0
40—59	50	48	96	2	4	0	0
60以上	18	13	72.22	4	22.22	1	5.56
合计	191	184	96.34	6	3.14	1	0.52

表4-30 景颇族各支系汉语使用情况

支系	人数	熟练		略懂		不懂	
		人数	百分比(%)	人数	百分比(%)	人数	百分比(%)
景颇支系	93	91	97.85	2	2.15	0	0
浪速支系	60	56	93.33	3	5	1	1.67
勒期支系	5	5	100	0	0	0	0
载瓦支系	33	32	96.97	1	3.03	0	0
合计	191	184	96.34	6	3.14	1	0.52

由表中数据可以看出,从年龄分布来看,百分之百的6—19岁的年轻人和百分之百的20—39岁的青壮年都非常熟练地掌握了汉语,96%的40—59岁的中年人和72.22%的60岁以上的老年人熟练地掌握了汉语,这说明:年轻越小,掌握汉语的水平越好,反之亦然。40—59岁的中年人中有2人略懂汉语,60岁以上的老年人中有4人略懂汉语,1人不懂汉语。从支系结构来看,百分之百的勒期支系和97.85%的景颇支系、93.33%的浪速支系、96.97%的载瓦支系的景颇人都能够熟练地掌握汉语。也就是说,在所调查的具有一定语言能力的景颇族人中,只有2位景颇支系、3位浪速支系、1位载瓦支系的景颇人略懂汉语,1位浪速支系的景颇人不懂汉语。这些略懂或者不懂汉语的景颇人基本都在50岁以上。他们的具体情况详见下表:

表4-31

姓名	年龄	民族	文化程度	第一语言及水平	第二语言及水平	其他语言及水平
赵中明	45	景颇(载瓦)	小学	景颇语,熟练	汉语,略懂	傣语,熟练;载瓦语,略懂
张大妹	67	景颇(景颇)	文盲	景颇语,熟练	汉语,略懂	傣语,略懂
赵小二	66	景颇(浪速)	文盲	浪速语,熟练	佤语,熟练	傣语,熟练
宋小三	69	景颇(浪速)	文盲	景颇语,熟练	载瓦语,熟练	浪速语、傣语,熟练;汉语,略懂

岳建华	54	景颇（浪速）	小学	景颇语，熟练	浪速语，略懂	汉语、拉祜语，略懂；傣语，熟练
石老三	76	景颇（景颇）	文盲	景颇语，熟练	汉语，略懂	傣语，熟练；佤语，略懂
龙诺	68	景颇（浪速）	文盲	浪速语，熟练	景颇语，熟练	汉语，略懂；傣语，熟练

3. 勒期、浪速、载瓦等支系语言的使用情况分析

由于景颇支系没有使用勒期、载瓦、浪速等支系语言的情况，所以我们只对勒期、浪速、载瓦这三个支系他们自己使用本支系语言的情况进行统计分析。我们对浪速支系的60人、勒期支系的5人、载瓦支系的33人进行了调查分析，只有16.33%的支系人熟练地掌握自己的支系语言，8.16%的支系人略懂自己的支系语言，75.51%的支系人不懂自己的支系语言。统计数据如下表4-32：

表 4-32

年龄段（岁）	支系	人数	熟练		略懂		不懂	
			人数	百分比(%)	人数	百分比(%)	人数	百分比(%)
6—19	浪速支系	10	0	0	0	0	10	100
	勒期支系	0	0	0	0	0	0	0
	载瓦支系	6	0	0	0	0	6	100
20—39	浪速支系	28	0	0	1	3.57	27	96.43
	勒期支系	3	0	0	0	0	3	100
	载瓦支系	14	1	7.14	0	0	13	92.86
40—59	浪速支系	14	3	21.43	5	35.71	6	42.86
	勒期支系	2	0	0	0	0	2	100
	载瓦支系	10	2	20	2	20	6	60
60以上	浪速支系	8	7	87.5	0	0	1	12.5
	勒期支系	0	0	0	0	0	0	0
	载瓦支系	3	3	100	0	0	0	0
合计		98	16	16.33	8	8.16	74	75.51

上表所列数据都是本支系说自己支系语言的统计，即浪速支系说浪速语、勒期支系说勒期语、载瓦支系说载瓦语的不同年龄段的类型统计。

从上表数据可以看出，浪速支系只有10人能够熟练地掌握浪速语，占浪速支系人数的16.67%，并且这10人中70%是60岁以上的老人，40—59岁的中年人对自己的浪速语只是略懂，39岁以下的年轻人都是对自己的浪速语完全不懂。

勒期支系不论是中年人还是年轻人都已经全部不懂自己的勒期语了。

载瓦支系只有6人还能熟练地掌握载瓦语，只占载瓦支系人数的18.18%，这6人也基本上是60岁以上的老人，大部分中年人及小孩完全不懂自己的载瓦语。

由此说明：景颇族的不同支系已经慢慢地淡化支系之间的区别，尤其是在语言方面，浪速、

勒期、载瓦等支系已逐步向景颇支系语言转变。

(二)汉族的语言使用特点

贺稳组除了一户汉族5人外,还有通过婚姻关系进入该组景颇族家庭、成为景颇族家庭成员的汉族14人,该组汉族共计有19人。他们使用汉语都是非常熟练的。除了使用汉语外,他们由于在该组要经常和景颇族人打交道,所以很多学会了景颇语。同时,由于寨子周围有佤族、拉祜族、傣族等寨子,他们也有学会了佤语、拉祜语和傣语的。

1. 汉族使用汉语的情况分析

由于汉族不是本寨子的世居居民,他们或者是由其他地方迁移到此寨,或者原是生活在汉族聚居区,后来由于婚姻关系才到贺稳的,所以他们的汉语水平一般比较好,汉语交际能力都比较强,100%的汉族能够熟练地掌握汉语。具体数据见下表:

表 4-33

年龄段(岁)	人数	熟练		略懂		不懂	
		人数	百分比(%)	人数	百分比(%)	人数	百分比(%)
6—19	1	1	100	0	0	0	0
20—39	11	11	100	0	0	0	0
40—59	5	5	100	0	0	0	0
60以上	2	2	100	0	0	0	0
合计	19	19	100	0	0	0	0

上表数据可以说明,虽然汉族在该组人数比较少,属于人口较少的民族,但是汉族在贺稳组使用汉语的能力和水平没有衰变,并且带动着其他的民族学习和使用汉语。

2. 汉族使用景颇语的情况分析

由于贺稳组是以景颇族为主体的村寨,寨子内部的通用语言是景颇语,所以寨子里的汉族为了适应周围的生活并更好地与景颇族及其他民族同胞交流,在生活和劳动之余不断地学习景颇语,了解景颇族的生活习惯。具体数据见下表:

表 4-34

年龄段(岁)	人数	熟练		略懂		不懂	
		人数	百分比(%)	人数	百分比(%)	人数	百分比(%)
6—19	1	1	100	0	0	0	0
20—39	11	10	90.9	0	0	1	9.1
40—59	5	5	100	0	0	0	0
60以上	2	1	50	0	0	1	50
合计	19	17	89.47	0	0	2	10.53

从表中数据可以看出,在所有汉族 19 人中,有 17 人已经熟练地掌握了景颇语,占本组汉族人数的 89.47%,只有 10.53% 的汉族人不懂景颇语。这两位不懂景颇语的是现已 82 岁的杨思兰和 23 岁的郭红英。杨思兰是上个世纪 70 年代跟随丈夫从临沧迁到贺稳,因为年岁大,所以没有学习景颇语。郭红英是嫁到贺稳不久的新媳妇,现在还没有开始学习景颇语。由此说明:在贺稳村的汉族人,只要是有可能就可以熟练地学会景颇语。

(三) 拉祜族、佤族、傈僳族的语言使用特点

贺稳组除了有一户拉祜族 6 人(其中一人聋哑)外,还有通过婚姻关系进入该组景颇族家庭、成为景颇族家庭成员的拉祜族 3 人、佤族 8 人、傈僳族 3 人,共计 20 人。我们只对具有完备的语言能力的 19 人进行统计分析。

1. 佤族、拉祜族、傈僳族使用景颇语的情况分析

贺稳组的佤族、拉祜族、傈僳族比较少,没有形成自己的一定的言语社区。通过分析,我们发现在贺稳组,73.68% 的佤族、拉祜族、傈僳族熟练地掌握了景颇语,26.32% 的佤族、拉祜族、傈僳族略懂景颇语,还没有发现不懂景颇语的佤族、拉祜族和傈僳族居民。具体情况见下表:

表 4-35

年龄段(岁)	人数	熟练		略懂		不懂	
		人数	百分比(%)	人数	百分比(%)	人数	百分比(%)
6—19	2	2	100	0	0	0	0
20—39	8	5	62.5	3	37.5	0	0
40—59	5	4	80	1	20	0	0
60 以上	4	3	75	1	25	0	0
合计	19	14	73.68	5	26.32	0	0

从上表可以看出,年轻人对景颇语掌握得比较好。这与他们和周围的景颇人接触机会多,语言的接受能力较强有关。

2. 佤族、拉祜族、傈僳族使用汉语的情况分析

通过对贺稳组 19 位佤族、拉祜族、傈僳族的调查发现,84.21% 的佤族、拉祜族、傈僳族能够熟练地掌握汉语,15.79% 的佤族、拉祜族、傈僳族略懂汉语。具体数据见下表:

表 4-36

年龄段(岁)	人数	熟练		略懂		不懂	
		人数	百分比(%)	人数	百分比(%)	人数	百分比(%)
6—19	2	2	100	0	0	0	0
20—39	8	8	100	0	0	0	0
40—59	5	4	80	1	20	0	0
60 以上	4	2	50	2	50	0	0
合计	19	16	84.21	3	15.79	0	0

上表显示,贺稳组的 19 位佤族、拉祜族、傈僳族中,6—19 岁的年轻人和 20—39 岁的青壮年人都是百分之百地能够熟练地掌握汉语,40—59 岁的中年人有 80%能够熟练地掌握汉语,60 岁及其以上的老年人有 50%能够熟练地掌握汉语。这说明:在贺稳组的佤族、拉祜族、傈僳族中,年龄越小,掌握汉语的水平越高;反之亦然。

3. 佤族、拉祜族、傈僳族使用本民族语的情况分析

贺稳组只有一户佤族,5 人,其他都是通过婚姻关系进入贺稳景颇族家庭、成为景颇族家庭成员的。他们掌握本民族语言的具体情况见下表:

表 4-37

年龄段(岁)	民族	人数	熟练		略懂		不懂	
			人数	百分比(%)	人数	百分比(%)	人数	百分比(%)
6—19	佤族	0	0	0	0	0	0	0
	拉祜族	2	0	0	1	50	1	50
	傈僳族	0	0	0	0	0	0	0
20—39	佤族	7	7	100	0	0	0	0
	拉祜族	1	0	0	1	100	0	0
	傈僳族	0	0	0	0	0	0	0
40—59	佤族	1	1	100	0	0	0	0
	拉祜族	2	2	100	0	0	0	0
	傈僳族	2	2	100	0	0	0	0
60 以上	佤族	0	0	0	0	0	0	0
	拉祜族	3	3	100	0	0	0	0
	傈僳族	1	1	100	0	0	0	0
合计		19	16	84.21	2	10.53	1	5.26

从上表的数据可以看出,贺稳组的 19 位佤族、拉祜族、傈僳族中,有 16 人能够熟练地掌握他们的本民族语言,占 84.21%;有 2 人对自己的本民族语言略懂,占 10.53%;只有 1 人不懂自己的本民族语言,占 5.26%。略懂和不懂本民族语言的 3 人都是拉祜族,且属于年轻的一代,其中李牛 12 岁,略懂拉祜语,李梅 10 岁,不懂拉祜语。这说明,在杂居区,随着年龄的年轻化,拉祜语甚至其他民族语出现了衰变的趋势。

三 景信村贺稳组家庭语言使用情况总表

表 4-38

家庭关系	姓名	年龄	民族	文化程度	第一语言及水平	第二语言及水平	其他语言及水平
户主	苏国田	73	景颇(浪速)	文盲	景颇语,熟练	汉语,熟练	傣语、浪速语,熟练

妻子	宋小四	68	景颇（景颇）	文盲	景颇语,熟练	汉语,熟练	傣语,略懂
长子	苏卫兵	39	景颇（浪速）	小学	景颇语,熟练	汉语,熟练	傣语,浪速语,略懂
长媳	字从英	36	汉	小学	汉语,熟练	景颇语,熟练	佤语,熟练
长孙	苏伟	18	景颇（浪速）	初中	景颇语,熟练	汉语,熟练	
长孙女	苏美金	16	景颇（浪速）	初中	景颇语,熟练	汉语,熟练	
次孙女	苏玉琴	15	景颇（浪速）	初二在读	景颇语,熟练	汉语,熟练	
户主	赵中明	45	景颇（载瓦）	小学	景颇语,熟练	汉语,略懂	傣语,熟练;载瓦语,略懂
妻子	南刀	46	景颇（景颇）	小学	景颇语,熟练	汉语,熟练	傣语,略懂
长子	赵红平	24	景颇（载瓦）	小学	景颇语,熟练	汉语,熟练	
长女	赵红	25	景颇（载瓦）	小学	景颇语,熟练	汉语,熟练	
次女	赵小三	20	景颇（载瓦）	小学	景颇语,熟练	汉语,熟练	
户主	那都	71	拉祜	文盲	拉祜语,熟练	景颇语,熟练	汉语,略懂
弟弟	罗扎提	61	拉祜	文盲	拉祜语,熟练	景颇语,熟练	汉语,略懂
次女	岳小红	38	景颇（景颇）	小学	景颇语,熟练	汉语,熟练	
女婿	李卫华	44	拉祜	小学	拉祜语,熟练	汉语,熟练	景颇语,熟练
孙子	李牛	12	拉祜	小二在读	景颇语,熟练	拉祜语,略懂	汉语,熟练
次孙女	李梅	10	拉祜	小一在读	景颇语,熟练	汉语,熟练	
户主	勐二	62	景颇（景颇）	文盲	景颇语,熟练	汉语,熟练	佤语、傣语、拉祜语,略懂
妻子	李小二	54	佤	文盲	佤语,熟练	拉祜语,略懂	汉语、景颇语,略懂
长子	勐小荣	28	景颇（景颇）	小学	景颇语,熟练	佤语,略懂	汉语,熟练;拉祜语、傣语,略懂
户主	孔志明	48	景颇（浪速）	小学	景颇语,熟练	汉语,熟练	浪速语,略懂
长女	孔小英	25	景颇（浪速）	小学	景颇语,熟练	汉语,熟练	傣语,略懂
次女	孔丽英	24	景颇（浪速）	小学	景颇语,熟练	汉语,熟练	拉祜语,略懂
三女	孔小三	21	景颇（浪速）	初中	景颇语,熟练	汉语,熟练	
户主	苏明亮	49	景颇（浪速）	小学	景颇语,熟练	汉语,熟练	
妻子	赵玉平	49	景颇（浪速）	小学	景颇语,熟练	汉语,熟练	傣语、勒期语、拉祜语、佤语,略懂
长子	苏强	27	景颇（浪速）	小学	景颇语,熟练	汉语,熟练	
次子	苏小伟	25	景颇（浪速）	小学	景颇语,熟练	汉语,熟练	
户主	岳伟冬	33	景颇（景颇）	小学	景颇语,熟练	汉语,熟练	傣语,熟练
母亲	张大妹	67	景颇（景颇）	文盲	景颇语,熟练	汉语,略懂	傣语,略懂
户主	赵小二	66	景颇（浪速）	文盲	浪速语,熟练	佤语,熟练	傣语,熟练
长子	杨大	48	景颇（浪速）	文盲	景颇语,熟练	汉语,熟练	
次子	杨二	41	景颇（浪速）	文盲	景颇语,熟练	汉语,熟练	
次女	杨红梅	39	景颇（浪速）	小三	景颇语,熟练	汉语,熟练	

称谓	姓名	年龄	民族	文化程度	母语	第二语言	其他语言
孙子	杨金军	24	景颇（浪速）	小二	景颇语，熟练	汉语，熟练	佤语，熟练
孙女	杨金芳	22	景颇（浪速）	小三	景颇语，熟练	汉语，熟练	佤语，熟练
外孙	陈东	20	景颇（浪速）	小四	景颇语，熟练	汉语，熟练	佤语，熟练
户主	岳明新	50	景颇（景颇）	文盲	景颇语，熟练	汉语，熟练	
妻子	胡容妹	48	傈僳	小四	傈僳语，熟练	拉祜语，熟练	汉语、景颇语，熟练
岳母	余大妹	82	傈僳	小学	傈僳语，熟练	拉祜，熟练	汉语，熟练；景颇语，略懂
长女	岳小妹	29	景颇（景颇）	小四	景颇语，熟练	汉语，熟练	拉祜语、傈僳语，略懂
长子	福志生	27	景颇（景颇）	小三	景颇语，熟练	汉语，熟练	
次女	岳明春	24	景颇（景颇）	小四	景颇语，熟练	汉语，熟练	拉祜语、傈僳语，略懂
户主	宋卫明	49	景颇（载瓦）	小二	景颇语，熟练	汉语，熟练	傣语，熟练
妻子	岳红兰	50	景颇（景颇）	小四	景颇语，熟练	汉语，熟练	傈僳语，熟练
长子	宋小东	28	景颇（载瓦）	初中	景颇语，熟练	汉语，熟练	傣语，略懂
长女	宋玉玲	26	景颇（载瓦）	小四	景颇语，熟练	汉语，熟练	
次子	宋玉祥	24	景颇（载瓦）	小三	景颇语，熟练	汉语，熟练	
户主	岳帕	74	景颇（浪速）	文盲	浪速语，熟练（已不说）	景颇语，熟练	载瓦语，略懂；傣语、汉语，熟练
妻子	岳小四	63	景颇（景颇）	文盲	景颇语，熟练	载瓦语，熟练	浪速语、汉语、傣语，熟练；拉祜语，略懂
次子	岳新明	36	景颇（景颇）	文盲	景颇语，熟练	汉语，熟练	
户主	宋卫清	42	景颇（载瓦）	文盲	景颇语，熟练	汉语，熟练	
妻子	麻果	39	景颇（载瓦）	小二	载瓦语，熟练	景颇语，熟练	汉语，熟练
长女	宋麻果	16	景颇（载瓦）	小四	景颇语，熟练	汉语，熟练	
长子	宋麻刚	14	景颇（载瓦）	初二在读	景颇语，熟练	汉语，熟练	
户主	保华安	48	景颇（浪速）	小学	景颇语，熟练	浪速语，熟练	载瓦语、汉语、傣语，熟练
妻子	宋美英	48	景颇（载瓦）	小学	景颇语，熟练	汉语，熟练	
父亲	保老大	77	景颇（浪速）	文盲	景颇语，熟练	浪速，熟练	载瓦语、汉语、傣语，熟练
母亲	宋小三	69	景颇（浪速）	文盲	景颇语，熟练	载瓦，熟练	浪速、傣语，熟练；汉语，略懂
长子	保明忠	27	景颇（浪速）	小学	景颇语，熟练	汉语，熟练	傣语，熟练；拉祜语，略懂
长媳	李红英	23	拉祜	小学	景颇语，熟练	汉语，熟练	拉祜语，略懂
长女	保建梅	25	景颇（浪速）	小学	景颇语，熟练	汉语，熟练	拉祜语，略懂
长孙女	保艺艺	3	景颇（浪速）	学前			
户主	赵加艳	41	汉	小学	汉语，熟练	景颇，略懂	
妻子	李四妹	42	拉祜	小学	拉祜语，熟练	景颇语，熟练	
母亲	杨思兰	82	汉	文盲	汉语，熟练	景颇，略懂	
长子	赵春发	21	汉	小学	景颇语，熟练	汉语，熟练	

长女	赵兴玲	19	汉	小学	景颇语,熟练	汉语,熟练	拉祜语,略懂
户主	岳建华	54	景颇(浪速)	小学	景颇语,熟练	浪速语,略懂	汉语、拉祜语,略懂;傣语,熟练
妻子	何文珍	53	景颇(景颇)	小学	景颇语,熟练	汉语,熟练	傈僳语、拉祜语,略懂
长子	岳红兵	30	景颇(浪速)	小学	景颇语,熟练	汉语,熟练	拉祜语、傣语、佤语,略懂
长媳	郭小英	28	佤	小学	佤语,熟练	汉语,熟练	景颇语,熟练
次子	岳春江	27	景颇(浪速)	初中	景颇语,熟练	汉语,熟练	傣语、拉祜语,略懂
次媳	郭红英	23	汉	初中	汉语,熟练		
三女	岳翠英	26	景颇(浪速)	小学	景颇语,熟练	汉语,熟练	
户主	苏国强	46	景颇(景颇)	小学	景颇语,熟练	汉语,熟练	
妻子	岳金红	46	景颇(景颇)	小学	景颇语,熟练	汉语,熟练	
长女	苏小英	28	景颇(景颇)	小学	景颇语,熟练	汉语,熟练	
长子	苏老二	24	景颇(景颇)	初中	景颇语,熟练	汉语,熟练	拉祜语,略懂
次子	苏老三	21	景颇(景颇)	初中	景颇语,熟练	汉语,熟练	拉祜语,略懂
户主	岳金常	41	景颇(景颇)	小学	景颇语,熟练	汉语,熟练	
妻子	李金兰	35	汉	小学	汉语,熟练	景颇语,熟练	
长子	岳玉和	11	景颇(景颇)	小四在读	景颇语,熟练	汉语,熟练	
长女	岳玉珍	9	景颇(景颇)	小二在读	景颇语,熟练	汉语,熟练	
户主	排小明	41	景颇(景颇)	小二	景颇语,熟练	汉语,熟练	
妻子	胡志英	36	佤	小二	佤语,熟练	汉语,熟练	景颇语,熟练
长子	排建文	19	景颇(景颇)	初一	景颇语,熟练	佤语,熟练	汉语,熟练
长女	排建婷	14	景颇(景颇)	小学	景颇语,熟练	佤语,熟练	汉语,熟练
户主	岳光明	22	景颇(景颇)	初中	景颇语,熟练	汉语,熟练	傣语,略懂
父亲	岳志兵	47	景颇(景颇)	初中	景颇语,熟练	汉语,熟练	傣语,略懂
母亲	岳秀珍	47	景颇(景颇)	小学	景颇语,熟练	汉语,熟练	
二姐	岳金花	24	景颇(景颇)	小学	景颇语,熟练	汉语,熟练	
户主	岳春	29	景颇(景颇)	中专	景颇语,熟练	汉语,熟练	傣语、佤语、拉祜语,略懂
奶奶	刀剑	78	景颇(浪速)	文盲	浪速语,熟练	景颇语,熟练	汉语,熟练;傣语,略懂
母亲	苏美英	43	景颇(浪速)	小学	浪速语,略懂	景颇语,熟练	汉语,熟练;傣语,略懂
二弟	岳龙	26	景颇(景颇)	小学	景颇语,熟练	汉语,熟练	傣语、佤语,略懂
三弟	岳辉	24	景颇(景颇)	初中	景颇语,熟练	汉语,熟练	傣语,不懂
三弟媳	胡小三	21	佤	小学	佤语,熟练	汉语,熟练	景颇语,略懂
侄子	岳杰	5	景颇(景颇)	学前			
侄女	岳玉梅	4	景颇(景颇)	学前			
长子	岳永解	3	景颇(景颇)	学前			
户主	石永平	35	景颇(景颇)	小学	景颇语,熟练	汉语,熟练	傣语、佤语,略懂

父亲	石老三	76	景颇(景颇)	文盲	景颇语,熟练	汉语,略懂	傣语,熟练;佤语,略懂
母亲	岳大妹	66	景颇(景颇)	文盲	景颇语,熟练	汉语,熟练	傣语,略懂
户主	张老大	59	景颇(景颇)	小学	景颇语,熟练	汉语,熟练	傣语、佤语,略懂
妻子	岳秀英	43	景颇(浪速)	初中	浪速语,熟练	景颇语,熟练	汉语,熟练;傣语、佤语,略懂
弟弟	岳秀明	48	景颇(景颇)	小学	景颇语,熟练	汉语,熟练	傣语,略懂
长女	张小兰	31	景颇(浪速)	小学	景颇语,熟练	汉语,熟练	傣语、浪速、佤语,略懂
长子	张国荣	29	景颇(浪速)	小学	景颇语,熟练	汉语,熟练	傣语、佤语,略懂
侄子	岳刚	24	景颇(景颇)	小学	景颇语,熟练	汉语,熟练	傣语,略懂
户主	宋卫华	47	景颇(载瓦)	小学	载瓦语,略懂	景颇语,熟练	汉语,熟练;傣语、佤语,略懂
妻子	排小红	48	景颇(浪速)	小学	浪速语,略懂	景颇语,熟练	汉语,熟练;傣语,略懂
岳母	龙诺	68	景颇(浪速)	文盲	浪速语,熟练	景颇语,熟练	汉语,熟练;傣语,熟练
长子	宋桂强	28	景颇(载瓦)	初中	景颇语,熟练	汉语,熟练	傣语,略懂
长女	宋桂兰	26	景颇(载瓦)	初中	景颇语,熟练	汉语,熟练	傣语,略懂
次女	宋桂玲	23	景颇(载瓦)	初中	景颇语,熟练	汉语,熟练	傣语,略懂
户主	童光明	50	景颇(载瓦)	小学	载瓦语,熟练	景颇语,熟练	汉语、傣语,熟练
妻子	李玉珍	54	汉	小学	汉语,熟练	景颇语,熟练	
父亲	童二	76	景颇(载瓦)	小二	载瓦语,熟练	景颇语,熟练	汉语、傣语,熟练
长女	童珍	30	景颇(载瓦)	初中	景颇语,熟练	汉语,熟练	
次女	童玲	28	景颇(载瓦)	初中	景颇语,熟练	汉语,熟练	
长子	童军	27	景颇(载瓦)	小学	景颇语,熟练	汉语,熟练	
户主	童家洪	41	景颇(载瓦)	小学	景颇语,熟练	汉语,熟练	
妻子	岳春兰	36	景颇(载瓦)	小学	景颇语,熟练	汉语,熟练	
长子	童金福	16	景颇(载瓦)	初三在读	景颇语,熟练	汉语,熟练	傣语,略懂
长女	童果胖	14	景颇(载瓦)	小六在读	景颇语,熟练	汉语,熟练	傣语,略懂
次女	童玛甲	11	景颇(载瓦)	小四在读	景颇语,熟练	汉语,熟练	傣语,略懂
户主	童礼丽	38	景颇(景颇)	小三	景颇语,熟练	汉语,熟练	
长子	王辉	19	景颇(景颇)	初中	景颇语,熟练	汉语,熟练	
户主	岳金平	39	景颇(景颇)	小二	景颇语,熟练	汉语,熟练	
妻子	陈天兰	33	汉	初中毕业	汉语,熟练	景颇语,熟练	
长女	岳翠红	15	景颇(景颇)	小学毕业	景颇语,熟练	汉语,熟练	
次女	岳翠月	11	景颇(景颇)	小五在读	景颇语,熟练	汉语,熟练	
户主	岳永生	26	景颇(景颇)	小五	景颇语,熟练	汉语,熟练	
妻子	赵芬菊	31	汉	初中	汉语,熟练	景颇语,熟练	
长女	岳玉洁	5	景颇(景颇)	学前			

次女	岳嘉洁	3	景颇（景颇）	学前			
户主	岳小玲	31	景颇（景颇）	小二	景颇语，熟练	汉语，熟练	佤语，熟练
妻子	李志荣	35	佤	初中	佤语，熟练	汉语，熟练	景颇语，熟练
长女	李玉梅	15	景颇（景颇）	初一在读	景颇语，熟练	汉语，熟练	佤语，熟练
次女	李玉兰	13	景颇（景颇）	小六在读	景颇语，熟练	汉语，熟练	佤语，熟练
户主	岳玉珍	47	景颇（景颇）	初中	景颇语，熟练	汉语，熟练	
长子	杨 辉	23	景颇（景颇）	初中	景颇语，熟练	汉语，熟练	
次子	杨 宏	22	景颇（景颇）	初中	景颇语，熟练	汉语，熟练	
户主	宋卫荣	41	景颇（景颇）	小学	景颇语，熟练	汉语，熟练	
妻子	李玲兰	38	汉	小四	汉语，熟练	景颇语，熟练	
长女	宋麻准	18	景颇（景颇）	初中毕业	景颇语，熟练	汉语，熟练	
长子	宋麻顶	16	景颇（景颇）	初二在读	景颇语，熟练	汉语，熟练	
户主	宋卫兰	45	景颇（景颇）	小四	景颇语，熟练	汉语，熟练	
丈夫	张道华	46	汉	高中	汉语，熟练	景颇语，熟练	
长子	张蜀云	21	景颇（景颇）	初二	景颇语，熟练	汉语，熟练	
长女	张晓莉	19	景颇（景颇）	初二	景颇语，熟练	汉语，熟练	
户主	李红梅	39	景颇（景颇）	小四	景颇语，熟练	汉语，熟练	
儿子	马双龙	18	景颇（景颇）	初中	景颇语，熟练	汉语，熟练	
户主	岳兰妹	48	景颇（景颇）	小二	景颇语，熟练	汉语，熟练	
丈夫	张安明	54	汉	高中	汉语，熟练	景颇语，熟练	
长子	张建忠	25	景颇（景颇）	高中	景颇语，熟练	汉语，熟练	
长女	张建美	24	景颇（景颇）	初中	景颇语，熟练	汉语，熟练	
次女	张建玲	22	景颇（景颇）	初中	景颇语，熟练	汉语，熟练	
户主	李学忠	33	景颇（景颇）	初中	景颇语，熟练	汉语，熟练	拉祜语，熟练
妻子	李双英	36	汉	初中	汉语，熟练	拉祜语，熟练	景颇语，熟练
父亲	李扎模	60	拉祜	文盲	拉祜语，熟练		景颇语，熟练
母亲	岳南英	58	景颇（景颇）	小三	景颇语，熟练	汉语，熟练	拉祜语，傣语，熟练
长女	李玉凤	12	景颇（景颇）	小五在读	景颇语，熟练	汉语，熟练	拉祜语，熟练
次女	李玉莲	10	景颇（景颇）	小三在读	景颇语，熟练	汉语，熟练	拉祜语，熟练
户主	岳金荣	35	景颇（景颇）	小三	景颇语，熟练	汉语，熟练	
户主	肖老三	44	景颇（景颇）	小三	景颇语，熟练	汉语，熟练	
户主	孔志清	46	景颇（景颇）	小三	景颇语，熟练	汉语，熟练	傣语，略懂
妻子	宝小英	42	景颇（景颇）	小四	景颇语，熟练	汉语，熟练	傣语，略懂
长女	孔梦春	22	景颇（景颇）	初中	景颇语，熟练	汉语，熟练	傣语，略懂
长子	孔伟明	21	景颇（景颇）	初二	景颇语，熟练	汉语，熟练	
次女	孔娇娇	19	景颇（景颇）	初中	景颇语，熟练	汉语，熟练	

户主	宋小八	58	景颇(浪速)	小二	浪速语,熟练	景颇语,熟练	汉语,熟练;傣语,略懂
次女	岳建红	42	景颇(浪速)	小四	景颇语,熟练	汉语,熟练	
女婿	李 勇	43	汉	小四	汉语,熟练	景颇语,熟练	
长孙	李成龙	24	景颇(浪速)	小五	景颇语,熟练	汉语,熟练	
长孙媳	李金梅	27	佤	小三	佤语,熟练	汉语,熟练	景颇语,熟练
长孙女	李丛英	22	景颇(浪速)	小四	景颇语,熟练	汉语,熟练	
次孙女	李 平	18	景颇(浪速)	小四	景颇语,熟练	汉语,熟练	
户主	苏国荣	44	景颇(浪速)	小四	景颇语,熟练	汉语,熟练	
长女	苏小红	23	景颇(浪速)	小四	景颇语,熟练	汉语,熟练	
次女	苏小霞	21	景颇(浪速)	小四	景颇语,熟练	汉语,熟练	
三女	苏小梅	18	景颇(浪速)	小四	景颇语,熟练	汉语,熟练	拉祜语,略懂
户主	李小妹	65	汉	文盲	汉语,熟练	景颇语,熟练	傣语,略懂
长媳	李双婷	26	佤	小学	佤语,熟练	汉语,熟练	景颇语、傣语,略懂
孙女	岳金华	10	景颇(景颇)	小三在读	景颇语,熟练	佤语,熟练	汉语,熟练
孙子	岳建强	7	景颇(景颇)	学前	景颇语,熟练	佤语,熟练	汉语,熟练
户主	石文华	55	景颇(景颇)	小学	景颇语,熟练	汉语,熟练	傣语,熟练;拉祜语,略懂
长子	石永江	33	景颇(景颇)	小学	景颇语,熟练	汉语,熟练	傣语、拉祜语,略懂
长媳	雷建国	28	汉	小学	汉语,熟练	景颇语,熟练	
次子	石永春	27	景颇(景颇)	小学	景颇语,熟练	汉语,熟练	
次媳	李玉梅	23	汉	小学	汉语,熟练	景颇语,熟练	
长孙	石建成	7	景颇(景颇)	小一在读	景颇语,熟练	汉语,熟练	
长孙女	石建兰	4	景颇(景颇)	学前			
次孙女	石太林	3	景颇(景颇)	学前			
次孙	石刚翁	2	景颇(景颇)	学前			
户主	岳老六	81	景颇(载瓦)	小二	载瓦语,熟练	景颇语,熟练	汉语,傣语,熟练
妻子	孟老二	78	景颇(载瓦)	小学	载瓦语,熟练	景颇语,熟练	汉语,熟练
三子	孔老三	46	景颇(载瓦)	小学	景颇语,熟练	汉语,熟练	
四子	岳志明	40	景颇(载瓦)	小学	景颇语,熟练	汉语,熟练	
户主	石正华	48	景颇(勒期)	小学	景颇语,熟练	汉语,熟练	
妻子	岳会兰	44	景颇(勒期)	小学	景颇语,熟练	汉语,熟练	
长子	石玉龙	28	景颇(勒期)	小学	景颇语,熟练	汉语,熟练	
次子	石玉平	25	景颇(勒期)	小学	景颇语,熟练	汉语,熟练	
次女	石玉琴	22	景颇(勒期)	小学	景颇语,熟练	汉语,熟练	
长孙	石飞飞	4	景颇(勒期)	学前			
长孙女	石燕燕	2	景颇(勒期)	学前			

户主	保金华	46	景颇（浪速）	小学	景颇语，熟练	汉语，熟练	傣语，熟练；浪速语、拉祜语，略懂
长子	保国强	18	景颇（浪速）	小学	景颇语，熟练	汉语，熟练	
次子	保国荣	16	景颇（浪速）	小学	景颇语，熟练	汉语，熟练	
户主	岳伟强	28	景颇（浪速）	小学	景颇语，熟练	汉语，熟练	
妻子	李四妹	25	佤	小学	佤语，熟练	景颇语，略懂	汉语，熟练
父亲	岳国良	60	景颇（浪速）	文盲	景颇语，熟练	汉语，熟练	傣语，熟练
母亲	麻果	61	景颇（景颇）	文盲	景颇语，熟练	汉语，熟练	
妹妹	岳春芳	25	景颇（浪速）	小学	景颇语，熟练	汉语，熟练	
女儿	岳代努	4	景颇（浪速）	学前			
户主	岳卫红	38	景颇（浪速）	小学	景颇语，熟练	汉语，熟练	佤语，熟练；拉祜语，略懂
长子	岳刀孔	17	景颇（浪速）	小学	佤语，熟练	汉语，熟练	景颇语，略懂
户主	岳树情	39	景颇（景颇）	小学	景颇语，熟练	汉语，熟练	浪速语，略懂
妻子	余秀美	48	傈僳	小学	傈僳语，熟练	景颇语，熟练	汉语，熟练；拉祜语，略懂
儿子	岳飞	12	景颇（景颇）	小五在读	景颇语，熟练	汉语，熟练	
女儿	岳太妹	7	景颇（景颇）	小一在读	景颇语，熟练	汉语，熟练	傈僳语，熟练
户主	李忠	26	景颇（景颇）	中专	景颇语，熟练	汉语，熟练	拉祜语、傈僳语，熟练
妻子	唐木苗	26	景颇（景颇）	初中	景颇语，熟练	汉语，熟练	
母亲	岳翠英	43	景颇（景颇）	初中	景颇语，熟练	汉语，熟练	拉祜语、傈僳语，熟练
女儿	李熟英	1	景颇（景颇）	学前			
户主	黄小刚	41	景颇（载瓦）	小三	景颇语，熟练	汉语，熟练	载瓦语，熟练

四 景信村贺稳组村民访谈录

访谈一 景信村贺稳组副组长岳春访谈录

访谈对象：岳春，男，1981年12月1日出生，28岁，景颇族，中专学历，孟定镇景信小学毕业，孟定民中初中毕业，2000年耿马职业教育中心中专毕业，现任景信村委员会贺稳村民组副组长

访谈时间：2009年7月3日中午

访谈地点：孟定镇景信村委会贺稳村民组

访谈人：余成林

问：您好，请您介绍一下您家里的情况好吗？

答：我们全家现在九口人，有奶奶、母亲、我、两个弟弟、妻子、一个小孩、弟媳妇、两个侄子，

除弟媳妇是佤族,其他都是景颇族。

问:你们家里在语言使用方面是什么情况?

答:刚才我已经说了,我们家除了弟媳妇是佤族以外,其他都是景颇族。弟媳妇是佤族,会说佤语,她和我弟弟在谈恋爱的时候用汉语,结婚之后两三年就学会了景颇语,所以我们在家里都是用景颇语和汉语交流,她只能在回到娘家之后用佤语,弟弟到他岳父家使用汉语。我不仅会景颇语和汉语,还会景颇文,会一点拉祜语。

问:你们村主要是景颇族村寨,那么你们平时和村里人交流使用什么语言?

答:我们平时在村里和汉族、佤族、傈僳族见面时都是用景颇语。因为我们村的汉族、佤族、傈僳族他们都会景颇语。我是村里的副组长,我们平时开会都是用景颇语,一般还不用汉语。

问:你们村小孩子的语言情况是怎么样的?

答:我们对学习景颇语的态度非常积极,从小孩会说话时就教小孩学习景颇语,所以我们村的小孩都会说景颇语。他们是先学习景颇语,然后才学习汉语,有的是进学校(学前班)以后才开始学汉语。

问:你们村周围有哪些民族,你们和他们交流一般用什么语言?

答:我们村周围有佤族、傣族、汉族和傈僳族,平时遇到傈僳、佤族、傣族以及汉族的熟人都是讲汉话,汉语是在村外的通用语言,在村子里都是用景颇语。

问:你们平时一般有什么节日活动?

答:我们主要过景颇族的目瑙节,还参加傣族的泼水节。平时有拔河、唱歌等比赛活动。过春节时打陀螺,平时一般不打。我们这里是全民信教,都信仰基督教。

问:你们主要种植哪些农作物?

答:我们主要种植橡胶、水稻,还有玉米、木薯。我们以米饭为主,一般不吃面食。

问:你们平时是怎么处理和周围其他民族之间的关系的?

答:我们本民族内部一般没有什么矛盾,我们相处很和睦;对周围的民族也是平等的关系,平时哪家有什么事情我们都很乐意帮忙。

问:您及其他人对学习景颇语是什么态度?

答:我们村现在有5个民族,这5个民族的人没有不愿意说景颇语的。嫁进来的也都习惯了景颇族的习俗,慢慢地就教会了她们景颇语。对于小孩子,从小开始就教他们景颇语,有不愿意说景颇语的小孩,我们就想办法教育他们,让他们学习景颇语。

现在,勒期、浪速、载瓦等支系的人都认为他们支系人少而转用景颇语了。我们欢迎他们讲景颇语。我们还要继续传播景颇语,我们要不断地同心协力,多吸引外族人进入景颇族家庭,说景颇语。

村外其他的民族也有讲景颇语的,但比较少,经常在一起就讲景颇语了。

问:您希望您的小孩以后进哪一类学校,是民族学校还是普通学校?

答:当然希望自己的小孩进民族学校了,因为进民族学校有利于保持我们自己的文化和语言。

访谈二　　景信村贺稳组村民岳卫国访谈录

访谈对象:岳卫国,男,景颇族浪速支系,小学毕业,会景颇语、汉语,听得懂一些浪速语,只会说一点。

访谈时间:2009 年 7 月 3 日

访谈地点:孟定镇景信村贺稳组

访谈人:乔翔

问:您好!请您介绍一下这个村寨里的民族成分。

答:我们是景信村下辖的贺稳组,景信村的主要民族是傣族,贺稳组的主体民族是景颇族。我们村周围还有几个少数民族分布的村寨,芒海村是佤族聚居村,邱山村是拉祜族聚居村,这几个村子都在南稳河畔,村民互有交往。

问:请您再谈谈贺稳组的社会基本情况吧。

答:我们村主要的经济作物是橡胶,一般家庭都有 20 多亩山田,都种植橡胶。每亩地可种植 30 多棵橡胶,管理得好的话,六七年就能出胶。早年种的都被砍掉了,因为橡胶的生命是四十多年,时间长了出产的胶质量就不好了。现在我们栽种的都是新树。一公斤胶可以卖到 12 元,产量好的一棵橡胶一年能卖 120 元左右。我们还在平坝种水稻,人均一亩田,年产 700 斤左右,种两季,自家吃一季,多出来的拿出去卖。我们家家户户还种西瓜,每亩瓜地产几吨西瓜,一般都是四川的汉族来收,便宜时每公斤五六角,价钱好时两元钱。我们种点蔬菜,供家里吃;养几头猪,除自己吃外多余的拿出去卖;养牛也很普遍,每家都有一两头牛,用于耕田。一般家庭年收入 2500 元左右。每家都有摩托车、电视机,座机拥有率 70% 左右,拖拉机拥有率 30% 左右,年轻人多数使用手机。

问:你的汉语说得这么好,是什么原因?

答:我去上海玩过,待了 27 天,还去过杭州。我还去过缅甸,从小路翻山过去,做牛生意。

问:你是景颇族什么支系?你们的家庭用语是什么?

答:我爷爷、爸爸和我是浪速支系,奶奶、妈妈是景颇支系,爷爷活着的时候还在家说浪速语,他教会我爸爸说浪速语,我呢就只能听得懂但是不太会说了。我们在家多数是说景颇语,爷爷去世后,家里就没有人说浪速语了。

问:这是什么原因呢?

答:耿马地区的景颇族,景颇支系人口最多,在贺稳组,其他支系的人口就更少了。我们就适应景颇语,说景颇语,慢慢地自己的支系语言就不会说了。

问:村里的老年人还会说支系语言吗?

答:年纪大一些的人还会说自己的支系语言,跟本支系的人说本支系语,跟景颇支系的人说景颇语。但是年轻一代的不管哪个支系的,都说景颇语了。

问:你有几个孩子,他们都会什么语言?

答:我有3个孩子。大的是女儿,在邱山村完小上六年级,老二是儿子,在邱山村完小上五年级。学校离这里有4公里,他们两个都住校。他们的第一语言当然是景颇语,不会说浪速语,汉语说得比我好。

问:孩子们汉语说得好,是不是你用心教过?

答:他们的舅妈是汉族,就住在我家隔壁,两家经常来往,所以孩子们从小就会说汉语,在没上学前就说得可以了。

问:小孩读书,家里负担重不重?

答:还可以,不算重。现在学校里实行义务制教育,只收些杂费,没什么其他费用。

问:那你支持孩子念书吗?

答:支持。我们那一代,凡是初中或者中专毕业的都找到了工作。但是我书念得少,只爱放牛,然后就结婚成家了。我吃了没上过学的苦头,现在心里面就在想,一定要让孩子多念书。我去过大城市,看见了现代化的发展,再回到这个地方,真的感受到了很大的差异。我们这里环境、交通、卫生都还落后,虽然土地是肥沃的,但是科学技术方面还不先进。

问:你觉得这是什么原因造成?

答:我觉得有这么几个原因吧,一是交通不便利;二是少数民族不去了解、学习汉族的先进文化和技术;三是处在边疆地区,好像自己没有意识去念书呀发展呀。

问:是的,有句话说"再苦不能苦孩子,再穷不能穷教育",意思就是小孩只有读书才能有出息,国家只有振兴教育才能得发展。你的孩子景颇语说得好吗?你有没有担心他们的母语能力因为接受汉语教育而退化?

答:不担心。必须学习好汉语,才能跟得上社会的发展。我们的景颇语有文字,他们会认会读,不会忘记自己的语言的。

问:他们是什么时候学习了景颇文?

答:就是今年春节,景颇族协会在我们村办了一期学习班,我3个孩子都去学了,那个最小的,7岁,还没上学,也去学了。

问:那你们大人去吗?全村有多少人去参加?

答:我们也去。小孩子白天去,大人晚上去,只要有时间,村里不管男女老少都去学。

问:感兴趣吗?学习的效果怎么样?

答:还是有兴趣的。这个文字嘛,就是多看多用才熟练。小孩子学得比大人快,他们都还用得好。

问:那景颇文的书籍多吗?

答:有是有的,还是没有汉语的书多。《圣经》有景颇文写的,礼拜唱诗也有景颇文的。

问:你们村有信教的啊?请您谈谈这方面的情况好吗?也就是宗教用的文字和语言是一个什么情况。

答:是,全村都信基督教。我们景颇文字就是一百多年前的一个传教士创造的。我家从我父亲那代就开始信教。一个星期做三次礼拜,星期三、星期六、星期日。牧师是本地人,一个就是贺稳村的景颇族,还有几个是从外面来的傈僳族。圣经有汉文、景颇文、傈僳文的。做礼拜时,景颇族说景颇语,傈僳族说傈僳语。过复活节和圣诞节,讲圣经上的故事就用汉语讲。唱诗时景颇族唱景颇歌,傈僳族唱傈僳歌,有时候也都唱汉语的歌。

问:你们村干部是什么民族,平时村里有事需要开会时,说什么话呀?

答:组长就是景颇族,开会都说景颇语。在我们村,嫁进来的汉族、拉祜族、佤族差不多都会说景颇语,平时跟我们都说。不会景颇语的,我们就跟他们说汉语。

问:除了汉语,你还懂其他少数民族的语言吗?

答:傣语还是懂一点点的。我们村60岁以上的老人,不管男女,都会一两种其他民族的语言,比如拉祜语、傣语、佤语,因为附近就有几个这些民族的村子。不过,年轻人里懂少数民族语言的就少一些了,有的是上学时跟这些民族的同学交往学会的,有的是一起干活劳动学会的,不过年轻人多数都用汉语相互沟通了。

问:也就是说,不同民族的年轻一代都没有他们父辈懂得的民族语言那么多、那么好吗?

答:是这样。现在多数用汉语了嘛。

问:好的,谢谢您今天接受我们的访谈。

答:不客气!

访谈三　　景信村贺稳组村民李学忠访谈录

访谈对象:李学忠,景颇族,孟定镇景信村委会贺稳组村民

访谈时间:2009年7月3日上午

访谈地点:孟定镇景信村委会贺稳组组长家里

访谈人:蒋颖

问:请您做一个简单的自我介绍和家庭成员介绍。

答:我叫李学忠,是景颇族景颇支系。1976年出生,在贺稳出生长大,书读到了初中毕业。我的妻子叫李双英,汉族,1973年生,也是初中毕业。家里有两个孩子,大女儿李玉凤,1997年出生,在读小学五年级;二女儿李玉莲,1999年生,在读小学三年级。她们俩现在都在洞井完小读书。完小离家有6公里,她们俩从二年级进完小读书开始就住校。她们的一年级是在村小读的,以前我们村的孩子一年级都在村小读,但是大概在三四年前村小撤销了。现在贺稳组的娃娃都在洞井完小读书,因为离家太远,都是从一年级开始住校,周五家长接回来,周日下午送回学校。洞井完小学生很多,住校的孩子只有三四十个,都是我们这样离学校远的。

问：您和您的家人主要讲什么语言？

答：在家里，我讲景颇话，妻子讲汉话。有时候为了照顾她，我汉话会讲得多一点。两个孩子是爷爷奶奶、爸爸妈妈一起带大的，所以她们先学会景颇话，后学会汉话。她们在家对我讲景颇话，对她们的妈妈讲汉话，分开讲。我妻子现在完全听得懂景颇话，就是说得差一点。两个女儿景颇话讲得很好，跟爸爸妈妈都是景颇人的孩子没有区别。

问：请问村里主要讲什么话？

答：我们组里景颇人多，其他民族（佤族、拉祜族、汉族）的人很少。所以村里人一般都是讲景颇话。这里的其他民族也都会讲景颇话，因为他们跟景颇人一起长大，所以景颇话都讲得很好，和我们本族人差不多。

问：村里的孩子都讲什么话呢？

答：小孩子们都会讲景颇话，没有不会讲的。他们还会说汉话。小孩儿一般不会说别的民族话。爸爸妈妈是不同民族的家庭，孩子一般会讲爸爸妈妈两个民族的语言。例如岳太妹，今年7岁，爸爸是景颇族，妈妈是傈僳族，她会讲景颇、傈僳、汉三种语言。

问：村里的成年人除了景颇语、汉语外，还会什么语言？

答：这里的人一般都会讲一点傣语、佤语、拉祜语。离我们组一公里的村子全是拉祜族、佤族。我们和那个村的田地全部在一起，天天下地劳动都能碰见。所以我们人人都会一点他们的话。傣族离我们组比较远，劳动不在一起。我们组年轻人、老年人学会傣语的情况不一样。年轻人是读书时接触到傣族的，附近学校里的傣族学生多，我就是在学校学会说傣语的。没读过书的老一辈以前是跟傣族杂居在下面的村子里，他们一起劳动，后来才搬到贺稳组来，所以老人们的傣语往往比年轻人还好一点。

问：村子里景颇人在一起时讲汉话吗？

答：我们组没有景颇族互相讲汉话这样的事。我们只有在遇到外族人的时候才讲汉话。孩子们在学校的时候讲汉话，在村里就讲景颇话。

问：你们一般在什么情况下会讲别的少数民族语言？

答：我们遇到其他少数民族的老人的时候，会讲他们的话，因为我们担心他们是老人，有可能会听不懂汉话。而且如果我用他们的语言跟他们聊天，他们会很高兴，说"哎，你也会讲？"他们会更尊敬我们。

问：有没有担心过将来孩子们不会说景颇语了？

答：我从来没担心过景颇语的传承问题。现在的小孩去学校，本族人在一起时也是讲景颇话，吃饭、拿东西、玩耍都是讲景颇语。不过，也许100年以后要担心这个问题了。（笑）

问：你希望孩子们会讲多少种语言？

答：孩子们会的语言越多越好，因为在民族地区，出去接触的就是各个民族的人。但是现在孩子们去住校了，我们家长有这个想法也没机会和他们谈。孩子们自己的态度是在家讲景颇话，在外讲汉话。

问：村里的外族媳妇一般都会说景颇语吗？

答：我和我媳妇结婚13年了，她嫁过来以后，时间长了自然而然就懂了景颇话。组里嫁来的外族媳妇都是慢慢学会景颇语的，孩子也都说景颇语。

问：这里的景颇族人口这么少，为什么语言还保留得这么好？

答：我们景颇族是外来民族，我们是从外面一家一户地搬来的，形成了组里讲景颇语的环境，所以景颇语现在这么稳定。

问：你们与缅甸的景颇人有联系吗？跟他们有什么特点不一样吗？

答：我们组大多数人跟缅甸的景颇人有亲戚关系，每年都互相走动往来。婚丧嫁娶都互相请对方参加。语言上我们两边完全一样，保留的一些传统也是一样的，比如接新娘、过草桥、跳统嘎（thuŋ^{31}ka^{31}）舞等。不一样的是我们现在有些地方汉化了。现在我们结婚仪式上吃的、摆的东西已经和汉族一样了，家庭布置也都是汉化了的。丧葬礼仪与汉族没有区别。以前景颇人有巫师念经做法事，现在这里没有了，人去世了就是棺材入殓，墓地里唱景颇歌，然后就安葬了。

我们的传统节日是目瑙节，此外最大的节日就是汉族的春节。景颇人很早就过这个节了。我们还过新米节。缅甸那边也和这里一样，很少有传统的东西了。没有节日，大家都不穿民族服装了，一般在办婚事、过节时才穿。缅甸的景颇人都信基督教，所以也没有巫师了。他们也过目瑙纵歌节。而且我们和他们是两边过节，中国、缅甸互相参加。

有这样的变化我觉得可以理解，我们要跟上时代的脚步，不好的东西抛弃，好的东西要保存下来。我有时候一年去缅甸一两次，有时候一两年去一次，村里其他人有的比我去缅甸的次数多，他们主要是去做客走亲戚。也有少数景颇人两边跑，做点小生意。做生意的人不多，村里的收入主要靠橡胶、水稻、西瓜这些。

还有不同点就是缅甸的景颇人过得很差，温饱问题没解决的都还有很多，好像在过着我们上个世纪五六十年代的生活。这边的景颇人一般会接济他们。两边的人口素质也有不同。我们这边更大度、大方。我觉得这是国家经济条件造成的，跟是什么民族没有关系。

问：缅甸的景颇人会讲汉语吗？两国边民的关系怎么样？

答：那边的景颇族很少会说汉话，只有个别出来做生意的会说。我们靠景颇语交流。缅甸还有很多傣族、佤族、拉祜族、傈僳族，跟中国的同民族也互相往来，交流频繁得很。边民之间的关系很友好。在清水河口岸，中国、缅甸两个国家的人赶一条街，很热闹。每个星期二是大集市，我们凭出境证就能过去赶街，他们也能凭证件到中国这边赶街。赶街的民族很多，什么话都用得上。我们遇到什么民族就讲什么话，遇到景颇族就讲景颇语，遇到佤族就讲佤语，遇到汉族就讲汉语。那个集市上语言多得很。但是缅甸只有景颇语和这边是一样的，傣语、佤语、拉祜语跟中国的都很不一样，他们本族人一下子都听不懂，慢慢接触时间长了才能懂。

第五节　孟定镇邱山村河边寨语言使用情况个案分析

一　邱山村河边寨社会基本情况

耿马县孟定镇邱山村委会下辖10个组，共有400多户，2000多人。其中人口最多的是拉祜族，有200多户，其次是佤族、傈僳族、汉族，人口较少的是景颇族、傣族、彝族。邱山2组（河边寨）是一个拉祜族、傈僳族、景颇族、汉族杂居的自然村，位于耿马县南边，距县城70多公里，属山区。全寨53户，其中拉祜族26户，傈僳族15户，景颇族10户，汉族2户。

该组景颇农户有耕地面积304亩。其中水田39亩，旱地270亩，人均耕地面积9亩。经济作物主要是橡胶，每户分得山地七八亩，每亩可种植30棵，平均拥有200多棵橡胶。虽然橡胶树较多，但都还比较小，从未收割过，所以经济收入不高。每家还养一些猪、鸡等家禽，但数量少，只够自己食用，不能形成经济效益。人均有粮300公斤，人均纯收入1500多元。已基本解决温饱问题。

景颇人家用电器从无到有，已有电视机8台，电话机4台，手机10部。手扶拖拉机5辆，用于家庭运输，或犁田农用。摩托车8辆，是沟通村里和外界的主要交通工具。2组距离孟定镇18公里，上世纪70年代通了单行土路，可以直接开车去镇里。1981年开始建电站，1982年全村通电，80年代家家有了自来水。

邱山村有一所完全小学，是半寄宿学校，国家每年给每个学生补助300元左右。在农村普及九年制义务教育以来，2组景颇族村民受教育面不断扩大，有小学生15人（含在校生），初中生5人（含在校生），高中、中专生3人。

该寨景颇族与其他民族通婚的有18人，其中景颇族娶拉祜族的6人，娶佤族的1人，娶汉族的1人；嫁拉祜族的1人，嫁傣族的2人，嫁佤族的3人，嫁汉族的4人。

村民之间没有民族矛盾，各民族关系和睦，过各种民族节日。例如汉族的春节、傣族的泼水节，各个民族都参加，而且过得很隆重。景颇族的目瑙纵歌节主要在耿马过，本县景颇人在节日时都集中在贺派乡芒抗村景颇组，载歌载舞地欢度自己的节日。

二　邱山村河边寨语言使用的特点

邱山村河边寨的10户景颇族家庭，由于有2户在我们下寨去调查时没有见到，村组长岳国华（景颇族，30岁，高中毕业）担任我们的向导，手里也没有他们的家庭情况资料，所以我们只调查到8户。其总人口为38人，除去6岁以下儿童5人、拉祜族媳妇7人、汉族媳妇2人、傈僳族上门女婿1人外，景颇族统计人数为23人。由于婚姻关系而进入景颇族家庭的其他民族是 10 人。下面我们对景颇族和其他民族使用语言的特点分别作一统计和分析。

1. 景颇族语言使用的特点

（1）该村 23 名景颇族，景颇语的使用水平出现下降的现象，达到"熟练"级的只有 11 人，占 47.8%；景颇语能力为"略懂"级的有 10 人，占 43.5%；还有 2 人不懂景颇语，占 8.7%。部分景颇族出现第一语言转用的现象。数据见下表。

表 4-39

年龄段（岁）	人数	熟练		略懂		不懂	
		人数	百分比(%)	人数	百分比(%)	人数	百分比(%)
6—19	7	2	28.6	3	42.8	2	28.6
20—39	10	5	50	5	50	0	0
40—59	5	3	60	2	40	0	0
60 以上	1	1	100	0	0	0	0
合计	23	11	47.8	10	43.5	2	8.7

在我们调查走访的耿马县 5 个景颇族村寨中，河边寨是唯一一个景颇语使用能力出现明显下降的村寨。能够熟练地使用景颇语的人不到一半，代际之间出现明显的差异。60 岁以上的老人和 40—59 岁的中年人还全部以景颇语为第一语言，母语保持得很好。20—39 岁的青壮年有 10 人，其中 4 人的第一语言已转用为拉祜语，景颇语成为其在拉祜语、汉语之后掌握的第三语言，并且使用能力为"略懂"级，即只能听得懂，也能说简单的日常用语，但不能像母语人一样熟练自如地运用。6—19 岁的青少年有 7 人，第一语言转用为拉祜语的有 5 人，景颇语也是他们的第三语言，其使用能力为"略懂"级；其他 2 名青少年的第一语言是景颇语，使用能力为"熟练"级，但他们同时也能熟练地使用拉祜语。也就是说，该寨的景颇族出现景颇语使用能力下降的现象，与部分景颇族第一语言发生转用有关，而第一语言发生转用的原因是族际婚姻家庭的出现。景颇族男子娶拉祜族女子为妻，他们的下一代出生时，由于母亲还没有学会景颇语，所以最先教给孩子的自然是拉祜语，日常生活中的交际也以拉祜语为主。下面是第一语言转用为拉祜语的景颇族村民的语言使用情况，请见下表。

表 4-40

姓名	年龄	民族	文化程度	第一语言及水平	第二语言及水平	第三语言及水平
李存忠	30	景颇	初二	拉祜语，熟练	汉语，熟练	景颇语，略懂
李 龙	8	景颇	小二在读	拉祜语，熟练	汉语，略懂	景颇语，不懂
李存永	27	景颇	小学	拉祜语，熟练	汉语，熟练	景颇语，略懂
李连梅	6	景颇	小一在读	拉祜语，熟练	汉语，熟练	景颇语，不懂
岳明明	19	景颇	小学	拉祜语，熟练	汉语，熟练	景颇语，略懂
岳尹春	14	景颇	小六在读	拉祜语，熟练	汉语，熟练	景颇语，略懂
岳新荣	23	景颇	初中	拉祜语，熟练	汉语，熟练	景颇语，略懂
岳友燕	22	景颇	初中	拉祜语，熟练	汉语，熟练	景颇语，略懂
岳友清	19	景颇	初中	拉祜语，熟练	汉语，熟练	景颇语，略懂

上表显示,第一语言转用为拉祜语的景颇族,都是景颇族和拉祜族结合的家庭中的第二代人。拉祜族是河边寨的主体民族,拉祜语是该组的强势语言,使用的范围最广,是拉祜族家庭内部和村寨内的主要用语,其他民族如景颇族、傈僳族大部分人都能兼用拉祜语。景颇族作为该组人数最少的少数民族,很少有其他民族的人能够兼用其语言。因此,在景颇族和拉祜族组成的家庭中,丈夫迁就妻子的语言,即夫妻双方用拉祜语进行交际。在妻子学会景颇语之前,他们的孩子出生了,由母亲抚养成长,自然习得了拉祜语。

配合我们在该寨进行调查的岳国华介绍说:"我家和我姐姐家是本寨景颇族家庭里景颇语说得最好的家庭了。我家的2个小孩和她家的2个小孩是这些小孩子里掌握景颇语最流利的。我们家庭内部全部使用景颇语,但是家里来了其他景颇族邻居,我就跟他们说拉祜语了,因为他们多数人的景颇语讲得不那么好。"

(2)景颇族兼用汉语的比例较高,全部以汉语为重要的交际工具。23人中,有21人能够熟练地使用汉语,占91.3%。只有2人的汉语水平为"略懂",占8.7%。统计数据请见下表。

表 4-41

年龄段(岁)	人数	熟练		略懂		不懂	
		人数	百分比(%)	人数	百分比(%)	人数	百分比(%)
6—19	7	5	71.4	2	28.6	0	0
20—39	10	10	100	0	0	0	0
40—59	5	5	100	0	0	0	0
60以上	1	1	100	0	0	0	0
合计	23	21	91.3	2	8.7	0	0

上表显示除去青少年段有2人汉语使用水平为"略懂"外,其他各个年龄段全部都能熟练地使用汉语。这两个人分别是11岁的余太美(小学三年级在读)和8岁的李龙(小学二年级在读)。下面是他们的家庭语言使用情况。请见下表。

表 4-42

家庭关系	姓名	年龄	民族	文化程度	第一语言及水平	第二语言及水平	第三语言及水平
户主	李存忠	30	景颇	初二	拉祜语,熟练	汉语,熟练	景颇语,略懂
妻子	李娜我	28	拉祜	小学	拉祜语,熟练	汉语,熟练	景颇语,不懂
长子	李 龙	8	景颇	小二在读	拉祜语,熟练	汉语,略懂	景颇语,不懂
户主	余 二	32	傈僳	小学	拉祜语,熟练		傈僳语,略懂
妻子	岳国兰	34	景颇	小学	景颇语,熟练	拉祜语,熟练	汉语,熟练
长子	余照英	13	景颇	小五在读	拉祜语,熟练		汉语,熟练
长女	余太美	11	景颇	小三在读	景颇语,熟练	拉祜语,熟练	汉语,略懂

上表中的余太美,其家庭是傈僳族和景颇族结合的家庭。父亲余二是本村傈僳族,其父母都是傈僳族,相互之间说傈僳语,但是他们没有怎么教子女说傈僳语,跟子女说拉祜语,所以余

二虽然是傈僳族,但其傈僳语的使用能力已下降,日常生活以拉祜语和汉语为主。余太美的母亲就是岳国华的姐姐,由母亲抚养带大的2个孩子全部以景颇语为第一语言。他们的家庭用语是景颇语、拉祜语两种语言互有交叉。李龙的家庭是景颇族和拉祜族结合的家庭。父亲是景颇族,但其第一语言已经转用为拉祜语,景颇语是其掌握的第三种语言,很少使用,所以只能听得懂一些,会说简单的用语。李龙的母亲是拉祜族,家庭内没有了为下一代传承景颇语的人,李龙就没有接触、掌握景颇语,其母语成为拉祜语。家庭用语主要是拉祜语。这两位青少年都是小学低年级学生,他们使用汉语的能力将随着年龄的增长而提高。所以我们能够预见,该寨景颇族将达到全民熟练地兼用汉语。

(3) 景颇族掌握拉祜语的水平较高。23人中,有21人能够熟练地掌握运用拉祜语,占91.4%。统计数据请见下表。

表 4-43

年龄段(岁)	人数	熟练		略懂		不懂	
		人数	百分比(%)	人数	百分比(%)	人数	百分比(%)
6—19	7	7	100	0	0	0	0
20—39	10	9	90	0	0	1	10
40—59	5	4	80	1	20	0	0
60以上	1	1	100	0	0	0	0
合计	23	21	91.4	1	4.3	1	4.3

上表显示,景颇族各年龄段普遍都熟练地掌握了拉祜语,其中青少年和老年人100%熟练地使用拉祜语。青少年至青壮年年龄段使用拉祜语的能力,部分与族际婚姻家庭影响有关,其母语已转用为拉祜语;另一原因就是村寨内拉祜人居大多数,儿童成长的环境中拉祜语的使用范围最广,跟拉祜族同龄人玩耍、上学以及其他生活交往,使得他们从小就学会了拉祜语。老人较好地保持着民族语言和传统风俗,他们更愿意使用民族语言交流。耿马县林业局党总支书记、耿马景颇族协会副会长岳世明对我们说:"景颇族是一个人口少的民族,比较开放,必须要去适应其他的民族,所以能够积极主动地跟其他民族交往。年纪大的一般都掌握好几种语言,如拉祜语、汉语、傣语、佤语、傈僳语等。"

下面是掌握拉祜语能力为"略懂"和"不懂"级的两个景颇族的个人信息。请见下表。

表 4-44

姓名	年龄	教育程度	第一语言及水平	第二语言及水平	第三语言及水平
岳学红	51	小学	景颇语,熟练	汉语,熟练	拉祜语,略懂
孔玉梅	23	初中	景颇语,熟练	汉语,熟练	拉祜语,不懂

上表的岳学红和孔玉梅,是婆媳俩。她们都是从景信村贺稳组嫁过来的景颇族。贺稳组是以景颇族为主的自然村,共有51户景颇族人,所以她们嫁过来时不懂拉祜语。岳学红现在会听不会讲拉祜语。孔玉梅嫁过来的时间短,到现在还没学会拉祜语。她们的家庭用语是景

颇语,三代人之间都是用景颇语。岳国华(岳学红的儿子)说,他家是邱山村 2 组的景颇族家庭中掌握和使用景颇语最好的。其他景颇族家庭都不同程度地出现景颇语水平退化的趋势,家庭和村寨内部用语以拉祜语为主。

2. 其他民族语言使用的特点

耿马县的景颇族人口较少,只有 1004 人,邱山村河边寨又是全县景颇族分布的 5 个村寨中人口最少的一个。景颇族为了繁衍和生息,必须要适应周围的环境,与其他各族人民和谐相处,在经济、文化、教育和婚姻等方面提高自己,发展自己。该寨的景颇族与其他民族通婚的有 10 人,其中娶拉祜族媳妇 7 人、汉族媳妇 2 人,还有傈僳族上门女婿 1 人。他们的语言使用情况请见下表。

表 4-45

姓名	年龄	民族	教育程度	第一语言及水平	第二语言及水平	第三语言及水平
李娜我	28	拉祜	小学	拉祜语,熟练	汉语,熟练	景颇语,不懂
娜 我	55	拉祜	小二	拉祜语,熟练	汉语,熟练	景颇语,不懂
李小三	26	拉祜	小学	拉祜语,熟练	汉语,熟练	景颇语,不懂
小 珍	60	汉	文盲	汉语,熟练	景颇语,不懂	拉祜语,略懂
罗秀英	19	拉祜	初中	拉祜语,熟练	汉语,熟练	景颇语,不懂
李会兰	37	拉祜	初中	拉祜语,熟练	汉语,熟练	景颇语,不懂
娜 木	40	拉祜	小学	拉祜语,熟练	汉语,熟练	景颇语,略懂
罗定秀	20	拉祜	初中	拉祜语,熟练	汉语,熟练	
刘 芳	20	汉	小学	汉语,熟练	景颇语,不懂	拉祜语,不懂
余 二	32	傈僳	小学	拉祜语,熟练	汉语,熟练	傈僳语,略懂

从上表可以看出景颇族家庭中的其他民族的家庭成员的语言使用特点:

(1) 拉祜族 7 人还都以拉祜语作为主要的交际工具,她们用拉祜语就足以应付村寨内部的日常生活交际。因而不管嫁给景颇族多少年,她们大都没有学习景颇语,只有 1 人略懂一点景颇语,使得她们的下一代人中部分以拉祜语作为母语。这 7 人全部能够熟练地兼用汉语。

(2) 汉族 2 人以汉语为唯一的交际工具。她们都不会其他民族语言。如上表的刘芳,是从汉族聚居地——镇康县嫁过来的汉族,现在已有 2 个孩子,大的 2 岁,小的 1 岁。她现在还没有学会少数民族语言,跟丈夫和孩子都说汉语。60 岁的小珍,是从邱山 4 组嫁过来的汉族,4 组是佤族占多数的自然村,现在她只听得懂拉祜语,村里人还没有听她说过拉祜语。

(3) 傈僳族 1 人,即上面提到过的余二,其母语水平为"略懂"级,与景颇族妻子结婚后,没有学习过景颇语,日常生活以汉语和拉祜语为主要交际工具。

从以上的分析可以得出这样一个认识:从内部来说,族际婚姻家庭对景颇语的传承具有一定的影响。从外部来说,人口占少数的景颇族处于其他民族的包围下,容易形成一个语言孤岛。以河边寨的景颇族为例,在全组 53 户家庭中,有 26 户是拉祜族,景颇族仅有 10 户,景颇语的使用被压缩到很有限的范围内。其他民族不会来学习使用景颇语。而人数较少的景颇族，在这种语言环境下，只能逐渐放弃使用景颇语。这是一个令人堪忧的现象。我们在采访从孟定镇芒艾村草坝寨走出来的何文（54岁，耿马县人民法院退休的高级法官）时，他说，他本人很早就离开家乡，在外面上学、工作、生活，很少讲景颇语，以汉语为主要的交际工具。他的爱人是拉祜族，但不会说拉祜语，夫妻之间说汉语，孩子出生后，第一语言转用为汉语。子女的景颇语和拉祜语只会简单的日常交际用语，如"吃饭、你好、爸爸、妈妈"等。如果现在让他的孩子们去学习景颇文，文字是可以掌握的，但是说话又是另外一回事了，没有使用语言的环境，听和说的能力还是达不到母语人的水平。

三　邱山村河边寨家庭语言使用情况总表

表 4-46

家庭关系	姓名	年龄	民族	文化程度	第一语言及水平	第二语言及水平	第三语言及水平
户主	李存忠	30	景颇	初二	拉祜语,熟练	景颇语,略懂	汉语,熟练
妻子	李娜我	28	拉祜	小学	拉祜语,熟练	汉语,熟练	
长子	李龙	8	景颇	小二在读	拉祜语,熟练	汉语,略懂	
户主	李大	60	景颇	小学	景颇语,熟练	拉祜语,熟练	汉语,熟练
妻子	娜我	55	拉祜	小二	拉祜语,熟练	汉语,熟练	
次子	李存永	27	景颇	小学	拉祜语,熟练	景颇语,略懂	汉语,熟练
儿媳	李小三	26	拉祜	小学	拉祜语,熟练	汉语,熟练	
长孙女	李连梅	6	景颇	小一在读	拉祜语,熟练	汉语,熟练	
次孙女	李连青	4	景颇	学前	拉祜语,熟练	汉语,略懂	
户主	岳二	55	景颇	小二	景颇语,熟练	拉祜语,熟练	汉语,熟练
妻子	岳学红	51	景颇	小学	景颇语,熟练	汉语,熟练	拉祜语,略懂
次子	岳国华	30	景颇	高中	景颇语,熟练	拉祜语,熟练	汉语,熟练
次媳	孔玉梅	23	景颇	初中	景颇语,熟练	拉祜语,熟练	汉语,熟练
三子	岳国庆	27	景颇	高中	景颇语,熟练	拉祜语,熟练	汉语,熟练
长孙	岳增	4	景颇	学前	景颇语,熟练	汉语,略懂	拉祜语,略懂
次孙	岳骏	2	景颇	学前			
户主	岳大山	24	景颇	小学	景颇语,略懂	拉祜语,熟练	汉语,熟练
母亲	小珍	60	汉	文盲	汉语,熟练		拉祜语,略懂
妻子	罗秀英	19	拉祜	初中	拉祜语,熟练	汉语,熟练	
户主	岳永华	40	景颇	小学	景颇语,略懂	拉祜语,熟练	汉语,熟练
妻子	李会兰	37	拉祜	初中	拉祜语,熟练	汉语,熟练	
长女	岳明明	19	景颇	小学	拉祜语,熟练	汉语,熟练	景颇语,略懂
长子	岳尹春	14	景颇	小六在读	拉祜语,熟练	汉语,熟练	景颇语,略懂

户主	岳马刚	43	景颇	小学	景颇语,略懂	拉祜语,熟练	汉语,熟练
妻子	娜 木	40	拉祜	小学	拉祜语,熟练	汉语,熟练	景颇语,略懂
长子	岳新荣	23	景颇	初中	拉祜语,熟练	汉语,熟练	景颇语,略懂
长媳	罗定秀	20	拉祜	初中	拉祜语,熟练	汉语,熟练	
长女	岳友燕	22	景颇	初中	拉祜语,熟练	汉语,熟练	景颇语,略懂
次女	岳友清	19	景颇	初中	拉祜语,熟练	汉语,熟练	景颇语,略懂
长孙女	岳佳怡	4	景颇	学前			
长孙	岳佳伟	2	景颇	学前			
户主	岳邱龙	23	景颇	初中	景颇语,熟练	拉祜语,熟练	汉语,熟练
父亲	岳 大	50	景颇	初中	景颇语,熟练	拉祜语,熟练	汉语,熟练
妻子	刘 芳	20	汉	小学	汉语,熟练		
户主	余 二	32	傈僳	小学	拉祜语,熟练	汉语,熟练	傈僳语,略懂
妻子	岳国兰	34	景颇	小学	景颇语,熟练	拉祜语,熟练	汉语,熟练
长子	余照英	13	景颇	小五在读	景颇语,熟练	拉祜语,熟练	汉语,熟练
长女	余太美	11	景颇	小三在读	景颇语,熟练	拉祜语,熟练	汉语,略懂

四 邱山村河边寨村民访谈录

访谈一 邱山村河边寨组长岳国华访谈录

访谈对象:岳国华,景颇族,30岁,高中毕业,耿马县孟定镇邱山村河边寨组长。
访谈时间:2009年7月9日
访谈地点:耿马县天鹅湖宾馆
访谈人:乔翔

问:请介绍一下你们邱山村河边寨的基本情况。
答:邱山村委会下辖10个组,共有400多户,2000多人。其中人口最多的是拉祜族,有200多户。邱山2组(河边寨)是一个拉祜族、景颇族等杂居的自然村,全寨53户,其中拉祜族有26户,傈僳族有15户,景颇族10户,汉族2户。
问:你们寨子是由拉祜族、傈僳族、景颇族和汉族组成的,民族关系怎么样?
答:民族关系一直都很好。我认为各民族都是一样的,都是国家的公民,好像没有特别区分的民族意识。
问:寨子里的语言使用情况怎么样?
答:寨子里拉祜人多,主要是说拉祜语。景颇族和傈僳族也大多会说拉祜语。不同民族的人相遇,看对方会讲拉祜语就说拉祜语,不会拉祜语的就说汉语。景颇族还有少数人会说傈僳语和佤语。

问:景颇语有没有受其他语言的影响?

答:肯定是受影响。在寨子里,主要说拉祜语,景颇族家庭内有很多也说拉祜语了。

问:为什么会在家庭内部也说拉祜语呢?

答:因为本寨景颇族很多都娶拉祜族妻子,她们不会说景颇语,丈夫迁就妻子,跟她说拉祜语。有了孩子以后,母亲教孩子说拉祜语,家庭里主要说拉祜语。也有娶汉族女人的,那在家里就说汉语了。

问:那这些族际婚姻家庭就不以景颇语为主要的交际工具了?

答:是的,这些家庭只讲汉语或拉祜语了。

问:你认为年轻一代的景颇族景颇语水平如何?

答:那当然不如父辈的景颇语好了,年轻人说汉语的水平比景颇语好。

问:你父母的景颇语怎么样?还会讲景颇族的远古故事和历史传说吗?

答:父母这一辈的景颇语还是说得好的。他们还会讲景颇族的故事和传说,可是我们不爱听了,一讲我们就要跑了。

答:为什么呢?

答:讲得太多了。

问:那讲给孙子们听会怎么样呢?你的孩子们正是学习景颇语的阶段,听到景颇族的故事会不会感兴趣?

答:我那两个小孩调皮得很,每天打打闹闹,没有坐下来好好听爷爷奶奶讲那些故事。

问:你听过那么多遍景颇族的故事和传说,你现在会不会讲?

答:我从书上看来是可以讲的。

答:你看的是什么书?

答:汉语写的景颇族的故事。

问:那就是说,你是先看汉语,要讲出来的话再用景颇语去翻译啦?

答:是的。

问:你父母的汉语怎么样?

答:他们现在汉语说得很好了。因为一方面跟外面的人交往,另一方面看电视也能学。

问:寨子里的景颇族都有哪些支系?有没有过区分?

答:不知道呀,没分过吧,从没听说过。我们都是景颇支系,都说景颇语。

问:那就是说你们没有支系意识,也不存在其他支系语言的使用问题,是吗?

答:是的,是的。

问:你家里都有什么人?在家里说什么话?

答:我家有6口人,我父母、我和妻子,还有两个儿子。父母都是景颇族,我妻子也是景颇族,从景信村贺稳组嫁过来,两个儿子还小,大的那个明年要上小学了。我们在家都说景颇语,我家是这个寨子里的景颇族家庭中说景颇语说得最好的。

问:这是什么原因?

答:我家都是景颇族,所以在说景颇语方面没有问题。别的景颇族家庭里的女人都是拉祜族或其他民族,她们不会说景颇语,她们的孩子的景颇语就说得不好。我家的两个孩子和我姐姐家的两个孩子是这一代小孩中说景颇语说得最好的。

问:那你现在有没有教孩子说汉语?

答:教,刚教到数字"一、二、三、四",还会说"爷爷、奶奶、爸爸、妈妈、吃饭"等简单的汉语词。

问:为什么要教孩子们说汉语?

答:他们要读书的话,需要懂汉语,这样才跟得上学校的课程。不懂汉语,脑子就不好使,念不好书。

问:你们寨子里景颇族人口较少,那么你们的传统文化保持得怎么样?

答:有的传统风俗还保留,有的已经没有了。比如我家,从我爷爷去世后,就不做祭祀仪式了。因为我父亲就不懂那些仪式了,爷爷告诉父亲,以后就不要管那些事了,如果不知道怎么做还非要去做的话,也会得罪祖先和神灵,反而对家里不好。我们都有民族服饰,但是只有过节时才穿,平时都穿汉族的服装。传统的饭菜平时还吃,但是水酒很少做了。景颇族的原始宗教我们也不再信仰了,寨子里的这10户景颇族中,只有我妈妈信仰基督教,其他有5人——我、我大哥、我大嫂、我堂弟……都是共产党员,还有五六个景颇族年轻人都想加入共产党,只不过我们还没有对他们进行考察,这是我们下一步的工作。

问:为什么要加入共产党呢?

问:共产党思想好,为人民做好事,我们都要求进步,所以就想加入。

问:你母亲在哪里参加基督教活动?活动中使用什么语言?

答:她就在本村的教堂做礼拜,星期三晚上一次、星期六晚上一次、星期天一次。在教堂里用傈僳语读圣经、唱赞诗,因为那是傈僳族创办的教堂。

问:你希望你的孩子在什么学校就读,是民族学校还是普通学校?

答:我希望孩子读民族学校,因为自己懂民族语言,去上民族学校会有发展。但是我们这里没有民族小学,只是普通完小,初中倒是可以念孟定民族中学,可它也相当于普通中学,没有开设民族语的课程,不是民族语和汉语的双语教学。

问:你们寨子里的景颇族受教育情况如何?

答:景颇族比较重视教育,文化水平在全寨200多人里属于较高的,初中毕业生的比例比全寨所有初中毕业生的比例还要高。我认为,景颇族人口少,只有发展文化才能发展经济。

问:你们参加过景颇文学习班吗?

答:参加过。

问:有多少人参加?

答:5个人,3个小孩,2个大人。

问:怎么10户景颇族家庭,只有5个人去学景颇文?

答:那段时间农活很忙,抽不出时间。

问:你希望自己的孩子学好景颇文吗?

答:景颇文是基础,应该学好,我支持小孩去学景颇文。

问:你怎么看待汉语和景颇语的关系?

问:景颇语很重要,但是没有汉语重要,因为汉语几乎是全世界的语言了,使用人口最多,所以必须掌握好汉语。

问:邱山村2组的景颇族家庭,年轻一代多数已转用拉祜语为第一语言,汉语的水平也比较好,能够熟练地使用景颇语的人已经不到一半,你对此有什么看法?有没有担心将来你们寨子里的景颇人不会说自己的语言了?

答:再过20年,我们这一代老了以后,可能就没有人会说景颇语了。我觉得很担心,我们必须想办法挽救景颇语。

问:采取什么措施来挽救、传承景颇语?

答:景颇语是我们民族的语言,需要保护。我认为,我们要通过经常聚会,多说景颇语、多讲景颇族风俗等形式来发展景颇语。

问:现在景颇族家庭相互来往,经常聚会吗?

答:经常聚会,好多男人都来我家喝茶、喝酒。

问:你们聚会说什么语言?

答:有时候说景颇语,有时候说拉祜语。拉祜语说得多一些,因为他们很多都不怎么会说景颇语了。

问:有没有觉得别扭?自己的语言不用,而去说别的民族的语言?

答:我跟自己家人说景颇语,跟其他景颇族说拉祜语,比较习惯了,不觉得别扭。

问:嫁给景颇族的或来景颇族家庭上门的其他民族学不学景颇语?

答:他们有一点想学景颇语的意愿。我从德宏那边拿过来一本《基础景颇语教程》,配有一盒磁带,是德宏景颇发展协会主编的教材。我在家开了景颇语学习班,叫这些景颇族家庭里的其他民族和村子里的其他民族来学。

问:学习的时间固定吗?

答:时间不固定,只要有空,天天来学,农活多了不来的情况也有。

问:学习景颇语的活动现在还在进行吗?

答:还在进行。

问:学习效果怎么样?

答:不行。因为学得少,用得也少。

问：好，感谢你接受我们的访谈。

访谈二　　景信村贺稳组李忠访谈录

访谈对象：李忠（Hpakawn Ah zung），景颇族，26岁，原籍邱山村河边寨，现居住在贺稳组
访谈时间：2009年7月3日
访谈地点：孟定镇景信村委会贺稳组
访谈人：林新宇

问：请谈一谈你个人的基本情况。

答：我今年26岁，家里有父母，一个姐姐和一个弟弟。我爱人也是景颇族，我们有一个一岁的女儿。我在保山读完中专后去缅甸神学院（Kachin Theological College，KTC）学习了三年，回国后在保山民族圣经学校继续学习两年，毕业后就到教会做传道员，也就是传教士。

问：云南这边有几所神学校，少数民族学生多吗？

答：云南有三所神学院，云南神学院、大理圣经学校和保山民族圣经学校。我就读的保山民族圣经学校里，有一半的学生都是少数民族。

问：你为什么选择做传教士？

答：我们家从爷爷奶奶那时候开始就信奉基督教。从小受爷爷奶奶的影响，每当遇到困难，就会到教堂寻找一种心灵的依靠。所以我决心长大后学习神学，侍奉基督。

问：都有哪些民族信基督教？

答：这边信基督教的有汉族、佤族、傈僳族、拉祜族和景颇族，其中最多的是拉祜族。

问：我们这里的景颇族是什么时候开始信教的？

答：听老人说，这里的景颇族是1948年左右从缅甸等地搬来的，在搬到这里之前，他们就已经开始信教了。可以说是景颇族在搬来的同时把基督教从缅甸带到这里。后来到这里来传教的也都是缅甸人。

问：每个星期都做礼拜吗？信徒多吗？

答：全村80%的人受洗。2000年以前来教堂的人很多，每星期三、星期六的晚上和星期天一整天，全村的人都会聚集在教堂里。近几年人数开始减少，女人们会因为忙农活不来教堂做礼拜，特别是农忙时，有时候只有二三十人。

问：你觉得为什么来教堂的人会减少？

答：这可能是时代的变化造成的。传统保守的基督教信条也越来越不能被现在的年轻人所接受。作为基督徒，我认为基督教也要与时俱进，适应时代的潮流。

问：你平时主要就是在这个景颇族教堂工作吗？

答：我每个月有一两次到耿马的基督教培训中心教课，其余的时间就是负责我们这里的景颇族教会。下面的房子就是教堂。整个孟定有25所教堂，景颇族的只有这里和芒艾2组的。

景颇族的教堂里有黑板,这在其他地方的教堂很少能见到。因为传教士最初来到这里不只是传福音,还希望把文明和知识传到这里。所以教堂就是学校,学校就是教堂。教堂的经费开支主要靠信徒的捐奉,作为传道员是义务的,没有报酬。我和我爱人平时到我的橡胶田割胶,到了做礼拜的日子,我就过来给大家讲解圣经,带领大家唱赞美诗。

问:你用汉语传教还是用景颇语?

答:我会用汉语、景颇语、拉祜语和傈僳语四种语言传教。河边寨的拉祜族去教堂要用傈僳语,芒艾2组的也用傈僳语在教堂做礼拜,孟定福荣那边用汉语做礼拜,只有我们这里的教堂坚持用景颇语。作为景颇族的传道员,我觉得更应该注重自己民族的语言文字。

问:我们这里还有崇拜原始宗教的吗?

答:我外公就曾经是巫师,河边寨那边,自我外公去世后,没有人懂得怎样去做祭祀仪式,也就没有崇拜原始宗教的了。贺稳这边从我懂事起,好像也没有了。

问:作为基督徒,你怎么看待原始宗教?

答:传统的祭祀有它迷信的一面,另一方面还是有助于保留景颇族的传统习俗的。比如它会教人怎样尊重别人,尊敬老人。年轻人在老人面前经过要规规矩矩的,不可以大摇大摆,否则会被认为很没有规矩。

问:这里有的孩子很早就辍学了,你怎么看?

答:有些是因为家庭困难不读书了,有些也不是。父母保守的思想是孩子过早辍学的原因之一。有的父母不支持孩子上学,重男轻女、读书无用的思想还是有的,家长自己就没文化,孩子也不用读书。所以我的工作是积极劝人信奉耶稣,有信仰会使人性格开放,开阔视野,也会更鼓励自己的孩子去学习文化知识。

问:你认为信教给你们带来了怎样的影响?

答:基督教是教人从善的,这里的景颇族自从进寨以来,没有一个吸毒的,也很少有打架闹矛盾的,景颇族和景颇族之间,景颇族和其他民族之间都相处十分融洽,这或多或少和信基督教有关。

第六节 孟定镇芒艾村草坝寨语言使用情况个案分析

一 芒艾村草坝寨基本情况

芒艾村是一个多民族杂居村,有傈僳族、景颇族、拉祜族、汉族、彝族、傣族、佤族等7个民族。芒艾村共663户,总人口2683人,下辖7个小组。1组有160多户,678人左右,绝大多数是傈僳族,只有几户汉族。2组(草坝寨)有84户,381人,其中景颇族50户,230人;拉祜族29

户,115人;汉族5户,36人;佤族、傣族、傈僳族各有几户。3组84户,300多人,大部分是傈僳族,少部分是汉族和拉祜族。4组95户,390多人,大部分是傈僳族,有几户汉族和拉祜族。5组59户,260人左右,也以傈僳族为主,汉族和拉祜族占少数。6组70户,300多人,汉族占85%,其他是七八户傈僳族和两三户拉祜族。7组46户,200多人,汉族和傈僳各占一半。芒艾村的景颇族主要分布在2组草坝寨。

草坝寨东面是耿马大青山,南与崇岗村接壤;西边是孟定农场一分厂;是一个国营橡胶农场,工人大部分是湖南人;北是勐简乡,是傣族、汉族、佤族聚居乡。村子距离孟定镇34公里,从距村子7公里的姑老河(彝族聚居区)开始,就没有公路了,是1976年起开通的马路。2000年,村民们把进村的长约1公里的必经之路降坡推路,2005年又铺了上山和下田的路,条条土路通往橡胶林、生产区和坝田。2007年,为改变村里生产生活条件,解决村民雨季出行难、公共卫生脏乱差等问题,经村委会发起,在政府和企业的支持下,开始在村里铺设硬板路,村内主路全长680米,现已全部铺完,还在继续筹资铺设其他道路。

该寨的主要经济来源是橡胶、木薯、砂仁、草果等。全村拥有橡胶林2000多亩,多的家庭有100多亩山林,少的有30多亩,目前从橡胶上得到的经济收益是人均每年2600多元。近几年来,把旧的橡胶林砍掉,种植了新树,估计在5年之后将得到更为可观的收入,被当地老百姓称为"绿色银行"。橡胶林容易管理,一个好劳动力一天能割三四百棵,胶价好时有的人家一天可以割一千元左右的胶。村里富余的劳动力有30多个,有时去浙江、四川、湖南、深圳等地的工厂打工,家里的农业生产需要时再返回来。过去,村民们还种水稻,人均将近一亩坝田;从今年起,坝田将全部转让给从四川来的汉族,改种香蕉,租期3年,每亩田付给村民1100元。

全寨1972年通电。电视机拥有率为95%,大部分家庭安装了卫星电视接收器。以前吃水,是用一根塑料管从山上引下来泉水,取用时需要排队;2000年以后,村委会设法接通了自来水,现在家家户户都有。全村座机拥有量不多,使用手机较为普遍。有6台大型拖拉机,用于农耕和运输,20多张手扶拖拉机,用于交通工具,摩托车基本上家家都有。

全寨40岁以上的村民,念完小学的有30%左右,完全文盲的不存在。即使是没有受过学校教育的老一代,也会一些景颇文。因为过去省民委举行过扫盲活动,而且最近一两年来,耿马景颇族协会利用学生的寒暑假开设景颇文的培训班,全寨的景颇族不论男女老少,有时间都去参加景颇文学习。这种拼音文字易学好掌握,所以会读景颇文的村民也不在少数。近年来,随着国家九年制义务教育的普及,学校教育越来越受到重视,儿童小学入学率较高,能够读完初中的比率也越来越高,但是初中以上学历就不多见了,其原因一方面是经济困难,另一方面是思想观念滞后。

草坝寨的景颇族保留部分民族特征,如饮食和服饰。景颇族传统的饮食有竹筒饭、竹筒鸡、竹筒鱼以及各种野菜等,自家酿造的烤酒也是逢年过节招待亲朋的佳酿。景颇族男女平时爱穿本族的服装,除节庆时穿较为隆重的服饰外,平常穿便装。上山割胶或下地干活时,就穿较为轻便的汉族服装。最重要的节日是目瑙纵歌节,节日时邀请各村其他少数民族一起庆祝。

芒艾村的少数民族,村民相互来往,各民族的风俗习惯和语言文字和谐地交融,老一代中懂得多种民族语言的人为数不少,但在青壮年和青少年中,和不同民族的人相互使用汉语的现象越来越普遍。

二 芒艾村草坝寨语言使用的特点

我们随机抽取 79 户、372 人(其中景颇族 164 人,汉族 87 人,拉祜族 100 人,其他民族 21 人),进行了微观的分析和统计,对景颇族、汉族和拉祜族的语言使用特点有如下的认识。

(一)景颇族的语言使用特点

1. 景颇语是这里景颇族人的通用语。我们对 164 人进行了母语语言能力统计,其中 6 岁以下儿童为 8 个,不在统计范围内,实际统计人数为 156 人。统计结果见下表。

表 4-47

年龄段(岁)	人数	熟练		略懂		不懂	
		人数	百分比(%)	人数	百分比(%)	人数	百分比(%)
6—19	45	41	91.1	3	6.6	1	2.3
20—39	61	61	100	0	0	0	0
40—59	35	35	100	0	0	0	0
60 以上	15	15	100	0	0	0	0
合计	156	152	97.4	3	2	1	0.6

上表显示:97.4%的草坝寨景颇族能够熟练使用景颇语,各个年龄段的景颇族都在使用景颇语,掌握母语的能力大多为"熟练"级。母语是景颇族人最早认识周围世界的语言,他们从小就接受了母语的文化熏陶,母语成为他们思考和交际的主要工具。

2. 草坝寨 99.4%的景颇族能够熟练地兼用汉语,只有 0.6%的人不会汉语。从调查中得知,人们平时交流都用景颇语,汉语在他们的日常生活、生产劳动中也起到重要作用。下面是景颇族使用汉语的能力统计。结果请见下表。

表 4-48

年龄段(岁)	人数	熟练		略懂		不懂	
		人数	百分比(%)	人数	百分比(%)	人数	百分比(%)
6—19	45	45	100	0	0	0	0
20—39	61	61	100	0	0	0	0
40—59	35	35	100	0	0	0	0
60 以上	15	14	93.3	0	0	1	6.7
合计	156	155	99.4	0	0	1	0.6

上表显示,在使用汉语的能力上,草坝寨没有出现代际性差别,全民能够熟练使用汉语。

156名景颇族村民中,只有一位老人完全不懂汉语。其个人情况见下表。

表 4-49

姓名	年龄	教育程度	第一语言及水平	第二语言及水平	第三语言及水平
杨大妹	88	文盲	景颇语,熟练	汉语,不懂	拉祜语,不懂

3. 除了景颇语和汉语外,这里的景颇族大多还会使用一种或多种民族语言。草坝寨景颇族的其他民族语言使用情况统计结果见下表。

表 4-50

民族语	人数	熟练		略懂		不懂	
		人数	百分比(%)	人数	百分比(%)	人数	百分比(%)
傈僳语	156	37	24	46	29.3	73	46.7
拉祜语	156	5	3.2	2	1.3	149	95
佤语	156	2	1.3	1	0.64	153	98
傣语	156	3	1.9	4	2.6	149	95.5

与草坝寨临近的芒艾村1组、3组、4组和5组,都是以傈僳族为主,草坝寨景颇族人长期和傈僳族生活劳作在一起,慢慢学会用傈僳语与傈僳族人交流,能够熟练使用傈僳语的占到24%。而与同住一村的拉祜族平时都用汉语交流,所以只有4.5%的景颇人会说拉祜语。寨子里的傣族、佤族人口本来就在少数,因此会傣语、佤语的人就更少。

不同于耿马景颇族聚居的其他寨子,草坝寨是多民族杂居区。除景颇族外,寨子里的汉族和拉祜族也占相当的比例。因此,我们也对这里的汉族和拉祜族的语言使用特点进行了统计。

(二) 汉族的语言使用特点

1. 草坝寨汉族汉语使用情况

我们抽样统计了这里的汉族87人的母语和景颇语的使用情况,其中6岁以下儿童3人,不在统计范围之内,实际统计人数为84人。统计结果见下表。

表 4-51

年龄段(岁)	人数	熟练		略懂		不懂	
		人数	百分比(%)	人数	百分比(%)	人数	百分比(%)
6—19	18	18	100	0	0	0	0
20—39	33	33	100	0	0	0	0
40—59	26	26	100	0	0	0	0
60以上	7	7	100	0	0	0	0
合计	84	84	100	0	0	0	0

上表显示,草坝寨100%的汉族的第一语言仍是汉语,汉语是这里汉族的通用语言。

2. 草坝寨汉族的景颇语使用情况

草坝寨汉族由于长期和景颇族杂居在一起,在与景颇族共同生活和劳作的过程中,他们不同程度地学会使用景颇语,能与景颇族交流。我们对草坝寨汉族的景颇语使用情况进行了统计,统计结果见下表。

表 4-52

年龄段(岁)	人数	熟练		略懂		不懂	
		人数	百分比(%)	人数	百分比(%)	人数	百分比(%)
6—19	18	8	44	2	12	8	44
20—39	33	16	48	6	18	11	34
40—59	26	17	66	5	19	4	15
60以上	7	1	14	4	57	2	29
合计	84	42	50	17	20	25	30

上表显示,在我们统计的 84 名汉族中,有一半的人能熟练使用景颇语,其余 20% 的人中,有的会听,有的不但会听还能说出简单的句子,也有 30% 的人不懂景颇语。

(三) 拉祜族的语言使用特点

我们对草坝寨拉祜族使用母语、兼用汉语和景颇语的情况分别进行了分析统计。草坝寨有拉祜族 100 人,其中 6 岁以下 4 人,哑巴 1 人,实际统计人数为 95 人。统计结果见下面表 4-53:草坝寨拉祜族拉祜语使用情况,表 4-54:草坝寨拉祜族汉语使用情况,4-55:草坝寨拉祜族景颇语使用情况。

表 4-53

年龄段(岁)	人数	熟练		略懂		不懂	
		人数	百分比(%)	人数	百分比(%)	人数	百分比(%)
6—19	28	8	28.5	2	7.1	18	64.4
20—39	39	16	41	6	15	17	44
40—59	20	17	85	3	15	0	0
60以上	8	1	12	4	50	3	38
合计	95	38	40	17	18	40	42

表 4-54

年龄段(岁)	人数	熟练		略懂		不懂	
		人数	百分比(%)	人数	百分比(%)	人数	百分比(%)
6—19	28	28	100	0	0	0	0
20—39	39	39	100	0	0	0	0
40—59	20	20	100	0	0	0	0
60以上	8	8	100	0	0	0	0
合计	95	95	100	0	0	0	0

表 4 - 55

年龄段(岁)	人数	熟练		略懂		不懂	
		人数	百分比(%)	人数	百分比(%)	人数	百分比(%)
6—19	28	6	21	5	18	17	61
20—39	39	8	20	10	26	21	54
40—59	20	9	45	4	20	7	35
60 以上	8	5	62.5	2	25	1	12.5
合计	95	28	30	21	22	46	48

从上表可以看出草坝寨拉祜族语言使用的一些特点：

1. 通过表 4 - 53 的统计可以得知，草坝寨拉祜族的第一语言是母语拉祜语的有 32 人，能够不同程度使用拉祜语的为 55 人，其中能够熟练使用的为 38 人，占人口总数的 40%。在使用拉祜语的能力上，草坝寨出现代际性差别，中年拉祜族 100% 能够使用拉祜语，青少年能够不同程度地使用拉祜语的占 35.6%，不懂拉祜语的比例达到 64.4%，出现明显衰退趋势。

2. 表 4 - 54 的统计结果表明，草坝寨的拉祜族全部能够熟练使用汉语，其中第一语言是汉语的达 61 人。

3. 表 4 - 55 的统计结果表明，草坝寨的拉祜族有 30% 的人熟练地掌握了景颇语，景颇语水平相当于母语人；22% 的拉祜族人听得懂景颇语，也能简单地说几句；不懂景颇语的拉祜族人占 48%。该村各个年龄段景颇语使用能力最好的是 60 岁以上的老年人，"熟练"和"略懂"比例都是最高的，分别为 62.5% 和 25%。青少年掌握景颇语的能力最弱，只有 39% 的人能够不同程度地兼用景颇语，61% 的青少年不会景颇语。

与居住在同一个寨子的拉祜族相比，景颇族更加完好地保留着自己的语言。寨子里的长辈们都会自觉地、不厌其烦地教年轻一代景颇语，父母们会一遍一遍地反复说景颇语给孩子们听。外出打工的人回到寨子，也会坚持说景颇语。耿马景颇族协会还从缅甸请来老师教大家景颇文。但这里的支系概念已相当模糊，都称自己是大山人，只有一户明确自己是浪速人，但已经不会说浪速语；载瓦支系的有 7 个人，能熟练使用载瓦语的 4 人，此外还有 9 位景颇支系人会说载瓦语。

由于受媒体、网络、电视等的影响，越来越多的孩子不愿意说景颇语，父母对孩子说景颇语，孩子们用汉语回答，觉得汉语更便利顺口。和别的民族在一起时，他们才会说景颇语，以显示自己是不同民族的人。所以，从统计数据上看，草坝寨景颇族的景颇语熟练度较高，但实际上多停留在日常交际上，很多景颇族民族歌曲、民间故事，孩子已经不会唱、不会讲、不知道了。一些新词语、流行语都是借用汉语夹杂在景颇语里来讲。

三 芒艾村草坝寨语言使用情况总表

表 4-56

家庭关系	姓名	年龄	民族	文化程度	第一语言及水平	第二语言及水平	其他语言及水平
户主	陈进华	35	汉	小四	汉语,熟练	景颇语,熟练	拉祜语,略懂
妻子	赵小柳	35	汉	小学	汉语,熟练		
母亲	李 红	57	汉	文盲	汉语,熟练	景颇语,熟练	拉祜语,熟练
长子	陈 兵	15	汉	小六在读	汉语,熟练	景颇语,熟练	
次子	陈 二	13	汉	小五在读	汉语,熟练	景颇语,熟练	
户主	杨光荣	38	汉	小四	汉语,熟练	景颇语,熟练	
妻子	李鲜花	39	拉祜	文盲	拉祜语,熟练	汉语,熟练	景颇语,略懂
母亲	李小白	75	汉	文盲	汉语,熟练	景颇语,熟练	
长子	杨长寿	17	汉	小学	汉语,熟练	景颇语,略懂	
长媳	罗忠兰	16	拉祜	小学	汉语,熟练	拉祜语,略懂	景颇语,略懂
户主	杨大妹	80	景颇	文盲	景颇语,熟练		
户主	罗 大	30	拉祜	小学	汉语,熟练	拉祜语,略懂	景颇语,略懂
妻子	罗会新	40	拉祜	小五	汉语,熟练	拉祜语,略懂	景颇语,略懂
长子	罗大龙	13	拉祜	小五在读	汉语,熟练		
次子	罗 二	10	拉祜	小三在读	汉语,熟练		
户主	罗文华	45	拉祜	小四	拉祜语,略懂	汉语,熟练	景颇语、傈僳语,略懂
妻子	胡三妹	38	傈僳	文盲	傈僳语,熟练	汉语,熟练	
长子	罗 大	19	拉祜	文盲	汉语,熟练	傈僳语,略懂	
长女	罗大妹	17	拉祜	文盲	汉语,熟练		
户主	岳新华	31	景颇	初二	景颇语,熟练	汉语,熟练	傈僳语,略懂
父亲	岳 三	61	景颇	文盲	景颇语,熟练	汉语,熟练	傣语,略懂
母亲	张大妹	56	景颇	文盲	景颇语,熟练	汉语,熟练	
户主	岳新明	39	景颇	小四	景颇语,熟练	汉语,熟练	傈僳语,熟练
妻子	张三妹	31	景颇	小四	景颇语,熟练	汉语,熟练	傈僳语,略懂
长子	岳春华	16	景颇	初二	景颇语,熟练	汉语,熟练	傈僳语,略懂
户主	刘杰琼	38	汉	初二	汉语,熟练	景颇语,略懂	
妻子	岳大妹	37	景颇	文盲	景颇语,熟练	汉语,熟练	
长子	刘韩飞	16	景颇	初二	景颇语,熟练	汉语,熟练	傈僳语,略懂
长女	刘韩梅	13	景颇	初一在读	景颇语,熟练	汉语,熟练	傈僳语,略懂
户主	岳绍明	35	景颇	小学	景颇语,熟练	汉语,熟练	傈僳语,略懂
妻子	陈进梅	33	汉	小学	汉语,熟练	景颇语,熟练	傈僳语,略懂
长子	岳世华	14	景颇	初二在读	景颇语,熟练	汉语,熟练	傈僳语,略懂

长女	岳世云	12	景颇	小六在读	景颇语,熟练	汉语,熟练	傈僳语,略懂
户主	李文学	46	汉	小四	汉语,熟练	景颇语,熟练	傈僳语、拉祜语,熟练
妻子	罗顺妹	46	拉祜	小四	拉祜语,熟练	景颇语,熟练	汉语、傈僳语,熟练
次子	李二	23	拉祜	小学	汉语,熟练	景颇语,略懂	傈僳语,略懂
长女	李太明	21	拉祜	小四	汉语,熟练	景颇语,略懂	傈僳语,略懂
户主	罗扎迫	34	拉祜	小四	汉语,熟练	拉祜语,熟练	傈僳语,熟练;景颇语,略懂
母亲	陈小花	70	汉	文盲	汉语,熟练	拉祜语,熟练	景颇语,略懂
户主	罗扎托	45	拉祜	小学毕业	汉语,熟练	拉祜语,熟练	景颇语、傈僳语,熟练
妻子	杨从香	41	拉祜	小四	拉祜语,熟练	汉语,熟练	
长女	罗太珍	16	拉祜	小四	汉语,熟练	景颇语,熟练	傈僳语,略懂
次女	罗双怀	15	拉祜	小四	汉语,熟练	景颇语,熟练	
户主	杨贵	40	汉	初中	汉语,熟练		
妻子	罗天芳	32	景颇	小学	景颇语,熟练	汉语,熟练	傈僳语,略懂
长子	杨家昆	14	汉	初二在读	景颇语,熟练	汉语,熟练	傈僳语,略懂
长女	杨家琴	12	汉	小五在读	汉语,熟练	景颇语,熟练	傈僳语,略懂
户主	赵志勇	46	景颇	初中	景颇语,熟练	汉语,熟练	傈僳语、拉祜语,熟练
妻子	岳小红	44	景颇	小学	景颇语,熟练	汉语,熟练	傣语,略懂
父亲	赵兴	71	景颇	中专	景颇语,熟练	汉语,熟练	傈僳语、拉祜语,熟练
母亲	岳三妹	73	景颇	文盲	景颇语,熟练	汉语,熟练	
三叔	赵老三	52	景颇	文盲	景颇语,熟练	汉语,熟练	
长子	赵颜春	24	景颇	高二	景颇语,熟练	汉语,熟练	傈僳语,略懂
长媳	赵秀兰	21	景颇	小四	景颇语,熟练	汉语,熟练	傈僳语,略懂
次子	赵颜龙	21	景颇	初中	景颇语,熟练	汉语,熟练	傈僳语,略懂
次媳	张玲	22	景颇	高二	景颇语,熟练	汉语,熟练	傈僳语,略懂
长孙	赵进辉	3	景颇	学前	景颇语,熟练	汉语,熟练	
户主	岳林	33	景颇	高中	景颇语,熟练	汉语,熟练	傈僳语、拉祜语,熟练
妻子	张志红	28	景颇	小学	景颇语,熟练	汉语,熟练	傈僳语,略懂
长子	岳青松	11	景颇	小四在读	景颇语,熟练	汉语,熟练	
次子	岳讲东	10	景颇	小二在读	景颇语,熟练	汉语,熟练	
户主	岳大	57	景颇	初中	景颇语,熟练	汉语,熟练	傈僳语、拉祜语,熟练
妻子	赵连红	52	景颇（载瓦）	小四	景颇语,熟练	汉语,熟练	载瓦语,熟练;傣语,略懂
次子	岳笑天	30	景颇	高中	景颇语,熟练	汉语,熟练	傈僳语、傣语,熟练
次媳	金桂兰	26	傣	初中	傣语,熟练	汉语,熟练	拉祜语,熟练
三子	岳中文	28	景颇	初中	景颇语,熟练	汉语,熟练	傈僳语,熟练

三媳	陈志红	29	汉	小学	汉语,熟练	景颇语,略懂	
长孙女	岳姗姗	4	景颇	学前	傣语,熟练	汉语,熟练	景颇语,略懂
长孙	岳荣兵	5	景颇	学前	景颇语,熟练	汉语,熟练	
次孙	岳荣明	3	景颇	学前	景颇语,熟练	汉语,熟练	
户主	张正学	43	景颇	初中	景颇语,熟练	汉语,熟练	傈僳语,略懂
妻子	徐明红	41	景颇	小学	景颇语,熟练	汉语,熟练	拉祜语,熟练
长子	张　勇	24	景颇	小学	景颇语,熟练	汉语,熟练	傈僳语,略懂
长女	张培英	18	景颇	文盲	景颇语,熟练	汉语,熟练	傣语,熟练
次子	张　德	16	景颇	小五	景颇语,熟练	汉语,熟练	
户主	赵秀英	40	景颇	初中	景颇语,熟练	汉语,熟练	
丈夫	曹　大	39	傈僳	小学	景颇语,熟练	汉语,熟练	
长女	何荣琴	21	景颇	初中	景颇语,熟练	汉语,熟练	
次女	何贵琴	19	景颇	初中	景颇语,熟练	汉语,熟练	
三女	何学琴	17	景颇	初中	景颇语,熟练	汉语,熟练	
户主	何文明	41	景颇	小学	景颇语,熟练	汉语,熟练	傈僳语,熟练
妻子	李玲香	34	汉	小学	汉语,熟练	景颇语,熟练	
母亲	杨贵兰	60	景颇	小三	景颇语,熟练	汉语,熟练	
长女	何进芳	13	景颇	初一	汉语,熟练	景颇语,熟练	
长子	何　大	11	景颇	小五	汉语,熟练	景颇语,熟练	
次子	何　二	9	景颇	小三	汉语,熟练	景颇语,熟练	
户主	段国华	61	汉	小二	汉语,熟练	拉祜语,熟练	景颇语,略懂
妻子	李新红	53	汉	小一	汉语,熟练	景颇语,熟练	傈僳语,略懂
长子	段双柒	27	汉	小学	汉语,熟练	景颇语,熟练	傈僳语,略懂
次子	段玉林	24	汉	小学	汉语,熟练	景颇语,熟练	
媳妇	罗光怀	26	汉	小学	汉语,熟练	景颇语,略懂	
孙女	段玲子	5	汉	学前	汉语,熟练	景颇语,略懂	
户主	岳会兰	32	景颇	初二	景颇语,熟练	汉语,熟练	
丈夫	韩一飞	36	汉	初中毕业	汉语,熟练	景颇语,略懂	
长子	韩梦林	13	景颇	初二	景颇语,熟练	汉语,熟练	
次子	韩梦圆	10	景颇	小五	景颇语,熟练	汉语,熟练	
户主	张志荣	27	景颇	小学	景颇语,熟练	汉语,熟练	傈僳语,略懂
妻子	马奋召	27	汉	初中	汉语,熟练	景颇语,熟练	傈僳语,略懂
父亲	张文华	52	景颇	小二	景颇语,熟练	汉语,熟练	傈僳语,略懂
母亲	岳红领	53	景颇	小三	景颇语,熟练	汉语,熟练	
长子	张　大	8	景颇	小三	汉语,熟练	景颇语,略懂	
次子	张　二	7	景颇	学前	汉语,熟练	景颇语,略懂	

户主	李进杰	25	景颇	初中	汉语，熟练	景颇语，熟练	傈僳语，熟练
妻子	余梅	24	傈僳	初中	傈僳语，熟练	汉语，熟练	
长女	李大妹	7	景颇	小一	傈僳语，熟练	汉语，熟练	
户主	李新荣	51	汉	小三	汉语，熟练	景颇语，熟练	傈僳语，熟练
妻子	胡大妹	26	傈僳	小二	傈僳语，熟练	汉语，熟练	
长子	李新海	8	汉	小一在读	汉语，熟练	景颇语，略懂	
户主	张中华	48	景颇	小三	景颇语，熟练	汉语，熟练	傈僳语，略懂
妻子	李金妹	45	汉	小二	汉语，熟练	景颇语，熟练	
长子	张志伟	23	景颇	小学毕业	景颇语，熟练	汉语，熟练	
孙女	张天香	2	景颇	学前			
户主	李自兴	41	汉	小学	汉语，熟练	景颇语，熟练	傈僳语，略懂
妻子	赵志琴	44	景颇	小三	景颇语，熟练	汉语，熟练	
长子	李付贵	17	景颇	初中	汉语，熟练	景颇语，熟练	傈僳语，熟练
次子	李贵林	16	景颇	初一	汉语，熟练	景颇语，熟练	
户主	张正忠	35	景颇	小学	景颇语，熟练	汉语，熟练	
母亲	小赵大妹	69	景颇	小二	景颇语，熟练	汉语，熟练	
长女	张大妹	9	景颇	小二在读	景颇语，熟练	汉语，熟练	
户主	岳文学	47	景颇	初一	景颇语，熟练	傣语，熟练	汉语、佤语、傈僳语，熟练
妻子	张学琴	47	景颇	初二	景颇语，熟练	汉语，熟练	傈僳语，熟练
岳父	大张二	73	景颇	文盲	景颇语，熟练	汉语，熟练	傈僳语，熟练
岳母	何三妹	68	景颇（载瓦）	文盲	景颇语，熟练	汉语，熟练	载瓦语，熟练
次子	岳春云	21	景颇	初二	景颇语，熟练	汉语，熟练	傈僳语，略懂
户主	杨国文	47	汉	初二	汉语，熟练	景颇语，熟练	傈僳语，熟练
妻子	鲁进美	45	汉	小学	汉语，熟练	景颇语，略懂	
长子	杨忠华	24	汉	高中	汉语，熟练	景颇语，熟练	傈僳语，略懂
长媳	岳春秀	23	景颇	小学	景颇语，熟练	汉语，熟练	傈僳语，略懂
次子	杨忠富	22	汉	初中	汉语，熟练	景颇语，熟练	傈僳语，略懂
次媳	秧小梅	19	汉	小三	汉语，熟练		
长女	杨忠秀	19	汉	初中	汉语，熟练	景颇语，熟练	
户主	岳进华	43	景颇（浪速）	小学	景颇语，熟练	汉语，熟练	
妻子	李新兰	44	汉	文盲	汉语，熟练	景颇语，熟练	
长女	岳大妹	21	景颇	小五	景颇语，熟练	汉语，熟练	
次女	岳二妹	14	景颇	小六在读	景颇语，熟练	汉语，熟练	

户主	小何三妹	67	景颇(载瓦)	文盲	载瓦语,熟练	景颇语,熟练	汉语,熟练
孙子	岳文兵	24	景颇(载瓦)	小三	景颇语,熟练	汉语,熟练	
户主	李新发	49	汉	文盲	汉语,熟练	景颇语,熟练	
妻子	李三妹	40	汉	文盲	汉语,熟练	景颇语,略懂	
长子	李文忠	28	汉	高中	汉语,熟练	景颇语,略懂	
长媳	罗春云	25	拉祜	小学	汉语,熟练	景颇语,熟练	
长孙	李兆勇	6	汉	学前	汉语,熟练		
次孙	李兆明	4	汉	学前	汉语,熟练		
户主	李国宋	27	汉	小学	汉语,熟练	景颇语,略懂	
妻子	赵玉梅	29	汉	小四	汉语,熟练		
长女	李东东	8	汉	小一在读	汉语,熟练		
长子	李东辉	6	汉	学前	汉语,熟练		
户主	李国兴	47	汉	小学	汉语,熟练	景颇语,熟练	拉祜语,略懂
妻子	鲁进怀	46	汉	文盲	汉语,熟练		
长女	李龄子	25	汉	小五	汉语,熟练	景颇语,熟练	
次女	李龄菊	24	汉	小学	汉语,熟练	景颇语,熟练	
户主	张志明	43	景颇	文盲	景颇语,熟练	汉语,熟练	
妻子	余新妹	43	拉祜	文盲	拉祜语,熟练	汉语,熟练	景颇语,略懂
母亲	岳四妹	82	景颇	文盲	景颇语,熟练	载瓦语,熟练	汉语、载瓦语,熟练
长子	张 菁	19	景颇	小二	景颇语,熟练	汉语,熟练	
长女	张唐晃	17	景颇	小五	景颇语,熟练	汉语,熟练	
次子	张春光	14	景颇	小四在读	景颇语,熟练	汉语,熟练	
户主	何 强	26	景颇(载瓦)	小学	景颇语,熟练	汉语,熟练	
妻子	李太秀	26	景颇	初中	景颇语,熟练	汉语,熟练	
父亲	何兴荣	48	景颇(载瓦)	小学	载瓦语,熟练	景颇语,熟练	汉语、载瓦语,熟练
母亲	赵文仙	47	佤	文盲	佤语,熟练	汉语,熟练	景颇语,熟练
大妹	何 燕	24	景颇	小学	景颇语,熟练	汉语,熟练	
二妹	何 萍	22	景颇	小学	景颇语,熟练	汉语,熟练	
长子	何梦成	7	景颇(载瓦)	学前	汉语,熟练	景颇语,略懂	
户主	陈 大	41	汉	小二	汉语,熟练	景颇语,略懂	
妻子	杨小香	38	汉	小二	汉语,熟练		
长子	陈太发	18	汉	小四	汉语,熟练		

次子	陈太平	15	汉	小三	汉语,熟练		
户主	张伟	30	景颇	小学	景颇语,熟练	汉语,熟练	傈僳语,略懂
妻子	罗小怀	30	汉	小学	傈僳语,熟练	汉语,熟练	景颇语,熟练
长女	张大妹	13	景颇	小六在读	景颇语,熟练	汉语,熟练	傈僳语,略懂
长子	张大	10	景颇	小三在读	景颇语,熟练	汉语,熟练	傈僳语,略懂
父亲	小张大	54	景颇	文盲	景颇语,熟练	汉语,熟练	傈僳语,略懂
母亲	何卫群	53	景颇	文盲	景颇语,熟练	汉语,熟练	
户主	马正华	47	汉	小学	汉语,熟练	景颇语,熟练	
妻子	杨从妹	45	汉	小学	汉语,熟练	景颇语,熟练	傈僳语,略懂
长子	马奋林	26	汉	小学	汉语,熟练	景颇语,熟练	
长媳	曹二妹	21	傈僳	小学	傈僳语,熟练	汉语,熟练	景颇语,略懂
长女	马奋琴	22	汉	小学	汉语,熟练	景颇语,熟练	
孙女	马扣静	3	傈僳	学前	汉语,熟练		
户主	陈国柱	66	汉	小学	汉语,熟练	傈僳语,熟练	景颇语,略懂
妻子	李小三	64	拉祜	文盲	拉祜语,熟练	汉语,熟练	
次子	陈二	39	汉	小学	汉语,熟练		
三子	陈三	35	汉	初中	汉语,熟练	景颇语,熟练	
四子	陈四	31	汉	小学	汉语,熟练	景颇语,熟练	
户主	施永平	45	汉	小学	汉语,熟练	景颇语,熟练	
妻子	罗琴	47	拉祜	小学	拉祜语,熟练	汉语,熟练	景颇语,熟练
长女	施美芳	25	拉祜	初中	汉语,熟练		
长子	施文华	23	拉祜	初中	汉语,熟练		
次子	施文进	22	拉祜	初中	汉语,熟练		
户主	罗建华	40	拉祜	小学	拉祜语,熟练	汉语,熟练	傈僳语,熟练
妻子	余四妹	36	傈僳	小学	傈僳语,熟练	汉语,熟练	
长子	罗太生	19	拉祜	小学	汉语,熟练	傈僳语,熟练	
次子	罗太新	18	拉祜	小学	汉语,熟练	傈僳语,熟练	
户主	马进忠	31	汉	初中	汉语,熟练	拉祜语,略懂	傈僳语,熟练
妻子	李玉梅	29	拉祜	小学	拉祜语,熟练		景颇语,熟练
父亲	马正华	66	汉	小四	汉语,熟练	拉祜语,熟练	傈僳语,熟练
母亲	罗光妹	60	拉祜	小四	拉祜语,熟练	汉语,熟练	景颇语,熟练
长子	马改成	11	拉祜	小四在读	汉语,熟练		
次子	马太子	7	拉祜	学前	汉语,熟练		
户主	胡中国	38	傈僳	小学	傈僳语,熟练	汉语,熟练	
妻子	李芳	38	拉祜	小学	拉祜语,熟练	汉语,熟练	景颇语,略懂
长子	胡大	17	拉祜	初二	汉语,熟练	拉祜语,略懂	

户主	小扎朵	54	拉祜	小二	拉祜语,熟练	汉语,熟练	
妻子	李玉香	53	拉祜	小二	拉祜语,熟练	汉语,熟练	景颇语,熟练
长子	李老大	35	拉祜	小学	汉语,熟练	拉祜语,熟练	
次子	李 二	32	拉祜	小学	汉语,熟练	拉祜语,熟练	景颇语,熟练
三子	李石保	30	拉祜	小学	汉语,熟练		
户主	罗文兴	45	拉祜	小三	拉祜语,熟练	汉语,熟练	景颇语,熟练
妻子	张二妹	45	景颇	文盲	景颇语,熟练	汉语,熟练	傈僳语,略懂
母亲	罗秀英	72	拉祜	文盲	拉祜语,熟练	汉语,熟练	景颇语,熟练
长子	罗 大	21	拉祜	小学	汉语,熟练	傈僳语,熟练	
长媳	杨忠香	19	汉	初中	汉语,熟练	景颇语,熟练	傈僳语,略懂
次女	罗 改	23	拉祜	小学	汉语,熟练	景颇语,熟练	
孙女	罗清秋	2	拉祜	学前	汉语,熟练		
户主	李金才	42	拉祜	小四	拉祜语,熟练	汉语,熟练	景颇语,熟练
妻子	马玉琴	38	拉祜	小四	拉祜语,熟练	汉语,熟练	景颇语,熟练
长女	李燕红	19	拉祜	小三	汉语,熟练	景颇语,熟练	
长子	李新明	16	拉祜	小五	汉语,熟练	傈僳语,熟练	
户主	李学权	51	拉祜	小三	拉祜语,熟练	汉语,熟练	景颇语,熟练
丈夫	罗顺德	54	拉祜	文盲	拉祜语,熟练	汉语,熟练	
次子	罗友发	27	拉祜	小学	汉语,熟练	拉祜语,略懂	
长女	罗娜儿	24	拉祜	小学	汉语,熟练	景颇语,熟练	拉祜语,略懂
户主	罗扎袜	30	拉祜	小学	汉语,熟练	拉祜语,略懂	
妻子	罗金妹	27	拉祜	小学	汉语,熟练		
长子	罗 大	8	拉祜	小一在读	汉语,熟练		
长女	罗太妹	7	拉祜	学前	汉语,熟练		
户主	罗 保	31	拉祜	小学	拉祜语,略懂	汉语,熟练	
母亲	罗石妹	66	拉祜	小二	拉祜语,熟练	汉语,熟练	景颇语,略懂
弟弟	罗 华	26	拉祜	小学	拉祜语,熟练	汉语,熟练	景颇语,略懂
弟媳	胡送果	22	拉祜	小学	拉祜语,熟练	汉语,熟练	
户主	罗自根	39	拉祜	小三	景颇语,熟练	汉语,熟练	拉祜语,略懂
妻子	罗大妹	40	拉祜	小三	傈僳语,熟练	汉语,熟练	景颇语,略懂
长女	罗忠兰	16	拉祜	初一	汉语,熟练	景颇语,熟练	拉祜语,略懂
长子	罗 大	13	拉祜	小二在读	汉语,熟练	景颇语,熟练	傈僳语,熟练
户主	李文华	52	汉	初中	汉语,熟练	景颇语,熟练	傈僳语、拉祜语,熟练
妻子	岳利琴	50	景颇	小三	景颇语,熟练	汉语,熟练	载瓦语、傈僳语、拉祜语、勒期语,熟练
长子	李志中	33	景颇	高中	汉语,熟练	景颇语,熟练	傈僳语,略懂

长媳	禹从香	32	彝	初中	汉语,熟练		
长孙	李赵禹	4	景颇	学前	汉语,熟练		
户主	李国明	29	景颇	初中	汉语,熟练	景颇语,熟练	傈僳语,熟练
妻子	岳秀针	32	景颇	初一	景颇语,熟练	汉语,熟练	佤语,略懂
长子	李强	10	景颇	小三在读	汉语,熟练	景颇语,熟练	傈僳语,略懂
长女	李大妹	9	景颇	小二在读	汉语,熟练	景颇语,熟练	
户主	岳二	46	景颇	小三	景颇语,熟练	汉语,熟练	傈僳语,熟练
妻子	张秀英	41	景颇	小二	景颇语,熟练	汉语,熟练	傈僳语,熟练
长子	岳文新	22	景颇	初中	景颇语,熟练	汉语,熟练	傈僳语,熟练
次子	岳文华	20	景颇	初中	景颇语,熟练	汉语,熟练	傈僳语,熟练
三子	岳谢林	19	景颇	初中	景颇语,熟练	汉语,熟练	傈僳语,熟练
户主	岳进明	37	景颇	小学	景颇语,熟练	汉语,熟练	傈僳语,熟练
妻子	余会琴	33	傈僳	小四	傈僳语,熟练	汉语,熟练	景颇语,熟练
母亲	李大妹	83	景颇	文盲	景颇语,熟练	载瓦语,略懂	傣语、傈僳语,略懂
长女	岳宋玲	14	景颇	小六在读	傈僳语,熟练	汉语,熟练	景颇语,熟练
次女	岳张云	12	景颇	小六在读	傈僳语,熟练	汉语,熟练	景颇语,熟练
户主	赵文中	45	景颇	小学	景颇语,熟练	汉语,熟练	佤语,熟练
妻子	捌桂芳	45	佤	初中	佤语,熟练	汉语,熟练	景颇语,熟练
长女	赵秀芳	24	景颇	小学	景颇语,熟练	汉语,熟练	傈僳语,略懂
三女	赵三妹	19	景颇	初中	景颇语,熟练	汉语,熟练	傈僳语,略懂
长子	赵阿明	17	佤	小学	佤语,熟练	汉语,熟练	景颇语,熟练
四女	赵四妹	14	景颇	小五	景颇语,熟练	汉语,熟练	傈僳语,略懂
次子	赵二	11	景颇	小五在读	景颇语,熟练	汉语,熟练	傈僳语,略懂
户主	张国志	40	汉	小学	汉语,熟练	傈僳语,熟练	
妻子	罗列吗	38	拉祜	小二	拉祜语,熟练	汉语,熟练	景颇语,熟练
母亲	罗三	78	拉祜	小三	拉祜语,熟练	汉语,熟练	景颇语、傈僳语,熟练
长子	张强	16	拉祜	小一	汉语,熟练	拉祜语,熟练	景颇语,略懂
次子	张二	13	拉祜	小一在读	汉语,熟练	拉祜语,熟练	景颇语,略懂
户主	张志新	39	景颇	小学	景颇语,熟练	汉语,熟练	傈僳语,熟练
妻子	李二妹	32	傈僳	小学	傈僳语,熟练	汉语,熟练	景颇语,熟练
父亲	张明	70	景颇	小学	景颇语,熟练	汉语,熟练	傈僳语、载瓦语,熟练
母亲	岳大妹	68	景颇	文盲	景颇语,熟练	汉语,熟练	载瓦语,熟练
长女	张大妹	11	景颇	小四	景颇语,熟练	汉语,熟练	傈僳语,熟练
长子	张大	9	景颇	小三	景颇语,熟练	汉语,熟练	傈僳语,熟练
户主	张国华	46	景颇	初中	景颇语,熟练	汉语,熟练	傈僳语,熟练
妻子	苏卫兰	40	景颇	小学	景颇语,熟练	汉语,熟练	载瓦语、勒期语,略懂

长女	张大妹	22	景颇	高一	景颇语,熟练	汉语,熟练	傈僳语,略懂
次女	张二妹	20	景颇	小五	景颇语,熟练	汉语,熟练	傈僳语,略懂
三女	张三妹	18	景颇	高三在读	景颇语,熟练	汉语,熟练	傈僳语,略懂
户主	赵志平	29	汉	小学	汉语,熟练		
妻子	张建梅	29	景颇	初中	景颇语,熟练	汉语,熟练	傈僳语,略懂
奶奶	张四妹	91	景颇	文盲	景颇语,熟练	汉语,熟练	载瓦语、勒期语,略懂
父亲	张啊顺	65	傈僳	小学	傈僳语,熟练	汉语,熟练	景颇语、拉祜语,略懂
母亲	密琴	56	景颇	小学	景颇语,熟练	汉语,熟练	傈僳语,熟练
二妹	张丽红	27	景颇	小学	景颇语,熟练	汉语,熟练	傈僳语,熟练
弟弟	张石宝	24	景颇	小五	景颇语,熟练	汉语,熟练	傈僳语,略懂
长女	赵依依	18	景颇	小二	景颇语,熟练	汉语,熟练	傈僳语,略懂
户主	李太文	28	拉祜	小学	汉语,熟练	拉祜语,略懂	景颇语,略懂
母亲	李小伍	66	拉祜	文盲	拉祜语,熟练	汉语,熟练	景颇语、傈僳语,熟练
户主	岳进文	47	景颇	小学	景颇语,熟练	汉语,熟练	傈僳语,熟练
妻子	施凤兰	50	汉	小三	汉语,熟练	佤语,熟练	景颇语,熟练
长女	岳啊红	26	景颇	小学	景颇语,熟练	汉语,熟练	傈僳语,略懂
长女婿	石强	29	汉	小学	汉语,熟练	汉语,熟练	
次女	岳银换	24	景颇	小学	景颇语,熟练	汉语,熟练	傈僳语,略懂
三女	岳银春	22	景颇	小学	景颇语,熟练	汉语,熟练	傈僳语,略懂
长孙	石永那	3	汉	学前		汉语,熟练	
户主	李平	49	景颇	中专	景颇语,熟练	汉语,熟练	傈僳语、拉祜语,熟练
妻子	李玉清	48	拉祜	小学	拉祜语,熟练	汉语,熟练	景颇语、傈僳语,熟练
长子	李进军	25	景颇	小学	景颇语,熟练	汉语,熟练	傈僳语,略懂
次子	李进海	22	景颇	初中	景颇语,熟练	汉语,熟练	汉语,熟练
长媳	赵秀芳	24	景颇	小学	景颇语,熟练	汉语,熟练	汉语,熟练
长孙女	李梦春	1	景颇				
户主	岳文春	29	景颇	初中	景颇语,熟练	汉语,熟练	傈僳语,略懂
妻子	陈小琴	35	佤	初中	佤语,熟练	汉语,熟练	景颇语,略懂
父亲	岳兵	53	景颇	小学	景颇语,熟练	汉语,熟练	傈僳语、拉祜语,熟练
母亲	岳小兰	54	景颇	初中	景颇语,熟练	汉语,熟练	
长子	岳二零	9	景颇	小三在读	景颇语,熟练	汉语,熟练	
次子	岳金顺	7	景颇	小一在读	景颇语,熟练	汉语,熟练	
户主	岳文华	34	景颇	小学	景颇语,熟练	汉语,熟练	傈僳语,熟练
妻子	余丽沙	27	傈僳	小二	傈僳语,熟练	汉语,熟练	景颇语,略懂
长子	岳玉红	9	景颇	小二在读	景颇语,熟练	汉语,熟练	傈僳语,熟练
女儿	岳玉春	6	景颇	学前	景颇语,熟练	汉语,熟练	

户主	李老德	43	汉	小三	汉语,熟练	景颇语,熟练	傈僳语,熟练
妻子	李红兰	44	汉	小学	汉语,熟练	傈僳语,熟练	景颇语,略懂
母亲	赵双地	72	汉	文盲	汉语,熟练	景颇语,略懂	
女儿	李发地	17	汉	初一在读	汉语,熟练	景颇语,熟练	傈僳语,略懂
长子	李发富	14	汉	初一在读	汉语,熟练	景颇语,熟练	傈僳语,略懂
户主	密正兴	48	景颇	小学毕业	景颇语,熟练	汉语,熟练	
妻子	施秀兰	51	汉	小学毕业	汉语,熟练	景颇语,略懂	
母亲	何伍妹	84	景颇	文盲	景颇语,熟练	载瓦语,熟练	汉语,熟练
长子	密亮	22	景颇	小学毕业	景颇语,熟练	汉语,熟练	
长女	密大妹	20	景颇	小学毕业	景颇语,熟练	汉语,熟练	
户主	李应忠	39	汉	文盲	汉语,熟练		
妻子	罗三妹	25	拉祜	文盲	汉语,熟练		
长子	李忠	10	拉祜	文盲	汉语,熟练		
长女	李少妹	8	拉祜	学前	汉语,熟练		
户主	马进文	33	拉祜	高中	汉语,熟练	拉祜语,略懂	景颇语,略懂
妻子	俸秀珍	33	傣	高中	傣语,熟练	汉语,熟练	
长女	马瑞珍	5	傣	学前	汉语,熟练	傣语,略懂	
长子	马家云	1	拉祜	学前			
户主	张志梅	21	景颇	小学	景颇语,熟练	汉语,熟练	
丈夫	马建国	35	拉祜	高中	汉语,熟练		
长女	马秋萍	6	拉祜	学前	汉语,熟练	景颇语,熟练	
户主	岳春辉	25	景颇	初中	景颇语,熟练	汉语,熟练	傈僳语,略懂
妻子	刘绍春	26	景颇	初中	景颇语,熟练	汉语,熟练	
长子	岳天豪	5	景颇	学前	景颇语,熟练	汉语,熟练	
户主	罗进忠	35	拉祜	初中	汉语,熟练	拉祜语,略懂	傈僳语,熟练;景颇语,略懂
妻子	豆五妹	30	傈僳	小学	傈僳语,熟练	汉语,熟练	
长子	罗洋洋	6	拉祜	学前	汉语,熟练	傈僳语,熟练	景颇语,略懂
户主	罗春秀	29	景颇	小学	景颇语,熟练	汉语,熟练	
母亲	李文珍	50	景颇	文盲	景颇语,熟练	汉语,熟练	
二姐	罗壮妹	30	景颇	小学	景颇语,熟练	汉语,熟练	
四妹	罗梦方	29	景颇	小学	景颇语,熟练	汉语,熟练	
五妹	罗春兰	26	景颇	小学	景颇语,熟练	汉语,熟练	
六妹	马梦珍	24	景颇	小学	景颇语,熟练	汉语,熟练	
户主	罗平	34	拉祜	初中	汉语,熟练		
妻子	李乔妹	25	汉	小学	汉语,熟练		
父亲	罗染	66	拉祜	文盲	拉祜语,熟练	汉语,熟练	景颇语,略懂

母亲	杨光珍	60	汉	文盲	汉语,熟练	景颇语,熟练	拉祜语,略懂
弟弟	罗强	32	拉祜	小学	汉语,熟练		
长子	罗双浩	2	拉祜	学前			
长女	罗双太	2	拉祜	学前			
户主	罗伟	34	拉祜	小学	汉语,熟练	景颇语,略懂	
母亲	罗秀凤	54	拉祜	文盲	拉祜语,熟练	汉语,熟练	
户主	刘太荣	42	汉	小学	汉语,熟练		
妻子	李娜朵	44	拉祜	小一	汉语,熟练	拉祜语,略懂	景颇语,熟练
长女	刘新妹	20	汉	初中	汉语,熟练		
长子	刘兵	17	汉	文盲	汉语,熟练		
户主	罗宝柱	28	拉祜	小学	汉语,熟练	拉祜语,略懂	
妻子	段小香	15	汉	文盲	汉语,熟练		
母亲	李娜哥	53	拉祜	文盲	拉祜语,熟练	汉语,熟练	
妹妹	罗会	24	拉祜	小学	汉语,熟练	拉祜语,略懂	
次弟	罗强	20	拉祜	文盲	汉语,熟练		
户主	罗新	33	拉祜	初中	汉语,熟练	拉祜语,略懂	
妻子	李冬琴	34	汉	小学	汉语,熟练		
长女	罗金妹	15	拉祜	初二在读	汉语,熟练	景颇语,略懂	
长子	罗贵	13	拉祜	小三	汉语,熟练		
户主	罗正兴	39	拉祜	小五	汉语,熟练	拉祜语,略懂	
妻子	赵翠英	40	汉	小五	汉语,熟练		
父亲	罗玉明	64	拉祜	小三	拉祜语,熟练	汉语,熟练	景颇语,熟练
母亲	李春兰	57	拉祜	文盲	拉祜语,熟练	汉语,熟练	傈僳语,熟练
长子	罗太保	17	拉祜	小学	汉语,熟练	傈僳语,略懂	
次子	罗太中	16	拉祜	小学	汉语,熟练		

四 芒艾村草坝寨村民访谈录

访谈一 芒艾村草坝寨会计岳林访谈录

访谈对象:岳林,景颇族,耿马县孟定镇芒艾村草坝寨会计

访谈时间:2009年7月4日上午

访谈地点:芒艾村草坝寨组长家

访谈人:蒋颖

问:请你做一个简单的自我介绍。

答:我叫岳林,是景颇族景颇支系,1976年出生,高中毕业。我媳妇叫张志红,也是景颇支系的,1981年出生。我是村里的会计。我有两个儿子,老大叫岳青松,1998年生,在读小学四年级;老二叫岳进东,1999年生,在读小学三年级。他们都在芒艾小学读书。他们从学前班开始就在芒艾小学读书。芒艾小学离2组有五六公里,孩子们从6岁开始自己走山路、过竹桥去上学。后来组上用钢筋、水泥、石头重新修了桥,他们才不用走竹桥了。现在村民大部分有摩托车了,有时间的话就会接送孩子。

问:请问你家的家庭用语是什么?

答:我们全家在一起的时候,我和我媳妇一般是景颇话说得多,汉话也说。两个儿子在家的时候汉话说得多。他们还会讲普通话,现在的学生都会讲普通话。

问:村里的语言是个什么情况呢?

答:我们组景颇人最多,有40多户。拉祜族、汉族的人口少得多,他们加起来大概有30多户。村民们在组里一般讲汉话。景颇族聚到一起时就用景颇话,但也经常是景颇话说一下,汉话说一下,混着说。15岁以下的景颇孩子们在村里玩儿,一般都说汉话。他们只有和爷爷奶奶这些老人在一起时,才说景颇话。

问:景颇孩子的景颇语水平跟成年人比起来怎么样?

答:小孩子的景颇话说得比我们差。有一些景颇词我们说得上来,他们不会说了。我们成年人可以用景颇话吹牛聊天,小孩们就不会了。我们比老人的语言又差一点。老人们会唱一些景颇歌,我们只会唱一个两个了,很多歌词都不会。老人的词汇比我们多,他们会叫一些动物、东西的名字,我们都听不懂了。老人还会用景颇话讲故事,我们组像我这个年纪的景颇人一般不会用景颇话讲故事。还有,该用的句子末尾的词(注:语法书称"句尾词")我们年纪轻的人也用得不多,小孩子更是不会用了。

问:村里的景颇语为什么退步了?

答:主要是因为我们景颇话说得比老人少。而且我不会景颇文,所以也不能看景颇书来学习景颇语。比如说景颇歌歌词我看不懂就不能跟着歌谱学唱歌。今年4月份景颇族协会组织老师来教我们组学景颇文,我没去,我媳妇去了。她好像学会了一些,现在可以看着VCD跟着唱歌词了。学会景颇文,对说好景颇话有帮助。

问:全组的孩子都只讲汉语了吗?

答:是的。不管是景颇、拉祜还是汉族,小孩子们在一起都说汉话,一般不说别的语言了。景颇族的孩子都还是会讲景颇话的,他们一般是先学会景颇话,等长大一点了才懂汉话。上学的孩子喜欢讲汉话,但是等他们长到我这么大的时候,景颇话又能讲得比较好了。他们在学校学汉话、说汉话,但是将来在村子里待得时间长了的话,景颇话还是没有问题的。

问:担心过景颇孩子不会讲景颇话吗?

答:不担心。他们现在小,将来长大了自然就会讲景颇话了。

问:景颇孩子是怎么学会汉话的?

答：他们跟村里面的孩子们一起玩，有汉族孩子的地方自然就学会汉话了。家长也会教他们汉话，因为景颇话重要，汉话更重要。比如说，看到他们调皮，我就要教他们学做人的道理，就用汉话讲。不过，景颇话要专门教，汉话不用专门教。他们自然就能会了，学校也会教他们。

问：景颇文化的保留情况是怎样的？

答：服饰上，生活中我们经常穿景颇服装。我们的衣服分两种，一种是节日跳舞的时候穿，就是女孩子衣服上有银泡的那一种，跳起舞来整齐好看。还有一种是平常穿的，有好几种颜色，上面有民族刺绣，还加长项链、腰带做装饰。男人平常不戴景颇帽子，只穿本族的衣服。

在饮食上有一些习俗保留下来了，但是变化更多。过去景颇人按民族习惯，都是用手抓饭，我们不习惯这样了，一般是用筷子。景颇的水酒现在家家还都会酿，过年过节、结婚的时候拿出来喝。我们的特色菜、竹筒饭、烤鱼这些太麻烦做了，我们平时都不做了，只有客人来的时候才做。现在每天都有人送菜来村子里卖，我们的日常饮食和汉族没有什么区别。

我们都过自己的目瑙节，过节的时候每家至少派一人做代表去耿马参加目瑙纵歌节。别的民族节日我们也去参加，他们也都会请我们去跳舞，一个村出一个或者两个节目。比如今年泼水节，我们村就组织了一个节目去孟定镇参加联欢晚会。当时人多得很，车都通不过去。

问：组里的民族关系好吗？

答：还是团结的。组里的景颇族都会说汉话，汉族、拉祜族也有少部分人会说景颇话，大部分人都听得懂景颇话。拉祜话弱一点，拉祜老人都不教孩子们拉祜话，下一代就不会说了。很多拉祜人都跟着我们说景颇话了。

问：你们对景颇人说什么话的态度是怎样的？

答：说什么话都可以。组里有人出去打工，出去了很长时间，回来后不好意思讲景颇话了，因为说得不习惯了，他就主要讲汉话。我们对他没什么想法，觉得他习惯说什么就说什么，没有人因为这个对他有看法。

问：请问你们组的经济情况怎么样？

答：我们组人均年收入在 3000 元左右。我们芒艾村总共有 8 个组，只有 2 组有景颇族。我们的收入属于一般，和别的组差不多一样。我们组出去打工的人不太多，只有十来个，景颇族、汉族、拉祜族都有。经济条件各个民族差不多，都是勤劳肯干的人更富裕，懒惰的人就穷。

访谈二　　芒艾村支书岳大访谈录

访谈对象：岳大，景颇族景颇支系，57 岁，小学毕业

访谈地点：芒艾村草坝寨

访谈时间：2009 年 7 月 4 日

访谈人：乔翔

问：岳书记，您好！没见到您之前，就听人家介绍说，您曾经荣获过"民兵英雄"的称号，能

讲讲这段经历吗?

答:那是1988年耿马大地震的时候,我听说人民解放军实施救援行动时遇到很多困难,比如因为没有柴烧,吃不上熟饭、喝不上热水,我就跟村里的人说,人家解放军为了我们老百姓的生命和财产,自身的安危都不顾了,现在连口水都喝不上。村里人一听,立刻说,走走走,上山砍柴去。就这样,我从芒艾村的每个小组抽调了十几人,共组织了七八十个民兵上山砍柴,还砍了几千棵竹子,用了15台拖拉机连夜赶到耿马城,送给抗震救灾的解放军。我还带领这些民兵,盖了很多简易房。后来,县上表彰我为"民兵英雄",临沧军分区授予我二等功。军分区还组织了"学雷锋"演讲活动,我在军分区的安排下到临沧地区的学校演讲,少先队员还给我献了花。(他说完自己就笑了。)

问:真是"军民鱼水情"啊!您那么做确实值得敬佩。现在,我们来说说您个人的一些经历吧。先请问您上过几年学?

答:我9岁时,汉语还不懂,也没有上过正规的学校,因为老爹让我去放牛。我的学历他们给我算小学。"文化大革命"期间,就是1968年到1971年间,搞"天天读"运动,学习"老三篇",我就很专心学习,学认字、写字,还有算术,不会的我就问别人。这样,我就学会了看报纸,还会写申请等。虽然"文化大革命"初期,我家被划成富农,但是这场运动倒是锻炼了我自己,增强了文化知识。

问:好。您都参加过什么工作呢?

答:1977年,芒艾大队成立了橡胶专业队,我在那里当记分员,慢慢当上了队长。1983年调到富荣乡任橡胶技术辅导员,直到1986年底。1986年12月,成立了芒艾乡整党工作队,我调过来当了队长。整党工作结束后,1987年4月份就留在芒艾乡人民政府,当了党支部书记,一直到1996年。1996年10月到2000年9月我在家休息。之后搞农村体制改革,把大队改为村民委员会,出台了一个村民自治法和选举法,人民群众选举我当芒艾村委会主任。2007年换届选举,芒艾村下设了三个支部,成立了党总支委员会,我又当选为党总支书记和村委会主任。这样,我就连任了三届芒艾村村委会主任。

问:您的群众基础很好啊!得到老百姓这么多年的拥护。

答:1987年,我当选芒艾乡第一届书记时就表态,我们芒艾要发生翻天覆地的变化。当时按照1983年国家颁布的"两山一地"的政策,分到每家每户的田地是五六块,有十几二十亩,我就提出,这样不便于发展。我建议把垄打乱,小块归拢为大块,现在每家都有两三块大面积的山地,全都用来种植橡胶。以前不让砍山上的树,但我认为小树和竹子成不了材,就让人全部砍掉,腾出来的山地也都种植橡胶树。我说,以后这些橡胶树又是风景树,还是经济林,这叫"以林还林"。大家按我的说法做了,现在增加了不少橡胶树,整个芒艾村有3万多亩橡胶林。2组有2000多亩,人均收入2600多元。

问:我们来到草坝寨的路上,体会到了这里交通的不便。但是进村后发现村里的道路都是石板路。请您说说村子交通方面的情况吧。

答:我们这里到孟定镇有34公里,1976年实现通路,有20多公里的公路,剩下的都是毛路了。你们刚才上来时,经过了姑老河边的一个彝族聚居村,从那里到芒艾村2组大约有7公里的。下过雨后,道路不便,汽车就上不来了,只能靠走路或摩托车运载。你们进村来的那段路,是2000年我带领村民进行了降坡推路,经过改造比原来好走多了。2005年我们还把芒艾村每个林区和生产区的道路全部用推土机推平,铺了上山和下田的路,虽然是土路,但路面平整,这样上山割胶、下田干活就方便了。这样的路一共推了有60多公里。2007年,我们开始实施寨内道路硬板化,并建盖垃圾池和公厕,因为过去柴物乱堆、粪土乱放、垃圾乱倒、污水乱流、畜禽乱跑,公共卫生脏乱差。我们必须下决心改变这种状况,才能改变村里的生产生活条件,解决村民雨季出行难等问题。经村委会的发起,在政府和企业的支持下,开始在村里铺设硬板路,村内主路全长680米,现已全部铺完,还在继续筹资铺设其他道路。

问:您的思路是正确的,有句话说"要想富,先修路"。那在修路的过程中一定遇到很多的困难和阻力吧。

答:是的,困难主要是资金问题。那年我们村上收入110万元,是把村上遗留下来的共有林转让出去得到的钱,都用来推路和修路。这还不够,实际投入是180万,我自己投入42万,现在都收不回来了。

问:您自己出钱修路?

答:是啊。不然怎么办呢,是我自己发起的事情,钱不够了也要做下去。我自己开了一个空心砖厂和一个砂场,一年下来的毛收入也有十一二万,但是我现在没钱,我的钱都投入到修路上了。

问:那您的家人理解吗?村民们理解您的做法吗?

答:有的理解,有的不理解。我自己觉得我这么做还是有意义的,修路是为了大家方便,不用再肩扛手抬去运橡胶树和苞谷。现在骑摩托车就能去林区割胶。

问:您做的事情将来会得到大家的肯定的。下面我们来谈谈芒艾村草坝寨的基本情况吧。

答:草坝寨是以景颇族为主的自然小组,共有84户,381人,景颇族50户,230人。拉祜族29户,115人,汉族5户,36人,佤族、傣族、傈僳族也有少数。主要经济来源是橡胶、木薯、砂仁、草果等。过去也种水田,人均1.1亩,人口增多后也分不到那么多。从今年起,我们将把水田全部转让给四川人,他们改种香蕉,一亩1100元,转让3年,现在已经开始移苗了。

问:为什么要转让给别人而不是自己种呢?

答:种香蕉投入的资本大,我们自己还没有那样的能力。其实是应该自己种,出去聘请师傅,引进技术和人才。我们有个村民叫李国兴,党员,带着全家外出打工十多年,现在有了一定的积蓄,就回来承包土地种植香蕉。

问:您很欣赏这样脚踏实地、勤劳致富的人,对吗?

答:对。有些人乱卖地,乱卖林,比如我儿子,分到500多棵橡胶,他全卖了,得了6万多块。这辈子全完了。他现在觉得五六万很多,以后他就知道苦头了,我劝他不要这样做,他不听,还带坏了很多芒艾人。

问:草坝寨的村民重视教育吗?

答:我们还是很重视教育的。1987年,我任芒艾乡支部书记时,整个临沧地区的村级学校还没有一座混凝土教学楼,我就拨了一笔款为芒艾村完小建盖教学楼,1988年完工。1989年我被推选参加了"全国尊师重教表彰会",在北京的人民大会堂,受到了李铁映的接见。整个草坝寨40岁以上的人念完小学的有30%,40岁以下的文盲较少。以前在我们这里开展过扫盲运动,省民委也派人来教过景颇文,村民们考试还都能及格。今年春节期间,耿马景颇族协会来村里举办了一期景颇文培训班,老老少少只要有空还都去学习。现在懂景颇文的有30人左右。

问:学校教育情况怎么样?

答:国家普及九年制义务教育以来,学龄儿童入学率较高,基本上都能读完初中。但是初中以上学历就不多了。小学生77人(含在校生),初中生41人(含在校生),高中生、中专生11人(含在校生),大专生2人。

问:村里有小学吗?初中毕业后辍学的原因是什么?

答:草坝寨没有小学,只有一个幼儿园。读小学要去芒艾村完小,离2组有4公里的路程。大部分孩子都住校,一般是周五下午从学校回来,周日下午再回到学校。辍学的原因,我认为一是经济条件的限制,二是思想观念的问题,小娃说不读了,就回来干活,不管年龄到不到,交个女朋友,家里给出钱娶过来,然后分家另过了。

问:草坝寨的文教卫生方面有什么变化?

答:解放以来,这个寨子曾有11个景颇族参加过工作,现在岗人员8人,其中公务员1人,教师3人,医务人员2人,职工2人。人民的文化生活不断丰富,有电视机30台,手机15部,电话座机23部,方便了与外界的联系。农村缺医少药看病难的问题也基本得到解决,普遍实行了计划生育。

问:您懂哪几种语言?

答:我会景颇语、汉语、傈僳语。芒艾村有7个组,1组、3组、4组和5组都是以傈僳族为主。我以前做工作都是在傈僳族中,老年人汉话说得不熟练,我就跟他们学说傈僳语。现在,我的傈僳语和汉语说得一样地熟练,会用傈僳语讲国家政策。其他语言我听得懂,也能说一些,但说得不是很好。

问:芒艾村的民族成分是怎样的?相互交流使用什么语言?

答:芒艾村有7个民族杂居在一起:傈僳、景颇、拉祜、汉、彝、傣、佤等族。各民族相互通婚,非常团结。不同民族相遇,有些说民族语,有些说汉语。你懂我的语言,我们就说;你不懂,我们就说汉语。大家还是喜欢说汉语,95%的人会说汉语。

问:不同民族的节日庆典,相互之间会邀请一起庆祝吗?

答:傈僳族重视圣诞节、复活节和元旦节,这些节日中会请芒艾村各组部分村民前去参加。

景颇族最重要的节日是目瑙纵歌节,已经举办过十六届了,也邀请其他民族一起参加。汉族的一些节日,如春节、端午等,我们也都过。

问:芒艾村的各民族很有包容性,这与它的地理环境有关吗?

答:是的。村子东面是耿马大青山,南与崇岗村接壤。西边是孟定农场一分厂,是个橡胶国营农场,工人大部分是湖南人,逢年过节或婚嫁庆典时,他们请我们去开座谈会。北面是勐简乡,是傣族、汉族、佤族聚居乡。

问:草坝寨景颇族的传统风俗保持得怎么样?

答:有一些传统还保留着,比如服装和饮食。有一些旧的风俗就不存在了。比如结婚时有迎亲、新娘过草桥和认亲等仪式。新娘过了草桥,上楼来,开始认亲,把糯米饭和鸡蛋搅拌起来,喂给男方家的每一个成员,还涂到对方的脸上。还有以前是让新媳妇打着一把伞,在门外晒太阳,剥槟榔给小叔子。上个世纪60年代还兴这些,"文化大革命"开始"大破四旧、大立四新",就逐渐废除这些礼仪了。现在虽然会做,但是觉得太烦琐、太啰唆了,也都不做了。现在结婚都是摆一张长桌,男女双方亲友围坐在一起,该叫什么叫什么,长辈还给包红包。以前景颇族上山要背个袋子,装着盐巴,豆豉和大米,要吃饭时砍些竹子做竹筒烧饭,好吃是相当好吃,但是要一两个小时才吃的上。现在有了电饭锅,都觉得方便,喜欢使用。景颇族的背篓、打歌跳舞用的长鼓、象脚鼓还都有,婚丧嫁娶、逢年过节还打歌跳舞,平时都不打。

问:景颇族的母语保持得怎么样?

答:我们这一代景颇语掌握得很好,传统的诗歌、唱词还保留着,下一代跟我们相比就差一点,但他们还愿意学。孙子这一代,有的不想说景颇语,而喜欢说汉语了。为什么呢?景颇族娶的媳妇都是佤族、汉族、傈僳族了,她们两三年内不容易说通景颇语,生了孩子就用汉语交流,所以孩子的景颇语不那么好。景颇族娶了傈僳族,不会汉语的也有,孩子就说傈僳语了。如果家庭里夫妻双方都是景颇族,家庭语言就是景颇语,下一代不存在不会说景颇语的问题。

问:在婚姻问题上,景颇族的态度是开放的。

答:是的,我们不反对嫁给其他民族或娶其他民族,爱上了就可以嫁、娶,但是矛盾就是这个语言问题。

问:那您担心景颇语消失吗?

答:不会存在语言消失的问题,现在不会说的,将来也会说的。刚才提到的小孩不说景颇语,只是极少部分,这些小孩都听得懂。比如我二弟家的媳妇也是景颇族,他们的下一代的景颇语不存在问题。我小弟的媳妇,是傈僳族,现在已经会说景颇语,他们的孩子会说景颇语、傈僳语、汉语。

访谈三　　芒艾村草坝寨岳文学访谈录

访谈对象:岳文学,男,景颇族,47岁,孟定镇芒艾村草坝寨居民

访谈时间:2009年7月4日上午

访谈地点:孟定镇芒艾村草坝寨

访谈人:余成林

问:您好,请您介绍一下你们村的情况,好吗?

答:我们村现在有 84 户人家,其中景颇族 58 户,汉族 6 户,拉祜族 20 户。我们村平时都说汉语和景颇语,拉祜族已不说拉祜语了。我们每家每户都有电话、电视,有的户有一部或两部手机。百分之十的家庭有拖拉机,70 户左右有摩托车。我们这里离县城有 60 多公里,比较远。这里离孟定 31 公里。我们一般坐自己的摩托车或拖拉机去孟定或耿马。

我们村上个世纪 70 年代就有电,开始我们用自己邱山的电,现在用外边的电。1986 年由于修了吃水沟就开始有水了。

我们村没有读大学的,只有一个读中专的,景颇族中目前只有一个读高中的。有些读到初三毕业就不读高中了。主要是考不上高中。我们这里小学入学率可以说达到百分之百,四岁开始读学前班,一般读到初中。我们附近有几所学校,都比较远,读到小学毕业后看自己的志愿再读中学,多数在勐简读初中,在孟定读高中。

问:你的家庭情况可以介绍一下吗?

答:我们全家除了大儿媳是汉族以外,其他都是景颇族。现在家里 7 口人,我,我妻子,岳父,岳母,大儿子,儿媳妇,小儿子。大儿子已分家出去。两个儿子都读完初中,两个女儿是双胞胎,因为一个考上初中,一个没有考上,所以两个都没有读了。现在她们都已经出嫁了。四个孩子现在都在家里,小儿子出去打工刚回来几个月。我们家里还混得过去,马马虎虎。家里种了一千两百多棵橡胶,已经开割的有四百来棵,每年五六千块钱。三至四年后就可以全部开割,这样每年就可以达到五六万块钱。

问:你们家是怎样使用语言的?

答:我们家都会景颇语和汉语。大儿媳也会景颇语,小孩子的景颇语稍微差一点。我们是小孩子不在的时候都说景颇语,有小孩子在的时候都说汉语和景颇语。小孩子开始学习景颇语的时候是有点别扭,我们慢慢地教他们学。如果现在不教他们景颇语,将来小孩子学习景颇语就有点难了。

问:你们村里人平时在一起时都是用什么语言交流?

答:我们平时做什么事情都是说汉语。老一点的在一起说景颇语,年轻的都是说汉语,有少数把自己的民族语摆在不重要的地位,尤其像拉祜族,年轻的都不懂拉祜语了,只有老人懂拉祜语。

问:你们都是自己教他们学习景颇语,没有老师吗?

答:我们这里条件有限,请老师不容易。

问:我们了解到你们景颇族已经成立了景颇族协会,他们利用假期培训中小学生景颇语,你们参加了没有?

答:1997年祁德川来我们这里培训过景颇语,后来就没有了。2009年开始,假期有景颇语培训班,让小孩子参加,我们有时间也去听听。

问:你们对景颇语的发展前途是怎么想的?

答:我们就怕民族语消失,我们也曾经向领导反映,要求利用假期培训景颇语。我们这里因为是民族杂居,有些母亲或父亲是汉族。我们这个组有景颇、拉祜、汉三个民族,人数差不多,还有少数娶进来的媳妇或者是招过来的女婿,他们是傈僳、傣、佤、彝等民族。民族众多,杂居性强,所以景颇语慢了一步。我们这里只有少数10来个人会景颇文,其他的都不会景颇文。

问:你们村的经济情况怎么样?

答:我们村的主要经济作物是橡胶、木薯。粮食(水稻)一年种两季,第一季留自己吃,第二季完全可以卖。养殖一般以养牛、养猪为主,以前养牛多,现在大多数养猪,养牛很少。只有几户养牛,都是自己食用。

我们现在每年的人均收入达到两千多,每家年收入现在可以达到一两万。

问:你们平时都有哪些文化活动?

答:我们平时只有目瑙节,过年、八月十五、三八妇女节才跳景颇舞,晚会的时候只是唱唱歌。

德宏那边举办节庆活动,只有请的时候才去,因为年轻人都去外边打工了。现在到外边打工的多,小男孩,小女孩,初中毕业就出去了,一般去广东、山东、浙江、厦门这些地方打工。在云南就是大理、昆明、香格里拉等地方,他们每年一般收入万把块钱,有的才五六千块钱。他们基本上就是在厂里搞一些杂活。

问:你们平时邻里关系怎么样?

答:我们平时都是互相帮忙,有时会长下来做什么事我们会收一些钱,平时收稻、盖房的时候都是主动帮困难家庭。

问:你希望小孩子进什么样的学校,普通学校还是民族类学校?

答:我希望小孩子到民族学校读比较合适,因为学汉语比较快。

问:你会景颇文吗?

答:我现在不会,如果假期有景颇文培训班我非常愿意去,学了景颇文就可以很好地了解自己的民族文化。

访谈四　　芒艾村草坝寨佤族村民陈晓琴访谈录

访谈对象:陈晓琴,佤族,芒艾村草坝寨村民

访谈时间:2009年7月4日上午

访谈地点:草坝寨

访谈人:范丽君

问：请你介绍一下你本人和你家里人的语言使用情况。

答：我叫陈晓琴，佤族，今年36岁，文化程度是初中，我不是本地人，是从贺派乡嫁到孟定草坝寨的。我的第一语言是佤语，现在我会说汉语、景颇语和傈僳语，这几种语言说得都很好。我丈夫岳文春，今年30岁，他只上到初一，是这里的景颇族。他的第一语言是景颇语，还会汉语和傈僳语，说得都很熟练。我有两个儿子，大儿子岳二零今年9岁，正在上小学三年级，第一语言是景颇语，还会汉语和傈僳语。景颇语会听也会说，但是不经常说了，因为上学住校，同学们交流都说汉语，不在家里住，没有说景颇话的环境了。因为我是佤族，以前我也教过他一些佤语，但他现在还不会说，只会简单的单词。小儿子叫岳金顺，今年8岁，正在读小学一年级。语言情况跟他哥哥差不多，但是还不会傈僳语。

问：你爱人和孩子都会傈僳语，请问是怎么学会的？

答：我们寨子主要有景颇族、拉祜族、汉族等民族。我们寨子是芒艾二队，周围芒艾一队、三队、四队、五队、六队、七队都是傈僳族居住地，芒艾完小在芒艾三队，那里傈僳族很多，周围孩子到芒艾完小去读书，在那里和同学们交流，傈僳语的语言环境使他们自然而然就学会了傈僳语。我大儿子因为上学住校的关系，能听懂和说一些简单的傈僳语。小儿子刚去那里读书，还没有学会，只会个别的单词。另外，我们这里的小孩子去读书之前都学会了汉语，但说得还不太好，经过学校系统学习之后，汉语都说得很好。

问：你是佤族，是怎么学会景颇语的？

答：我刚嫁过来时，听不懂也不会说景颇语，我们夫妻之间对话用汉语，两三年后景颇语就会说了。主要是通过听别人讲话和自己向别人提问学习景颇语，比如我经常问我爱人："这是什么，用景颇语怎么说？"现在我们夫妻之间谈话景颇语和汉语都讲。另外，我跟公公婆婆交流也用景颇语或汉语，我也想学景颇语，所以跟他们说景颇语。因为想让我学会景颇语，公公婆婆一般用景颇语跟我说话，用景颇语叫我的名字。

问：你是佤族，刚开始景颇语还说不好，谁教你孩子学说景颇语？

答：在孩子开始学说话的时候，爱人的奶奶跟小孩说话都是景颇语。太奶奶会汉语，但是不教小孩。她说："先学自己民族的语言，在家里面不能说汉语。"孩子们在家里说汉语是会被骂的。小孩奶奶、爸爸、太奶奶，一句一句地教孩子学说景颇语。小孩小的时候，我跟小孩说汉语，当时我还不会景颇语。也教过他们佤语，但全家只有我一个人说佤语，所以他们没学会。现在，我跟孩子说话时，主要说景颇语和汉语，相比之下景颇语说得多一点。但孩子们一般用汉语回答，偶尔用景颇语回答。现在，公公婆婆跟孩子说景颇语，但是大多时候孩子用汉语回答。两个孩子都会景颇语，但不说，汉语更顺口、更快。

问：听说你家在寨子里开了一个商店，平时别人来买东西用什么语言？

答：别的民族来买东西，都说汉语。景颇族来买东西说景颇语，有时也说汉语。老人们大都说景颇语。

问：你们村里广播通知用什么语言？

答:广播通知大都用汉语,因为我们寨子还有其他民族,大家都听得懂汉语,偶尔说景颇语。

问:你会景颇文吗?

答:耿马景颇族协会来教的时候,我、我爱人还有小孩都去学习了。现在会一点。景颇文很有用,还会看一些书,但忘记得很快。我觉得好好学会学会的,但大人太忙了,事情又多,我会让我的下一代好好学习的。

第五章　耿马县景颇族青少年的语言生活

如上所述,耿马景颇人不仅很好地保留了自己的母语,形成了景颇语的"语言孤岛",而且还全民兼用了汉语。那么,这个只有1004人的耿马景颇人语言社团,在现代化进程日益加快、文化教育水平不断提高的当代社会里,青少年的语言生活状况如何?其母语能力是否出现下降?制约其语言能力下降的因素又是什么?这是我们在这一章里要重点解决的问题。

第一节　耿马县景颇族青少年语言生活现状

通过实地考察、分析,我们认为耿马景颇族青少年的语言生活属于全民双语型。所谓"全民双语型"是指绝大部分人除了使用母语外,还兼用另外一种或两种语言。耿马县景颇族青少年全民双语的形成,是由其所处的社会环境、生活环境、地理环境等多种因素决定的。分述如下:

一　耿马县景颇族青少年的语言生活属于"全民双语型"

我们调查了耿马县贺派乡芒抗村景颇新寨、孟定镇景信村贺稳组、孟定镇芒艾村草坝寨、孟定镇邱山村河边寨、耿马镇弄巴村那拢组以及耿马县城镇等6个调查点,对6—19岁年龄段的203位景颇族青少年的母语使用情况和汉语使用情况进行了统计。如下表所示:

表 5-1

自然寨	人口	景颇语水平						汉语水平			
		熟练	比例(%)	略懂	比例(%)	不懂	比例(%)	熟练	比例(%)	略懂	比例(%)
景颇新寨	76	76	100	0	0	0	0	76	100	0	0
贺稳组	38	37	97.4	1	2.6	0	0	38	100	0	0
那拢组	17	16	94	1	6	0	0	16	94	1	6
草坝寨	45	41	91.1	3	6.6	1	2.3	45	100	0	0
河边寨	7	2	28.6	3	42.8	2	28.6	5	71.4	2	28.6
耿马县城镇	20	14	70	4	20	2	10	20	100	0	0
合计	203	186	91.6	12	5.9	5	2.5	200	98.5	3	1.5

上表显示了耿马景颇族青少年母语和汉语的使用情况。

(一) 母语的使用情况是：

在 203 位景颇族青少年中,熟练掌握母语的有 186 人,占青少年总数的 91.6%。其中景颇新寨熟练掌握母语的比例最高,达到 100%;比例最小的是河边寨,只有 28.6%;其他的 3 个村寨在 91.1%—97.4%。这些数据说明耿马景颇族大部分青少年都能熟练使用自己的母语。

(二) 汉语的使用情况是：

熟练使用汉语的青少年有 200 人,达到总数的 98.5%。只有 3 个人不能熟练使用汉语,没有一个青少年不懂汉语。这说明耿马景颇族青少年全民兼用汉语。

我们在村寨走访时了解到的青少年语言使用情况,与以上的统计数据是相符合的。2009 年 6 月 29 日,我们走访了贺派乡芒抗村景颇新寨,在那里我们遇到刚参加完高考的一位景颇族女孩。她用景颇语做了自我介绍。她叫岳颖,今年高三毕业,统考考了 450 分,报了云南民族大学的少数民族语言学专业。她就是一位景颇、汉两种语言精通的双语人。又如,景颇新寨组长赵志勇(景颇族,男,38 岁,初中毕业)带我们在景颇新寨调查,他的 4 岁女儿跟在身边。她一会儿说汉语,一会儿说景颇语。赵组长说:"我的女儿一岁多开始学说话,景颇语和汉语差不多是同时学会的。我家老大 9 岁,也会景颇语和汉语。我跟我的孩子之间都讲景颇语。我们寨子的年轻人景颇语都说得很好,因为从小就学会了。就连那些其他民族的媳妇和上门女婿也学会了景颇语,他们的孩子也都会说景颇语。比如李明生家,李明生是佤族,是上门女婿,媳妇岳安连是景颇族。他刚到我们寨子时不会景颇语,两个人就都讲汉语。半年后李明生学会了景颇语,他们之间就用景颇语交谈。他们的小孩也讲景颇语。跟妈妈讲话时,有时候讲景颇语,有时候讲汉语。"在与村民的联欢晚宴中,来了 10 来个器乐手,其中的四五个是 20 来岁的年轻人,他们用景颇语为我们演唱了好几首景颇族传统歌曲。这个寨子无论是还没上学的五六岁的稚童,还是接受了十几年学校教育的高中生,都能熟练地使用景颇语和汉语。

2009 年 7 月 2 日,我们来到耿马镇弄巴村那拢组,采访了肖新红(佤族,1969 年生,初中二年级)。肖新红的父亲是佤族,母亲是景颇族。我们问她:"有没有景颇孩子不会讲景颇语了?"她告诉说:"没有。只要是景颇孩子,就都会讲景颇话,没有不懂景颇话的孩子。比如我们村的景颇小姑娘岳天瑜,今年 7 岁,读小学一年级。她现在景颇话、佤话、汉话都很熟练。她的爸爸妈妈在外面打工,她是爷爷奶奶带大的,先学会了景颇话,然后在上学前又完全学会了佤话。现在她的景颇话、佤话没问题,汉话很好,还能说普通话。"大家对寨子里青少年的语言使用情况的了解,与肖新红所说的基本一致。

2009 年 7 月 3 日,课题组来到孟定镇景信村贺稳组,对这个 53 户人家的景颇寨子做了整整一天的调查。我们见到一位由老奶奶带的小女孩,她只有 5 岁。我们用景颇语跟她说"再见"时,她用汉语回答"再见",她还用汉语回答了我们的一些问题。这么小的孩子都已经是熟练的双语人了。我们在村头的一块平地里看见几个十来岁大的小孩在玩耍,他们互相之间说的是景颇语,但对我们却都说汉语。晚上,我们与景颇族老乡联欢时,景颇族青年不断地用汉语教我们跳景颇族舞蹈,还跟我们一起唱景颇语歌曲《文崩同胞情》。村里的年轻人告诉我们:我们年轻人都会说景颇话和汉话,这没什么奇怪的。看来熟练的双语生活在贺稳组的年轻人眼里是习以为常的事。

2009年7月4日,我们来到孟定镇芒艾村草坝寨,向岳林(景颇族,33岁,草坝寨2组会计)、岳文学(男,景颇族,47岁)、陈晓琴(佤族,36岁)、张健梅(29岁,景颇族大山支系)等人了解了村里青少年的语言使用情况。大家都说寨子里的每一个青少年都能熟练地使用汉语,绝大多数会说景颇语。岳文学告诉我们说:"小孩子在家时,我们说汉话和景颇话。"张健梅告诉我们说:"我的小孩有7岁了,是个女儿。我的爱人是白族,不会说景颇话。小孩跟他说汉话,跟我说景颇话。"

景颇族青少年普遍兼用汉语。除了汉语外,有的村寨的少数青少年还兼用其他的民族语言。请看下表:

表 5-2

自然寨(村民小组)	兼用语言	人口	兼用其语言的水平、人数及其所占的百分比					
			熟练	比例(%)	略懂	比例(%)	不懂	比例(%)
孟定镇邱山村河边寨	拉祜语	7	7	100	0	0	0	0
孟定镇芒艾村草坝寨	傈僳语	45	8	17.8	13	28.9	24	53.3
贺派乡芒抗村景颇新寨	傣语或佤语	76	0	0	2	2.63	74	97.37
耿马镇弄巴村那拢组	佤语	17	4	23.5	11	64.7	2	11.8
合计第三语言总人数		145	19	13.1	26	17.9	100	69

上表显示4个村寨的青少年中,有13.1%的青少年能熟练使用其他民族语,17.9%的青少年懂但不熟练,69%的青少年不懂其他民族语。能兼用其他民族语的只是少数青少年,并且各寨子兼用民族语言的情况有几点不同。一是所兼用民族语的种类不同,各村寨分别兼用了拉祜语、傈僳语、佤语等不同语言;二是懂兼用语的人数比例不同,河边寨、草坝寨、那拢组熟练和略懂的人数所占(包括熟练和不熟练)的比例分别是100%、46.7%、88.2%。三是兼用语言的使用水平不同,河边寨、草坝寨、那拢组熟练使用兼用语的比例分别是100%、17.8%、23.5%。这说明各寨兼用其他民族语言存在较大差异,其原因与各村寨对兼用语的不同需求度有关。

二 不同村寨青少年的双语使用特征

普遍使用母语和兼用汉语是耿马景颇族青少年使用语言的基本状况。但具体到每一个寨,其双语生活又各具特点。

(一)贺派乡芒抗村景颇新寨青少年语言使用特征

景颇新寨是我们考察的5个村寨以及城区中双语能力最高的寨子。青少年人人都能熟练地使用母语和汉语。我们测试了该寨三位青少年掌握母语400个词汇的水平,其结果见下表:

表 5-3

姓名	年龄	400 词测试情况							
		A	百分比(%)	B	百分比(%)	C	百分比(%)	D	百分比(%)
杨春	13	356	89	10	2.5	17	4.25	17	4.25
杨军	12	283	70.75	2	0.5	57	14.25	58	14.5
岳子超	9	281	70.25	47	11.75	27	6.75	45	11.25

从以上的统计表可以看出,他们都能说出 400 词的绝大部分词语。其中杨春的测试成绩最好。她读小学六年级,父亲是景颇族,母亲是佤族。妈妈会说佤语,但在寨子里说景颇语。杨春从小就说景颇语,景颇语是她的第一语言。5 岁上小学(学前班)开始学说汉语,在家就说景颇语。

(二) 孟定镇景信村贺稳组青少年语言使用特征

1. 绝大多数青少年能够熟练使用母语和汉语。

如上所述贺稳组 38 位青少年,除了 1 人母语水平为略懂外,其余的 37 人都是熟练。这位略懂的人叫岳刀孔,17 岁,是景颇族浪速支系的。其母语不及同龄人的原因是生活在族际婚姻家庭。其母亲是佤族,不会景颇语,最初习得语言时,没有习得母语的语言环境。他们习得母语的途径是家庭中的代际传承、村寨的日常交往。所有青少年都能熟练使用汉语。他们习得汉语的途径主要有三种:一是生活中的自然习得,如看电视、与其他民族的同伴交往;二是学校教育,这 38 位青少年或是初中毕业生,或是在读学生,他们在学校的课堂用语和课下与其他民族的同学交往中习得汉语;三是宗教传播。村里 1948 年起开始信仰基督教,寨里多数村民信仰基督教。《圣经》有汉字和景颇文等多种版本。老人还认得用景颇文书写的《圣经》,还会唱景颇语的圣经歌曲,礼拜唱诗也有景颇文的。有一个牧师是本村的景颇族,做礼拜时,跟景颇族说景颇语,跟傈僳族说傈僳语。圣经故事书,有景颇文的,但没有汉字的。讲圣经上的故事就用汉语讲。唱赞美诗时,景颇族用景颇语唱,傈僳族用傈僳语唱,有时候也用汉语唱。宗教的传承对景颇文和景颇语的保留起到一定的作用。

2. 少数景颇族青少年还兼用拉祜语、佤语、傣语等其他民族的语言。

除了兼用汉语外,村里还有 13 位景颇族青少年兼用了其他民族的语言。具体的情况是:兼用佤语的有排建文、排建婷、李玉梅、李玉兰、岳金华、岳建强和岳刀孔 7 人。均来自族际家庭,佤语的习得途径是家庭传承。他们的家庭成员信息见下表。

表 5-4

家庭关系	姓名	年龄	民族	文化程度	第一语言及水平	第二语言及水平	第三语言及水平
户主	排小明	41	景颇	小二	景颇语,熟练	汉语,熟练	
妻子	胡志英	36	佤	小二	佤语,熟练	汉语,熟练	景颇语,熟练

长子	排建文	19	景颇	初一	景颇语,熟练	佤语,熟练	汉语,熟练
长女	排建婷	14	景颇	小学	景颇语,熟练	佤语,熟练	汉语,熟练
户主	岳小玲	31	景颇	小二	景颇语,熟练	汉语,熟练	佤语,熟练
妻子	李志荣	35	佤	初中	佤语,熟练	汉语,熟练	景颇语,熟练
长女	李玉梅	15	景颇	初一在读	景颇语,熟练	汉语,熟练	佤语,熟练
次女	李玉兰	13	景颇	小六在读	景颇语,熟练	汉语,熟练	佤语,熟练
户主	李小妹	65	汉	文盲	汉语,熟练	景颇语,熟练	傣语,略懂
长媳	李双婷	26	佤	小学	佤语,熟练	汉语,熟练	景颇语,略懂
孙女	岳金华	10	景颇	小三在读	景颇语,熟练	佤语,熟练	汉语,熟练
孙子	岳建强	7	景颇	学前	景颇语,熟练	佤语,熟练	汉语,熟练
户主	岳卫红	38	景颇(浪速)	小学	景颇语,熟练	汉语,熟练	佤语,熟练
长子	岳刀孔	17	景颇(浪速)	小学	佤语,熟练	汉语,熟练	景颇语,略懂

李玉凤、李玉莲和苏小梅3个人兼用拉祜语,她们都来自族际家庭。其家庭成员信息见下表。

表 5-5

家庭	姓名	年龄	民族	文化程度	第一语言及水平	第二语言及水平	第三语言及水平
户主	李学忠	33	景颇	初中	景颇语,熟练	汉语,熟练	拉祜语,熟练
妻子	李双英	36	汉	初中	汉语,熟练	拉祜语,熟练	景颇语,熟练
长女	李玉凤	12	景颇	小五在读	景颇语,熟练	汉语,熟练	拉祜语,熟练
次女	李玉莲	10	景颇	小三在读	景颇语,熟练	汉语,熟练	拉祜语,熟练
户主	苏国荣	44	景颇(浪速)	小四	景颇语,熟练	汉语,熟练	
长女	苏小红	23	景颇(浪速)	小四	景颇语,熟练	汉语,熟练	
次女	苏小霞	21	景颇(浪速)	小四	景颇语,熟练	汉语,熟练	
三女	苏小梅	18	景颇(浪速)	小四	景颇语,熟练	汉语,熟练	拉祜语,略懂

兼用傣语的3人是三兄妹。他们习得傣语的途径是同学交往。因贺稳组所属的景信村主体民族是傣族。三兄妹在学校里与傣族同学交往较多。他们的家庭成员信息见下表。

表 5-6

家庭	姓名	年龄	民族	文化程度	第一语言及水平	第二语言及水平	第三语言及水平
户主	童家洪	41	景颇(载瓦)	小学	景颇语,熟练	汉语,熟练	
妻子	岳春兰	36	景颇(载瓦)	小学	景颇语,熟练	汉语,熟练	
长子	童金福	16	景颇(载瓦)	初三在读	景颇语,熟练	汉语,熟练	傣语,略懂
长女	童果胖	14	景颇(载瓦)	小六在读	景颇语,熟练	汉语,熟练	傣语,略懂
次女	童玛甲	11	景颇(载瓦)	小四在读	景颇语,熟练	汉语,熟练	傣语,略懂

兼用傈僳语1人。岳太妹来自族际婚姻家庭,她是由妈妈带大的,习得了妈妈的母语——傈僳语。她的家庭成员信息见下表。

表 5-7

家庭	姓名	年龄	民族	文化程度	第一语言及水平	第二语言及水平	第三语言及水平
户主	岳树情	39	景颇	小学	景颇语,熟练	汉语,熟练	浪速语,略懂
妻子	余秀美	48	傈僳	小学	傈僳语,熟练	景颇语,熟练	汉语,熟练
儿子	岳 飞	12	景颇	小五在读	景颇语,熟练	汉语,熟练	
女儿	岳太妹	7	景颇	小一在读	景颇语,熟练	汉语,熟练	傈僳语,熟练

3. 浪速、勒期、载瓦等支系的青少年已转用景颇语。

38名景颇族青少年的支系构成是景颇22人、浪速10人、载瓦6人。浪速和载瓦支系的青少年都不会自己的支系语言,转用了景颇语。

村里使用的支系语言有浪速、载瓦和景颇三种语言。但会说浪速、载瓦的都是45岁以上的老人,他们的子女都说景颇语了。问村里的青少年为什么不说自己的浪速语和载瓦语。他们回答说:"这里的景颇人多,大家就都说景颇话了。"看来贺稳组不同支系的青少年都认同景颇语,对不同支系以及不同支系语言之间的差别并不在意。

(三) 耿马镇弄巴村那拢组青少年语言使用特征

1. 该寨的青少年不仅兼用汉语,而且还普遍兼用佤语,成为母语、汉语和佤语的三语人。

那拢是景颇、汉、佤三个民族的杂居寨,其中佤族是主体民族,占全寨总人口的80%。佤语是这个寨子的强势语言。我们在走访中了解到,这个寨子的景颇族成年人不仅会说佤语,而且说得跟母语一样。青少年的佤语水平虽然不及成年人高,但17人中已有4位能熟练使用佤语,还有11位能听懂佤语并能做简单的交流,有15人掌握佤语,占了青少年总人数的88.2%。并且只要不离开寨子,不脱离佤语习得环境,随着年龄的增长,他们的佤语水平也会提高到母语水平,成为景颇语、汉语、佤语三语人。但大多数还是母语水平最高,其次才是汉语和佤语。也有少数青少年的佤语水平比母语好。

如景颇族村民岳正光(男,40岁,初中文化程度)的大女儿(读初二)和二女儿(上小学三年级),都会说汉语、景颇语、佤语三种语言。岳正光告诉我们说:"两个女儿从小就学会了景颇语、汉语,佤语是上小学一年级的时候学会的。她们汉语水平很好,佤语比景颇语的水平更好一些。"又如景颇小姑娘岳天瑜,今年7岁,读小学一年级。她现在景颇语、佤语、汉语都很熟练。她的爸爸妈妈在外面打工,她是爷爷奶奶带大的,先学会了景颇语,然后在上学前又完全学会了佤语。现在她的景颇语、佤语没问题,汉语很好,还能说普通话。下表是这15位景颇族青少年三语人的家庭信息。

表 5-8

家庭关系	姓名	年龄	民族	文化程度	第一语言及水平	第二语言及水平	第三语言及水平
户主	岳文忠	44	景颇	小学	景颇语,熟练	汉语,熟练	佤语,略懂
妻子	杨金秀	42	汉	小学	汉语,熟练	景颇语,略懂	佤语,略懂

长女	岳星星	19	景颇	初一	景颇语,熟练	汉语,熟练	佤语,略懂
长子	岳金金	17	景颇	初中	景颇语,熟练	汉语,熟练	佤语,略懂
户主	岳红明	39	景颇	小学	景颇语,熟练	汉语,熟练	佤语,熟练
妻子	尹玉凤	36	佤	小学	佤语,熟练	汉语,熟练	景颇语,略懂
长子	岳加才	10	景颇	小一在读	景颇语,熟练	汉语,熟练	佤语,略懂
户主	赵文祥	42	景颇	小学	景颇语,熟练	汉语,熟练	佤语,熟练
妻子	赵开琴	39	汉	初中	汉语,熟练	景颇语,熟练	佤语,熟练
儿子	赵云龙	18	景颇	小学	景颇语,熟练	汉语,熟练	佤语,熟练
长女	赵秋菊	16	景颇	初中	景颇语,熟练	汉语,熟练	佤语,熟练
次女	赵季红	7	景颇	小一在读	景颇语,熟练	汉语,熟练	佤语,略懂
户主	田秀英	40	佤	小学	佤语,熟练	汉语,熟练	景颇语,略懂
长子	岳 飞	19	景颇	小学	景颇语,熟练	佤语,熟练	汉语,熟练
户主	岳坚强	30	景颇	初中	景颇语,熟练	汉语,熟练	佤语,熟练
妻子	杨玉琴	27	景颇	小学	景颇语,熟练	汉语,熟练	佤语,熟练
长女	岳天瑜	7	景颇	小一在读	景颇语,熟练	汉语,略懂	佤语,略懂
户主	岳正光	40	景颇	初中	景颇语,熟练	汉语,熟练	佤语,熟练;傣语,略懂
妻子	李忠珍	36	汉	高中	汉语,熟练	景颇语,略懂	佤语,略懂
长女	岳 玉	15	景颇	初二	景颇语,熟练	汉语,熟练	佤语,略懂
次女	岳 童	9	景颇	小三	景颇语,熟练	汉语,熟练	佤语,略懂
户主	岳成明	38	景颇	初中	景颇语,熟练	汉语,熟练	佤语,熟练
妻子	李 萍	32	佤	初中	佤语,熟练	汉语,熟练	景颇语,熟练
长子	岳航顺	13	景颇	初一在读	景颇语,熟练	汉语,熟练	佤语,略懂
长女	岳航秋	8	景颇	小二在读	景颇语,略懂	汉语,熟练	佤语,略懂
户主	岳正祥	51	景颇	小学	景颇语,熟练	汉语,熟练	佤语,熟练;傣语,略懂
妻子	杨玉萍	45	景颇	小学	景颇语,熟练	汉语,熟练	佤语,略懂
次子	岳富荣	18	景颇	小学	景颇语,熟练	汉语,熟练	佤语,略懂
户主	岳正明	41	景颇	小学	景颇语,熟练	汉语,熟练	佤语,略懂
妻子	张 红	32	景颇	小学	景颇语,熟练	汉语,熟练	佤语,略懂
长女	岳 丽	17	景颇	初中	景颇语,熟练	汉语,熟练	佤语,略懂
长子	岳 兵	13	景颇	初一	景颇语,熟练	汉语,熟练	佤语,略懂

从以上家庭信息表可以看出,兼用佤语的有族际婚姻家庭的孩子,也有族内婚姻家庭的孩子。通过调查得知,这些景颇族青少年习得佤语有客观和主观两方面的因素。客观因素主要有:一是与族际家庭里的佤族成员交谈;二是在佤族聚居寨,平时村里的玩伴多是佤族;三是在学校里与佤族同学交往。主观因素主要是不同民族间的彼此认同和接纳,为相互间的语言兼用奠定了良好的心理基础。这个寨子民族关系和谐,大家互相庆祝彼此的节日。如景颇族的

目瑙纵歌节、傣族泼水节、佤族的青苗节和汉族的春节等传统节日,都是全寨同庆,景颇族、佤族都穿民族服装,汉族也喜欢穿景颇族、佤族的衣服。寨子里谁家有事,大家都来帮忙,不管是否是同一个民族。

2. 家长对母语的高认同度是那拢组母语保留的重要因素。

在我们调查的5个村寨中,那拢组保留母语的客观条件是最差的,但该寨的17位景颇族青少年都能使用自己的母语,并且其中16位的母语水平是"熟练"级。

其不利于母语保留的客观因素主要有三点:一是该寨是佤族、汉族、景颇族的杂居寨,佤族占了人口比例的80%。佤语在寨子里通行面很广,具有区域性的语言强势,而汉语又是寨子里的通用语。二是该寨在城郊,离耿马县城只有10公里左右,交通方便,与其他民族交往的机会较多。三是族际婚姻家庭较多,有17位青少年来自11户家庭,其中族际婚姻家庭有8户。景颇族和汉族族际婚姻家庭2户,景颇族和佤族族际婚姻家庭6户;族内婚姻家庭只有3户。这些青少年引发语言转用或母语能力下降的可能性较大。但这种种不利因素,并不妨碍景颇族青少年母语的保留。那么是什么因素使得那拢组景颇族青少年母语得以较好保留呢?

我们带着这个问题采访了村里的老人和小孩、村干部和一般群众,得到的答案是景颇族家庭对母语的高度认同。我们问:"你们担心过将来的景颇孩子可能不会景颇语吗?"肖新红(佤族,40岁)回答说:"孩子将来会不会讲景颇话,我们从来没担心过。因为我们是景颇人,自然会一代一代地讲景颇话。现在我们村孩子们的景颇话跟我们没有什么区别。爸爸妈妈一般都会要求孩子说自己的语言。"每家的老人都说:"跟娃娃要讲景颇语,汉语、佤语你们不用讲,到学校去了孩子们自然都会讲得出来。"陪我们一起调查的岳世明书记,毕业于云南民族大学的景颇语专业,他是这样分析其中的缘由的:"村子里景颇族家庭都会景颇语。这主要与景颇族的民族性格、民族心理和民族文化有关。景颇人都以自己是景颇族为荣;景颇语是景颇人自己的语言,大家都热爱自己的语言。不管是参加工作的,还是在家务农的,只要是景颇人在一起,都会讲景颇话。不管在任何场合,无论是农村还是城镇,只要是景颇人相遇,大家都会说景颇语。只有非景颇人在场时,才会使用汉语或其他语言。我觉得还与本民族文化的传承有关。我们流传的民间歌曲一直流行到现在,景颇族的老老小小都会唱。而无论民歌还是宗教的传承都是以语言为载体的。"

这个寨景颇语的传承还与该寨的历史有关。景颇人是这个寨子最早的居民。1950年耿马解放,1951年景颇族就从耿马的帮中搬来了。帮中离这里有3公里地,是景颇族原来在耿马的聚居地。佤族和汉族是1956以后陆续迁来的。一直到上世纪70年代,佤族都还在不断地迁来此地。因此,不管是景颇族人还是佤族人,都认为那拢是景颇人的寨子。景颇人的寨子自然要讲景颇人自己的语言了。如我们问"你对景颇语的传承有什么样的期望"时,出生于佤族和景颇族婚姻家庭的肖新红(佤族,40岁)回答说:"因为这个寨很早就是景颇人的寨了,所以不管将来怎么样、不管发展到什么时候,我们也不会把景颇语忘掉。我们很珍惜我们的民族语言,不管是我的儿子还是将来的媳妇、孙儿、孙女,我都会接着跟他们讲景颇语。"

(四)孟定镇芒艾村草坝寨青少年语言使用特征

1. 汉语使用水平比母语高,对汉语的认同度比母语高。

草坝寨的大部分青少年虽然也与其他景颇寨一样是母语和汉语双语人,但与母语相比,这个村子的青少年更喜欢用汉语来交流。村里15岁以下的景颇孩子们在村里玩耍时,一般都说汉语。他们只有和爷爷奶奶这些老人在一起时,才说景颇语。景颇族村民岳林(33岁)告诉我们说:"我家的两个儿子在家的时候汉话说得多。他们还会讲普通话,现在的学生都会讲普通话。"张健梅(29岁,景颇族,初中毕业)也说了类似的情况:小孩在村子里玩耍时都是讲汉语。小孩两三岁都会讲汉语了,父母在家教两种语言。小孩的汉语说得很好。

在草坝寨景颇族是人口较多的民族。全村84户,381人;景颇族就有50户,230人;拉祜族29户,115人;汉族5户,36人,佤族、傣族、傈僳族各有几户。景颇语仍然是使用人口较多的语言。但在村子里,使用最广的是汉语。拉祜语的水平比景颇语更差,村里的年轻人基本上都不会说拉祜语了。为什么两种少数民族语言在村里的地位都不如汉语?这可能与这个村的经济生活形式有关。这个村的经济收入主要来源于卖橡胶、木薯、砂仁、草果等经济作物或劳务输出,与外界交往多。再者,该村几乎户户有电视机、摩托车、电话或手机,获取外界的信息较多。

2. 支系语言界限模糊,载瓦支系转用了景颇语。

村里存在载瓦和景颇两个支系。在调查中,我们发现成年景颇人都能明确地知道自己所属的支系,告诉我们自己是"大山"或"小山"支系。但青少年对自己所属的支系大多不太清楚,他们只知道自己属于景颇族。支系之间的界限在下一代人意识里已经基本淡化。

3. 除了兼用汉语以外,草坝寨的45位景颇族青少年,有23人兼用傈僳语。他们的具体情况见下表。

表5-9

姓名	年龄	民族	文化程度	第一语言及水平	第二语言及水平	第三语言及水平
岳春华	16	景颇	初二	景颇语,熟练	汉语,熟练	傈僳语,略懂
刘韩飞	16	景颇	初二	景颇语,熟练	汉语,熟练	傈僳语,略懂
刘韩梅	13	景颇	初一在读	景颇语,熟练	汉语,熟练	傈僳语,略懂
岳世华	14	景颇	初二在读	景颇语,熟练	汉语,熟练	傈僳语,略懂
岳世云	12	景颇	小六在读	景颇语,熟练	汉语,熟练	傈僳语,略懂
杨家昆	14	汉	初二在读	汉语,熟练	景颇语,熟练	傈僳语,略懂
杨家琴	12	汉	小五在读	汉语,熟练	景颇语,熟练	傈僳语,略懂
李付贵	17	景颇	初中	汉语,熟练	景颇语,熟练	傈僳语,熟练
张大妹	13	景颇	小六在读	景颇语,熟练	汉语,熟练	傈僳语,略懂
张大	10	景颇	小三在读	景颇语,熟练	汉语,熟练	傈僳语,略懂
李强	10	景颇	小三在读	汉语,熟练	景颇语,熟练	傈僳语,略懂

岳文新	22	景颇	初中	景颇语,熟练	汉语,熟练	傈僳语,熟练
岳文华	20	景颇	初中	景颇语,熟练	汉语,熟练	傈僳语,熟练
岳谢林	19	景颇	初中	景颇语,熟练	汉语,熟练	傈僳语,熟练
岳宋玲	14	景颇	小六在读	傈僳,熟练	汉语,熟练	景颇语,熟练
岳张云	12	景颇	小六在读	傈僳,熟练	汉语,熟练	景颇语,熟练
赵三妹	19	景颇	初中	景颇语,熟练	汉语,熟练	傈僳语,略懂
赵四妹	14	景颇	小五在读	景颇语,熟练	汉语,熟练	傈僳语,略懂
赵 二	11	景颇	小五在读	景颇语,熟练	汉语,熟练	傈僳语,略懂
张大妹	11	景颇	小四在读	景颇语,熟练	汉语,熟练	傈僳语,熟练
张 大	9	景颇	小三在读	景颇语,熟练	汉语,熟练	傈僳语,熟练
赵依依	18	景颇	小二	景颇语,熟练	汉语,熟练	傈僳语,略懂
岳玉红	9	景颇	小二在读	景颇语,熟练	汉语,熟练	傈僳语,熟练

草坝寨景颇族青少年习得傈僳语的原因与家庭的关系不大,而与周边民族的关系大。草坝寨所属的芒艾村是傈僳族聚居村,芒艾村所辖的7个小组,除了草坝寨(2组)和7组以外,其余的5个组都是傈僳族聚居寨。芒艾村傈僳族在人口方面占绝对优势,傈僳语自然也成为区域性强势语言。

第二节 耿马县景颇族青少年的母语能力下降及其成因

耿马景颇族大多数都还保留自己的母语,景颇语仍然是景颇族语言生活中重要的交际工具。但与中老年相比,青少年的母语能力出现了一定程度的下降。这是值得重视的问题。

一 青少年的母语能力下降的表现

考察语言能力可以从多个角度,可以从语言使用者个体的角度,考察其自身掌握语言的情况,即语言使用者的"听、说、读、写"四个方面的能力。也可以从语言使用者使用域的角度,考察母语使用范围的大小。一般来说,语言使用的能力越高,语言的使用范围就越大。反之亦然。考察语言能力,还可以从语言群体使用母语欲望的视角,考察母语人使用其母语欲望的高低。一般的规律是,母语水平的高低与使用母语欲望的大小成正比。

由于耿马的景颇族大多不会自己的文字,所以他们的景颇语水平只能从"听"和"说"的能力来考察。而"听"、"说"能力主要表现在对话和表达上。对大多数景颇族的青少年来说,都是既能熟练地运用母语交谈,也能运用母语来表达日常生活交际中所需要的内容。青少年母语"听、说"能力的下降,主要表现在"听"的能力和"说"的能力发展不平衡以及词汇量的掌握上。

一般是"听"的能力强一些,"说"的能力弱一些。一些文化词、熟语、口头文学等传承本民族文化较多的话语材料青少年能听但不能说了。与中老年人相比,青少年掌握的词汇量减少,对自己不会的词语采取了泛化、类化、回避、替代等手段。

(一) 词汇使用能力下降

1. 所掌握的基本词汇量下降。

景颇语词汇丰富,数量大,类别多,而且表达准确细腻。词汇量的大小,反映了母语水平的高低。近年来,景颇族青少年母语词汇量减少,日常生活中的许多具体事物,中老年能用母语来指称、表达,而有些青少年不会用母语词汇来表达。母语词汇量出现了一定程度的下降。为了对景颇族青少年词汇量下降的情况有个较为客观的认识,我们编制了400个景颇语基本词汇,并选择老、中、青三个年龄段的景颇人进行测试,以观察所掌握词汇的多少与年龄大小的双向互动关系。通过测试,我们看到中、老年母语的传承较好,掌握的词汇量相近。掌握词汇量由多到少的变化主要表现在中年和青少年之间。为了更清楚地观察青少年与中青年之间所掌握词汇量的变化,我们选取了同一个寨子的9—38岁年龄段的6位测试人进行测试。其测试结果见下表。

表 5-10

姓名	年龄	测试等级				与400词的比例			
		A		B		C		D	
		数量	百分比(%)	数量	百分比(%)	数量	百分比(%)	数量	百分比(%)
岳子超	9	281	70.25	47	11.75	27	6.75	45	11.25
杨军	12	283	70.75	2	0.5	57	14.25	58	14.5
岳云飞	25	371	92.75	25	6.25	4	1	0	0
岳忠伟	35	367	91.75	25	6.25	7	1.75	1	0.25
赵志勇	38	339	84.75	52	13	8	2	1	0.25
岳志明	38	359	89.75	6	1.5	28	7	7	1.75

上表显示,20岁以下的2位青少年的A级词汇只占400个词汇中的70%左右,D级词汇有40个以上;而20岁以上的4位中年人都在80%以上,D级词汇都只有几个。

这6位测试对象都居住在贺派乡芒抗村景颇新寨,都处于相同的语言环境中。但青少年与中年相比,青少年词汇量出现了一定程度的下降。中年人会说的词语,青少年不会说了。以杨军为例。杨军,12岁,小学六年级学生。父亲是景颇族,母亲是佤族。家里还有哥哥杨兵,19岁,姐姐杨云,16岁。杨军是景颇、汉、佤三语人,景颇语说得最多。在家里全家都说景颇语。在学校的课余时间也说景颇语,佤语已不说。像杨军这样出生于族际婚姻家庭的孩子在耿马景颇族家庭很普遍,因为耿马景颇族的总人口只有1004人,并且散居在3个乡镇的5个自然村和县城以及孟定镇2个城区,与其余的25个民族杂居在一起,因此耿马景颇族族内婚姻不多。杨军的语言使用情况具有较强的代表性,我们可以通过分析杨军的测试结果为 D 级和 C 级的词来了解青少年在词语使用上的一些规律。

杨军测试为 D 级的有 58 个词。这 58 个词可以分为五类:一是自己生活环境中没见过的物体,如 mă³¹kui³³"象"、tsap⁵⁵"熊"、tsă⁵⁵ku⁵¹"绵羊"、thum³¹"臼"、thu³¹mun³³"杵"、la³¹li³¹"箭"等;二是自己的生活环境中存在但不关注的物体,a³¹poŋ³¹"秧"、n⁵⁵si⁵¹"穗"、pă³¹si³³"棉花"、lă⁵⁵si⁵¹"黄豆"、tɕiŋ⁵⁵nam⁵¹"芝麻"、mă⁵⁵kʒat⁵⁵"木耳"、lă⁵⁵khon⁵¹"手镯";三是自己不使用的称呼,如 kă³¹khʒi³³"女婿"、a⁵⁵tsa⁵¹"岳父"、a³³ni³³"岳母"等;四是虽然常见但不常说的物体名称,如 mă⁵⁵tɕi⁵¹"苍蝇"、pă⁵⁵lam⁵¹la⁵⁵"蝴蝶"、sum⁵⁵ʒu⁵¹"藤子";五是生活中常见且与日常生活关系较大的物体,如 n³¹ku³³"糯米"、tsă⁵⁵kum⁵¹"墙"、tsă⁵⁵to⁵⁵"柱子"、tɕiŋ³³kha³³"门"、khă⁵⁵wat⁵⁵"窗子"等。杨军不会说的词大部分是自己日常生活中不常说或不常用的词,但也有少部分是生活中的常用词。

杨军测试为 C 级的 57 个词见下表。

表 5-11

序号	汉义	景颇语	序号	汉义	景颇语
1	太阳	a³¹tɕan³³	30	梨	mă³³ko³³si³¹
2	云	să³³mui³³	31	种子	a³¹li³³
3	水田	khă⁵⁵na⁵¹	32	稻草	ji⁵⁵khu⁵⁵
4	铜	mă³¹kʒi³³	33	蘑菇	mă⁵⁵ti⁵¹
5	脸	man³³	34	花椒	mă³³tɕan³³si³¹
6	背	sum³¹ma³³	35	线	a³¹ʒi³¹
7	肚子	a³¹kan³³	36	布	sum³³pan³³
8	肚脐	să³¹tai³³	37	帽子	po³³tɕop⁵⁵
9	手	ta⁵⁵; lă³¹ta⁵⁵	38	戒指	la³¹tɕop⁵⁵
10	肋骨	kă³¹ʒep³¹	39	盖子	mă³¹kap³¹
11	胆	tsă³¹kʒi³¹	40	三脚架	mă³¹khʒa³¹
12	眼泪	mji⁵pʒi³³si³¹	41	火钳	lă⁵⁵kap⁵⁵
13	尸体	maŋ³³	42	锯子	tiŋ³¹ʒet⁵⁵
14	姑娘	mă³¹khon³³	43	左	pai³³
15	士兵	phjen³³ma³¹	44	右	khʒa⁵⁵
16	巫师	tum³¹sa³³	45	去年	mă³³niŋ³³
17	主人	mă³¹tu⁵¹	46	明年	thă³¹niŋ³³
18	客人	mă³¹nam³¹	47	吹 (喇叭)	tum³¹
19	亲戚	tɕiŋ³¹khu⁵¹	48	(一)堆(粪)	sum³¹pum³¹
20	寡妇	kai³¹ta⁵⁵	49	给	ja³³
21	孤儿	tsă³¹khʒai³³	50	嚼	mă³¹ja⁵⁵

22	水牛	wă³³ loi³³	51	摸	mă³¹ sop³¹
23	山羊	pai³¹ nam³³	52	躺	kă³¹ leŋ³¹
24	兔子	pʒaŋ³¹ tai⁵⁵	53	挑选	lă³¹ taʔ⁵⁵
25	鸽子	u³¹ ʒa⁵⁵	54	听见	na³¹
26	麂子	tsă³³ khji³³	55	停止	khʒiŋ³¹
27	蚯蚓	kă³³ tein³³ tɕai³³	56	(蛇)蜕皮	kă³¹ lai³³
28	根	a³¹ ʒu³¹	57	蒸	kă³¹ po³³
29	松树	mă³¹ ʒau³³ phun⁵⁵			

2. 用词泛化,区分不细。

用词泛化,是指用一个词统称与其语义特征相关的一类词。即用"甲"词替代"乙"词。例如:

表 5-12

相近词	"甲"替代"乙"
lă⁵⁵ sa⁵⁵ "筋"、sai³¹ lam³³ "血管"	用 sai³¹ lam³³ "血管" 代替 lă⁵⁵ sa⁵⁵ "筋"
wă³³ loi³³ "水牛"、tum³¹ su³³ "黄牛"	用 tum³¹ su³³ "黄牛" 代替 wă³³ loi³³ "水牛"
a³¹ phji ʔ³¹ "皮肤"、să³¹ lap³¹ "鳞"	用 a³¹ phji ʔ³¹ "皮肤" 代替 să³¹ lap³¹ "鳞"
mă³³ niŋ³³ "去年"、phʒa³¹ niŋ³³ "后年"	用 phʒa³¹ niŋ³³ "后年" 代替 mă³³ niŋ³³ "去年"
a³¹ ʒi³¹ "线"、sum³³ ʒi³³ "绳子"	用 sum³³ ʒi³³ "绳子" 代替 a³¹ ʒi³¹ "线"
kha⁵⁵ "苦"、khup³¹ "涩"	二者混用
khoi³¹ "借(钱)"、ɕap³¹ "借(工具)"	二者混用

3. 自造词语。

有的词青少年不知道用什么词,就按汉语意义自造词来替代。如:wa ʔ³¹ tu³¹ "野猪"不会用,而自造说成 nam³¹ wa ʔ³¹ "野外"+"猪"。sun⁵⁵ "菜园"不会说,说成 ɕat³¹ mai⁵⁵ ji⁵⁵ "菜+地"。

4. 词汇不牢固,记忆模糊。

很多单个词汇单独问,想不起来怎么说,放在句子中就能说出来。如 n³¹ tan³³ "弓"和 lă³¹ li³¹ "箭"分开不会说,连在一起会说。lă³¹ kjiŋ³¹ "树枝"不会说,"砍树枝"会说。sum³¹ ma³³ "背"不会说,但"驼背"会说。mă³¹ nam³¹ "客人"不会说,但"客人来了"会说。

有些词记忆不清,脱口而出的往往是意义相近的另一词语,认真想了一会儿以后,才能想得起来。如 n³¹ tan³³ "弓",一开始说成 lă³¹ pho ʔ³¹ "小孩子玩儿的弹弓",想了一会儿以后才说 n³¹ tan³³ "弓"。

5. 固有词和汉语借词并用。

有些概念在固有词和汉语借词的选择使用上,青少年更倾向于使用汉语借词,而中老年更习惯于使用固有词或汉语的老借词。例如:

表 5-13

序号	汉义	固有词或老借词	借词
1	自己	mă³¹ tu²³¹	tsi³¹ tɕi³³
2	船	li³³	tɕhuaŋ³¹
3	锤子	saŋ³¹ tu³³	tshui³¹ tsi³³
4	火钳	lă⁵⁵ kap⁵⁵	tɕhan³¹ tsi³³

(二) "听"的能力比"说"的能力差

有些词听得懂,但在交际中不会用。如年轻人知道 ta²³¹ 这个词是老人讲的"纺织",但自己不会说了;thoi³¹"黄",听得懂这个词,中老年人仍在使用,但青少年平时都说成 saŋ³³ kan³³;pau³¹"锣",知道是一种乐器,但不知道是对应于"锣"。ka³¹ 知道是老年人所说的"跳传统舞蹈",但青少年不怎么用这个词,而说 pja⁵⁵"跳舞"。

民间文学也只能听得懂但不会说了。

(三) 20岁以下的青少年母语使用能力低于20岁以上的

下表 5-14 显示,5个调查点中20岁以上的母语熟练程度除了河边寨和耿马城区外,都是 100%,而20岁以下的都在 28.6% 到 97.37% 之间。

表 5-14

调查点	年龄段(岁)	人数	景颇语水平	
			熟练	比例(%)
贺稳组	6—19	38	37	97.37
	20以上	152	152	100
那拢组	6—19	17	16	94
	20以上	39	39	100
草坝寨	6—19	45	41	91.1
	20以上	111	111	100
河边寨	6—19	7	2	28.6
	20以上	16	9	56.3
耿马县城镇	6—19	20	14	70
	20以上	37	31	83.8
合计	6—19	127	94	74
	20以上	355	342	96

(四) 母语的使用范围缩小

母语应用于家庭成员或村寨中同族人之间的交际,这是景颇语在大多数村寨的使用范围,但在青少年这个语言社团里,母语的使用范围出现了不同程度的缩小。

如:在耿马城区,景颇族家庭的主要用语是汉语,而不是景颇语。景颇语多用于家庭中祖辈或父辈之间的交流,子辈或孙辈都用汉语交际。当长辈用景颇语与晚辈交谈时,晚辈被动地接受信息,偶尔才说一两句简单句来应答。他们很少主动用景颇语引出新话题。在城区的青少年群体里,景颇语的语域已经逐渐被汉语所取代。

河边寨是我们调查走访的耿马县5个村寨中,景颇语使用范围最小的一个寨子。这个寨子的青少年不仅在寨子很少讲母语,就连与家庭成员交谈也很少使用母语。导致这种现象的主要原因是他们的父辈中有一些已经不能熟练地使用母语,在他们同龄的伙伴中也有一些已不会或不能熟练使用母语。请看草坝寨母语使用水平的统计表:

表 5-15

年龄段(岁)	人数	熟练		略懂		不懂	
		人数	百分比(%)	人数	百分比(%)	人数	百分比(%)
6—19	7	2	28.6	3	42.8	2	28.6
20—39	10	5	50	5	50	0	0
40—59	5	3	60	2	40	0	0
60以上	1	1	100	0	0	0	0
合计	23	11	47.8	10	43.5	2	8.7

上表显示6—19岁、20—39岁、40—59岁、60岁以上之间,即孙辈、子辈、父辈、祖辈代际之间母语水平的差距。这说明母语使用水平与年龄成正比,年龄越小,熟练使用母语的比例越低。青少年熟练使用母语的比例只有28.6%,这个比例必然会限制母语的使用范围。

在草坝寨,景颇语只在景颇族家庭中与长辈交谈时才使用,青少年之间多使用汉语。草坝寨村民岳文学(男,景颇族,47岁)告诉我们说:"年轻的都说汉语了。只有和老年人在一起时才说景颇语。"

(五) 用母语交际的欲望出现一定程度的下降

母语能力的下降,影响了青少年运用母语交际的欲望。有些青少年的母语水平只能应付简单的日常用语,难以用母语做生动形象的表达。因此,当有交际需要时,他们会选择自己使用水平较高的语言——汉语。如芒艾村的岳大书记告诉我们说:"我们这一代景颇语掌握得很好,传统的诗歌、唱辞还保留着,下一代跟我们相比就差一点,但他们还愿意学。孙子这一代,景颇语水平就更差了,有的不想说景颇语,而喜欢说汉语了。"

二 青少年的母语能力下降的成因

耿马景颇族青少年母语能力下降是外部因素与内部因素等多种因素综合作用的结果。

(一) 杂居

我们所调查的5个寨子和耿马城区,青少年母语能力都出现一定程度的下降。以下降程度的大小来排序的话,依次是耿马县城镇、河边寨、草坝寨、那拢组、贺稳组、景颇新寨。这种排序与其杂居程度是大致吻合的。耿马是傣族佤族自治县,耿马县城镇的主体民族是傣族和佤族,在城区居住的景颇家庭只有28户,总人口数91人,其中景颇人总数63人。他们分散在耿马镇、孟定镇和贺派乡机关等三个地点,其中耿马镇16户,52人,孟定镇7户,21人,贺派乡5户,18人。这些景颇人家长期跟其他民族相处,必然选用共同语——汉语来满足交际,使得他们的子女缺少习得母语的语言环境。

河边寨共130户,其中拉祜族88户,汉族12户,傈僳族20户,景颇族只有8户23人。拉祜族是河边寨的主体民族,拉祜语在寨子里的使用范围很广,是拉祜族家庭内部和村寨中主要交际用语。景颇族作为寨子中人数最少的民族,其语言很难在村寨中通行。

草坝寨所属的芒艾村下辖7个小组,共663户,总人口2683人。除了草坝寨(2组)是景颇族人口较多的村寨以外,其余的6个组大部分是傈僳族,少部分是汉族、拉祜族、傈僳、彝、傣、佤等多个民族。汉语是不同民族之间的通用语,傈僳语是通行面仅次于汉语的亚强势语言,景颇语的使用范围较小。

那拢组是由佤族、景颇族、汉族组成的杂居寨,佤族占总人口的80%。佤语是寨子里的通用语。寨子里景颇族青少年的母语能力也出现一些下降。

贺稳组和景颇新寨是景颇族聚居寨,景颇语既是家庭用语,又是村寨用语。相对于以上的杂居寨,这两个寨子的青少年母语水平较高。

(二) 族际婚姻

景颇族家庭大多是族际婚姻,而族际婚姻家庭对孩子习得母语产生较大影响。首先,在为孩子选择以哪种语言为第一语言时有多选性,存在不以母语为第一语言的可能性。其次,族际家庭一般使用两种或多种语言来交际,这样会挤占孩子在家庭内习得母语的时间,削弱其母语能力。再次,族际婚姻家庭的孩子从小就受到母语和非母语等两种或多种语言的熏陶,对母语的语言忠诚不及族内婚姻家庭的孩子坚定,对母语的使用欲望不及族内婚姻家庭高。因此,族际婚姻家庭孩子的母语能力一般不及族内婚姻家庭孩子高。为了更清楚地显示族际婚姻对青少年母语能力的影响,我们把7名出生于族际婚姻家庭的青少年的相关信息列表如下,他们中有2人不懂母语,有3人不能熟练使用母语。请看下表:

表 5-16

家庭关系	姓名	年龄	民族	文化程度	第一语言及水平	第二语言及水平	第三语言及水平
户主	李存忠	30	景颇	初二	拉祜语,熟练	汉语,熟练	景颇语,略懂
妻子	李娜我	28	拉祜	小学	拉祜语,熟练	汉语,熟练	景颇语,不懂
长子	李 龙	8	景颇	小二在读	拉祜语,熟练	汉语,略懂	景颇语,不懂

户主	李 大	60	景颇	小学	景颇语,熟练	汉语,熟练	拉祜语,熟练
妻子	娜 我	55	拉祜	小二	拉祜语,熟练	汉语,熟练	景颇语,不懂
长孙女	李连梅	6	景颇	小一在读	拉祜语,熟练	汉语,熟练	景颇语,不懂
户主	岳永华	40	景颇	小学	景颇语,略懂	汉语,熟练	拉祜语,熟练
妻子	李会兰	37	拉祜	初中	拉祜语,熟练	汉语,熟练	景颇语,不懂
长女	岳明明	19	景颇	小学	拉祜语,熟练	汉语,熟练	景颇语,略懂
长子	岳尹春	14	景颇	小六在读	拉祜语,熟练	汉语,熟练	景颇语,略懂
户主	岳马刚	43	景颇	小学	景颇语,略懂	汉语,熟练	拉祜语,熟练
妻子	娜 木	40	拉祜	小学	拉祜语,熟练	汉语,熟练	景颇语,略懂
次女	岳友清	19	景颇	初中	拉祜语,熟练	汉语,熟练	景颇语,略懂
户主	余 二	32	傈僳	小学	傈僳语,略懂	汉语,熟练	拉祜语,熟练
妻子	岳国兰	34	景颇	小学	拉祜语,熟练	汉语,熟练	拉祜语,熟练
长子	余照英	13	景颇	小五在读	景颇语,熟练	汉语,熟练	拉祜语,熟练
长女	余太美	11	景颇	小三在读	景颇语,熟练	汉语,略懂	拉祜语,熟练

第三节 少数青少年不会说母语或以母语作为第二语言

青少年不会说母语或以母语为第二语言是耿马景颇族母语使用中的新现象,应该引起我们的关注。

一 少数青少年不会说母语

我们统计到 72 位 6—19 岁的青少年中有 5 人不会说母语。详见下表:

表 5-17

调查点	人数	不懂景颇语	
		人数	百分比(%)
耿马城镇	20	2	10
河边寨	7	2	28.6
草坝寨	45	1	2.3
合计	72	5	6.9

二 少数青少年以母语为第二语言

语言习得的一般顺序是以母语为第一语言,兼用语为第二语言或第三语言。这也是耿马景颇族绝大部分青少年习得母语的顺序。但也有少数人改变了母语习得顺序,先习得其他语言,而后才习得母语。具体数据见下表:

表 5-18

居住地	6—19岁人数	母语不是第一语言的人数	所占比例(%)
耿马城镇	12	9	75
河边寨	7	5	71.4
草坝寨	45	4	8.9
合计	64	18	28.1

上表显示共有18位景颇族青少年改变了母语习得顺序,占青少年总人数的28.1%。为了更清楚地了解他们改变母语习得顺序的原因,我们把这18位青少年的家庭信息列表如下。

其中,耿马城镇9人都出生于族际婚姻家庭,详见下表:

表 5-19

家庭关系	姓名	年龄	民族	文化程度	第一语言及水平	第二语言及水平	第三语言及水平
户主	何荣	63	景颇	中专	景颇语,熟练	汉语,熟练	傈僳语,熟练
妻子	李会兰	60	傈僳	小三	傈僳语,熟练	拉祜语,熟练	汉语,熟练
儿子	何春华	27	景颇	中专	汉语,熟练	傈僳语,略懂	景颇语,略懂
儿媳	赵忠翠	29	汉	大专	汉语,熟练	景颇语,不懂	
孙子	何大卫	7	景颇	小一	汉语,熟练	景颇语,略懂	傈僳语,略懂
户主	赵智明	42	景颇	本科	景颇语,熟练	汉语,熟练	佤语,熟练
妻子	张思团	39	汉	中专	汉语,熟练	景颇语,不懂	
女儿	赵姬瑶	14	景颇	初二在读	汉语,熟练	景颇语,不懂	
户主	岳新忠	41	景颇	本科	景颇语,熟练	汉语,熟练	
妻子	陈玉芝	35	傈僳	大专	汉语,熟练	傈僳语,略懂	景颇语,熟练
儿子	岳坤	13	景颇	小六在读	汉语,熟练	景颇语,熟练	
户主	赵志华	40	景颇	高中	景颇语,熟练	汉语,熟练	佤语,熟练
妻子	白情	40	汉	初中	汉语,熟练	景颇语,不懂	
儿子	赵世忠	8	景颇	小一在读	汉语,熟练	景颇语,熟练	
户主	孙树兵	42	景颇	本科	汉语,熟练	景颇语,不懂	
妻子	赵临芬	38	阿昌	大专	汉语,熟练	景颇语,不懂	
儿子	孙朝阳	12	景颇	初二在读	汉语,熟练	景颇语,熟练	
户主	杨志昭	41	汉	高中	汉语,熟练	景颇语,不懂	
妻子	杨玉琴	30	景颇	初中	景颇语,熟练	汉语,熟练	
儿子	杨雨龙	9	景颇	小二在读	汉语,熟练	景颇语,熟练	
户主	景光明	44	傣	初中	傣语,熟练	汉语,熟练	景颇语,熟练
妻子	杨秀琴	37	景颇	小学	景颇语,熟练	汉语,熟练	傣语,熟练
女儿	景云	13	景颇	初一在读	傣语,熟练	汉语,熟练	景颇语,熟练
户主	赵志明	42	景颇	大专	景颇语,熟练	汉语,熟练	拉祜语,熟练

妻子	王春梅	36	傣	大专	傣语,熟练	汉语,熟练	景颇语,熟练
儿子	赵缘缘	15	景颇	初二在读	汉语,熟练	傣语,熟练	景颇语,略懂
户主	李中金	36	汉	大专	汉语,熟练	景颇语,不懂	
妻子	何文英	34	景颇	大专	景颇语,熟练	汉语,熟练	傈僳语,略懂
儿子	李楠楠	10	景颇	小四在读	汉语,熟练	景颇语,熟练	
户主	马建国	35	拉祜	大专	拉祜语,熟练	汉语,熟练	景颇语,熟练
妻子	张志梅	27	景颇	初中	景颇语,熟练	汉语,熟练	
女儿	马秋萍	6	景颇	小一在读	汉语,熟练	景颇语,熟练	
户主	岳春红	35	景颇	小学	景颇语,熟练	汉语,熟练	傣语,熟练
妻子	王宝贵	44	汉	高中	汉语,熟练	景颇语,略懂	
女儿	岳宽双	19	景颇	大专在读	景颇语,熟练	汉语,熟练	
儿子	岳尼那	16	景颇	高一在读	汉语,熟练	景颇语,略懂	

河边寨的5人的家庭成员信息见下表:

表 5-20

家庭关系	姓名	年龄	民族	文化程度	第一语言及水平	第二语言及水平	第三语言及水平
户主	李存忠	30	景颇	初二	拉祜语,熟练	汉语,熟练	景颇语,略懂
妻子	李娜我	28	拉祜	小学	拉祜语,熟练	汉语,熟练	景颇语,不懂
长子	李龙	8	景颇	小二在读	拉祜语,熟练	汉语,略懂	景颇语,不懂
户主	李大	60	景颇	小学	景颇语,熟练	汉语,熟练	拉祜语,熟练
妻子	娜我	55	拉祜	小二	拉祜语,熟练	汉语,熟练	景颇语,不懂
次子	李存永	27	景颇	小学	拉祜语,熟练	汉语,熟练	景颇语,略懂
儿媳	李小三	26	拉祜	小学	拉祜语,熟练	汉语,熟练	景颇语,不懂
长孙女	李连梅	6	景颇	小一在读	拉祜语,熟练	汉语,熟练	景颇语,不懂
次孙女	李连青	4	景颇	学前	拉祜语,熟练	汉语,略懂	景颇语,不懂
户主	岳二	55	景颇	小二	景颇语,熟练	汉语,熟练	拉祜语,熟练
妻子	岳学红	51	景颇	小学	景颇语,熟练	汉语,熟练	拉祜语,略懂
次子	岳国华	30	景颇	高中	景颇语,熟练	汉语,熟练	拉祜语,熟练
儿媳	孔玉梅	23	景颇	初中	景颇语,熟练	汉语,熟练	拉祜语,不懂
三子	岳国庆	27	景颇	高中	景颇语,熟练	汉语,熟练	拉祜语,熟练
长孙	岳增	4	景颇	学前	景颇语,熟练	汉语,略懂	拉祜语,略懂
次孙	岳骏	2	景颇	学前			
户主	岳大山	24	景颇	小学	景颇语,略懂	汉语,熟练	拉祜语,熟练
妻子	罗秀英	19	拉祜	初中	拉祜语,熟练	汉语,熟练	景颇语,不懂
母亲	小珍	60	汉	文盲	汉语,熟练	景颇语,不懂	拉祜语,略懂
户主	岳永华	40	景颇	小学	景颇语,略懂	汉语,熟练	拉祜语,熟练

妻子	李会兰	37	拉祜	初中	拉祜语,熟练	汉语,熟练	景颇语,不懂
长女	岳明明	19	景颇	小学	拉祜语,熟练	汉语,熟练	景颇语,略懂
长子	岳尹春	14	景颇	小六在读	拉祜语,熟练	汉语,熟练	景颇语,略懂
户主	岳马刚	43	景颇	小学	景颇语,略懂	汉语,熟练	拉祜语,熟练
妻子	娜 木	40	拉祜	小学	拉祜语,熟练	汉语,熟练	景颇语,略懂
长子	岳新荣	23	景颇	初中	拉祜语,熟练	汉语,熟练	景颇语,略懂
媳妇	罗定秀	20	拉祜	初中	拉祜语,熟练	汉语,熟练	景颇语,不懂
长女	岳友燕	22	景颇	初中	拉祜语,熟练	汉语,熟练	景颇语,略懂
次女	岳友清	19	景颇	初中	拉祜语,熟练	汉语,熟练	景颇语,略懂
长孙女	岳佳怡	4	景颇	学前	拉祜语,熟练	汉语,略懂	景颇语,不懂
长孙	岳佳伟	2	景颇	学前			

草坝寨 4 人中有 2 人出生于族际婚姻家庭,2 人出生于族内婚姻家庭,详见下表:

表 5-21

家庭关系	姓名	年龄	民族	文化程度	第一语言及水平	第二语言及水平	第三语言及水平
户主	李国明	29	景颇	初中	汉语,熟练	景颇语,熟练	傈僳语,熟练
妻子	岳秀针	32	景颇	初一	景颇语,熟练	汉语,熟练	佤语,略懂
长子	李 强	10	景颇	小三在读	汉语,熟练	景颇语,熟练	傈僳语,略懂
长女	李大妹	9	景颇	小二在读	汉语,熟练	景颇语,熟练	
户主	岳进明	37	景颇	小学	景颇语,熟练	汉语,熟练	傈僳语,熟练
妻子	余会琴	33	傈僳	小四	傈僳语,熟练	汉语,熟练	景颇语,熟练
母亲	李大妹	83	景颇	文盲	景颇语,熟练	载瓦语,略懂	傣语,略懂
长女	岳宋玲	14	景颇	小六在读	傈僳语,熟练	汉语,熟练	景颇语,熟练
次女	岳张云	12	景颇	小六在读	傈僳语,熟练	汉语,熟练	景颇语,熟练

从上表得知,改变母语习得顺序的青少年绝大多数是出生于族际婚姻家庭。可以认为族际婚姻家庭是青少年母语习得顺序改变的重要因素,但不是唯一因素。因为族际婚姻在景颇族家庭中很普遍,景颇族的大多数家庭是由景颇族与佤、汉、傈僳、拉祜等其他少数民族构成的族际婚姻家庭,但并没有普遍出现母语习得顺序的改变。如那拢组有很多景颇族与佤族组成的家庭,并且佤语是当地的强势语言,但这些家庭的孩子还是以母语为第一语言。再者,族际婚姻家庭由来已久,但中老年人的母语习得顺序并没有改变。可见族际婚姻家庭不是改变母语习得顺序的必然因素。引起耿马景颇族青少年母语习得顺序的转变,是多方面因素综合作用的结果。

虽然改变母语习得顺序的青少年不多,绝大多数青少年仍以母语为第一语言,但这是一种新的变化。虽然以母语为第二语言的人,其母语能力不一定不好,但与以母语为第一语言的人相比,他们不会说母语或母语能力下降的可能性较大。很多衰变的语言都是从母语习得顺序改变开始的。因此这个现象应该引起重视。

第六章　耿马景颇语的主要特点及其演变

耿马景颇语与主体的德宏景颇语分离了,在耿马使用了一百多年。在新的语言环境中,其特点究竟有什么变化,有什么新的特点,这是本章所要探讨的问题。

据我们的调查,耿马景颇语在一些基本特点上与主体景颇语(以德宏州盈江县铜壁关景颇语为代表,以下简称"盈江景颇语")还保持了一致性,相互间能无障碍地交流。若不细心观察、分析和比较,只凭一般的交流,不易发现其区别。我们运用语言学的方法,记录了其词汇和句子,对其语言系统进行了细致的描写,并将耿马景颇语与盈江景颇语进行了比较,初步归纳了耿马景颇语的一些特点。我们初步获得的这些材料,对认识一个"孤岛型"语言的变异,在语言学理论的建设上,特别是对社会语言学理论都会有一定的价值,至少能够提供一份新的语料。

下面描述的是耿马景颇语的语音系统及语法、词汇特点。

第一节　耿马景颇语的语音系统

耿马景颇语的语音系统各地基本相同,但也有一些差异,这里描写的是耿马景颇语新寨话的语音系统。

一　声母

新寨话的声母有31个。列表如下:

方法	部位	双唇	唇齿	舌尖前	舌尖中	舌面前	舌根
塞音	不送气	p pj pʒ			t		k kj kʒ
	送气	ph phj phʒ			th		kh khj khʒ
塞擦音	不送气			ts		tɕ	
	送气			[tsh]		[tɕh]	
鼻音		m mj			n	ŋ ŋj	
边音					l		

擦音	清		[f]	s		ɕ	x
	浊					ʒ	
半元音	w					j	

声母说明：

1. 发音部位分双唇、唇齿、舌尖前、舌尖中、舌面前、舌根等6类。双唇音和舌根音的声母又各分3类：颚化音声母、卷舌化音声母和非颚化卷舌化声母。

2. 送气的塞擦音声母 tsh、tɕh 和唇齿音 f、舌根音 x 只出现在外来借词中。

3. 盈江景颇语的舌叶音，新寨话都读舌面音。但 ʒ 的读音介于 ʒ 和 ʐ 之间，本书标为 ʒ。例如：

盈江景颇语	新寨话	汉义
tʃan³³	a³¹ tɕan³³	太阳
tʃa³¹	a³¹ tɕa³¹	金子
tʃu⁷⁵⁵	a³¹ tɕu⁷⁵⁵	乳房
tʃum³¹	a³¹ tɕum³¹	盐
tʃit³¹	tɕit³¹	尿
n³¹ ʃaŋ³³	n³¹ ɕaŋ³³	腰
ʃan³¹	ɕan³¹ tsiŋ³³	肌肉
ʒi³¹	a³¹ ʒi³¹	线

4. 双音节词的前一弱化音节，若声母在盈江景颇语里是舌叶清擦音的，新寨话都读为舌尖音。大多读为清擦音，也有少数读为清塞擦音。例如：

盈江景颇语	新寨话	汉义
ʃă³³ ta̠³³	să³³ ta̠³³	月亮
ʃiŋ³¹ ma³³	sum³¹ ma³³	背
ʃă³¹ kʒui³³	să³¹ kʒui³³	疮
ʃă³³ ka̠n³³	tsă³³ ka̠n³³	星星

5. 双音节词的前一音节声母还有一些不很规则的变化。例如：

盈江景颇语	新寨话	汉义
tsai³¹ pʒu³¹	sai³¹ pʒu³¹	沙子
să⁵⁵ ku⁵¹	tsă⁵⁵ ku⁵¹	绵羊

声母例词：

声母	例词	例词
p	pa⁵⁵ 累	po³³ 头

pj	pja⁵⁵ 垮台	pjo³³ 融化
pʐ	pʐa⁵⁵ 散	pʐi³³ (口齿)清楚
ph	pha³³ 什么	phu³³ 贵
phj	phja⁵⁵ 拆掉	phje⁵⁵ 佩带
phʐ	phʐa³³ 整片的地	phʐiŋ⁵⁵ 满
m	ma⁵⁵ 完	mu³³ 好吃
mj	mja³¹ 抢劫	mju⁵⁵ 种类
w	wa³¹ 猪	wo⁵⁵ 那
f	fa³¹ 发(展)	fun³³ (一)分
ts	tsa⁵⁵ 白酒	tso⁵⁵ 爱
tsh	tshun³³ 寸	tshu³¹ (民)族
s	sa⁵⁵ 歇	so³¹ 约
t	tat³¹ 放	ti³¹ 蛋
th	that³¹ 厚	thi⁵⁵ 读
n	na³³ 耳朵	ni⁵⁵ (一)天
l	la³³ 男人	li³³ 重
tɕ	tɕa³¹ 金子	tɕat³¹ 加
tɕh	tɕhaŋ³¹ 长(江)	tɕhaŋ⁵¹ 厂
ɕ	ɕa⁵⁵ 吃	ɕi³³ 十
ʐ	ʐa³¹ 要	ʐa³³ 平
j	ja⁵⁵ 现在	ja³³ 给
k	kun³³ 带(钱)	ka³³ 写
kj	kja³¹ 软	kjam³³ 谋取
kʐ	kʐai³¹ 很	kʐip³¹ 眨(眼)
kh	kha⁵⁵ 苦	kha³¹ 河
khj	khje³³ 红	khja³³ 焖(糯米饭)
khʐ	khʐi³³ 酸	khʐau³³ 包抄
ŋ	ŋai³³ 我	ŋa³³ 牛
ŋj	ŋje⁵⁵ 我的	ŋjau³³ 猫
x	xa³³ 哈气	xom³¹ (气味)香

二 韵母

新寨话的韵母有 88 个。分单元音韵母、复合元音韵母、带辅音韵尾韵母三类。辅音韵尾有 -p、-t、-k、-ʔ 4 个。元音分松元音和紧元音两套。

(一) 单元音韵母:10 个。

```
        i    e    a    o    u
        i̠    e̠    a̠    o̠    u̠
```

(二) 复合元音韵母：8个。

```
        ai   au   ui   oi
        a̠i   a̠u   u̠i   o̠i
```

(三) 带辅音韵尾韵母：70个。

```
        ip   it   ik   iʔ   im   in   iŋ
        i̠p   i̠t   i̠k   i̠ʔ   i̠m   i̠n   i̠ŋ
        ep   et   ek   eʔ   em   en   eŋ
        e̠p   e̠t   e̠k   e̠ʔ   e̠m   e̠n   e̠ŋ
        ap   at   ak   aʔ   am   an   aŋ
        a̠p   a̠t   a̠k   a̠ʔ   a̠m   a̠n   a̠ŋ
        op   ot   ok   oʔ   om   on   oŋ
        o̠p   o̠t   o̠k   o̠ʔ   o̠m   o̠n   o̠ŋ
        up   ut   uk   uʔ   um   un   uŋ
        u̠p   u̠t   u̠k   u̠ʔ   u̠m   u̠n   u̠ŋ
```

韵母例词：

韵母	例词	韵母	例词	韵母	例词
i	ti³¹（鸡）蛋	e	khje³³ 红	a	khʒa⁵⁵ 右
o	mo³³（石）磨	u	nu³³ 松	i̠	tsi̠³¹ 药
e̠	tɕe̠³³ 懂	a̠	ta̠³³ 月	o̠	tso̠³¹ 高
u̠	kʒu̠⁵⁵ 发（芽）	ai	lai³³ 丝	au	pau³¹ 锣
ui	tui³¹ 甜	oi	thoi³¹ 黄	a̠i	pa̠i³³ 左
au	a³¹ŋjau³³ 猫	ui	tɕui³³ 缝	o̠i	a³³mo̠i³³ 姑母
ip	kjip⁵⁵ 狭窄	it	tit³¹ 钉（钉子）	ik	tik³¹ 极
iʔ	tiʔ³¹ 锅	im	tsim³¹ 安静	in	tin³³ 穿（鞋）
iŋ	tiŋ³¹ 密	i̠p	kji̠p³¹（花）蕾	it	tsit³¹ 绿
ik	tik³¹ 就要	i̠ʔ	tɕi̠ʔ⁵⁵（火）着	im	tsim³³ 潜（水）
in	tin³³ 急	i̠ŋ	ti̠ŋ³¹ 整	ep	pʒep⁵⁵ 拍碎状
et	tset³¹ 勤快	ek	tek³¹ 选择	eʔ	keʔ⁵⁵ 凝固
em	tem³¹ 照相	en	pʒen³³ 军乐器	eŋ	teŋ³¹ 责怪
e̠p	pʒe̠p⁵⁵ 并生的	e̠t	tse̠t³¹ 一擦而过状	ek	tek³¹（一）小团
eʔ	keʔ⁵⁵ 凝结	em	tem³¹ 干脆	en	ten³³ 时间
e̠ŋ	te̠ŋ³³ 公里	ap	ɕap³¹ 借（工具）	at	ɕat³¹ 饭

ak	tak⁵⁵ 塞紧	a	a³¹ 的	am	tam³¹ 宽
an	nan³³ 真正的	aŋ	naŋ³³ 你	ap	tsap⁵⁵ 熊
at	pat⁵⁵ 堵塞	ak	tak³¹ 猜	aʔ	ta⁵⁵ 手
am	tam³³ 寻找	an	tan³³ 有效	aŋ	maŋ³³ 紫色
op	kop³¹ 隐蔽	ot	ʒot³¹ 起来	ok	tok⁵⁵ 稍矮的
oʔ	lo⁵⁵ 够	om	pom³³ 膨胀	on	lon³³ 动乱
oŋ	phoŋ⁵⁵ 晴	op	kop³¹ 凉	ot	kot⁵⁵ 度过
ok	tok⁵⁵ 凿	oʔ	ko⁵⁵ 处	om	tsom³¹ 美
on	ton³³ 钝	oŋ	poŋ³³ 长（脚疮）	up	khup³¹ 涩
ut	ɕut⁵⁵ 错	uk	puk³¹ 本	uʔ	lu³¹ 喝（水）
um	tum³¹ 吹（喇叭）	un	tun⁵⁵ 架（锅）	uŋ	tuŋ³³ 坐
up	tup⁵⁵ 齐	ut	tut⁵⁵ 经常	uk	tuk⁵⁵ 毒
uʔ	kʒu⁵⁵ 六	um	tum³³（一）粒（米）	un	tsun³³ 说
uŋ	tuŋ³³ 姨妈				

韵母说明：

1. 元音 i 单独作开音节韵母与舌尖前声母、含 ʒ 的声母结合时都读为舌尖元音 ɿ。i 带喉塞音韵尾的韵母也读舌尖元音 ɿ，ɿ 是 i 的变体。例如：

nam³¹ si³¹ 水果	实际读音为	nam³¹ sɿ³¹
tsi³¹ 药	实际读音为	tsɿ³¹
khʒi³³ 酸	实际读音为	khʒɿ³³
num³¹ ʒi⁵⁵ 露水	实际读音为	num³¹ ʒɿ⁵⁵

2. -p、-t、-k 的发音只闭塞不破裂。

三　声调

新寨话的声调有 4 个：高平、中平、低降、高降。高降调大多出现在变调中，举例如下：

高平	中平	低降	高降
ɕa⁵⁵ 吃	ɕa³³ 痧	ɕa³¹ 仅仅	la³³ ɕa⁵¹ 儿子
nu⁵⁵ 丰满	nu³³ 松	nu³¹（命）不好	nu⁵¹ 母亲

声调说明：

1. 带塞音韵尾的音节只出现在高平、低降两个声调上。

2. 带塞音韵尾的音节出现在高平调上时，实际调值是 54。

第二节 耿马景颇语的语法特点

耿马景颇语与盈江景颇语(以下简作盈)相比,基本语法特点相同,但也出现了一些差异。差异主要是耿马景颇语的句尾助词大量消失。表示人称、数等语法意义的句尾助词,耿马景颇语只保留少数几个。不同的人称、数都用相同的句尾助词表示。这反映了耿马景颇语已从粘着型特点向分析型特点大大迈进了一步。不过,少数懂书面语的人,由于受书面语的影响,句尾助词的使用相对多一点。下面的例句以耿马景颇语新寨话(以下简作新)和草坝寨话(以下简作草)为代表。

一、存在式叙述句的句尾助词,盈江景颇语必须区分不同的人称、数的,而且每个句子大多要用句尾助词;但耿马景颇语则不同,要么不用句尾词,要么把不同的人称、数归为相同的句尾词表示。例如:

1. 我是景颇人。

〔盈〕ŋai³³ ko³¹ tʃiŋ³¹ pho⁷³¹ mă³¹ ʃa³¹ ʒe⁵¹ n³¹ ŋai³³.
    我 (话) 景颇   人   是 (尾)

〔新〕ŋai³³ tɕiŋ³¹ pho⁷³¹ mă³¹ ɕa³¹ ʒe⁵¹.
    我   景颇   人   是

〔草〕ŋai³³ ko³¹ tɕiŋ³¹ pho⁷³¹ ʒe⁵¹.
    我 (话) 景颇   是

2. 你是景颇人。

〔盈〕naŋ³³ ko³¹ tʃiŋ³¹ pho⁷³¹ mă³¹ ʃa³¹ ʒe⁵¹ n³¹ tai³³.
    你 (话) 景颇   人   是 (尾)

〔新〕naŋ³³ tɕiŋ³¹ pho⁷³¹ mă³¹ ɕa³¹ ʒe⁵¹.
    你   景颇   人   是

〔草〕naŋ³³ ko³¹ tɕiŋ³¹ pho⁷³¹ ʒe⁵¹.
    你 (话) 景颇   是

3. 我们是景颇人。

〔盈〕aŋ⁵⁵the³³ ko³¹ tʃiŋ³¹pho³¹ mă³¹ʃa³¹ ʒe⁵¹ ka³¹ai³³.
　　我们　　　景颇　　　　人　　是　（尾）

〔新〕aŋ⁵⁵the³³ tʃiŋ³¹pho³¹ mă³¹ɕa³¹ ʒe⁵¹.
　　我们　　　景颇　　　　人　　是

〔草〕aŋ⁵⁵the³³ ko³¹ tʃiŋ³¹pho³¹ ʒe⁵¹.
　　我们　（话）景颇　　　　是

上面三句话,在盈江景颇语里大多要用句尾词表示句子的人称和数（当然不用的情况也有），而耿马景颇语则普遍不用句尾助词,句子可以以动词结尾。

二、变化式叙述句,盈江景颇语也按人称、数分别使用不同的句尾助词,但耿马景颇语不分人称、数,都用 sai³³ 表示。耿马景颇语的句尾助词正处于逐渐消失的阶段,句子的人称、数要靠主语的人称代词来表示,所以句子的主语不能省略,而盈江景颇语的主语可以省略。例如：

1. 我见过了。

〔盈〕mu³¹ ju³³ sa³³ŋai³³.
　　见　过　（尾）

〔新〕ŋai³³ mu³¹ ju³³ sai³³.
　　我　见　过（尾）

〔草〕ŋai³³ mu³¹ ju³³ sai³³.
　　我　见　过（尾）

2. 你见过了。

〔盈〕mu³¹ ju³³ sin³³tai³³.
　　见　过　（尾）

〔新〕naŋ³³ mu³¹ ju³³ sai³³.
　　你　见　过（尾）

〔草〕naŋ³³ mu³¹ ju³³ sai³³.
　　你　见　过（尾）

3. 他见过了。

〔盈〕mu³¹ ju³³ sai³³.
　　见　过（尾）

〔新〕ɕi³³ mu³¹ ju³³ sai³³.
　　他　见　过（尾）

〔草〕ɕi³³ mu³¹ ju³³ sai³³.
　　他　见　过（尾）

4. 我们都去了。

〔盈〕(an⁵⁵the³³) joŋ³¹ sa³³ wa³¹ să⁵⁵kaʔ⁵⁵ai³³.
　　（我们）　全部 去（助）（尾）

〔新〕an⁵⁵the³³ joŋ³¹ sa³³ sai³³.
　　我们　全部 去（尾）

〔草〕an⁵⁵the³³ maʔ⁵⁵khʒa³¹ sa³³ sai³³.
　　我们　全部　　去（尾）

5. 你们都去了。

〔盈〕(nan⁵⁵the³³) joŋ³¹ sa³³ wa³¹ mă³³sin³³ tai³³.
　　（你们）　全部 去（助）　（尾）

〔新〕nan⁵⁵the³³ joŋ³¹ sa³³ sai³³.
　　你们　全部 去（尾）

〔草〕nan⁵⁵the³³ joŋ³¹ sa³³ sai³³.
　　你们　全部 去（尾）

三、命令句的句尾词,盈江景颇语也区分主语的人称、数,但耿马景颇语大多也都合并了。最常用的只剩下一个 uʔ³¹。例如:

1. 你吃吧!

〔盈〕naŋ³³ ʃa⁵⁵ uʔ³¹!
　　你　吃（尾）

〔新〕naŋ³³ ɕa⁵⁵ u⁴³¹!
　　　你　吃（尾）

〔草〕naŋ³³ ɕa⁵⁵ u⁴³¹!
　　　你　吃（尾）

2. 你们吃吧！

〔盈〕nan⁵⁵the³³ ʃa⁵⁵ mu⁴³¹!
　　　你们　　吃（尾）

〔新〕nan⁵⁵the³³ni³³ ɕa⁵⁵ mu⁴³¹jo⁵¹!
　　　你们　　们　吃（尾）（语）

〔草〕nan⁵⁵the³³ ɕa⁵⁵ mu⁴³¹!
　　　你们　　吃（尾）

3. 你快吃吧！

〔盈〕lau³³ ʃa⁵⁵ nu⁴⁵⁵!
　　　快　吃（尾）

〔新〕naŋ³³ lu³¹wan³³ ɕa⁵⁵ u⁴³¹!
　　　你　　快　　吃（尾）

〔草〕naŋ³³ lau³³ɕa⁵⁵ u⁴³¹!
　　　你　快　吃（尾）

4. 你不要去！

〔盈〕khum³¹ sa³³ sa⁴⁵⁵!
　　　不要　去（尾）

〔新〕naŋ³³ khum³¹ sa³³!
　　　你　不要　去

〔草〕naŋ³³ ɕum³¹ sa³³(u⁷³¹)!
你　不要　去（尾）

5. 你们不要去!
〔盈〕khum³¹ sa³³ mă⁵⁵ sa⁷⁵⁵!
不要　去　（尾）

〔新〕nan⁵⁵ the³³ ni khum³¹ sa³³!
你们　们　不要　去

〔草〕nan⁵⁵ the³³ ɕum³¹ sa³³!
你们　　不要　去

6. 你来吧!
〔盈〕naŋ³³ sa³³ rit³¹!
你　来（尾）

〔新〕naŋ³³ sa³³ wa³¹!
你　来（助）

〔草〕naŋ³³ sa³³ wa³¹ u⁷³¹!
你　来（助）（尾）

四、存在式疑问句,盈江景颇语也是靠句尾助词来区分人称、数的,但耿马景颇语使用的是不区分人称、数的句尾助词。虽然也使用少量的带有人称、数的句尾助词,但在人称、数与主语的一致性上,已出现混用的现象。例如:

1. 你也是景颇人吗?
〔盈〕naŋ³³ muŋ³¹ tʃiŋ³¹ pho⁷³¹ ʒe⁵¹ n³¹ ni⁵¹?
你　也　景颇　是（尾）

〔新〕naŋ³³ muŋ³¹ tɕiŋ³¹ pho⁷³¹ mă³¹ ɕa³¹ ʒe⁵¹?
你　也　景颇　人　是

〔草〕naŋ³³ muŋ³¹ tɕiŋ³¹ pho⁷³¹ ʒe⁵¹ ni⁵¹?
你　也　景颇　是（尾）

2. 他也是景颇人吗？

〔盈〕ʃi³³ muŋ³¹ tʃiŋ³¹ phoʔ³¹ ʒe⁵¹ a³¹ni⁵¹?
　　　他　也　景颇　　　是　（尾）

〔新〕ɕi³³ muŋ³¹ tɕiŋ³¹ phoʔ³¹ mă³¹ɕa³¹ ʒe⁵¹?
　　　他　也　景颇　　　人　是

〔草〕ɕi³³ muŋ³¹ tɕiŋ³¹ phoʔ³¹ ʒe⁵¹ ni⁵¹?
　　　他　也　景颇　　　是　（尾）

3. 我们谁也没有吗？

〔盈〕anʔ⁵⁵the³³ kă³¹tai³³ muŋ³¹ ʒai³¹ n⁵⁵lu³¹ kaʔ³¹ni⁵¹?
　　　我们　　谁　　也　还　没有　（尾）

〔新〕anʔ⁵⁵the³³ni³³ kă³¹tai³³ muŋ³¹ n⁵⁵lu³¹ ai³³ i⁵¹?
　　　我们　们　谁　　也　没有（尾）（语）

〔草〕anʔ⁵⁵the³³ kă³¹tai³³ muŋ³¹ n⁵⁵lu³¹ a³¹ni⁵¹?
　　　我们　　谁　　也　没有　（尾）

盈江景颇语中能够通过句尾词表示句子的强调与非强调，正反方向以及宾语的人称、数，主语、宾语、领有者的人称、数等语法意义，而在耿马景颇语里已不再有这些句尾助词，其意义要靠别的语法成分来表示。（详见附录）

第三节　耿马景颇语词汇的一些特点

与盈江景颇语相比，耿马景颇语也存在一些差异。但各地情况不同。

一、单音节名词，耿马景颇语加 a-前缀构成双音节名词的趋势比较明显、出现频率较高。盈江景颇语虽然也有加 a-前缀的构词特点，但并不系统，出现频率也低。这说明，耿马景颇语的双音节化的程度又有了进一步的发展。如新寨话：

a³¹ tɕan³³ 太阳	a³¹ pum³¹ 山	a³¹ wan³¹ 火
a³¹ lam³³ 路	a³¹ ka⁵⁵ 土	a³¹ tɕum³¹ 盐
a³¹ kha⁷³¹ 河	a³¹ mji⁷³¹ 眼睛	a³¹ khum³¹ 身体

二、耿马景颇族为适应交际的需要，创造了一些复合词，这些词与盈江景颇语不同。如草坝寨话：

草坝寨话	盈江景颇语	汉义
no⁷⁵⁵ khun³³ 豆　籽	ka⁵⁵ lă⁵⁵ si⁵¹ 土　黄豆	花生
kau³¹ po³³ 葱　头	kau³¹ phʒo³¹ 葱　白	蒜
lai³³ ʒi³¹ 丝 线（附注）	lai³³ 丝	丝
na³³ lă⁵⁵ tan⁵⁵ 耳 耳饰	lă⁵⁵ tan⁵⁵ （不可分离）	耳饰
phʒi³¹ lă⁵⁵ kap⁵⁵ 铁　　钳子	lă⁵⁵ kap⁵⁵ （不可分离）	火钳

三、两地出现了少量的异源词。例如：

草坝寨话	盈江景颇语	汉义
kă³¹ tha⁷⁵⁵	khʒop⁵⁵	脆
kă⁵⁵ ʒa⁵⁵ khʒi⁷³¹	sam⁵⁵ pan⁵¹	辫子

第七章 结语

通过对耿马县景颇族分布的村寨、城镇的点与面的分析,我们对该县景颇族的语言使用现状及其演变有了一个大致的了解。这可以归纳为以下几点:

(一)耿马景颇族语言的特点主要是:使用人数少,形成一个与主体景颇族分离的"语言孤岛",长期处于相对独立的发展状态。具有这一社会条件的景颇语,在使用特点及结构特点上,自然会与主体景颇语产生一定程度的差异。我们看到,"孤岛"型语言是语言社会变异的一种类型。它不同于"聚居"型语言,也不同于"杂居"型语言。对这种类型的语言进行研究,具有一定的语言学理论价值。但就我们所知,过去未有人去研究,今后应该加强。

(二)耿马景颇语至今仍被耿马景颇族全民使用,只有极少数城镇人出现了语言转用。这里提出这样一个问题让我们去思考:像耿马景颇语这样一个使用人口仅千余人的少数民族语言,竟然能够在几个强势语言(汉语、傣语、佤语)的包围、冲击下,基本完好地保存了下来,这是一个什么因素在起作用?我们课题组初步分析了以下几个因素:1. 相对聚居是耿马景颇族稳定使用景颇语的客观条件。2. 耿马景颇族与缅甸景颇族关系密切、往来频繁,是景颇语保持活力的一个原因。这说明跨境语言与语言活力的强弱是有一定关系的。3. 耿马景颇族对母语感情深厚是景颇语得以稳定使用的情感基础。4. 景颇人语言兼用能力强有助于景颇语稳定保留。除了这些因素外,还有没有别的?值得我们进一步研究。

耿马景颇语的语言活力百年不衰,说明人口少的语言不一定走向濒危,在一定条件下,还能稳定使用。

(三)耿马景颇族青少年的母语使用能力已出现一定程度的下降,这是一个值得引起重视的信号。在过去漫长的岁月中,耿马景颇语的语言活力能够一代代地传下来,但到了现代化建设的新时期,由于各种因素的作用,景颇语的活力已不能完全摆脱社会的影响。如何保证景颇语在耿马景颇族中的使用和传播,已引起耿马景颇族中有识之士的重视。他们提出许多有见地的建议。如:在群众中推广景颇文,使人家能够在掌握文字的基础上,提高景颇语能力;有的提出要加强与德宏主体景颇族的联系;还有的建议在小学开展"景颇—汉"双语教学,处理好母语和兼用语的关系;等等。这些建议对我们国家制定少数民族语言规划都有价值。

(四)耿马景颇族除了使用母语以外,普遍兼用汉语,有的还兼用另一种少数民族语言。他们是全民双语型的民族。所谓"全民双语",就是绝大部分人都使用双语。我们在测试中惊奇地看到,耿马景颇族从白发苍苍的老人到五六岁的儿童,两种语言的使用转换自如,其语言能力普遍都很强。当我们问到他们怎么会有这样强的语言使用能力时,他们的共同回答是:

"需要嘛,不会说另一个民族的话不行。"他们对兼用语普遍是乐于接纳的,持欢迎的态度。由此可以看到,一个民族的语言兼用能力是由对语言的需求决定的,当然还有语言关系、文化因素等各种条件的制约。我们看到,母语使用人口少的民族,其语言兼用能力都比较强。对一个双语民族来说,双语在人们的大脑语库中是个不可分割的系统,二者相辅相成,相互促进。兼用语一旦进入语库系统,对一个民族母语的保存能起到积极的作用。

附 录

一 临沧市、耿马县有关领导访谈录

访谈一 临沧市政协副主席、耿马景颇族协会名誉主席杨老三访谈录

访谈对象：杨老三，景颇族，临沧市政协副主席、耿马景颇族协会名誉主席
访谈时间：2009年7月14日晚
访谈地点：临沧临通宾馆
访谈人：乔翔、范丽君

问：杨主席您好，请您介绍一下您的个人情况。
答：我1951年出生于耿马，先后毕业于云南民族学院政治系、云南广播电视大学法律专科和中央党校函授本科班，大学本科学历。1977年参加工作，先后担任耿马县人民法院书记员、审判员、副庭长、耿马县委常委、县委政法委副书记、县委组织部部长、县委副书记、永德县委书记、临沧地委统战部部长、临沧地区政协工委副主任，2004年撤地设市至今任临沧市政协副主席。
问：您在耿马担任了多年的领导工作，请您谈谈耿马的民族关系、语言关系怎么样？
答：耿马县民族关系总体上是和谐的。耿马的民族关系比较和谐、稳定，基本上没有发生大的冲突。语言多样性，各种语言适用于不同的场合，也是呈现和谐态势。
问：为什么耿马各民族的民族关系和语言关系如此和谐？其中最重要的原因是什么？
答：最关键的是党的民族政策的实施。耿马地处少数民族边疆地区，各民族能够和谐相处，这主要得益于党的各民族平等的民族政策在边疆地区的落实。过去，云南省工作的第一要务是稳定，现在，各民族关系比较和谐，有利于发展。不可否认的是，稳定是发展的基础。耿马世居民族11个，共有20多个民族，多民族在这里相处融洽，党的民族政策的落实是和谐最强

有力的保障。另一个方面,在共同繁荣奋斗、共同发展的倡导下,党对民族扶持政策的实施也对民族和谐起到了保障作用。有了政策的支持,各民族从过去没有解决温饱的状态到现在步入了小康生活,生活有了很大的改变。各族人民比较满意,这也促进了民族和谐关系的形成。其次,各民族之间互相尊重、互相包容也为和谐相处打下了坚实的基础,包括对对方语言、风俗习惯、生产方式等各方面的尊重和包容。总之,党的民族政策的贯彻落实是基础,各民族之间的互相尊重谅解是前提,这样和谐才有可能。同时,各民族的和谐相处又促进了民族文化、语言的发展,二者是相辅相成的。

问:您长期在民族地区工作,掌握民族语言对开展工作有什么作用?

答:在民族地区工作,首先要做到尊重和理解各个民族的语言和风俗习惯。如果一个领导对少数民族语言和风俗习惯歧视的话,开展工作是很难的。在民族地区工作,如果掌握一两个主体民族的语言,开展工作很有利,关系更融洽。我小时候生活的地方有傣族居住,和小伙伴一起学习傣语,上学读书后傣族同学比较多,傣语的语言环境使我的傣语说得很熟练。比如我在耿马工作时,傣语和佤语都会说,掌握这两种语言对我开展工作很有利。有一次到西双版纳出差,我用傣语和傣族同胞交流,他们就问我:"你是哪里的傣族呀?"这样就拉近了交流的距离,开展工作很方便。我工作还有一个特点,就是因为我是少数民族,遇见少数民族我就不说汉语,主要是拉近和少数民族同胞的感情。我还会说一些拉祜语,因此别人称我是"干部中的语言学家"。

问:我们经过村寨的入户调查,看到耿马景颇语在多数地区基本上得到保存,人口这样少的景颇族在周围强势语言的包围下而不出现危机,这是为什么?

答:耿马景颇族少,但语言保存得很好,这和对民族语言、风俗习惯、宗教文化的尊重有很大关系。本民族如果尊重自己的民族就要尊重自己的语言,如果一个民族不尊重自己,民族语言就很难保留。景颇族对本民族有着很强的认同感,共同的语言、共同的心理把他们凝聚在一起。因为民族语言是民族的特征。在耿马,有一些地区,景颇族语言保持得较好,但也有一些景颇族语言保持得不好,如河边寨的景颇族语言保存不是很好,其周围多数是拉祜族、傈僳族等民族,生活环境、家庭婚姻等因素影响,使本民族的语言使用空间变小,本民族的语言就很难保留。

问:您觉得景颇语的保护有无必要,应该怎样保护?采取哪些措施?

答:从一个民族发展角度来看,语言是一个民族的标志,应该保护。但从发展角度和民族进步的角度来看,完全停留在本民族语言的学习是不够的。民族除了语言外,还有文化、建筑、婚姻习俗、宗教等。此外,还要学习其他民族先进的科学技术、生产经验等。景颇族传统的婚姻和祭祀等风俗都没有了,这也未尝不是好事。有些风俗不一定要保留,如祭祀,太烦琐,不一定要保留。过去每家都有自己的神堂,现在几乎没有了,这应该是一种进步。总之,涉及民族的一些东西,落后的不一定要保存,停留在落后阶段会制约民族的发展,要从发展的角度出发看问题。耿马的景颇族人口比较少,周围民族对他们的影响比较大,现在基本生活没有问题,生活环境很好。应该学习其他民族的先进经验和艰苦奋斗、奋发向上的精神。

问:您是景颇族的骄傲,在做工作的时候,会不会感到我是景颇族的代表,代表耿马景颇人?

答:无论哪个民族,都有这种感情。我肯定代表景颇族。对自己民族如果没有感情,更谈不上能够对其他民族的感情,像临沧的标语"感恩临沧"一样,我应该以感恩之情来报答民族、报答社会。

问:您觉得耿马景颇族怎样才能有更好的发展?

答:要转变观念。景颇族过去的观念是"小富即安",比较陈旧、封闭,凡事容易满足。生产方式比较粗放。这一切对景颇族的发展是不利的。如果不转变,就赶不上其他民族。其次,景颇族年轻人要解决丰富知识、普及提高教育的问题。总之,整体素质要提高。素质如果不提高,就没有谋生的能力,更谈不上生存的空间。耿马景颇族受教育程度在其他民族中比较高。这种观念可能受景颇族在机关工作的人的影响,比如在景颇新寨,我的影响可能大一些,人们认识到教育的重要性,教育正逐渐被重视。但孟定贺稳组到现在为止,还没有正式参加工作的人,应该让景颇族协会进行宣传。

问:您对耿马景颇族使用景颇语的趋势有何预测?

答:我个人认为,景颇语的使用在几十年内应该没问题,五六十年内也没有问题,几百年后就难说了。为什么说在几十年内景颇语使用不会存在问题,原因有三:一是境外景颇族和德宏的景颇族对耿马景颇族的影响,这些地区景颇族文化的交流。如目瑙纵歌节,各地景颇族都在相互接触交流,使得耿马景颇族的文化得以很好的延续。二是耿马景颇族对自己民族语言和文化的尊重,激发了语言的生命力。三是基督教对语言保存有积极的影响。由于基督教的传播,诵读经书的需要,很多人都需要去熟悉景颇文字,这在客观上促进了语言的保护。按照这种趋势发展下去,景颇族的语言文字在一段时期内能够保存,甚至在一些地方会有更大的发展。此外,民族地区高考招生时,会民族语可以加分也会引起人们对民族语言问题的重视。

问:您是耿马景颇族协会的名誉主席,您认为耿马景颇族协会在保护景颇语语言文字方面起了什么样的作用?

答:现在懂景颇族文字的人逐渐增多。上个世纪60—70年代,只有一两个懂。现在能读能写景颇文的人逐渐多起来了,这和景颇族协会推广景颇文有关系。1990年至1991年间,省语委派沂德川先后到芒艾草坝寨、景颇新寨进行扫盲活动,普及景颇文。景颇族协会成立后,开设景颇文培训班、科技培训班,传授景颇文字和农业科学知识,收到了良好的效果。此后,其他民族如佤族、傣族也开始成立协会,促进本民族各方面的发展。

问:您撰写《耿马景颇族》是出于什么样的初衷?

答:耿马景颇族来到耿马已经有100多年了,我们民族是如何来到这里的?这100多年发生了什么样的变化?这段时间的民族发展情况应该有历史的记载,口头传说会发生变化,应该有文字的记载。我觉得我有责任承担历史的责任,写出反映耿马景颇族历史文化的书。我们耿马景颇族人数虽然少,但应该有民族志气,应该让大家来了解我们民族的文化。我们还出版了一张光碟,反映景颇族经济状况、文化教育、风俗习惯等各个方面。这张光碟曾在临沧电视台播出,收到了很好的反响,过去大家都不知道耿马景颇族,不知道景颇族的特点和发展程度等,现在大家都了解了。

问:我们中央民族大学985工程耿马景颇语研究课题组这次来耿马进行调查,时间长达半个多月,向景颇人民学到了很多东西。他们像对待亲人一样支持我们的工作。您是怎样看待这样的工作的?

答:从大的道理上讲,你们也是在贯彻党的民族政策,对民族文化的研究、语言的研究本身就是贯彻民族政策。你们本身也是在做民族工作。民族宗教问题处理不好,不和谐的因素就暴露出来,对经济发展有负面影响。语言文字工作是国家民族工作的重要组成部分。你们保护弱小民族,保护濒危语言,体现了国家对民族文化历史的重视,对民族地区的关怀。

访谈二　　耿马景颇族协会会长何荣访谈录

访谈对象:何荣,景颇族,1946年生,耿马景颇族协会会长

访谈时间:2009年6月30日下午

访谈地点:何荣会长家

访谈人:范丽君、林新宇

问:何会长,请您简单介绍一下您的个人情况。

答:我1946年生于耿马景颇族老寨。1958上小学,读完一年级后跳到四年级,之后到孟定读高小。高小上了一年后,于1963年在县委民族工作队参加工作。1964年调入县委宣传部,1983年到云南民族学院进修,回来之后在福荣区任区长,区改乡后担任乡人大主席,1989年调回县城,任广播电视局局长,1993年任县人大民族委员会主任,1996年调入县总工会任主席,1999年退休。现任耿马景颇族协会会长。

问:请您简单介绍一下您和您家庭的语言使用情况。

答:因为父母都说景颇语,我的第一语言是景颇语。我居住的村庄有汉族、傈僳族、景颇族、拉祜族,所以,上小学后跟学校同学学会了讲汉语、傈僳语、拉祜语。到孟定读书以后,跟傣族同学学会了说傣语。参加工作后在傣族、佤族的寨子工作,学会了佤语。因为在民族地区工作,布朗语也会一点。现在说得比较熟练的有汉语、傣语、拉祜语、傈僳语、佤语。我爱人是傈僳族,第一语言是傈僳语。我爱人不会说景颇语,在家我们说傈僳语。女儿两岁的时候是由外婆带大的,所以第一语言是傈僳语。现在她在广播电视局工作,只能听懂和说简单的景颇语单词。因为我们工作和居住的环境,儿子第一语言是汉语,傈僳语和景颇语基本不会,只会简单

常用语。儿媳妇是汉族,从事医务工作,一种民族语都不会。孙子和外孙女第一语言都是汉语,但是我也教他们民族语。总的来说,除了我们夫妻两人交流说傈僳语,与家庭其他人员交流以及其他人员之间交流都是汉语。

问:景颇文的学习和掌握情况如何?

答:耿马的景颇族很少,我1983年在云南进修时接触过一些老师,从那时开始学习景颇文,但没有经过正规系统的学习,主要是自学。我自己到出版社买来景汉词典辅助学习。对我来说,我学过汉语拼音,景颇文与汉语拼音大同小异。我是借助汉字、汉语拼音来学景颇文。景颇文没有声调不影响我辨认。通常用汉字标注学习,汉字标不出来就用汉语拼音标注景颇语。现在我掌握了景颇文的一些字母,但运用还不太自如,念不下来。其他文字都不懂。

问:您对现行景颇文满意吗,您认为景颇文的发展前景怎样?

答:我非常满意景颇文。景颇族认字的人少,老的文字是基督教早年间到缅甸传教时制定的。缅甸景颇文与我国的景颇文有点差别,现在有些老人只会用缅甸景颇文,我学的是中国的景颇文。景颇族要生存、发展、进步,文字就不可缺少。有了本民族文字,可以记载本民族的传统文化,让景颇族传统更好地传承下去。同时,有了民族文字,可以更好地与景颇族同胞交流。所以我们提倡年轻人学习景颇文,进而学习先进的科学文化知识。

问:景颇族与其他民族交流时的用语情况如何?

答:景颇族只要在一起时,只要会说景颇语都说景颇语。这是长期形成的交流习惯。景颇族和其他民族交流时,会其他民族语的,出于对对方的尊重,说对方的语言,即傣族来了说傣话,傈僳族来了说傈僳话。

景颇族不说景颇话的情况很少,如果出现这种情况,我认为太不像话,好像丢了民族的根本。

问:耿马景颇族支系语言的使用情况怎样?

答:耿马景颇族支系语言已经区分不明显,主要通行景颇话。其他支系语言已经很少使用,有的完全不会。只有孟定景信村贺稳组还有人会讲小山话——载瓦语。我本人也会一点载瓦语,因为奶奶是小山人。现在耿马地区景颇族听不懂也不会讲浪速语、勒期语。

问:怎样看待其他支系语言。

答:作为大山(景颇支系)人,我很想学习其他支系语言,但耿马已经没有人会讲。作为景颇族应该学会其他支系语言,全会更好。

问:相对于德宏的景颇语,耿马的景颇语是否有了一些变化。

答:100多年来语言基本没有什么变化,只是语音有一些小的变化。由于与其他民族生活在一起,相互接触,语音有点这些民族语言的语音。如:和佤族一起生活的景颇族,所说的景颇语音调和佤语相似;和傈僳族居住的景颇族,所说的景颇语与傈僳族音调相似。

问:请您介绍一下耿马景颇族协会的情况。

答:耿马景颇协会成立于2007年4月17日,在弘扬民族传统,增强景颇民族的凝聚力方

面做出了突出贡献。两年来,我们主要做了以下一些工作:

1. 为景颇族发展献计献策。根据当地党委提出的具体要求,做群众工作,服务群众,积极宣传党的方针政策,为县委政府决策的制定提出了可行性的建议。如:协会组织设计、绘制景颇族新民居的草图。

2. 组织文化交流,鼓励学习新知识。耿马景颇族人口很少,消息闭塞,我们组织群众到德宏、缅甸等地观光考察学习。耿马地区老年人对景颇族的历史已经讲不清楚,我们也没有巫师($tum^{31}sa^{33}$),我们有意识地组织一些有天赋的、有上进心的人去德宏和缅甸学习景颇族文化传承方面的知识,同时组织缅甸一些艺人过来互相交流文化。如:学会组织代表团参加耿马傣族泼水节、佤族青苗节等节庆活动,进行交流文化。还积极组团或派员参加昆明云南民族村、德宏陇川县、潞西市和缅甸克钦邦等地举办的目瑙纵歌的节庆活动。我们鼓励寨子里的年轻人到外地出去打工,开阔视野、增长知识,学习新鲜东西。

3. 推广普及景颇文。为了推广本民族文字,增强民族凝聚力,我们从缅甸聘请老师,2008年利用寒暑假,主要针对中小学生,对五个寨子进行了集中扫盲学习。在此期间,大人劳动结束后,利用休息时间学习景颇文。老年人如果愿意学,采用教师家访的方式,通过讲故事、记录故事和背家谱学习景颇文。学会举办的两期景颇文扫盲班,有282人学习了景颇文。现在,我们已经为2009年暑期扫盲做好了准备。

4. 为景颇族硬件设施的改善尽力。耿马景颇族比较分散,协会通过协调政府等各方面的关系,为景颇族修筑了光滑的硬板路。各个景颇族寨子水、电、路也基本畅通。建设了景颇族传统节日广场——目瑙场地及周边保护林。耿马景颇族一到节日便可以到这里庆祝,实行"五年一小庆(请周边民族),十年一大庆(国内、国外景颇族都请)"。

5. 整理文化典籍。在协会的倡导下,《耿马景颇族》一书整理出版。还拍摄了反映耿马景颇族社会经济、历史文化等发展变化的宣传光盘。

6. 做了一些调查工作。通过座谈会,互相沟通,找一些年迈的老人讲述过去的经历,走村串寨了解文化。看看他们所想所做,了解民意。

问:耿马景颇族与周围民族的关系如何?

答:耿马景颇族在全县各民族中人口最少,只占总人口0.38%。景颇族非常注重民族关系,与其他民族互相学习,相处融洽、和谐。景颇族一直受到尊重,从不因人少感到自卑,反而更加发奋努力,提高自身素质。景颇族和周围民族相互信任,互相通婚,互相交往。积极学习其他民族先进生产技术。在生活方式上,解放前,用竹筒、土锅做饭、用芭蕉叶做碗;解放后,逐步学会用碗筷。景颇族和周边民族之间不存在互相歧视。我们地处边界,如果民族关系处理不好,国外不良势力就会渗透过来,政府在协调民族关系方面比较重视,边疆各民族也有很强的自觉性。

问:请您介绍一下耿马县汉语使用情况。

答:整个耿马汉族占大多数,各少数民族基本上都会说汉语,本民族语用于本民族互相来往。与其他民族讲汉语，若对方能听懂民族语，也讲民族语。70岁以上有的讲不出来汉话，但听得懂。此外，国家对工作人员的要求是：工作以后要"同吃同住同劳动"，必须先学会民族语言。

问：您能举一些语言融合的例子吗？

答：景颇族现在的年轻人说话，有时一个句子一半是汉语，一半是景颇语。如"去那里把杯子拿来"，其中的"杯子"就用汉语借词。"南瓜"$ka^{55}khum^{51}$一词，芒艾草坝寨的景颇族已不会说，只会用泛称$nam^{31}si^{31}$"果子"。用汉语说电话号码，新词术语大多用汉语，如"共产党、社会主义、电视、电冰箱"等。

问：别的民族在什么情况下会说景颇话？

答：景颇族分布比较分散，大多是和其他民族混居，但景颇新寨比较纯，大多数是景颇族家庭居住。在景颇族多的地方，其他民族或多或少都会讲景颇话，如孟定芒艾草坝寨中景颇族人数多，汉族、傈僳族、傣族、佤族从大人到小孩会讲景颇语。我老家是草坝寨，有一次回去，寨子其他民族的大人小孩讲景颇语。

问：您对待外语学习什么态度？

答：我孙子七岁了，在幼儿园学习外语，我们鼓励他学习，老一辈没有文化，不能让下一代继续当"盲人"。其次，景颇族是个开放和善于学习的民族。此外，学外语还有一些实用作用，如国家公务员需要考外语等。目前，儿子、媳妇都在学习外语，媳妇做艾滋病防治工作，需要英文基础。

问：耿马景颇族协会将来有什么打算？

答：我认为我们将来工作的重点是：采取一切办法提高全县的景颇族的素质，无论年龄大小，只有提高民族素质才能提高国家素质。具体办法是推广文字，学习先进民族的科技、文化等。

访谈三　　景颇族协会副会长岳世明访谈录

访谈对象：岳世明，景颇族，男，37岁，云南民族大学民族语言专业毕业，大学本科文化，耿马县林业局总支书记，耿马县景颇族协会副会长

访谈时间：2009年7月1日

访谈地点：耿马县金孔雀酒店

访谈人：朱艳华

问：听说您在大学期间是学景颇语文的，请您谈谈耿马县景颇族语言的基本使用情况。

答：耿马县景颇族人口绝大部分都是农村人口，以村落的形式集中，所以在景颇语的使用

上,农村的景颇人都讲景颇语。在耿马的景颇族,按支系来分,有景颇(大山)、载瓦(小山)、浪速、勒期,没有波拉。这些支系的人基本上都能讲景颇语。个别支系家庭在家庭内部会使用本支系语言。如孟定镇景信村委会贺稳组个别支系家庭里,年纪比较大的老人会使用本支系语言,但年轻人都已转用景颇语了。景颇文的推广方面,主要是景颇族协会在做工作,每年寒暑假聘请老师来教中小学生景颇文。这是我们促进景颇语在耿马县推广使用的一个措施。

问:请您介绍一下耿马县景颇族聚居区的分布情况。

答:耿马县的景颇族主要分布在5个自然村。除贺派乡芒抗村景颇新寨与贺稳组主要是景颇族聚居的以外,其他3个自然村都是景颇族与其他民族杂居,各民族交往接触的机会就比较多。不同民族之间相互学习,有些景颇族学会了其他民族的语言,其他民族的人也学会景颇语。在景颇族聚居的地方,如芒抗村景颇新寨与景信村贺稳组,有几户佤族都不说自己的民族语了,转用景颇语了。

问:在这些景颇族聚居区里,人们使用语言的情况怎样?

答:在以景颇族为主的景颇族村里,如景颇新寨,大家见面一般都说景颇语。少数其他民族的人也大都学会了景颇语;个别不会景颇语的,景颇人就会跟他们讲汉语。在景颇族与其他民族杂居的地方,如草坝寨,各民族间互相学习。佤族、拉祜族学习景颇语;景颇族学习佤语、拉祜语。景颇族是一个人口少的民族,比较开放,必须要去适应其他的民族,所以能够积极主动地跟其他民族交往。年纪大的一般都掌握好几种语言,如:汉语、傣语、佤语、傈僳语、拉祜语等。

问:在耿马的几种语言中,汉语、傣语、拉祜语、佤语、傈僳语、布朗语等语言的使用情况如何?其语言功能有什么不同?各民族语言有没有相互影响?

答:使用最多的应是汉语,其次是傣语、佤语。其他民族的语言仅仅在该民族聚居的范围使用。这是与民族构成的比例有关。使用语言时要入乡随俗。比如我们工作时,去一个拉祜村寨,如果能讲拉祜语,那就非常有利于工作。我们工作时,如果掌握那个民族的语言,就主动用那个民族语去交流。根据我的经验,人口数量越少的民族掌握的语言越多。

几种语言会相互影响,主要体现在借词上,有些事和物如果是那个民族先拥有,这个民族就会先命名,然后其他民族就会借用。比如:傣族和景颇族这两个民族,傣族主要生活在坝子里,景颇族生活在山上,各有自己的特点。两个民族的语言相互影响。如景颇族原来不种水田,后来受傣族的影响,学习他们的先进的生产方式后,就借用傣语的 $khau^{33}$ na^{31} "水田"、na^{31} $thai^{33}$ "犁"。还有跟汉族相互借用的,如景颇族以前不用碗,用叶子盛饭,用手抓了吃,后来借用汉语的 a^{31} wan^{33} "碗"、$khoi^{33}$ tse^{51} "筷子"。我发现景颇语主要借用汉语、傣语、缅语、英语。比如:借用英语的有 $tɕa^{31}$ pan^{33} "日本"、pji^{33} ja^{33} "啤酒";借缅语的如 tat^{55} "电"等。借傣语、缅语、英语的最早,借汉语的稍晚。这与景颇族的迁移过程有关。现在我们还创造一些新词。比如"火车",先是借缅语的 mji^{55} tha^{55},后来我们自己又创造了 wan^{31}(火)$leŋ^{31}$(车)"火车"。这样的例子还有一些。

问:其他民族使用景颇语的情况怎样?

答:如果其他民族在景颇族村落里生活,就会使用景颇语。最典型的是孟定镇芒艾村草坝寨,有拉祜族、汉族、景颇族,景颇族稍多一点。其他民族都会用景颇语。

问:景颇族兼用其他语言的情况如何?

答:景颇族都会汉语,年纪大一点的景颇族还会好几种民族语言,除了景颇语之外,还会佤语、傣语、拉祜语等语言。

问:耿马地区有景颇族不同支系的语言,不同支系的语言目前通行的情况如何?

答:支系语言只是在个别家庭内部使用,与外界都讲大山话(景颇语)。

问:放弃自己支系语言而转用景颇语的人有多少?你能举几个例子吗?

答:具体没统计过,大概有三分之二还多一点。比如旅游局的赵局长,他家应该是小山(载瓦)支系,但现在讲大山话,小山话一点都不会讲了。在草坝寨姓何的都是载瓦支系,基本都说景颇话了。贺稳组也有。景颇新寨李校长应该是浪速支系,但也讲景颇语了。

问:您家庭使用语言的情况怎样?

答:我家兄弟姊妹有7人,都会说景颇语。二嫂是汉族,但是会听景颇语。我的小家庭里,我跟爱人讲汉语,跟女儿有意识地讲景颇语,与母亲讲景颇语。我还特地把母亲接过来教女儿景颇语。

问:为什么特地把母亲请过来教女儿景颇语?

答:我认为小孩如果小时候不学景颇语,以后就很难掌握了,所以想有意识地教她。因为我们是景颇族,应该会讲景颇话。如果女儿不会景颇语,跟农村亲戚交流时有隔膜,缺乏亲切感。我女儿现在已经会听一些简单的景颇语了。像我们这样具有这种意识的景颇人还是比较多的。

问:耿马的景颇族只有1004人,在以傣族、佤族、汉族为主的地方为什么能如此完好地保存使用?您对耿马景颇语的发展前景作何估计?

答:对这个问题,我有过一些思考,但不成熟。我结合个人感受,认为:第一,要有一种民族自豪感,不因自己的民族成分而自卑。这是最关键的。要对自己的民族有信心,这样不管在哪里都敢于讲自己的民族语。第二,我们虽然人少,但在耿马形成了一种语言社区,在这个社区里就以景颇语为主要的交际工具,形成景颇语的语言社区。跟外面的人交流时,如果别人懂景颇语就跟他讲景颇语,这样会有一种亲切感。不会的就主动用其他语言交流。第三,景颇族积极弘扬自己的民族文化,对景颇语的保留有帮助。主要是节庆(目瑙纵歌节)活动、民间歌舞,特别是景颇歌曲,都是以景颇语演唱,对景颇语的普及能起到一定的推动作用。

我对耿马景颇语的前景比较乐观。因为有政府、景颇族协会在景颇语的推广、普及方面做了很多工作,所以老百姓也都很愿意学景颇语、景颇文。除了学生外,还有一些干完农活的农民也愿意参加我们的景颇文培训。我再强调一句:耿马景颇语的前景是比较乐观的。

今后,我们还想进一步推广景颇族文字。

访谈四　　耿马县旅游局局长赵智明访谈录

访谈对象:赵智明,景颇族。耿马县旅游局局长、耿马景颇族协会副会长
访谈时间:2009年7月1日上午
访谈地点:耿马金孔雀宾馆
访谈人:范丽君、林新宇

问:请您介绍一下您的个人情况。

答:我1967年出生于景颇新寨,1974年上小学,1982年初中毕业,1985年高中毕业,后在贺派税务所工作。1987年在位于国门的孟定清水河税务检查站工作。1993年至1995年在省委党校脱产学习经济管理,回来后在孟定国税分局工作。1997年先后任耿马国税分局副局长、副支部书记职务。1999年任四排乡副乡长。1999年至2001年间,边工作边读完中央党校经济管理专业函授课程。2001年至2003年间,先后担任耿马县民宗局副局长、县纪委纪检室副主任。2003年至2007年任耿马县纪委副书记。2007年至今任旅游局局长。

问:请您介绍一下您家庭的语言使用情况。

答:我第一语言是景颇语。我妻子是汉族,不懂民族语。女儿马上升初中三年级,基本不会说景颇语,只会一点景颇语日常用语。家里用汉语交流。

问:您的孩子不会说景颇语,在县城居住的很多家庭孩子景颇语已不太会说,这样下去说景颇语的人会越来越少。你怎么看这个问题?

答:我女儿小的时候是我母亲带的,我母亲说景颇语,所以她三岁以前只会景颇语,不会讲汉语,上了幼儿园和小学后,因为学校没有语言环境,家里也没有景颇语环境,慢慢就忘记了。下一代景颇语逐渐退化的问题我们也意识到了,语言是民族的根本,我们偶尔有意识地灌输景颇语,如吃饭时,用景颇语告诉她一些菜的名字。不光是我们景颇族,其他民族也存在这个问题。如:报了傣族不会傣话现象很普遍。现在,云南民族大学来招录学生时,要考试学生民族语情况,今年我们就有一个学生,父亲、母亲都是景颇族,考试时用景颇语交流,考取应该没有问题。这个促使我们政府也开始关注民族语言传承问题,云南民族大学和耿马政府已经签订协议,计划五年内培养少数民族干部。现在民族语言的口语已经得到重视。大学招生的刺激、民族意识的增强、民族工作的需要、家庭重视等因素,我们会尽量教孩子学习本民族语言。

问:现在我们耿马地区有双语学校吗?

答:现在我们耿马县有民族中学,如京云民族中学,即耿马一中,还有孟定民族中学,其前身是耿马民族中学。遗憾的是这两所学校都不采用双语教学,全县学校都是汉语教学。但10多年前,我们有乡村的双语学校,傣族、佤族都有双语教学的学校。我在四排乡工作时,教师既

懂民族语又懂汉语,学生不会说汉语,用民族语主讲解释,双语共同发展。如今已经没有这种模式了。我认为在民族聚居区,还是应该有双语教学的学校。

问:景颇族的经济状况在耿马县处于什么地位?

答:景颇族温饱没有问题,但是"有一顿算一顿"、不精打细算、不想更远的事情的观念还存在。还缺乏先进的经营管理方式。如我们现在种甘蔗,没有扩大再生产方面的意识。总体来说,景颇族发展甘蔗产业后,草房变成了新的民居房,成为了旅游示范点。在其他民族中处于中等地位。

问:作为旅游局长,您认为景颇族应该怎样发展旅游业?

答:从整体状况来说,临沧地区的旅游处于萌芽状态。我们耿马主要发展历史文化、民族风情、自然景观等方面的旅游产业。如耿马县城的民俗博物馆、总佛寺等都是著名文化保护单位。对我们景颇族来说,可以考虑以景颇新寨为基础,让外来游客走进景颇寨,参观景颇民族文化风情、历史文字图片、景颇民居,还有我们目瑙纵歌场地和周边保护林。对于未来的发展,我们计划下一步加大基础设施建设,如整洁村容、改善卫生条件、设立公厕、建设娱乐场所、打造精品文化工程、深入挖掘和弘扬景颇族文化。

问:目瑙纵歌节是我们景颇族的传统节日,请您简单介绍一下。

答:耿马自治条例上规定的法定节日有泼水节、青苗节。我们耿马目瑙纵歌节从1993年开始举行,由耿马景颇族协会组织运作,一般十年一大庆、五年一小庆。2007年目瑙纵歌节规模最大。我们邀请德宏、缅甸、丽江等地共500多景颇族人参加,还有其他民族都受邀前来,参加整个活动的共一千多人。目瑙纵歌活动期间,我们开展了一系列民间竞技活动,如打陀螺、打弹弓、歌舞比赛等。每个寨子都表演了丰富多彩的节目。各民族之间、景颇族之间互相交流文化,增进了民族团结和民族归属感。耿马景颇族热衷于保护自己的民族文化,我们大部分经费都是自己筹集的。

问:景颇族对其他民族的文化发展有什么影响?

答:景颇族传统文化的保护,对下一代发展都是有利的,对民族融合和经济发展都有利。通过节庆活动,民族之间互相传递信息,民族之间互相攀比进步、发展。耿马景颇族协会的成立,对别的民族文化传承起到了间接的推动作用,带动其他民族保护自己的文化。其成立后,傣族佛学学会、佤族学子学会也相继成立,为弘扬民族文化起到了促进作用。

问:景颇族和周边民族相处关系如何?

答:景颇族喜欢在半山半坝地区生活。从古至今,景颇族在耿马一直是受尊重的民族。景颇族的周边有汉族、傣族、佤族和傈僳族等,大家相处十分融洽。如各民族过节、婚丧嫁娶时会奔走相告,互相邀请。景颇族和汉族、傣族、佤族等都通婚,我们寨子娶佤族媳妇的很多。民族融合可使边疆稳定,二者是辩证关系,我们这里已经做到了。

问:你对少数民族掌握汉语是怎么看的?

答:年轻人学会汉语,便于和各民族进行交流,到发达地区去求进步、求发展。我们景颇是开放的民族,一直以来我们都渴求先进文化知识。学好汉语有利于我们掌握先进文化和科学技术。

访谈五　　耿马县委组织部干部监察科科长岳向东访谈录

访谈对象:岳向东,景颇族,50岁,初中毕业,耿马县委组织部干部监察科科长,原芒抗村景颇组人

访谈时间:2009年7月11日

访谈地点:耿马县天鹅湖宾馆

访谈人:乔翔

问:您好!请先谈谈您个人的经历。

答:我的祖籍在德宏陇川县,爷爷、父母都是那边的人。我出生在耿马县景颇新寨,在耿马和德宏两地长大。1975年初中毕业时16岁,到耿马防疫站参加工作。1976年1月参军入伍,在西安服役8年。退伍后分配至贺派农机管理站,待了6个月,之后调到耿马农机局。1990年到耿马县委组织部,一直工作至今。

问:你会什么语言?怎样学会的?

答:我会说景颇语、傣语、佤语、汉语,四种语言说得都很熟练。从小就基本上跟这几个民族的人玩耍、读书、交往,自然而然就学会了。工作以后,也跟傣族、佤族、汉族有很多接触。我还会说缅语,虽然讲得不太好,但是不影响交流,是平常跟缅甸那边的亲戚交往时学会的。

问:您在缅甸有亲戚?

答:是的,我母亲的亲戚大部分在缅甸,我外公的弟兄多,新中国成立前就在那边。景颇族是跨国民族,亲戚之间是跨国交往。我外公这一支解放前就迁来德宏,那时他是景颇族的头人。解放后,政府专门组织这些头人到北京等地参观,让他们看看国家的形势,回来后给他们发工资,算作国家工作人员,让他们为民族做点事。外婆死得早,外公带着我母亲参加工作队,就是民族土改队。外公"文革"期间经常受政治运动的冲击,三天两头接受隔离审查,我母亲受不了,就回乡务农了。当时,景颇族以及其他少数民族跟汉族同胞交往少,还听不懂汉语,政府让过去的民族头人做本民族的工作,就能说得通。外公1956年就去世了。我母亲还健在,她会说景颇语、傣语、佤语、汉语,她虽然年纪大了,口齿不清,但还是会说。

问:您妻子是什么民族的?你们家庭用语是什么?

答:我妻子是汉族,祖籍四川,她的父亲是南下解放耿马的老革命。在我家里,主要说汉语。我儿子是他妈妈和外公、外婆带大的。我妻子那时在勐撒教书,我在耿马忙于自己的工作,没怎么跟儿子一起生活。我儿子的景颇语都是后来学会的,他上学时有寒暑假,每到假期

就回景颇新寨探望奶奶,和寨子里的小孩玩耍,慢慢地就会听景颇语,但他说得不太标准。我孙女才2岁,会说景颇语,因为是我带,经常跟她交谈,她就会说了。

问:您对耿马和德宏两地都比较熟悉,请您谈谈景颇族的特点好吗?

答:景颇族的优点是善于向其他民族学习,就像耿马景颇族协会的会歌《团结之歌》里唱到的:我们要学习世界先进的科技知识,再困难也要站稳脚跟坚持下去。耿马的景颇族学习了很多其他民族良好的生活方式,解放前我们还是原始的生活方式,有许多不好的习惯,现在有些都破除了。我们学习先进的文化和技术,提高自己的生活水平。当然,有些习惯是历史传下来的,不可能一下子改掉,需要慢慢地改变。要是永远不善于总结,学了不用,那是不行的。

问:您觉得耿马县的景颇族与其他民族的关系怎么样?

答:耿马县民族关系比较和谐。景颇族善于跟其他民族接触。过去,景颇人受过其他民族统治者的欺负,但是他们进行了斗争,不受屈辱。解放前,耿马土司待景颇族为上客,允许他们带刀进入土司府,也不用跪拜土司。因为景颇族的习俗是不跪不拜,刀不离身,土司也得尊重,就不要求他们遵守其制度。新中国成立后,景颇族相信共产党,坚定地跟着党走,不会做分裂国家和民族的事。虽然景颇族是跨国民族,但却没有分裂的思想。以前民族之间有相互歧视、相互不满,引起很多矛盾和冲突,现在我们都相信党的执政能力,对生活感到满意,都认为没有必要去争斗。

问:您认为耿马县多民族语言和谐与民族的和谐有关系吗?

答:语言和谐肯定与民族和谐有关。现在在国家的领导下,各民族都在寻求发展,要有和和睦睦的环境,经济、文化和语言等的发展和社会环境的安定团结都有关系。

问:在我们调查走访过耿马县景颇族分布的5个村寨后,发现族际婚姻对景颇语有很大的影响。也就是说纯景颇族的家庭,其语言保持得很好,而族际婚姻家庭,景颇语会有不同程度的下降。您是怎么看待这种现象的?

答:我觉得这和家庭教育方式有关。如果父母有这种心:我是景颇族,不能丢了景颇语,那么景颇语就真的不会丢。如果觉得自己的孩子说什么语言都无所谓,那景颇语就真的要丢了。比如,我家儿媳是傣族,但我跟孙女讲景颇语,她现在才两岁,就懂了汉语和景颇语。孙女跟我讲景颇语,跟妈妈、奶奶讲汉语,跟她爸爸两种语言都讲。族际婚姻的家庭,景颇语的使用受到影响是很正常的,但如果父母不引起重视是很让人痛心的,我们的语言会失传的。所以,小孩不会说景颇语不能怪小孩,要怪大人。小孩说什么语言,人人都不管不问,这就是不负责任的表现。我们要教育的是大人,而不是孩子。

问:作为您这样一个景颇人,您会用什么样的方式去教育这些大人呢?

答:我有时间就要开导他们的思想,能劝多少劝多少。我跟他们说,你们的孩子不需要找专门的老师去学汉语或傣语等其他民族的语言,他们跟其他民族的孩子一起玩耍、一起上学后,自然就会讲那些民族的语言了。小孩在外面讲什么语言不需要管,但是回到家后必须跟他们说景颇语,而且父母要经常跟子女交流,这样我们民族的语言才不会丢,才能祖祖辈辈流传下去。

问：除了村寨，族际婚姻对城镇的景颇族家庭用语有什么影响？

答：机关单位的景颇族，家庭用语就不能保持纯粹的景颇语环境了，甚至多数以汉语为交际用语。孟定镇的机关里，讲景颇语的是岳红卫家，他是孟定遮哈小学教师，全家都讲景颇语。还有耿马景颇族协会会长何荣的侄女何美英家，她跟儿子讲景颇语。其他家庭就都讲汉语了，因为家里有汉族的家庭成员。

问：这只是耿马景颇族存在的一个现象吧，德宏景颇族自治州的情况是不是会好一些？

答：德宏也有这种现象。因为工作的关系，我一年要去那里好几回。国家机关单位的景颇族家庭，有一些已经是这样了。比如，跟我相处得比较好的两个家庭，夫妻俩都是景颇族，也都是国家公务人员，他们在机关和社会上都说汉语，回家后还是说汉语，说来说去都是汉语。小孩在家里和外面接触最多的是汉语，景颇语自然说得不好了。我就经常跟他们说，你们回家后应该说景颇语，这样小孩才能学会。我今年还没有去过他们家，下次去我要了解了解他们有没有改变。

问：城镇景颇族家庭出现了景颇语能力下降，村寨中又是什么情况，请您谈谈好吗？

答：我在耿马生活工作了很多年，这里景颇族家庭的情况都很了解，自己也曾去过各个村寨进行入户调查。拿孟定镇景信村的贺稳组来说，全组有 63 户景颇族，其中有些家庭是族际婚姻家庭。不管是纯景颇族家庭，还是景颇族和其他民族组成的家庭，语言使用没什么区别。汉族的媳妇或丈夫，刚来时不懂景颇语，在家里和村寨里还是说汉语，时间长了就慢慢学会了。年纪稍大的，虽然会听，但是不敢讲，生怕自己讲得不好遭人笑话。但是他们的孩子跟母亲说景颇语，跟父亲说汉语。我家三个妹夫都是汉族，二妹夫是贵州人，在耿马当过兵，和妹妹相识后就留在了这里，现在在耿马县华侨农场工作，另外两个妹夫都在芒抗村景颇组。我妹妹们的孩子和妈妈都讲景颇语，和爸爸讲汉语。妹夫他们会讲景颇语，但是不敢讲。

问：您知道还有哪个村寨的景颇语出现转用或下降的现象？

答：邱山村 2 组有五六户景颇族家庭是族际婚姻家庭。组长岳国华家是纯景颇族家庭，唯独他家在家说景颇语，因为他父母都是景颇族。其他家庭是和拉祜族或汉族结亲的，家庭用语是拉祜语掺杂汉语，以拉祜语为主。弄巴村的佤族占多数，有 500 多户，汉族和景颇族都是少数，那拢组有景颇族家庭 20 多户，虽然景颇语保持得很好，但在有些发音上带了佤语口音。比如吃饭是"$\varepsilon at^{31} \varepsilon a^{55}$"，受佤语影响说成了"$sat^{31} sa^{55}$"，这不怪他们，是佤语环境的影响。芒艾村草坝寨有 50 多户景颇族，多数家庭讲景颇语，也有个别家庭一家都是景颇族，但是都讲汉语，这样的人也是少数。

问：您对推广景颇文的看法是什么？

答：我非常赞成推广景颇文。因为有了文字才能光大自己的民族。

问：请您预测一下耿马景颇语的发展趋势。

答：景信村贺稳组、芒艾村草坝寨、芒抗村景颇组的景颇语还会一直保留下去，因为这 3 个村寨都是以景颇族为主,景颇语的使用保持得很好。弄巴村那拢组的景颇语虽然受佤语的影响,景颇族说话时带有佤语的口音,但是景颇语还是会一直保留下去。邱山村2组的情况就不好说了,因为年轻的父母这一代,和其他民族通婚的较为普遍,家庭内部就不说景颇语了,下一代就更不会说了,将来他们也要跟其他民族通婚,以后景颇语就会慢慢失传。

二 景颇语水平 400 词测试统计表和测试记录

一 400 词测试表

序号	汉义	新寨景颇语	岳子超①	杨军	杨春	岳颖	岳云飞	岳忠伟	赵智勇	岳志明	何文②
1	天	lă³¹ mu³¹	A③	A	A	A	A	A	A	A	A
2	太阳	a³¹ tɕan³³	A	C	A	A	A	A	A	A	A
3	月亮	să³³ ta³³	A	A	A	A	A	A	A	A	C
4	星星	tsă³³ kan³³	C	A	A	A	A	A	A	A	C
5	云	să³³ mui³³	D	C	A	A	A	A	A	A	A
6	风	n³¹ puŋ³³	A	A	A	A	A	A	A	A	A
7	雨	mă³¹ ʒaŋ³³	A	A	A	A	A	A	A	A	A
8	火	a³¹ wan³¹	A	A	A	A	A	A	A	A	A
9	(火)烟	wan³¹ khut³¹	B	A	A	C	A	A	A	A	B
10	气	n³¹ saʔ³¹	A	A	A	B	A	A	A	A	A
11	山	a³¹ pum³¹	A	A	A	A	A	A	A	A	A
12	洞	a³¹ kha³³	A	A	A	A	A	A	A	A	A
13	井	kha³¹ thuŋ³³	A	A	A	B	A	B	A	B	B
14	路	a³¹ lam³³	A	A	A	A	A	A	A	A	A
15	土	a³¹ ka⁵⁵	A	A	A	A	A	A	A	A	A
16	水田	khă⁵⁵ na⁵¹	A	C	A	A	A	A	A	A	A
17	石头	n³¹ luŋ³¹	A	A	A	A	A	A	A	A	A
18	沙子	sai³¹ pʒu³¹	A	A	A	A	A	A	A	A	A
19	水	kha³¹;n³¹ tsin³³	A	A	A	A	A	A	A	A	A
20	金子	a³¹ tɕa³¹	B	A	A	A	A	A	A	A	A
21	银子	kum³¹ phʒo³¹	A	A	A	A	A	C	A	D	A
22	铜	mă³¹ kʒi³³	D	C	C	C	A	A	A	A	C
23	铁	a³¹ phʒi³¹	A	A	A	A	A	A	A	A	C
24	盐	a³¹ tɕum³¹	A	A	A	A	A	A	A	A	A
25	村子	kă³¹ thoŋ³¹	A	A	A	A	A	A	A	A	A

① 岳子超、杨军、杨春等九位是被测试人姓名。

② 何文出生于耿马县孟定镇芒艾村草坝寨,他的语言状况与新寨景颇语大致相同。我们也对他进行了测试,也把测试结果一并放入表中。

③ 测试标准:分 A、B、C、D 四级。各级水平如下:A:能脱口而出的;B:想之后说出的;C:经提示后能说出的;D:经提示仍不知的。

序号	词	音标									
26	桥	mă³¹ khʒai³³	A	A	A	C	A	A	A	A	C
27	坟	a³¹ lup³¹	A	A	A	A	A	A	B	A	A
28	身体	a³¹ khum³¹	B	A	A	A	A	A	A	A	A
29	头	a³¹ po³³	A	A	A	A	A	A	A	A	A
30	头发	kă⁵⁵ ʒa⁵⁵	A	A	A	A	A	A	A	A	A
31	辫子	ka⁻⁵⁵ ʒa⁵⁵ mă³¹ khʒi⁷³³	C	D	A	A	A	A	B	C	D
32	眼睛	a³¹ mji⁷³¹	A	A	A	A	A	A	A	A	A
33	鼻子	lă⁵⁵ ti⁵¹	A	A	A	A	A	A	A	A	A
34	耳朵	a³¹ na³³	A	A	A	A	A	A	A	A	A
35	脸	man³³	A	C	A	A	A	A	A	A	A
36	嘴	n³¹ kup³¹	A	A	A	A	A	A	A	A	A
37	脖子	a³¹ tu⁷³¹	A	A	A	A	A	A	A	A	A
38	肩膀	kă³¹ pha⁷³¹	A	A	A	B	A	A	A	A	A
39	背	sum³¹ ma³³	C	C	A	A	A	A	B	A	C
40	肚子	a³¹ kan³³	A	C	A	A	A	A	A	A	A
41	肚脐	să³¹ tai³³	C	C	A	C	A	A	A	A	A
42	脚	lă³¹ ko³³	A	A	A	A	A	A	A	A	A
43	手	ta⁷⁵⁵ ; lă³¹ ta⁷⁵⁵	A	C	A	A	A	A	A	A	A
44	手指	ta⁷⁵⁵ lă³¹ tsa³³	D	A	A	A	A	A	B	A	C
45	指甲	lă³¹ mjin³³	A	A	A	A	A	A	A	A	C
46	血	a³¹ sai³¹	A	A	A	A	A	A	A	A	A
47	筋	lă⁵⁵ sa⁵⁵	B	D	A	A	A	A	A	A	C
48	脑髓	po³³ nu⁷⁵⁵	A	A	A	B	A	A	A	A	A
49	骨头	n³¹ ʒa³³	A	A	A	A	A	A	A	A	A
50	肋骨	kă³¹ ʒep³¹	D	C	A	C	A	A	B	A	C
51	牙齿	a³¹ wa³³	A	A	A	A	A	A	A	A	A
52	舌头	siŋ³¹ let³¹	A	A	A	A	A	A	A	A	A
53	喉咙	mă³¹ ju⁷³¹	B	D	A	C	A	C	A	A	C
54	肺	sin³¹ wop⁵⁵	D	A	A	B	A	B	A	A	C
55	心脏	să³¹ luɱ⁷⁷	D	B	A	A	A	B	C	B	D
56	肝	sin³¹ tʃa⁷³¹	A	D	D	D	A	A	B	D	C
57	胆	tsă³¹ kʒi³¹	D	C	D	C	A	A	A	A	C
58	肠子	a³¹ pu³¹	A	A	A	B	A	A	A	A	A
59	屎	khji⁵⁵	A	A	A	A	A	A	A	A	A
60	尿	tɕit³¹	A	A	A	A	A	A	A	A	A
61	汗	să³¹ lat³¹	A	A	A	A	A	A	A	A	B

62	鼻涕	nep³¹	A	A	A	A	A	A	A	A	C
63	眼泪	mji³¹ pʒi³³ si³¹	B	C	A	A	A	A	A	A	C
64	脓	mă³¹ tɕui³³	B	D	D	C	A	A	B	A	D
65	尸体	maŋ³³	B	C	A	A	A	A	A	A	C
66	汉族	mji³¹ wa³¹	A	A	A	A	A	A	A	A	A
67	人	mă³¹ ɕa³¹	A	A	A	A	A	A	A	A	C
68	小孩儿	a³¹ ma³¹	A	A	A	A	A	A	A	A	A
69	老头儿	tiŋ³¹ la³³	A	A	A	A	A	A	A	A	A
70	老太太	kum³¹ kai³³	A	A	A	A	A	A	A	A	A
71	姑娘	mă³¹ khon³³	A	C	A	A	A	A	A	A	A
72	士兵	phjen³³ la³³	A	C	A	A	A	A	A	A	A
73	巫师	tum³¹ sa³³	B	C	A	C	A	A	A	A	C
74	贼	lă³¹ kut³¹	A	A	A	B	A	A	A	A	C
75	朋友	mă³¹ naŋ³³	A	A	A	A	A	A	A	A	C
76	瞎子	mji⁷³¹ ti⁵⁵	A	D	A	A	A	A	A	B	C
77	主人	mă³¹ tu⁷³¹	A	C	A	A	A	A	A	A	B
78	客人	mă³¹ nam³¹	B	C	B	C	A	A	A	C	B
79	爷爷	khai³¹ la³³	D	A	A	A	A	A	A	A	A
80	奶奶	khai³¹ num³³	A	A	A	A	B	A	A	A	A
81	父亲	wa̠⁵¹	A	A	A	A	A	A	A	A	A
82	母亲	nu̠⁵¹	A	A	A	A	A	A	A	A	A
83	儿子	la³³ ɕa³¹	A	A	A	A	A	A	B	A	A
84	女儿	num³³ ɕa³¹	A	A	A	A	A	A	A	C	A
85	女婿	kă³¹ khʒi³³	B	D	A	C	A	A	A	A	D
86	孙子	kă³¹ ɕu⁵¹	B	A	A	C	A	A	A	A	A
87	哥哥	kă³¹ phu⁵¹	A	A	A	B	A	A	A	A	A
88	姐姐	kă³¹ na³³	A	A	A	A	A	A	A	A	A
89	嫂子	ʒat⁵⁵	D	D	A	A	A	A	A	A	A
90	亲戚	tɕiŋ³¹ khu⁷³¹	A	C	A	A	A	A	A	A	C
91	岳父	a⁵⁵ tsa⁵¹	D	D	A	A	A	A	C	A	B
92	岳母	a³³ ni³³	D	D	A	A	A	B	A	A	C
93	丈夫	mă³¹ tu⁷³¹ wa³³	A	A	A	A	A	A	A	A	A
94	妻子	mă³¹ tu⁷³¹ tɕan³³	A	A	A	A	A	A	A	A	A
95	寡妇	kai³¹ ta⁵⁵	D	C	A	B	A	A	A	A	C
96	孤儿	tsă³¹ khʒai³³	D	C	A	C	A	B	A	A	C
97	牛	a³¹ ŋa³³	A	A	A	A	A	A	A	A	A

98	黄牛	tum³¹ su³³	A	A	A	C	A	A	A	A	C
99	水牛	wă³³ loi³³	B	C	A	A	A	A	A	A	C
100	犄角	n³¹ ʒuŋ³³	B	A	A	C	A	A	A	A	B
101	毛	a³¹ mun³³	A	A	A	A	A	A	A	A	A
102	尾巴	la³¹ mai³¹	A	A	A	A	A	A	A	A	C
103	马	kum³¹ ʒa³¹	A	A	A	A	A	A	A	A	A
104	绵羊	tsă⁵⁵ ku⁵¹	D	D	D	D	A	B	A	C	D
105	山羊	pai³¹ nam³³	B	C	A	A	A	A	A	A	A
106	猪	a³¹ waʔ³¹	A	A	A	A	A	A	A	A	A
107	狗	a³¹ kui³¹	A	A	A	A	A	A	A	A	A
108	猫	a³¹ ŋjau³³	A	A	A	B	A	A	A	A	A
109	兔子	pʒaŋ³¹ tai⁵⁵	A	C	A	A	A	A	A	A	C
110	鸡	a³¹ u³¹	A	A	A	A	A	A	A	A	A
111	公鸡	u³¹ la³¹	A	A	A	A	A	A	A	A	A
112	翅膀	suŋ³¹ ko³³	A	A	A	A	B	A	A	A	D
113	鸭子	kha³³ pjek⁵⁵	A	A	A	A	B	A	A	A	A
114	鹅	ɕaŋ³³ ma³³	B	D	A	A	A	A	A	C	D
115	鸽子	u³¹ ʒa⁵⁵	D	C	A	B	A	B	A	A	D
116	老虎	să³³ ʒo³³	A	A	A	D	A	A	A	C	A
117	龙	pă³¹ ʒen³¹	A	A	A	A	A	A	A	A	A
118	猴子	a³¹ woi³³	A	A	A	A	A	A	A	A	A
119	象	mă³¹ kui³³	D	D	A	A	A	A	A	A	C
120	熊	tsap⁵⁵	D	D	D	C	A	A	A	A	A
121	野猪	waʔ³¹ tu³¹	A	A	A	C	A	A	A	A	A
122	麂子	ɕan³¹ ŋa³³	A	C	A	D	A	A	A	A	A
123	老鼠	a³¹ ju⁵⁵	D	A	A	A	A	A	A	A	A
124	鸟	a³¹ u³¹	A	A	A	A	A	B	A	A	B
125	老鹰	kă³¹ laŋ³³	A	A	B	C	B	B	A	A	C
126	猫头鹰	mjiʔ³¹ khu⁵⁵ mji³¹ lot⁵⁵	A	D	A	D	A	A	A	A	D
127	麻雀	uʔ¹ tsa²²	B	D	D	D	B	B	A	A	C
128	孔雀	u³¹ toŋ³³	B	A	A	D	A	A	B	A	C
129	蛇	lă³³ pu³³	A	A	A	A	A	A	A	A	A
130	青蛙	a³¹ ɕuʔ³³	A	A	A	A	A	A	B	A	C
131	鱼	a³¹ ŋa⁵⁵	A	A	A	A	A	A	A	A	A
132	鳞	să³¹ lap³¹	D	D	C	C	A	C	A	A	C
133	虫	ɕiŋ³³ tai³³	A	A	A	A	A	A	A	A	C

序号	词	读音									
134	跳蚤	wa⁵¹ khă³³ li³³	A	D	A	C	A	A	A	A	D
135	苍蝇	mă⁵⁵ tɕi⁵¹	B	D	A	B	A	A	A	A	C
136	蚊子	tɕi⁵¹ kʒoŋ³¹	A	A	A	A	A	A	A	A	C
137	蚯蚓	kă³³ tɕin³³ tɕai³³	B	C	C	C	A	A	B	C	C
138	蚂蟥	toŋ³¹ pjin³¹	A	B	A	A	A	A	A	C	C
139	蚂蚁	kă³³ kjin³³	B	A	B	A	B	A	A	A	B
140	蜜蜂	lă³¹ kat³¹	A	A	B	A	A	A	A	C	A
141	蝴蝶	pă⁵⁵ lam⁵¹ la²⁵⁵	D	D	A	A	A	A	A	A	C
142	树	a³¹ phun⁵⁵	A	A	A	A	A	A	A	A	A
143	根	a³¹ ʒu³¹	A	C	A	C	A	A	A	A	A
144	叶子	a³¹ lap³¹	A	A	A	A	A	A	A	A	A
145	花	a³¹ pu³¹	A	A	A	A	A	A	A	A	A
146	水果	nam³¹ si³¹	A	A	A	A	A	A	A	A	C
147	松树	mă³¹ ʒau³³ phun⁵⁵	B	C	A	C	A	A	A	A	C
148	竹子	kă⁵⁵ wa⁵⁵	A	A	A	A	A	A	A	A	A
149	藤子	sum⁵⁵ ʒu⁵¹	D	D	D	D	A	A	A	C	A
150	刺儿	a³¹ tɕu⁵⁵	A	A	A	A	A	A	A	A	B
151	梨	mă³³ ko³³ si³¹	B	C	A	A	A	B	A	C	C
152	芭蕉	lă³³ ŋu³³	B	A	A	A	A	A	A	A	A
153	甘蔗	kum⁵⁵ ɕu⁵⁵	A	A	A	A	A	A	A	A	A
154	核桃	po³¹ si³¹	D	D	C	D	A	A	A	D	B
155	大米	a³¹ mam³³	A	A	A	A	A	A	A	A	B
156	糯米	n³¹ ku³³	A	D	A	A	A	A	A	A	C
157	种子	a³¹ li³³	B	C	B	B	A	A	A	A	C
158	秧	a³¹ poŋ³¹	A	D	C	C	B	A	B	A	D
159	穗	n⁵⁵ si⁵¹	D	D	B	A	C	B	C	A	B
160	稻草	ji⁵⁵ khu⁵⁵	D	C	D	C	A	A	A	A	C
161	玉米	khai⁵⁵ nu³³	A	A	A	A	A	A	A	A	A
162	棉花	pă³¹ si³³	B	D	C	C	A	A	A	A	D
163	辣椒	mă⁵⁵ tɕap⁵⁵	A	A	A	A	A	A	A	A	A
164	葱	kho³¹ poŋ³³	B	A	D	B	A	A	A	A	C
165	姜	să⁵⁵ nam⁵⁵	A	A	A	A	A	A	A	A	A
166	南瓜	kă⁵⁵ khum⁵¹	A	A	A	A	A	C	A	A	A
167	黄瓜	n³³ kjin³³	A	A	A	A	A	A	A	A	A
168	黄豆	lă⁵⁵ si⁵¹	D	D	A	C	A	A	A	A	C
169	花生	ka⁵⁵ lă⁵⁵ si⁵¹	A	A	A	A	A	B	A	A	A

170	芝麻	tɕiŋ⁵⁵ nam⁵¹	D	D	C	C	A	A	A	A	C
171	草	nam³¹	A	A	A	A	A	A	A	A	B
172	蘑菇	mă⁵⁵ ti⁵¹	A	C	A	B	A	A	C	A	A
173	木耳	mă⁵⁵ kʒat⁵⁵	A	D	A	B	A	A	A	A	C
174	米	n³³ ku³³	A	A	A	A	A	A	A	A	A
175	饭	a³¹ ɕat³¹	A	A	A	A	A	A	A	A	A
176	粥（稀饭）	pha⁽³¹⁾	A	A	A	A	A	A	A	A	A
177	肉	a³¹ ɕan³¹	A	A	A	A	A	A	A	A	A
178	花椒	mă³³ tɕaŋ³³ si³¹	B	C	A	C	A	A	A	A	C
179	(鸡) 蛋	ti³¹	A	A	A	A	A	A	A	A	A
180	酒	tsa⁽⁵⁵⁾	A	A	A	A	B	A	A	A	A
181	茶	pha⁽³¹⁾ lap³¹	A	A	A	A	A	A	A	A	A
182	药	tsi³¹	A	A	A	A	A	A	A	A	A
183	线	a³¹ ʒi³¹	A	C	A	A	A	A	A	A	A
184	布	sum³³ pan³³	A	C	A	A	B	A	A	A	C
185	衣服	pă³³ loŋ³³	A	A	A	A	A	A	A	A	A
186	裤子	lă³¹ pu³¹	A	A	A	A	A	A	A	A	A
187	头帕	puŋ³¹ kho⁽⁵⁵⁾	A	A	A	A	B	C	A	A	A
188	帽子	po³³ tɕop⁵⁵	A	C	A	A	A	A	A	A	D
189	鞋	tsau³¹ khai³¹	A	A	A	A	A	A	A	D	A
190	戒指	la³¹ tɕop⁵⁵	A	C	A	A	A	A	A	A	D
191	手镯	lă⁵⁵ khon⁵¹	D	D	A	A	A	B	A	A	C
192	枕头	puŋ³¹ khum⁵⁵	A	A	A	A	A	A	A	A	A
193	房子	n⁵⁵ ta⁵¹	A	A	A	A	A	A	A	A	A
194	墙	tsă⁵⁵ kum⁵¹	B	D	D	C	B	A	A	C	B
195	柱子	tsă⁵⁵ to⁵⁵	B	D	C	C	A	A	A	A	A
196	门	tɕiŋ³³ kha³³	B	D	A	A	A	A	A	A	A
197	窗子	khă⁵⁵ wat⁵⁵	C	D	D	D	A	A	A	D	D
198	园子	a³¹ sun⁵⁵	C	A	B	A	A	A	A	A	D
199	桌子	tsă³¹ poi⁵⁵, phun³³	D	A	D	A	A	A	A	C	D
200	镜子	tɕam³¹ na³³	D	A	A	D	A	A	A	C	C
201	扫帚	tiŋ³¹ je⁵⁵	A	A	A	A	A	B	A	A	C
202	盖子	mă³¹ kap³¹	A	C	A	A	A	A	A	A	A
203	蒸笼	puŋ³¹ khʒoŋ³³	C	D	A	C	A	B	A	A	B
204	刀	n³¹ thu³³	A	A	A	A	A	A	A	A	A
205	勺子	la⁽³¹⁾ tɕau³³	D	D	D	D	A	B	A	C	D

序号	词	语音								
206	三脚架	mă³¹ khʒa³¹	D	C	C	C	B	A	A	C	C
207	火钳	lă⁵⁵ kap⁵⁵	B	C	C	C	B	B	A	A	C
208	钱（货币）	kum³¹ phʒo³¹	A	A	A	A	A	A	A	A	A
209	针	să⁵⁵ mjit⁵⁵	A	A	A	A	A	A	A	A
210	梯子	lă³³ kaŋ³³	C	D	C	C	A	A	B	A	A
211	船	li³³ ; kha⁷³¹ won³³	D	D	A	D	A	A	A	C	C
212	斧头	n³¹ wa³³	C	A	A	C	A	A	A	A	B
213	锤子	saŋ³¹ tu³³	D	D	D	D	A	A	A	B	C
214	锯子	tiŋ³¹ ʒet³¹	C	C	A	A	A	A	A	A	B
215	锄头	ɕaŋ⁵⁵ khop⁵⁵	A	A	A	D	A	A	A	C	A
216	绳子	sum³³ ʒi³³	A	A	A	A	A	A	A	A	A
217	臼	thum³¹	C	D	A	A	B	A	A	A	B
218	杵	thu³¹ mun³³	C	D	A	A	A	A	A	A	C
219	枪	să⁵⁵ nat⁵⁵	A	A	A	A	A	A	A	A
220	弓	n³¹ tan³³	D	A	A	C	B	A	B	D	C
221	箭	la³¹ li³¹	D	D	D	D	A	A	B	A	B
222	书	lai³¹ ka³³	A	A	A	A	A	A	A	A	A
223	话	a³¹ ka³¹	A	A	A	A	A	A	A	A	A
224	故事	mau³¹ mji³¹	C	A	A	A	A	A	A	A	C
225	鼓	tʃoŋ³¹	D	D	A	D	A	A	B	C	D
226	锣	pau³¹	C	D	A	C	A	B	B	A	D
227	鬼	nat⁵⁵	A	A	A	A	A	A	A	A	A
228	灵魂	num³¹ la³³	A	A	A	C	A	A	A	A	C
229	力气	n³¹ kun³¹	A	A	A	A	A	B	A	A
230	礼物	kum⁵⁵ phaʔ⁵⁵	C	D	B	B	A	C	B	A	C
231	名字	a³¹ mjiŋ³³	B	A	A	A	A	A	A	A	A
232	梦	jup³¹ maŋ³³	A	A	A	A	A	A	A	A	C
233	中间	ka³¹ aŋ³³	B	A	A	D	A	A	A	A	A
234	旁边	mă³¹ kau³³	A	A	A	A	A	A	B	A	A
235	左	pai³³	B	C	A	A	A	A	A	B	A
236	右	khʒa⁵⁵	B	C	A	A	A	A	A	A	A
237	前	ɕoŋ³³	B	A	A	A	A	A	B	A	A
238	后	phaŋ³³	A	A	A	A	A	A	A	A	A
239	今天	tai³¹ ni⁵⁵	A	A	A	A	A	A	A	A	A
240	昨天	mă⁵⁵ ni⁵⁵	C	A	A	A	B	A	A	A	A
241	明天	phot⁵⁵ ni⁵⁵	A	A	A	A	A	A	A	A	A

242	早晨	tsă^{31} phot^{31}	A	A	A	A	A	A	A	A	A
243	晚上	să^{31} na^{255}	A	A	A	A	A	A	A	A	A
244	月	ta^{33};să^{33} ta^{33}	A	A	A	A	A	A	B	A	A
245	年	niŋ^{33}	B	A	A	A	A	A	A	A	A
246	今年	tai^{31} niŋ^{33}	B	A	A	A	A	A	A	A	A
247	去年	mă^{33} niŋ^{33}	D	C	A	A	A	A	A	A	A
248	明年	thă^{31} niŋ^{33}	A	C	A	B	B	A	A	B	D
249	从前	ɕoŋ^{33} te^{231}	A	D	A	A	A	A	B	A	A
250	现在	ja^{255}	A	A	A	A	B	A	A	A	A
251	一	lă^{55} ŋai^{51}	A	A	A	A	A	A	A	A	A
252	二	lă^{55} khoŋ^{51}	A	A	A	A	A	A	A	A	A
253	三	mă^{31} sum^{33}	A	A	A	A	A	A	A	A	A
254	四	mă^{31} li^{33}	A	A	A	A	A	A	A	A	A
255	五	mă^{31} ŋa^{33}	A	A	A	A	A	A	A	A	A
256	六	kʒu^{255}	A	A	A	A	A	A	A	A	A
257	七	să^{31} nit^{31}	A	A	A	A	A	A	A	A	A
258	八	mă^{31} tsat^{55}	A	A	A	A	A	A	A	A	A
259	九	tsă^{31} khu^{31}	A	A	A	A	A	A	A	A	A
260	十	ɕi^{33}	A	A	A	A	A	A	A	A	A
261	百	tsa^{33}	B	A	A	A	A	A	A	A	A
262	千	khjiŋ^{33}	A	A	A	A	A	A	A	A	A
263	万	mun^{31}	A	A	A	A	A	A	A	C	
264	(一)堆(粪)	sum^{31} pum^{31}	C	C	C	B	B	B	A	C	C
265	(一)双(鞋)	tsum^{33}	D	D	D	D	A	A	A	D	C
266	(一)庹	lă^{31} lam^{55}	A	D	D	D	B	A	B	A	A
267	我	ŋai^{33}	A	A	A	A	A	A	A	A	A
268	我们	an^{55} the^{33}	A	A	A	A	A	A	A	A	A
269	你	naŋ^{33}	A	A	A	A	A	A	A	A	A
270	他	ɕi^{33}	A	A	A	A	A	A	B	C	A
271	自己	ma^{31} tu^{231}	C	D	A	C	A	A	A	B	A
272	这	n^{33} tai^{33}	A	A	A	A	A	A	A	A	A
273	(近指)那	wo^{55}	A	A	A	A	A	A	A	A	A
274	谁	kă^{31} tai^{33}	A	A	A	A	A	A	A	A	A
275	哪里	kă^{31} ʒa^{31} ko^{255}	A	A	A	A	A	A	A	C	A
276	大	kă^{31} pa^{31}	A	A	A	A	A	A	A	A	A
277	小	kă^{31} tɕi^{31}	A	A	A	A	A	A	A	A	A

278	高	tso³¹	A	A	A	A	A	A	A	A
279	长	kă³¹lu³¹	A	A	A	A	A	A	A	A
280	短	kă³¹tun³¹	A	A	A	A	A	A	A	A
281	远	tsaŋ³³	A	A	A	A	A	A	A	A
282	近	ni³¹	A	A	A	A	A	A	A	A
283	厚	that³¹	A	A	A	A	A	A	A	A
284	薄	pha³¹	C	A	A	C	A	B	A	C
285	深	suŋ³¹	A	A	A	A	A	A	A	A
286	满	phʒiŋ⁵⁵	A	A	A	A	A	A	A	A
287	弯(的)	mă³¹ko⁷³¹	A	A	A	A	A	A	A	A
288	黑	tɕaŋ³³;na⁷³¹	A	A	A	A	A	A	A	A
289	白	phʒo³¹	A	A	A	A	A	A	A	A
290	红	khje³³	A	A	A	A	A	A	A	A
291	黄	thoi³¹;saŋ³³kan³¹	D	D	A	C	B	D	D	C	C
292	绿	tsit³¹	A	A	A	A	A	B	A	A
293	重	li³³	A	A	A	A	A	B	A	B
294	轻	tsaŋ³³	A	A	A	A	A	A	A	A
295	快	lă³¹wan³³	A	A	A	A	A	A	A	A
296	锋利	tai³³	A	A	A	A	A	B	A	A
297	(猪)肥	phum³³	A	A	A	A	A	A	A	A
298	瘦	lă³¹sɿ³¹	A	A	A	A	A	A	A	A
299	干	khʒo⁷⁵⁵	A	A	A	A	A	A	A	C
300	湿	mă³¹ti³³	A	D	A	A	A	B	C	C
301	硬	tɕa⁷³¹	A	A	A	A	A	B	A	A
302	错	ɕut⁵⁵;n⁵⁵kho⁵¹	C	A	A	A	A	A	A	A
303	新	n³¹nan³³	A	A	A	A	A	A	A	C
304	旧	n³¹sa³¹	D	A	A	A	A	A	A	C
305	好	kă³¹tɕa³³	B	A	A	B	A	A	A	C
306	坏	then³¹	D	A	C	A	A	B	A	D	B
307	(价钱)贵	phu³³	A	A	A	A	A	B	A	A
308	热	kă³¹thet³¹	A	A	A	A	A	A	A	A
309	冷	kă³¹ɕuŋ³³	A	A	A	A	A	A	A	A
310	酸	khʒi³³	A	A	A	A	A	A	A	A
311	甜	tui³¹	A	A	A	A	A	A	A	A
312	苦	kha⁵⁵	A	A	A	A	A	A	A	A
313	辣	tɕap³¹	A	A	A	A	A	A	B	A	A

314	穷	mă³¹ tsan³¹	B	A	A	A	A	B	A	A	B
315	好吃	mu³³	A	A	A	A	A	A	A	A	A
316	耙(田)	mă³¹ sit³¹	D	D	A	A	B	A	B	C	B
317	饱	khʒu⁵⁵	A	A	A	A	A	A	A	A	A
318	抱	pon⁵⁵	A	A	A	A	B	A	A	A	A
319	病	mă³¹ tɕi⁷⁵⁵	A	A	A	A	A	A	A	A	A
320	擦(桌子)	kă³¹ tsut⁵⁵	B	A	A	B	C	A	A	A	B
321	踩	kă³¹ pje⁷³¹	A	A	A	A	A	A	A	A	A
322	唱	mă³¹ khon⁵⁵	A	A	A	A	A	A	A	A	A
323	炒	kă³¹ ŋau³³	A	A	A	A	A	A	B	A	B
324	吃	ɕa⁵⁵	A	A	A	A	A	A	A	A	A
325	舂	thu³¹	D	A	A	A	B	A	B	A	C
326	抽(出)	ɕo⁷³¹	C	D	A	C	A	C	B	A	A
327	出去	pʒu³³ sa³³	A	A	A	A	B	A	A	A	A
328	穿(衣)	phun⁵⁵	A	A	A	A	A	A	A	A	A
329	吹(喇叭)	tum³¹	A	C	A	A	A	A	A	A	A
330	打(人)	kă³¹ jat³¹	A	A	A	A	B	A	B	A	A
331	掉(下)	khʒat³¹	A	A	A	A	A	A	A	A	C
332	钓(鱼)	ton⁵⁵	C	A	A	B	A	A	A	A	A
333	叠(被)	kă³¹ thap³¹	C	D	B	C	A	B	C	A	A
334	懂	tɕe³³	A	A	A	A	A	A	A	A	A
335	读	thi⁵⁵	A	A	A	A	A	A	A	B	D
336	(线)断	tiʔ³¹	A	A	A	A	A	A	A	A	A
337	饿	ko⁷⁵⁵	A	A	A	A	A	A	A	A	C
338	发抖	kă³¹ ʒi⁷⁵⁵	A	A	A	B	A	A	A	A	C
339	飞	pjen³³	A	A	A	A	A	A	A	A	A
340	分(东西)	kă³¹ ʒan⁵⁵	A	A	A	A	A	A	A	A	A
341	缝	tɕui³³	A	A	A	A	A	A	A	A	D
342	给	ja³³	A	C	A	A	A	A	A	A	A
343	害羞	kă³¹ ja⁷³¹	A	A	A	A	A	A	A	A	A
344	害怕	khʒit³¹	A	A	A	A	A	A	A	A	A
345	换	ka³¹ lai⁵⁵	A	A	A	A	A	A	A	A	A
346	回	wa³¹	A	A	A	A	A	A	A	A	A
347	嚼	mă³¹ ja⁵⁵	A	C	A	B	A	C	A	C	C
348	教	să³¹ ʒin⁵⁵	A	A	A	B	A	A	B	A	A
349	结婚	khin³¹ ʒan⁵⁵	A	A	A	A	A	A	A	A	C

350	借 (借钱)	khoi³¹	C	A	A	A	A	A	A	A	C
351	借 (工具)	ɕap³¹	B	D	A	C	A	A	A	A	A
352	开 (门)	pho⁷³¹	A	A	A	A	A	A	A	A	A
353	看	ju³³	A	A	A	A	A	A	A	A	A
354	看见	mu³¹	A	A	A	A	A	A	A	A	A
355	咳嗽	tsă³¹ khʒu³¹	A	A	A	A	A	A	B	A	C
356	渴	mă³¹ ju⁷³¹ kʒop⁵⁵	C	D	C	D	A	C	B	A	B
357	哭	khʒap³¹	A	A	A	A	A	A	A	A	A
358	累	pa⁵⁵	A	A	A	A	A	A	A	A	C
359	骂	mă³¹ tsa̠³³	A	A	A	A	A	A	B	C	A
360	埋	lup³¹	A	A	A	A	A	A	A	A	A
361	买	mă³¹ ʒi³³	A	A	A	A	A	A	A	A	A
362	卖	tut³¹	D	A	A	A	A	A	A	A	A
363	摸	mă³¹ sop³¹	B	C	C	A	A	B	B	A	A
364	呕吐	mă³¹ ton³³	A	A	A	A	A	A	B	A	A
365	跑	kat³¹	A	A	A	A	A	A	A	A	A
366	欺骗	mă³¹ su⁷³¹	A	A	A	A	A	A	A	A	A
367	骑	tɕon³¹	A	A	A	A	A	A	A	A	A
368	扫(地)	je⁵⁵	A	A	A	A	A	A	A	A	A
369	杀	sat³¹	A	A	A	A	A	A	A	A	A
370	筛 (米)	khiŋ³³	C	D	C	C	A	A	B	A	C
371	晒 (衣服)	lam³³	A	A	A	A	A	A	A	A	A
372	(饭) 熟	khut³¹	A	A	A	A	A	A	A	A	A
373	数 (数)	thi⁵⁵	A	A	A	A	A	A	C	A	A
374	睡	jup⁵⁵	A	A	A	A	A	A	A	A	A
375	说	tsu̠n³³	A	A	A	A	A	A	A	A	A
376	躺	kă³¹ leŋ³¹	A	C	A	A	A	A	A	A	A
377	舔	mă³¹ ta̠⁷⁵⁵	A	A	A	A	A	A	A	A	B
378	挑选	lă³¹ ta̠⁷⁵⁵	B	C	A	A	C	A	A	A	A
379	跳舞	pja⁷⁵⁵	D	A	A	C	A	A	A	C	D
380	听	mă³¹ tat³¹	A	A	A	A	A	A	A	A	A
381	听见	na³¹	A	C	A	A	A	A	A	A	A
382	停止	khʒiŋ³¹	C	C	A	B	B	A	A	A	A
383	偷	lă³¹ ku⁵⁵	A	A	A	A	A	A	A	A	A
384	吞	mă³¹ ju⁷³¹	A	A	A	B	A	B	A	A	A
385	(蛇) 蜕皮	kă³¹ lai³³	A	C	A	C	C	A	C	A	B

386	挖	thu³¹ ; tɕɛ⁷⁵⁵	A	A	A	A	A	A	A	A	A
387	忘记	mă³¹lap³¹	A	A	A	A	A	A	A	A	A
388	闻（嗅）	mă³¹nam⁵⁵	A	A	A	B	A	A	A	A	B
389	问	san⁵⁵	A	A	A	A	A	A	A	A	A
390	洗（衣）	khʒut³¹	A	A	A	A	A	A	B	A	C
391	笑	mă³¹ni³³	A	A	A	A	A	A	A	A	A
392	痒	kă³¹ja⁵⁵	A	A	A	A	A	A	A	A	A
393	咬	kă³¹wa⁵⁵ ; a³¹tɕɛ⁷⁵⁵	A	A	A	A	A	A	A	A	A
394	站	tsap⁵⁵	A	A	A	A	A	A	A	A	A
395	蒸	kă³¹po³³	A	C	A	A	A	A	A	A	A
396	织	ta⁷³¹	B	D	C	C	A	B	A	A	A
397	煮	să³¹tu³³	A	A	A	A	A	A	A	A	A
398	坐	tuŋ³³	A	A	A	A	A	A	A	A	A
399	做	kă³¹lo³³	A	A	A	A	A	A	A	A	A
400	做（梦）	maŋ³³	A	A	A	A	C	A	A	A	B

二 测试结果分析

我们对耿马县贺派乡芒抗村景颇新寨 8 位村民和现在城镇居住的 1 位市民（何文，原籍耿马孟定草坝寨）进行了 400 词汇测试。其统计结果见下表 1、表 2。

表 1 各级词汇数量表

被测试人 级别	岳子超	杨军	杨春	岳颖	岳云飞	岳忠伟	赵志勇	岳志明	何文
A	281	283	356	304	371	367	339	359	255
B	47	2	10	25	25	25	52	6	31
C	27	57	17	50	4	7	8	28	89
D	45	58	17	21	0	1	1	7	25
合计	400	400	400	400	400	400	400	400	400

表 2 各级词汇占总词汇百分比表

被测试人 级别	岳子超	杨军	杨春	岳颖	岳云飞	岳忠伟	赵志勇	岳志明	何文
A	70.25%	70.75%	89%	76%	92.75%	91.75%	84.75%	89.75%	63.75%
B	11.75%	0.5%	2.5%	6.25%	6.25%	6.25%	13%	1.5%	7.75%
C	6.75%	14.25%	4.25%	12.5%	1%	1.75%	2%	7%	22.25%

| | D | 11.25% | 14.5% | 4.25% | 5.25% | 0% | 0.25% | 0.25% | 1.75% | 6.25% |
| | 合计 | 100% | 100% | 100% | 100% | 100% | 100% | 100% | 100% | 100% |

被测试人按年龄可分为三段:岳子超、杨军、杨春、岳颖分别为 9 岁、12 岁、13 岁、19 岁,属于青少年段;岳云飞、岳忠伟、岳智勇、何文分别为 25 岁、35 岁、38 岁、38 岁,属壮年段;何文 54 岁,属中年段。

根据上表可知,青少年段所掌握的 A 级词汇,即能脱口而出的词汇明显少于壮年段,不会的 D 级词汇也明显多于壮年段。这说明青少年段词汇能力有所下降。在青少年段,只有杨春的词汇掌握情况达到"优秀"级别,分析其原因,是因为她的第一语言是景颇语,五六岁才开始说汉语,在景颇语环境生活的时间较长,所以景颇语掌握情况较好。岳子超和杨军的第一语言都不是景颇语,是后来才学会景颇语的,所以词汇掌握情况没有杨春好。岳颖的第一语言虽也是景颇语,但完成了高中学业,在学校中一直接受汉语教育,上学期间长时间离开了说景颇语的环境,所以词汇掌握情况略逊于杨春。

壮年段的词汇能力较之青少年好,不会的词汇很少。因为这些人长期生活在景颇新寨,虽然有的也曾到外地去打工,但都是短时间的,所以词汇量较大,掌握的词汇比较全面,成为景颇语词汇传承的中流砥柱。

被测试人何文虽然是耿马孟定草坝寨人,也是在草坝寨出生的,但能脱口而出的景颇语词汇只有 255 个。这是由于他长期远离景颇语环境到外地求学和工作。

三 测试记录

(一) 被测试人:岳子超

1. 基本情况

岳子超,9 岁,小学三年级,景颇族,耿马县贺派乡芒抗村景颇新寨人。因其母为汉族,两岁前先学会一些汉语,后与景颇族祖母共同生活又学会景颇语。为"景颇语—汉语"双母语人。在家与父亲、祖母都说景颇语,与母亲主要说汉语,有时也说景颇语。其母近两年才掌握景颇语。

2. 测试等级分类

级别	数量	百分比(%)
A	281	70.25
B	47	11.75
C	27	6.75
D	45	11.25
合计	400	100

3. 语言水平分析

(1) 岳子超所掌握的 A 级词汇和 B 级词汇相加为 328 个,在 280—349 之间,语言能力定为"良好",即基本掌握景颇语。对付一般的交流没问题。不但能听、能说,而且语气、腔调都很地道。

（2）盈江的舌叶音都读为舌面音,ʒ 的发音在 ʒ 和 z 之间,仍标为 ʒ。如:tʃan³³"太阳"读为tɕan³³,ʃan³¹"肉"读为ɕan³¹。

（3）双音节词的前一弱化音节有的简化为 m（包含 n 的变体）,有的失去,变为单音节。下面用盈江话与之对照。例如：

lă³¹ mu³¹	天	读为	n³¹ mu³¹
mă³¹ khʒai³³	桥	读为	m³¹ khʒai³³
mă³¹ naŋ³³	朋友	读为	n³¹ naŋ³³

（4）用词出现泛化,区分不细。如:ʒi³¹"线"用 sum³³ʒi³³"绳子"代替。

（5）有的词不会用,而用自造词。如:wa⁵³¹tu³¹"野猪"不会用,而自造说成 nam³¹wa⁵³¹,即"野外+猪"。sun⁵⁵"菜园"不会说,说成 ɕet³¹mai⁵⁵ji⁵⁵,即"菜+地"。

（6）元音 i 单独作开音节韵母与舌尖前声母、舌叶声母（耿马读舌面声母）、舌根声母结合时都读为舌尖元音 ɿ。例如：

nam³¹ si³³	果子	读为	nam³¹ sɿ³³
tsi³¹	药	读为	tsɿ³¹
khʒi³³	酸	读为	khʐɿ³³
mă³¹ tʃi⁵⁵	病	读为	mă³¹ tɕɿ⁵⁵

（二）被测试人:杨军

1. 基本情况

杨军,12 岁,小学六年级,景颇族,耿马县贺派乡芒抗村景颇新寨人。其父为景颇族,其母为佤族,会景颇语。他从小先会佤语,3 岁至 7 岁在佤族地区度过。7 岁回芒抗村,才会景颇语。三岁开始学汉语。家里还有哥哥杨兵,19 岁;姐姐杨云,16 岁,都会景颇语。家里全部都用景颇语。与父母都说景颇语。杨军是景颇、汉、佤三语人,景颇语说得最多。在校说景颇语,佤语已不说。我们问"我家里有六个人"这句话佤话怎么说,他要想想才说得出来。但说成用景颇话,他一下子就说出来了。问他内脏的名称,如"肺、心脏、肝"等,都不会说了。

2. 测试等级分类

级别	数量	百分比(%)
A	283	70.75
B	2	0.5
C	57	14.25
D	58	14.5
合计	400	100

3. 语言水平分析

（1）杨军所掌握的 A 级词汇和 B 级词汇相加为 285 个，在 280—349 之间，语言能力定为"良好"，即基本掌握景颇语。对付一般的交流没问题。不但能听、能说，而且语气、腔调都很地道。但听的能力比说的能力强。

（2）舌叶音都读为舌面音。如：tʃan³³"太阳"读为 tɕan³³，ʃan³¹"肉"读为 ɕan³¹。

（3）双音节词的前一音节如果声母是舌叶音，都读为舌尖音。如：

| sǎ³³ta³³ | 月亮 | tsǎ³¹kʒɿ³¹ | 胆 |
| sǎ³³nam³³ | 姜 | sǎ³¹na⁵⁵ | 晚上 |

（4）元音 i 单独作开音节韵母时，读为舌尖元音 ɿ。例如：

nam³¹si³³	果子	读为	nam³¹sɿ³³
tsi³¹	药	读为	tsɿ³¹
khʒi³³	酸	读为	khʒɿ³³
mǎ³¹tʃi⁵⁵	病	读为	mǎ³¹tɕɿ⁵⁵

（5）双音节词的前一音节（前缀、半前缀），有的简化为 m。如 mǎ、kum 简化为 m（包含 n 的变体）。例如：

mǎ³¹khʒai³³	桥	读为	m³¹khʒai³³
mǎ³¹kau³³	旁边	读为	m³¹kau³³
mǎ³¹ko³¹	弯	读为	m³¹ko³¹
kum³¹phʒo³¹	钱	读为	m³¹phʒo³¹

（6）双音节的前一音节读音有变化。例如：

khǎ⁵⁵na⁵¹	水田	kǎ⁵⁵ti⁵¹	鼻子
num³¹lap³¹	叶子	tɕi³¹khoŋ³¹	蚊子
kam³³ɕu⁵⁵	甘蔗	paŋ³¹khum⁵⁵	枕头
tsiŋ³³khop⁵⁵	锄头	la³¹ka³³	书
kǎ³¹tu³³	煮	tiŋ³¹ʒet³¹	锯子
tiŋ³¹ni⁵⁵	今天	lǎ³¹mai³¹	尾巴

（7）用词出现泛化，区分不细。如：ʒi³¹"线"用 sum³³ʒi³³"绳子"代替；lǎ⁵⁵sa⁵⁵"筋"不会说，用"血管"sai³¹lam³³ 代替；"苦"和"涩"都用 khup³¹；还原物的"借"和不还原物的"借"都用 khoi³¹。

（8）有的基本词不会用，如："鳞"用"皮"代替；"水牛"用"黄牛"代替；"去年"用"后年"代替。

（9）有的词不会用，而用自造的复合词。如：wa³¹tu³¹"野猪"不会说，自造说成 nam³¹wa³¹，即"野外+猪"。sun⁵⁵"菜园"不会说，说成 ɕet³¹mai⁵⁵ji⁵⁵，即"菜+地"。

（三）被测试人：杨春

1. 基本情况

杨春,13 岁,小学六年级,景颇族,耿马县贺派乡芒抗村景颇新寨人。父亲是景颇族,母亲是佤族。妈妈会说佤语,但在寨子里说景颇语。杨春从小就说景颇语,景颇语是她的第一语言。5 岁上小学(学前班)开始学说汉语,在家就说景颇语。

2. 测试等级分类

级别	数量	百分比(%)
A	356	89
B	10	2.5
C	17	4.25
D	17	4.25
合计	400	100

3. 语言水平分析

(1) 对杨春进行测试时,发现她景颇语非常熟练,很多词都是不假思索地脱口而出。语气、声调地道。她的 A 级词汇和 B 级词汇相加达 366 个,属于"优秀"级。

(2) 元音 i 与声母 $\textrm{ʒ}$,s,ts 结合时读成 $\textrm{ɿ}$。例如:

汉义	盈江话	发音人读音
铜	mă^{31} kʒi^{33}	mă^{31} kʒɿ^{33}
铁	phʒi^{31}	a^{31} phʒɿ^{31}
眼泪	mji^{755} pʒi^{33} si^{31}	mji^{755} pʒi^{33} sɿ^{31}
水果	nam^{31} si^{31}	nam^{31} sɿ^{31}
棉花	pă^{31} si^{33}	pă^{31} sɿ^{33}
黄豆	lă^{55} si^{51}	lă^{55} lă^{55} sɿ^{51}
花生	ka^{55} lă^{55} si^{51}	ka^{55} sɿ^{51}
药	tsi^{31}	tsɿ^{31}
线	ʒi^{31}	a^{31} ʒɿ^{31}
绳子	sum^{33} ʒi^{33}	sum^{33} ʒɿ^{33}
瘦	lă^{31} si^{31}	lă^{31} sɿ^{31}
发抖	kă^{31} ʒi^{755}	kă^{31} ʒɿ^{755}

(3) 舌叶音都读为舌面音。如:tʃ-tɕ;ʃ-ɕ。

汉义	盈江话	发音人读音
太阳	tʃan^{33}	a^{31} tɕan^{33}
辣椒	mă^{55} tʃap^{55}	n^{55} tɕap^{55}
错	ʃut^{55}	ɕut^{55}
人	mă^{31} ʃa^{31}	mă^{31} ɕa^{31}

（4）元音舌位低移：e-a。

汉义	盈江话	发音人读音
肋骨	kă³¹ ʒep³¹	kă³¹ ʒap³¹
龙	pă³¹ ʒen³¹	pă³¹ ʒan³¹
鼻涕	nep³¹	nap³¹
鸭子	khai³³ pjek⁵⁵	kho³³ pjak⁵⁵

（5）元音弱化，双元音读成单元音，ai-a；au-e。

汉义	盈江话	发音人读音
今天	tai³¹ ni⁵⁵	tă³¹ ni⁵⁵
今年	tai³¹ niŋ³³	tă³¹ niŋ³³
寡妇	kai³¹ ta⁵⁵	kă³¹ ta⁵⁵
水田	khau³³ na³¹	khe⁵⁵ na⁵¹

（6）双音节词前一音节简化。

汉义	盈江话	发音人读音
银子	kum³¹ phʒo³¹	n³¹ phʒo³¹
桥	mă³¹ khʒai³³	m³¹ khʒai³³
朋友	mă³¹ naŋ³³	n³¹ naŋ³³
盖子	mă³¹ kap³¹	n³¹ kap³¹
钱（货币）	kum³¹ phʒo³¹	n³¹ phʒo³¹
弯（的）	mă³¹ ko⁷³¹	m³¹ ko⁷³¹
穷	mă³¹ tsan³¹	m³¹ tsan³¹
闻（嗅）	mă³¹ nam⁵⁵	m³¹ nam⁵⁵

（7）单音节名词前 + a 或 + la，见下表：

汉义	盈江话	发音人读音
太阳	tʃan³³	a³¹ tɕan³³
铁	phʒi³¹	a³¹ phʒi³¹
尾巴	mai³¹	lă³¹ mai³¹

（8）还有一些例词较少的变音。例如：

汉义	盈江话	发音人发音
星星	ʃă³³ kan³³	tsă³³ kan³³
沙子	tsai³¹ pʒu³¹	sai³¹ pʒu³¹
辫子	sam⁵⁵ pan⁵¹	kă⁵⁵ ʒa⁵⁵ khʒi⁷³¹
肩膀	kă³¹ pha⁷³¹	lă³¹ pha⁷³¹
背	ʃiŋ³¹ ma³³	să⁵⁵ ma⁵⁵

肚脐	ʃă³¹ tai³³	tɕhi³¹ tai³³
老太太	kum³¹ kai³³	tiŋ³¹ kai³³
巫师	tum³¹ sa³³	təm³¹ sa³³

（9）同义词，近义词分不清。如借钱的"借"和借东西的"借"在景颇语里本来是有区别的，分别为 khoi³¹ 和 ɕap³¹，而杨春认为这两个词是一样的，可以互换。又如，苦（kha⁵⁵）和涩（khup³¹）也不分。

（10）自造词汇。比如：辫子（sum⁵⁵ pan⁵¹），说成 kă⁵⁵ ʒa⁵⁵ khʒi⁷³¹，头发（kă⁵⁵ ʒa⁵⁵）+ 编（khʒi⁷³¹），就是编头发。

（11）杨春说不出来的词语有如下这些：

汉义	景颇语
肝	sin³¹ tʃa⁷³¹
胆	ʃă³¹ kʒi³¹
脓	mă³¹ tʃui³³
绵羊	să⁵⁵ ku⁵¹
熊	tsap̱⁵⁵
麻雀	u³¹ tsa̱³³
藤子	ʒi³³
稻草	ji⁷⁵⁵ khu⁵⁵
葱	kau³¹ poŋ³³
墙	ʃă⁵⁵ ku̱m⁵¹
窗子	khă⁵⁵ lap⁵⁵
桌子	să³¹ poi⁵⁵
勺子	tsun⁵⁵
锤子	sum³¹ tu³³
箭	pă⁵⁵ la⁵⁵
（一）双（鞋）	man³³
（一）庹	lă³¹ lam³³

杨春从小在山区长大，还没有到过离景颇寨子较远的地方。像"熊"这样的野生动物，由于现在山区几乎见不到，所以她不会用景颇语说这个词。又如，当地以山羊居多，绵羊较少，所以"绵羊"这个词也不会说了。还有一些平日常见的事物，如"窗子、桌子、勺子、锤子"等已习惯上使用汉语借词，也不会用景颇语表达了。

（四）被测试人：岳颖

1. 基本情况

岳颖，19岁，今年刚高三毕业，景颇族景颇支系，耿马县贺派乡芒抗村景颇新寨人。父母都是景颇族，先学会景颇语，上学前基本上能听懂汉语，也会说一点点汉话。上学后当地汉话、普通话都会了。现在为"景颇语—汉语"双语人。

岳颖有个姐姐,还有个弟弟。在家全说景颇话。但是他们跟爸爸妈妈讲电视内容的时候用汉话,因为个别词语不会用景颇语来表达、翻译。兄弟姊妹小一辈之间也是讲景颇话。

2. 测试等级分类

级别	数量	百分比(%)
A	304	76
B	25	6.25
C	50	12.5
D	21	5.25
合计	400	100

3. 语言水平分析

(1)岳颖所掌握的 A 级词汇和 B 级词汇相加为 329 个,在 280—349 之间,语言能力定为"良好",即基本掌握景颇语。

(2)年轻人用词和老年人用词出现分化趋势,在我们的统计中,岳颖听得懂"黄"thoi^{31}这个词,但自己不用。这个词只有老年人仍在使用,青少年平时都讲 să^{33}kan^{33};老人用"旧"n^{31}sa^{31}这个词,中青年用 tən^{31}sa^{31};老人用 ka^{31}表示"跳舞",用于指跳传统民族舞,现在青少年不怎么用这个词,而是用 pja^{255}表示"跳舞"。

(3)有些细微的同义词不再区分。例如:"借(借钱)"khoi^{31},表示不归还原物的"借","借(工具)"ɕap^{31},表示归还原物的"借"。年轻人这两个词已不再区分,可以随意使用。

(4)很多词语直接借用汉语词表达。如:khă^{55}lap^{55}"窗子"、lă^{55}kap^{55}"火钳"、li^{33}"船"、sum^{31}tu^{33}"锤子"、ti^{255}naŋ^{33}"自己"等都直接用汉语词来表达。

(5)岳颖不会说出的词语有以下一些:

汉义	景颇语
肝	sin^{31}tʃa^{231}
绵羊	să^{55}ku^{51}
老虎	ʒoŋ^{31}pa^{31}
麂子	tsă^{33}khji^{33}
猫头鹰	u^{31}khu^{55}
麻雀	u^{31}tsa^{33}
孔雀	u^{31}toŋ^{33}
藤子	ʒi^{33}
核桃	n^{31}pu^{31}
窗子	khă^{55}lap^{55}
镜子	pat^{55}
勺子	tsun^{55}

船	li³³
锤子	sum³¹ tu³³
锄头	na³¹ tʃeʔ⁵⁵
箭	pă⁵⁵ la⁵⁵
鼓	tʃiŋ³³;tʃoŋ³¹
中间	ka³¹ aŋ³³
（一）双（鞋）	man³³
（一）庹	lă³¹ lam⁵⁵
渴	phaŋ³¹ kă³¹ ʒaʔ³¹

（五）被测试人：岳云飞

1. 基本情况

岳云飞，景颇族，25岁，初中毕业，芒抗村景颇新寨村民。爱人是景颇族，也会景颇语，儿子才两岁，也在给他教景颇语。平时在家里都是用景颇语，进城时或者和邻村交流用汉语，用佤语、傣语较少。初中毕业后，陆续出去在孟定、深圳等地打工，最近三年居住在景颇新寨。

2. 测试等级分类

级别	数量	百分比（%）
A	371	92.75
B	25	6.25
C	4	1
D	0	0
合计	400	100

3. 语言水平分析

岳云飞所掌握的A级词汇和B级词汇相加为396个，在350以上，语言能力定为"优秀"，即能较好地掌握景颇语。

（六）被测试人：岳忠伟

1. 基本情况

35岁，男，景颇族，读过小学二年级，是景颇新寨土生土长的村民，从未在景颇新寨之外的地方长期生活过。母语为景颇语，后学会了汉语，上学后汉语水平有所提高。能用当地汉语方言与人交流，是"景颇语—汉语"双语人。但他自己认为景颇语说得比汉语好，更习惯使用景颇语。其妻为汉族，母语是汉语，嫁到景颇新寨之前还学会了佤语，近两年才学会景颇语。夫妻之间说汉语，父子、父女之间说景颇语。与寨中其他景颇族也说景颇语。

2. 测试等级分类

级别	数量	百分比(%)
A	367	91.75
B	25	6.25
C	7	1.75
D	1	0.25
合计	400	100

3. 语言水平分析

（1）岳忠伟所掌握的 A 级词汇和 B 级词汇相加为 392 个，超过了 350 个，语言能力定为"优秀"，即能较好地掌握景颇语。

（2）C、D 两级词汇汇总：

C 级词汇（7 个）：

鳞	ŋa^{55}sep^{31}	南瓜	kă^{55}khum^{51}
头帕	puŋ^{31}kho$^{?55}$	礼物	kum^{55}pha$^{?55}$
抽（出）	ɕo$^{?31}$	渴	phaŋ^{31}kă^{31}ʒa$^{?31}$
喉咙	mă^{31}ju$^{?31}$		

D 级词汇（1 个）：

黄　　thoi^{31}

（七）被测试人：赵志勇

1. 基本情况

38 岁，男，景颇族，初中毕业，耿马县贺派乡芒抗村景颇组组长。母语是景颇语。曾在耿马县孟定镇清水口岸经商约 10 年，打交道的多是天南海北的生意人，以汉语为主要交际用语。2003 年回到景颇新寨，与寨中村民交往主要说景颇语。其妻是汉族，回景颇新寨之前不会景颇语，夫妻之间主要以汉语交流。现已学会景颇语，但赵志勇仍习惯与之说汉语。与两个孩子之间则主要说景颇语。

2. 测试等级分类

级别	数量	百分比(%)
A	339	84.75
B	52	13
C	8	2
D	1	0.25
合计	400	100

3. 语言水平分析

（1）赵智勇所掌握的 A 级词汇和 B 级词汇相加为 391 个，在 350 个以上，语言能力定为"优秀"，即能较好地掌握景颇语。

（2）C、D 两级词汇汇总：

C 级词汇（8 个）：

银子	kum³¹ pho³¹	穗	n⁵⁵ si⁵¹
岳父	tsa̱⁵¹	心脏	să³¹ lum³³
蘑菇	mă⁵⁵ ti̱⁵¹	嚼	mă³¹ ja⁵⁵
数（数）	thi⁵⁵	（蛇）蜕皮	kă³¹ lai³³

D 级词汇（1 个）：

黄　　　　　thoi³¹

（八）被测试人：岳志明

1. 基本情况

岳志明，38 岁，景颇族，景颇支系，耿马县贺派乡芒抗村景颇新寨人。文化水平是小学五年级。第一语言是景颇语。妻子是汉族，现在也会说景颇语，目前全家人之间相互交流都用景颇语。因为景颇新寨景颇族占绝大多数，在寨子里说话也用景颇语，出了寨子用汉语交流。

2. 测试等级分类

级别	数量	百分比（%）
A	359	89.75
B	6	1.5
C	28	7
D	7	1.75
合计	400	100

3. 语言水平分析

（1）测试人岳志明所掌握的 A 级和 B 级相加的词汇达到 365 个，语言能力定为"优秀"，即能较好地掌握景颇语。在测试的过程中，岳志明能很快地说出被测词语，而且能说出很多被测词语的同义词。

（2）盈江话的舌叶音都读为舌面音。如：tʃã⁵⁵ʒu⁵¹"酒"读为tɕã⁵⁵ʑu⁵⁵，ʃoŋ³³"前"读为ɕoŋ³³。

（3）音节中如果韵母 i 位于舌叶音声母 ʒ 后，都读为舌尖音。如：

| phʒi³¹ | 铁 | 读为 | phʐ̩³¹ | mă³¹ kʒi³³ | 铜 | 读为 | mă³¹ kʐ̩³³ |
| ʒi³³ | 藤子 | 读为 | ʐ̩³³ | sum³³ ʒi³³ | 绳子 | 读为 | sum³³ ʐ̩³³ |

（4）元音 i 单独作开音节韵母，位于声母 s、ts 后时，读为舌尖元音 ɿ。例如：

| n⁵⁵ si⁵¹ | 穗 | 读为 | n⁵⁵ sɿ⁵¹ |
| tsi³¹ | 药 | 读为 | a³¹ tsɿ³¹ |

(5) 双音节的前一音节读音有变化。lă⁵⁵变为kă⁵⁵；să³¹变为ɕă³¹。例如：

lă⁵⁵ti⁵¹	鼻子	读为	kă⁵⁵ti⁵¹
lă⁵⁵sa⁵⁵	筋	读为	kă⁵⁵sa⁵⁵
să³¹lat³¹	汗	读为	ɕă³¹tat³¹
să⁵⁵mjit⁵⁵	针	读为	ɕă⁵⁵mjit⁵⁵

(6) 有些词有双音节化的趋势。例如：

ʃu⁵¹	孙子	读为	kă³¹ʃu⁵¹
phu⁵¹	哥哥	读为	kă³¹phu⁵¹
na̠³³	姐姐	读为	kă³¹na̠³³
mai³¹	尾巴	读为	lă³¹mai³¹
tsa̠p⁵⁵	熊	读为	a³¹tsa̠p⁵⁵

(7) 单音节名词前加前缀a³¹。例如：

ʒɪ³¹	线	读为	a³¹ʒɪ³¹
li³³	种子	读为	a³¹li³³
woi³³	猴子	读为	a³¹woi³³
u³¹	鸡	读为	a³¹u³¹
po³³	头	读为	a³¹po³³
na³³	耳朵	读为	a³¹na³³

(8) 被测试人能较好的指出景颇语近义词汇的细微差别。如：a³¹phjen³³指"所有军人"，表示泛称；phjen³³ma³¹指"小士兵"；kă³¹khʒi³³指"女婿"；ta³¹ma⁵⁵指"女婿那方的人"；有毛的虫叫"ɕiŋ³³pʒa³³"；没有毛的叫"ɕiŋ³³ta̠i³³"；东西"中间"为kă³¹na̠ŋ³³；人"中间"用kă³¹pʒaŋ³³；还原物的"借"为ɕap³¹，不还原物的"借"khoi³¹。

(9) 被测试人岳志明不能说出的词语有以下几个：

汉义	景颇语
肝	sin³¹tʃaʔ³¹
核桃	n³¹pu³¹
鞋	lă³¹pjeʔ³¹
窗子	khă⁵⁵lap⁵⁵
弓	n³¹tan³³
（一）双（鞋）	man³³
坏	then³¹

（九）被测试人：何文

1. 基本情况

何文，景颇族景颇支系，54岁，退休法官，大学本科毕业。老家在孟定镇孟定镇芒艾村草坝寨,初二时参加招工,分配至耿马县文化局工作。很早就离开家乡,在外面上学、工作、生活,很少讲景颇语,以汉语为主要的交际工具。爱人是拉祜族,会说拉祜语,但是夫妻之间说汉语,孩子出生后,第一语言转用为汉语。子女的景颇语和拉祜语只会简单的日常交际用语,如"吃饭、你好、爸爸、妈妈"等。家庭用语是汉语。我们问何文,城镇的景颇族是不是都是像你这样,景颇语语言能力有所下降。他说,老家在贺派乡芒抗村景颇新寨的,因为离县城很近,一般周末都回家与父母团聚,小孩也多数由父母帮忙照看,他们有说景颇语的环境。

2. 测试等级分类

级别	数量	百分比(%)
A	255	63.75
B	31	7.75
C	89	22.25
D	25	6.25
合计	400	100

3. 语言水平分析

(1) 何文所掌握的 A 级词汇和 B 级词汇相加为 286 个,在 280—349 之间,语言能力定为"良好"级别中较弱的,即基本掌握景颇语。

(2) 对何文做 400 词的测试,发现他的基本词汇很多都要想好久,有些经提示后也想不起来,不能确定。问其原因,包括:①自小离开家乡,在外上学工作,与拉祜族的妻子结婚后,家庭用语为汉语,缺乏讲景颇语的环境;②自己见过的、印象深刻的事物名称能够脱口而出,生活中较少接触、不常用的不会说。如:"熊、野猪、麂子、老虎"等词,因为小时候上山打过猎,会说;鸽子、猫头鹰、鹅、棉花等动植物生活中不怎么使用,就不会说。

(3) 何文基本词汇掌握的特点有:①事物的总称和类称不分,如只知道"羊","绵羊"和"山羊"不分。②相近事物的名称不分,如"黄牛"和"水牛"不分,"布"和"衣服"不分,"锣"和"鼓"不分,"园子"和"园子围墙"不分等。③很多单个词汇单独问,想不起来怎么说,放在句子中就能说出来。如"弓"和"箭"分开不会说,连在一起会说。

(4) 被测试人何文不能说出的词语有以下一些:

汉义	景颇语	汉义	景颇语
银子	$kum^{31} phʒo^{31}$	棉花	$pă^{31} si^{33}$
辫子	$sum^{55} pan^{51}$	帽子	$po^{33} tʃop^{55}$
心脏	$să^{31} lum^{33}$	戒指	$ta^{ʔ55} tʃop^{55}$
脓	$mă^{31} tsui^{33}$	窗子	$khă^{55} lap^{55}$
女婿	$ta^{31} ma^{ʔ55}$	园子	sun^{55}
绵羊	$să^{55} ku^{51}$	桌子	$să^{31} poi$
翅膀	$siŋ^{31} ko^{33}$	勺子	$tsun^{55}$

鹅	khʒaŋ³³ ma³³	鼓	tʃiŋ³³ ; thoŋ³¹
鸽子	u³¹ ʒa⁵⁵	锣	pau³¹
猫头鹰	u³¹ khu⁵⁵	明年	thă³¹ niŋ³³
跳蚤	wa⁷³¹ khă³³ li³³	读	thi⁵⁵
秧	poŋ³¹	缝	tʃui³³
跳舞	ka³¹		

三 景颇语 70 例句[①]

1. 我是景颇人。

〔文〕Ngai go Jinghpo masha rai nngai.
　　　我 （话）景颇　人　是（尾）

〔盈〕ŋai³³ ko³¹ tʃiŋ³¹ pho⁷³¹ mă³¹ ʃa³¹ ʒe⁵¹ n³¹ ŋai³³.
　　　我 （话）景颇　　　人　　是　（尾）

〔草〕ŋai³³ ko³¹ tɕiŋ³¹ pho⁷³¹ ʒe⁵¹.
　　　我 （话）　景颇　　是

〔新〕ŋai³³ tɕiŋ³¹ pho⁷³¹ mă³¹ ɕa³¹ ʒe⁵¹.
　　　我　　景颇　　　人　　是

2. 你是景颇人。

〔文〕Nang go Jinghpo masha rai ndai.
　　　你 （话）景颇　人　是（尾）

〔盈〕naŋ³³ ko³¹ tʃiŋ³¹ pho⁷³¹ mă³¹ ʃa³¹ ʒe⁵¹ n³¹ tai³³.
　　　你 （话）景颇　　　人　　是　（尾）

〔草〕naŋ³³ ko³¹ tɕiŋ³¹ pho⁷³¹ ʒe⁵¹.
　　　你 （话）　景颇　　是

〔新〕naŋ³³ tɕiŋ³¹ pho⁷³¹ mă³¹ ɕa³¹ ʒe⁵¹.
　　　你　　景颇　　　人　　是

3. 他是景颇人。

〔文〕Shi go Jinghpo masha rai ai.
　　　他 （话）景颇　人　是（尾）

〔盈〕ʃi³³ ko³¹ tʃiŋ³¹ pho⁷³¹ mă³¹ ʃa³¹ ʒe⁵¹ ai³³.
　　　他　　景颇　　　人　　是（尾）

[①] 缩略语说明：〔文〕——景颇文；〔盈〕——盈江景颇语；〔草〕——贺派乡草坝寨景颇语；〔新〕——新寨景颇语。

〔草〕ɕi³³ ko³¹ tɕiŋ³¹pho⁷³¹ ʒe⁵¹.
　　　他　（话）景颇　　　是

〔新〕ɕi³³ tɕiŋ³¹pho⁷³¹ mă³¹ɕa³¹ ʒe⁵¹.
　　　他　景颇　　　人　　是

4. 我们是景颇人。

〔文〕Anhte go Jinghpo masha rai ga ai.
　　　我们（话）景颇　　人　是（尾）

〔盈〕an⁵⁵the³³ ko³¹ tʃiŋ³¹pho⁷³¹ mă³¹ʃa³¹ ʒe⁵¹ ka⁷³¹ai³³.
　　　我们　　（话）景颇　　　人　　是（尾）

〔草〕an⁵⁵the³³ ko³¹ tɕiŋ³¹pho⁷³¹ ʒe⁵¹.
　　　我们　　（话）景颇　　　是

〔新〕an⁵⁵the³³ tɕiŋ³¹pho⁷³¹ mă³¹ɕa³¹ ʒe⁵¹.
　　　我们　　景颇　　　人　　是

5. 你们是景颇人。

〔文〕Nanthe go Jinghpo masha rai madai.
　　　你们（话）景颇　　人　是（尾）

〔盈〕nan⁵⁵the³³ ko³¹ tʃiŋ³¹pho⁷³¹ mă³¹ɕa³¹ ʒe⁵¹ mă³¹tai³³.
　　　你们　　（话）景颇　　　人　　是（尾）

〔草〕nan⁵⁵the³³ ko³¹ tɕiŋ³¹pho⁷³¹ ʒe⁵¹.
　　　你们　　（话）景颇　　　是

〔新〕nan⁵⁵the³³ni³³ tɕiŋ³¹pho⁷³¹ mă³¹ɕa³¹ ʒe⁵¹.
　　　你们　　们　景颇　　　人　　是

6. 他们是景颇人。

〔文〕Shanhte go Jinghpo masha rai ma ai.
　　　他们（话）景颇　　人　是（尾）

〔盈〕ʃan⁵⁵the³³ ko³¹ tʃiŋ³¹pho⁷³¹ mă³¹ʃa³¹ ʒe⁵¹ ma⁷³¹ai³³.
　　　他们　　（话）景颇　　　人　　是（尾）

〔草〕ɕan⁵⁵the³³ ko³¹ tɕiŋ³¹pho⁷³¹ ʒe⁵¹.
　　　他们　　（话）景颇　　　是

〔新〕ɕan⁵⁵the³³ni³³ tɕiŋ³¹pho⁷³¹ mă³¹ɕa³¹ ʒe⁵¹.
　　　他们　　们　景颇　　　人　　是

7. 我见过了。

〔文〕Mu yu sangai.
　　 见 过 （尾）

〔盈〕mu³¹ ju³³ sa³³ŋai³³.
　　 见　 过　 （尾）

〔草〕ŋai³³ mu³¹ ju³³ sai³³.
　　 我　 见　过 （尾）

〔新〕ŋai³³ mu³¹ ju³³ sai³³.
　　 我　 见　过 （尾）

8. 你见过了。

〔文〕Mu yu sindai
　　 见 过 （尾）

〔盈〕mu³¹ ju³³ sin³³tai³³.
　　 见　 过　 （尾）

〔草〕naŋ³³ mu³¹ ju³³ sai³³.
　　 你　 见　过 （尾）

〔新〕naŋ³³ mu³¹ ju³³ sai³³.
　　 你　 见　过 （尾）

9. 他见过了。

〔文〕Mu yu sai.
　　 见 过 （尾）

〔盈〕mu³¹ ju³³ sai³³.
　　 见　 过 （尾）

〔草〕ɕi³³ mu³¹ ju³³ sai³³.
　　 他　 见　过 （尾）

〔新〕ɕi³³ mu³¹ ju³³ ɕai³³.
　　 他　 见　过 （尾）

10. 我们都去了。

〔文〕Anhte yong sa wa saga ai.
　　 我们　全部 去（助）（尾）

〔盈〕an⁵⁵the³³　joŋ³¹ sa³³ wa³¹ sǎ⁵⁵ka⁵⁵ai³³.
　　　我们　　全部　去（助）（尾）

〔草〕an⁵⁵the³³　ma⁵⁵khʒa³¹ sa³³ sai³³.
　　　我们　　全部　　去（尾）

〔新〕an⁵⁵the³³　joŋ³¹ sa³³ sai³³.
　　　我们　　全部　去（尾）

11. 你们都去了。

〔文〕Nanhte yong sa wa masin dai.
　　　你们　全部 去（助）（尾）

〔盈〕nan⁵⁵the³³　joŋ³¹ sa³³ wa³¹ mǎ³³sin³³tai³³.
　　　你们　　全部　去（助）　（尾）

〔草〕nan⁵⁵the³³　joŋ³¹ sa³³ sai³³.
　　　你们　　全部　去（尾）

〔新〕nan⁵⁵the³³　joŋ³¹ sa³³ sai³³.
　　　你们　　全部　去（尾）

12. 他们都去了。

〔文〕Shanhte yong sa wa masai.
　　　他们　全部 去（助）（尾）

〔盈〕ʃan⁵⁵the³³　joŋ³¹ sa³³ wa³¹ mǎ³³sai³³.
　　　他们　　全部　去（助）（尾）

〔草〕ɕan⁵⁵the³³　joŋ³¹ sa³³ sai³³.
　　　他们　　全部　去（尾）

〔新〕khan⁵⁵the³³　joŋ³¹ sa³³ sai³³.
　　　他们　　全部　去（尾）

13. 我的衣服很白。

〔文〕Nye palong grai hpro li ai.
　　　我的 衣服　很　白（尾）

〔盈〕ŋje⁵⁵　pǎ³³loŋ³³ kʒai³¹ phʒo³¹ li⁷³¹ai³³.
　　　我的　　衣服　　很　白　（尾）

〔草〕ŋje⁵⁵　pǎ³³loŋ³³ kʒai³¹ phʒo³¹ ai³³.
　　　我的　　衣服　　很　白（尾）

〔新〕ŋje⁵⁵ pă³³loŋ³³ kʒai³¹ phʒo³¹ ai³³.
　　我的　衣服　　很　白　（尾）

14. 你的衣服很白。

〔文〕Na　palong grai hpro lit dai.
　　你的　衣服　　很　白　（尾）

〔盈〕na⁵⁵ pă³³loŋ³³　kʒai³¹ phʒo³¹ lit³¹ tai³³.
　　你的　衣服　　很　白　（尾）

〔草〕na⁵⁵ pă³³loŋ³³　kʒai³¹ phʒo³¹ ai³³.
　　你的　衣服　　很　白　（尾）

〔新〕na⁵⁵ pă³³loŋ³³　kʒai³¹ phʒo³¹ ai³³.
　　你的　衣服　　很　白　（尾）

15. 他的衣服很白。

〔文〕Shi palong grai hpro lu ai.
　　他　衣服　很　白　（尾）

〔盈〕ʃi⁵⁵ pă³³loŋ³³　kʒai³¹ phʒo³¹ lu³¹ai³³.
　　他的　衣服　　很　白　（尾）

〔草〕ɕi⁵⁵ pă³³loŋ³³　kʒai³¹ phʒo³¹ ai³³.
　　他的　衣服　　很　白　（尾）

〔新〕ɕi⁵⁵ pă³³loŋ³³　kʒai³¹ phʒo³¹ ai³³.
　　他的　衣服　　很　白　（尾）

16. 我们的孩子很好。

〔文〕Anhte a　ma grai gaja nga mali ai.
　　我们　的 孩子 很　好 （助）（尾）

〔盈〕an⁵⁵the³³ a³¹ ma³¹ kʒai³¹ kă³¹tʃa³³ ŋa³¹ mă³¹li³¹ai³³.
　　我们　的 孩子 很　好　（助）（尾）

〔草〕an⁵⁵the³³　a³¹ ma³¹ kʒai³¹ mai³³ ai³³.
　　我们　的 孩子 很　好　（尾）

〔新〕an⁵⁵the³³ ma³¹ kʒai³¹ kă³¹tɕa³³.
　　我们　孩子 很　好

17. 你们的孩子很好。

〔文〕Nanhte a ma grai gaja nga malit dai.
　　 你们　的 孩子 很 好　（助）（尾）

〔盈〕nan⁵⁵the³³ a⁷³¹ma³¹ kʒai³¹ kǎ³¹tʃa³³ ŋa³¹ mǎ³¹lit³¹tai³³.
　　 你们　　　的 孩子　很　　好　（助）　（尾）

〔草〕nan⁵⁵the³³ ma³¹ kʒai³¹ mai³³ ai³³.
　　 你们　　孩子 很　好　（尾）

〔新〕nan⁵⁵the³³ ma³¹ kʒai³¹ kǎ³¹tɕa³³.
　　 你们　　孩子　很　　好

18. 他们的孩子很好。

〔文〕Shanhte a ma grai gaja nga malu ai.
　　 他们　 的 孩子 很 好（助）（尾）

〔盈〕ʃan⁵⁵the³³ a⁷³¹ma³¹ kʒai³¹ kǎ³¹tʃa³³ ŋa³¹ mǎ³¹lu⁷³¹ai³³.
　　 他们　　的　孩子　很　　好　（助）（尾）

〔草〕ɕan⁵⁵the³³ ma³¹ kʒai³¹ mai³³ ai³³.
　　 他们　　孩子 很　好（尾）

〔新〕khan⁵⁵the³³ ma³¹ kʒai³¹ kǎ³¹tɕa³³.
　　 他们　　 孩子 很　　好

19. 我的父亲上瑞丽去了。

〔文〕Nye wa Mungmau lung wa sali ai (li ai).
　　 我的 父亲　瑞丽　 上 （助）（尾）

〔盈〕ŋje⁷⁵⁵ wa̠⁵¹ muŋ³¹mau³¹ luŋ³¹ wa³¹ sǎ⁵⁵li⁷⁵⁵ai³³（li⁷⁵⁵ai³³）.
　　 我的 父亲　　瑞丽　　 上　（助）　（尾）

〔草〕ŋje⁷⁵⁵ wa̠⁵¹ muŋ³¹mau³¹ kǎ³¹te⁷³¹ sa³³ wa³¹ sai³³.
　　 我的　父亲　　瑞丽　　地方　 去　　 （尾）

〔新〕ŋje⁷⁵⁵ wa̠⁵¹ ʒui³³li³³ te⁷³¹ sa³³ sai³³.
　　 我的　父亲　　瑞丽 地方 去（尾）

20. 你的父亲上瑞丽去了。

〔文〕Na wa Mungmau lung wa salit dai (lit dai).
　　 你的 父亲　瑞丽　 上（助）（尾）

〔盈〕na⁷⁵⁵ wa̠⁵¹ muŋ³¹mau³¹ luŋ³¹ wa³¹ sǎ⁵⁵lit⁵⁵tai³³（lit⁵⁵tai³³）.
　　 你的 父亲　　瑞丽　　 上　（助）　（尾）

〔草〕 na⁵⁵ wa̠⁵¹ muŋ³¹mau³¹ kă³¹te³¹ sa³³ wa³¹ sai³³.
　　　你的　父亲　　瑞丽　　地方　去（助）（尾）

〔新〕 na⁵⁵ wa̠⁵¹ ʒui³³li³³ te³¹ sa³³ sai³³.
　　　你的　父亲　瑞丽　地方　去（尾）

21. 他的父亲上瑞丽去了。

〔文〕 wa Mungmau lung wa salu ai (lu ai).
　　　父亲　瑞丽　上（助）（尾）

〔盈〕 wa⁵¹ muŋ³¹mau³¹ luŋ³¹ wa³¹ să⁵⁵lu⁵⁵ai³³ (lu⁵⁵ai³³).
　　　父亲　瑞丽　　上（助）（尾）

〔草〕 khi⁵⁵ wa̠⁵¹ muŋ³¹mau³¹ ka³³te³¹ sa³³ wa³¹ sai³³.
　　　他的　父亲　　瑞丽　地方　去　（尾）

〔新〕 ɕi⁵⁵ wa̠⁵¹ ʒui³³li³³ te³¹ sa³³ sai³³.
　　　他的　父亲　瑞丽　地方　去（尾）

22. 我们的孩子们都上学去了。

〔文〕 Anhte a gashani yong jong lung masali ai (mali ai).
　　　我们　的　孩子们　全部　学校　上　（尾）

〔盈〕 an⁵⁵the³³ a³¹ kă³¹ʃa³¹ni³³ joŋ³¹ tʃoŋ³¹ luŋ³¹ mă⁵⁵să⁵⁵li⁵⁵ai³³ (mă⁵⁵li⁵⁵ai³³).
　　　我们　　的　孩子们　　全部　学校　上　（尾）

〔草〕 an⁵⁵the³³ ma³¹ni³³ joŋ³¹ tɕoŋ³¹ luŋ³¹ sa³³ wa³¹ sai³³.
　　　我们　孩子们　全部　学校　上　去（助）（尾）

〔新〕 an⁵⁵the³³ ma³¹ni³³ joŋ³¹ tɕoŋ³¹ te³¹ sa³³ sai³³.
　　　我们　孩子们　全部　学校　地方　去（尾）

23. 你们的孩子们都上学去了。

〔文〕 Nanhte a gasha ni yong jong lung masalit dai (malit dai).
　　　你们　的　孩子们　全部　学校　上　（尾）

〔盈〕 nan⁵⁵the³³ a³¹ kă³¹ʃa³¹ni³³ joŋ³¹ tʃoŋ³¹ luŋ³¹ mă⁵⁵să⁵⁵lit⁵⁵tai³³ (mă⁵⁵lit⁵⁵tai³³).
　　　你们　　的　孩子们　　全部　学校　上　（尾）

〔草〕 nan⁵⁵the³³ ma³¹ni³³ joŋ³¹ tɕoŋ³¹ luŋ³¹ sa³³ wa³¹ sai³³.
　　　我们　孩子们　全部　学校　上　去（助）（尾）

〔新〕 nan⁵⁵the³³ ma³¹ni³³ joŋ³¹ tɕoŋ³¹ te³¹ sa³³ sai³³.
　　　你们　孩子们　全部　学校　地方　去（尾）

24. 他们的孩子们都上学去了。

〔文〕Shanhte a gasha ni yong jong lung masaluai（malu ai）.
　　他们　的　孩子们　全部　学校　上　（尾）

〔盈〕ʃan⁵⁵the³³ a⁷³¹ kǎ³¹ʃa³¹ni³³ joŋ³¹ tʃoŋ³¹ luŋ³¹ mǎ⁵⁵sǎ⁵⁵lu⁷⁵⁵ai³³（mǎ⁵⁵lu⁷⁵⁵ai³³）.
　　他们　　　的　孩子们　　全部　学校　上　　（尾）

〔草〕ɕan⁵⁵the³³ ma³¹ni³³ joŋ³¹ tɕoŋ³¹ luŋ³¹ sa³³wa³¹ sai³³.
　　我们　　孩子们　全部　学校　上　去（助）（尾）

〔新〕khan⁵⁵the³³ ma³¹ni³³ joŋ³¹　tɕoŋ³¹ te⁷³¹ sa³³ sai³³.
　　他们　　　孩子们　全部　　学校　地方去（尾）

25. 我到了。

〔文〕Du ring ngai.
　　到　　（尾）

〔盈〕tu³¹ ʒiŋ³¹ ŋai³³.
　　到　　（尾）

〔草〕ŋai³³ tu³¹ sai³³.
　　我　到（尾）

〔新〕ŋai³³ tu³¹ sai³³.
　　我　到（尾）

26. 你来。

〔文〕Nang sa rin dai.
　　你　来（尾）

〔盈〕naŋ³³　sa³³ ʒin³¹ tai³³.
　　你　　来　（尾）

〔草〕naŋ³³　sa³³ wa³¹ ʒit³¹.
　　你　　来　（尾）

〔新〕naŋ³³　sa³³ wa³¹.
　　你　　来（助）

27. 下雨了。

〔文〕Marang htu wa ra ai.
　　雨　　下（助）（尾）

〔盈〕mă³¹ʒaŋ³³　thu⁷³¹ wa³¹ ʒa⁷³¹ai³³.
　　　雨　　下　（助）（尾）

〔草〕mă³¹ʒaŋ³³　thu⁷³¹sai³³.
　　　雨　　下（尾）

〔新〕mă³¹ʒaŋ³³　thu⁷³¹.
　　　雨　　下

28. 我们都出来了。

〔文〕Anhte yong pru　wa　ra ga ai.
　　　我们　全部 出（助）（尾）

〔盈〕an⁵⁵the³³　joŋ³¹ pʒu̠³³ wa³¹ ʒa³¹ka⁷³¹ai³³.
　　　我们　　全部 出（助）　（尾）

〔草〕an⁵⁵the³³　joŋ³¹ pʒu̠³³ wa³¹ sai³³.
　　　我们　　全部 出（助）（尾）

〔新〕an⁵⁵the³³　joŋ³¹ pʒu̠³³ wa³¹ sai³³.
　　　我们　　全部 出（助）（尾）

29. 你们都出来了。

〔文〕Nanhte yong pru　wa marin dai.
　　　你们　全部 出（助）（尾）

〔盈〕nan⁵⁵the³³　joŋ³¹ pʒu̠³³ wa³¹ mă³¹ʒin³¹tai³³.
　　　你们　　全部 出（助）　（尾）

〔草〕nan⁵⁵the³³　joŋ³¹ pʒu̠³³ wa³¹ sai³³.
　　　你们　　全部 出（助）（尾）

〔新〕nan⁵⁵the³³　joŋ³¹ pʒu̠³³ wa³¹ sai³³.
　　　你们　　全部 出（助）（尾）

30. 他们都出来了。

〔文〕Shanhte yong pru wa　mara ai.
　　　他们　全部 出（助）（尾）

〔盈〕ʃan⁵⁵the³³　joŋ³¹ pʒu̠³³ wa³¹ mă³¹ʒa⁷³¹ai³³.
　　　他们　　全部 出（助）　（尾）

〔草〕ɕan⁵⁵the³³　joŋ³¹ pʒu̠³³ wa³¹ sai³³.
　　　他们　　全部 出（助）（尾）

〔新〕khan⁵⁵the³³　joŋ³¹ pʒu̠³³ wa³¹ sai³³.
　　　 他们　　 全部　出 （助）（尾）

31. 他一人先在岔路等着。
〔文〕Shi hkrai sha numshe e　la nga la ai.
　　　他　仅　 只　岔路　处 等（助）（尾）
〔盈〕ʃi³³ khʒai³³ ʃa³¹ num³¹ʃe⁵⁵　e³¹ la³¹ ŋa³¹ la⁽³¹ ai³³.
　　　他　仅 　只 岔路　　 处 等（助）（尾）
〔草〕khi³³ khʒai³³ ɕa³¹ a³¹ lam³³ n³¹ɕe⁵⁵ e³¹ la³¹ ŋa³¹　ai³³.
　　　他　仅　 只　路　　 岔路 处 等（助）（尾）
〔新〕ɕi³³ khʒai³³ ɕa³¹ a³¹ lam³³ n³¹ɕe⁵⁵ la³¹ ai³³.
　　　他　仅　 只　路　　 岔路　等　（尾）

32. 我还没见到你们。
〔文〕Nanhte hpe　go　rai n　mu yu made ai.
　　　你们　 （宾）（话）还 没　见 过 （尾）
〔盈〕nan⁵⁵the phe⁽⁵⁵ ko³¹ ʒai³¹ n⁵⁵ mu³¹ ju³³ mă³¹ te⁽³¹ ai³³.
　　　你们　 （宾）（话）还 没 见　 过　 （尾）
〔草〕ŋai³³ nan⁵⁵the³³ n⁵⁵ mu³¹ ai³³.
　　　我　 你们　　 没 见　（尾）
〔新〕ŋai³³ nan⁵⁵the³³ e⁽⁵⁵ n⁵⁵ mu³¹ ai³³.
　　　我　 你们　（宾）没　见 （尾）

33. 我还没见到他们。
〔文〕Shanhte hpe　go　rai n mu yu mawe ai.
　　　他们　 （宾）（话）还 没 见 过 （尾）
〔盈〕ʃan⁵⁵the³³ phe⁽⁵⁵ ko³¹ ʒai³¹ n⁵⁵ mu³¹ ju³³ mă³¹ we⁽³¹ ai³³.
　　　他们　 （宾）（话）还 没 见　 过　 （尾）
〔草〕ŋai³³ ɕan⁵⁵the³³ n⁵⁵ mu³¹ ɕi³¹ ai³³.
　　　我　 他们　 没 见 还（尾）
〔新〕ŋai³³ ɕan⁵⁵the³³ e⁽⁵⁵ n⁵⁵ mu³¹ ai³³.
　　　我　 他们　（宾）没 见 （尾）

34. 他对我帮助很大。

〔文〕Shi ngai hpe grai garum ni ai.
　　他　我（宾）很　帮助　（尾）

〔盈〕ʃi³³　ŋai³³ pheʔ⁵⁵ kʒai³¹ kă³¹ʒum³³ ni³¹ai³³.
　　他　我（宾）很　　帮助　　（尾）

〔草〕khi³³　ŋai³³ eʔ⁵⁵ kă³¹ʒum³³ ai³³ kʒai³¹ kă³¹pa³¹ sai³³.
　　他　　我（宾）帮助　　的　很　大　　（尾）

〔新〕ɕi³³　ŋai³³ kă³¹ʒum³³ ai³³ kʒai³¹　kă³¹pa³¹.
　　他　我　帮助　　的　很　　大

35. 他对你帮助很大。

〔文〕Shi nang hpe grai garum nit dai.
　　他　你（宾）很　帮助　（尾）

〔盈〕ʃi³³　naŋ³³ pheʔ⁵⁵ kʒai³¹ kă³¹ʒum³³　nit³¹tai³³.
　　他　你（宾）　很　　帮助　　　（尾）

〔草〕ʃi³³　naŋ³³ eʔ⁵⁵ kă³¹ʒum³³　ai³³ kʒai³¹ kă³¹pa³¹　sai³³.
　　他　你（宾）帮助　　的　很　大　（尾）

〔新〕ʃi³³　naŋ³³ eʔ⁵⁵ kă³¹ʒum³³　ai³³ kʒai³¹ kă³¹pa³¹.
　　他　你（宾）帮助　　的　很　　大

36. 你吃吧！

〔文〕Nang sha u!
　　你　吃（尾）

〔盈〕naŋ³³　ʃa⁵⁵ uʔ³¹!
　　你　　吃（尾）

〔草〕naŋ³³　ɕa⁵⁵ uʔ³¹!
　　你　　吃（尾）

〔新〕naŋ³³　ɕa⁵⁵ uʔ³¹!
　　你　　吃（尾）

37. 你们吃吧！

〔文〕Nanhte sha mu!
　　你们　吃（尾）

〔盈〕nan⁵⁵the³³ ʃa⁵⁵ muʔ³¹!
　　你们　　吃（尾）

〔草〕nan⁵⁵the³³ ɕa⁵⁵ mu⁷³¹!
　　　你们　　吃（尾）

〔新〕nan⁵⁵the³³ni³³ ɕa⁵⁵ mu⁷³¹ jo⁵¹!
　　　你们　　们　吃（尾）（语）

38. 你快吃吧！

〔文〕Lau sha nu!
　　　快　吃（尾）

〔盈〕lau³³ ʃa⁵⁵ nu⁷⁵⁵!
　　　快　吃（尾）

〔草〕naŋ³³ lau³³ ɕa⁵⁵ u⁷³¹!
　　　你　快　吃（尾）

〔新〕naŋ³³ lu³¹wan³³ ɕa⁵⁵ u⁷³¹!
　　　你　快　　吃（尾）

39. 你们快吃吧

〔文〕Lau sha manu!
　　　快　吃（尾）

〔盈〕lau³³ ʃa⁵⁵ mă⁵⁵nu⁷⁵⁵!
　　　快　吃　（尾）

〔草〕nan⁵⁵the³³　lau³³ ɕa⁵⁵ mu⁷³¹!
　　　你们　　　快　吃（尾）

〔新〕nan⁵⁵the³³ni³³　lă³¹wan³³/kan³³ ɕa⁵⁵ mu⁷³¹　jo⁵¹!
　　　你们　　们　　快　　赶快　吃（尾）（语）

40. 你不要去！

〔文〕Hkum sa sa!
　　　不要　去（尾）

〔盈〕khum³¹ sa³³ sa⁷⁵⁵!
　　　不要　去（尾）

〔草〕naŋ³³ ɕum³¹ sa³³(u⁷³¹)!
　　　你　不要　去（尾）

〔新〕naŋ³³ khum³¹ sa³³!
　　　你　不要　去

41. 你们不要去！

〔文〕Hkum sa masa!
　　不要　去（尾）

〔盈〕khum³¹ sa³³ mă⁵⁵sa⁽⁵⁵⁾!
　　不要　　去　　（尾）

〔草〕nan⁵⁵the³³ ɕum³¹ sa³³!
　　你们　　不要　去

〔新〕nan⁵⁵the³³ni³³ khum³¹ sa³³!
　　你们　　们　不要　去

42. 你来吧！

〔文〕Nang sa rit!
　　你　来（尾）

〔盈〕naŋ³³ sa³³ ʒit³¹!
　　你　　来（尾）

〔草〕naŋ³³ sa³³ wa³¹ u⁽³¹⁾!
　　你　　来（助）（尾）

〔新〕naŋ³³ sa³³ wa³¹!
　　你　　来（助）

43. 你们都来吧！

〔文〕Nanhte yong sa marit!
　　你们　全部　来（尾）

〔盈〕nan⁵⁵the³³ joŋ³¹ sa³³ ma³¹ʒit³¹!
　　你们　　　全部　来　（尾）

〔草〕nan⁵⁵the³³ ma⁽⁵⁵⁾khʒa³¹ sa³³ wa³¹ ʒit³¹!
　　你们　　　全部　　　来（助）（尾）

〔新〕nan⁵⁵the³³ joŋ³¹ sa³³ wa³¹!
　　你们　　　全部　来（助）

44. 你快去吧！

〔文〕Lau sa su!
　　快　去（尾）

〔盈〕lau³³ sa³³ su⁷³¹！
　　　快　去（尾）

〔草〕naŋ³³　lau³³ sa³³ u⁷³¹！
　　　你　　快　去（尾）

〔新〕naŋ³³　lă³¹wan³³ sa³³ wa³¹！/naŋ³³ kan³³ sa³³ wa³¹！
　　　你　　快　　　去（助）　你　赶快　去（助）

45. 你们快去吧！

〔文〕Lau sa masu！
　　　快　去（尾）

〔盈〕lau³³ sa³³ mă³¹su⁷³¹！
　　　快　去　（尾）

〔草〕nan⁵⁵the³³　lau³³ sa³³ mu⁷³¹！
　　　你们　　　快　去（尾）

〔新〕nan⁵⁵the³³ni³³　lă³¹wan³³ sa³³ wa³¹！/nan⁵⁵the³³ni³³ kan³³ sa³³ wa³¹！
　　　你们　们　　　快　　　去（助）　你们　们　赶快 去（助）

46. 你快给我们吧！

〔文〕Anhte hpe alawan ya mani！
　　　我们（宾）快　　给（尾）

〔盈〕an⁵⁵the³³ phe⁷⁵⁵ a⁵⁵lă³¹wan³³ ja³³ mă⁵⁵ni⁷⁵⁵！
　　　我们　（宾）　快　　　给　　（尾）

〔草〕naŋ³³　an⁵⁵the³³ e⁷⁵⁵ lau³³ ja³³ mit⁷³¹！
　　　你　　我们（宾）快　给（尾）

〔新〕naŋ³³　lă³¹wan³³ an⁵⁵the³³（ni³³）ja³³！
　　　你　　快　　　我们　（们）给

47. 我替你做！

〔文〕Ngai galo dega！
　　　我　做（尾）

〔盈〕ŋai³³ kă³¹lo³³ te⁷³¹ka⁷³¹！
　　　我　做　（尾）

〔草〕ŋai³³ naŋ³³ e⁷⁵⁵ kă³¹lai³³　kă³¹lo³³！
　　　我　你（宾）替　　　　做

〔新〕ŋai³³ naŋ³³ mă³¹tɕo⁵³¹ kă³¹lo³³（ja³³ te⁵³¹）！
　　　我　　你　　替　　　　做

48. 我替他做！
〔文〕Ngai galo wega!（se ga）
　　　我　　做　（尾）
〔盈〕ŋai³³ kă³¹lo³³ we⁵³¹ka⁵³¹（se⁵³¹ka⁵³¹）！
　　　我　　做　　　（尾）
〔草〕ŋai³³ ɕi³³ e⁵⁵ kă³¹lai³³ kă³¹lo³³！
　　　我　他（宾）替　　　做
〔新〕ŋai³³ ɕi³³ mă³¹tɕo⁵³¹ kă³¹lo³³！
　　　我　他　替　　　　做

49. 他去帮助他。
〔文〕Shi shi hpe sa garum ai.
　　　他 他（宾）去 帮助（尾）
〔盈〕ʃi³³ ʃi³³ phe⁷⁵⁵ sa³³ kă³¹ʒum³³ ai.
　　　他 他（宾）去 帮助　（尾）
〔草〕ɕi³³ ɕi³³ e⁷⁵⁵ sa³³ kă³¹ʒum³³ ai³³.
　　　他 他（宾）去 帮助　（尾）
〔新〕ɕi³³ ɕi³³ sa³³ kă³¹ʒum³³ ai³³.
　　　他 他　去 帮助　（尾）

50. 他快回来了。
〔文〕Shi lawan wa sai.
　　　他　快　　回（尾）
〔盈〕ʃi³³ lă³¹wan³³ wa³¹ sai³³.
　　　他　快　　　回　（尾）
〔草〕khi³³ lau³³ wa³¹ ʒa⁵³¹sai³³.
　　　他　快　回　（尾）
〔新〕ɕi³³ lu³¹wan³³ wa³¹ ʒa⁵³¹ai³¹.
　　　他　快　　　回　（尾）

51. 他给你什么呢?

〔文〕Shi nang hpe hpa ya ata?
　　他　你（宾）什么 给（尾）

〔盈〕ʃi³³　naŋ³³ phe⁵⁵ pha³³ ja³³ a³¹ta̠⁵¹?
　　他　你（宾）什么 给（尾）

〔草〕ɕi³³　naŋ³³ e⁵⁵ pha³³ ja³³ a³¹ni⁵¹?
　　他　你（宾）什么 给（尾）

〔新〕ɕi³³　naŋ³³ pha³³ ja³³ ai³³?
　　他　你　什么 给（尾）

52. 他去帮助谁呢？

〔文〕Shi gadai hpe sa garum uta?
　　他 谁（宾）去 帮助（尾）

〔盈〕ʃi³³　kă³¹tai³³ phe⁵⁵ sa³³ kă³¹ʒum³³ u²³¹ta̠⁵¹?
　　他　谁　（宾）去 帮助　（尾）

〔草〕khi³³　kă³¹tai³³ e⁵⁵ sa³³ kă³¹ʒum³³ a³¹ni⁵¹?
　　他　谁　（宾）去 帮助　（尾）

〔新〕ɕi³³　kă³¹tai³³ sa³³ kă³¹ʒum³³ ai³³?
　　他　谁　去 帮助　（尾）

53. 那时我不在吗？

〔文〕Dai shaloi ngai n nga ani?
　　那时　我 不 在（尾）

〔盈〕tai³³　ʃă³¹loi⁵⁵ ŋai³³ n⁵⁵ ŋa³¹ a³¹ni⁵¹?
　　那　时　我 不 在（尾）

〔草〕ɕă³¹loi⁵⁵　ŋai³³ n⁵⁵ ŋa³¹ a³¹ni⁵¹?
　　那时　我 不 在（尾）

〔新〕tai³³　ɕă³¹loi⁵⁵ ŋai³³ n⁵⁵ ŋa³¹ i³³?
　　那　时　我 不 在（语）

54. 你也是景颇人吗？

〔文〕Nang mung Jinghpo re nni?
　　你　也　景颇　是（尾）

〔盈〕naŋ³³ muŋ³¹ tʃiŋ³¹pho²³¹ ʒe⁵¹ n³¹ni⁵¹?
　　你　也　景颇　是（尾）

〔草〕naŋ³³ muŋ³¹ tɕiŋ³¹ pho⁷³¹ ʒe⁵¹ ni⁵¹?
　　你　也　景颇　是（尾）

〔新〕naŋ³³ muŋ³¹ tɕiŋ³¹ pho⁷³¹ mă³¹ ɕa³¹ ʒe⁵¹?
　　你　也　景颇　人　是

55. 他也是景颇人吗？

〔文〕Shi mung Jinghpo re ani?
　　他　也　景颇　是（尾）

〔盈〕ʃi³³ muŋ³¹ tʃiŋ³¹ pho⁷³¹ ʒe⁵¹ a³¹ ni⁵¹?
　　他　也　景颇　是（尾）

〔草〕ɕi³³ muŋ³¹ tɕiŋ³¹ pho⁷³¹ ʒe⁵¹ ni⁵¹?
　　他　也　景颇　是（尾）

〔新〕ɕi³³ muŋ³¹ tɕiŋ³¹ pho⁷³¹ mă³¹ ɕa³¹ ʒe⁵¹?
　　他　也　景颇　人　是

56. 我们谁也没有吗？

〔文〕Anhte gadai mung rai n lu ga ni?
　　我们　谁　也　还没有（尾）

〔盈〕an⁵⁵ the³³ kă³¹ tai³³ muŋ³¹ ʒai³¹ n⁵⁵ lu³¹ ka⁷³¹ ni⁵¹?
　　我们　谁　也　还　没有（尾）

〔草〕an⁵⁵ the³³ kă³¹ tai³³ muŋ³¹ n⁵⁵ lu³¹ a³¹ ni⁵¹?
　　我们　谁　也　没有（尾）

〔新〕an⁵⁵ the³³ ni³³ kă³¹ tai³³ muŋ³¹ n⁵⁵ lu³¹ ai³³ i⁵¹?
　　我们　们　谁　也　没有（尾）（语）

57. 他们谁也没有吗？

〔文〕Shanhte gadai mung rai n lu mani?
　　他们　谁　也　还没有（尾）

〔盈〕ʃan⁵⁵ the³³ kă³¹ tai³³ muŋ³¹ ʒai³¹ n⁵⁵ lu³¹ ma⁷³¹ ni⁵¹?
　　他们　谁　也　还　没有（尾）

〔草〕ɕan⁵⁵ the³³ kă³¹ tai³³ muŋ³¹ n⁵⁵ lu³¹ a³¹ ni⁵¹?
　　他们　谁　也　没有（尾）

〔新〕khan⁵⁵ the³³（ni³³）kă³¹ tai³³ muŋ³¹ n⁵⁵ lu³¹ ai³³ i⁵¹?
　　他们　们　谁　也　没有（尾）（语）

58. 我给他了吗？

〔文〕Ngai shi hpe ya sani?
　　 我 他（宾）给（尾）

〔盈〕ŋai³³ ʃi³³ phe⁵⁵ ja³³ sa⁵⁵ni⁵¹?
　　 我   他（宾）给 （尾）

〔草〕ŋai³³ khi³³ e⁵⁵ ja³³ să⁵⁵ni⁵¹?
　　 我   他（宾）给 （尾）

〔新〕ŋai³³ ɕi³³ ja³³ sai³³ i⁵¹?
　　 我 他 给（尾）（语）

59. 你给他了吗？

〔文〕Nang shi hpe ya sani?
　　 你   他（宾）给（尾）

〔盈〕naŋ³³ ʃi³³ phe⁵⁵ ja³³ să⁵⁵ni⁵¹?
　　 你 他（宾）给 （尾）

〔草〕naŋ³³ ɕi³³ e³¹ ja³³ să⁵⁵ni⁵¹?
　　 我 他（宾）给 （尾）

〔新〕naŋ³³ ɕi³³ ja³³ sai³³ i⁵¹?
　　 你 他 给（尾）（语）

60. 他给他了吗？

〔文〕Shi shi hpe ya sani?
　　 他 他（宾）给（尾）

〔盈〕ʃi³³ ʃi³³ phe⁵⁵ ja³³ sa⁵⁵ni⁵¹?
　　 他 他（宾） 给 （尾）

〔草〕khi³³ ɕi³³ e³¹ ja³³ să⁵⁵ni⁵¹?
　　 他 他（宾）给 （尾）

〔新〕ɕi³³ ɕi³³ ja³³ sai³³ i⁵¹?
　　 他 他 给（尾）（语）

61. 你们都去了吗？

〔文〕Nanhte yong sa wa masin ni?
　　 你们 全部 去（助）（尾）

〔盈〕nan⁵⁵the³³ joŋ³¹ sa³³ wa³¹ mă⁵⁵sin⁵⁵ni⁵¹?
　　 你们　　 全部　去（助）　（尾）
〔草〕nan⁵⁵the³³ joŋ³¹ sa³³ să⁵⁵ni⁵¹?
　　 你们　　 全部　去 （尾）
〔新〕nan⁵⁵the³³ joŋ³¹ sa³³（wa³¹）sai³³ i⁵¹?
　　 你们　　 全部　去（助）（尾）（语）

62. 我的老师还在吗？

〔文〕Nye sara no nga li ni?
　　 我的 老师 还 在（尾）
〔盈〕ŋje⁵⁵ să³¹ʒa³³ no⁵⁵ŋa³¹ li³¹ni⁵¹?
　　 我的 老师　 还　在（尾）
〔草〕ŋje⁵⁵ să³¹ʒa³³ no⁵⁵ŋa³¹ a³¹ni⁵¹?
　　 我的 老师　 还　在 （尾）
〔新〕ŋje⁵⁵ să³¹ʒa³³ no⁵⁵ŋa³¹ ai³³ i⁵¹?
　　 我的 老师　 还　在（尾）（语）

63. 你的老师还在吗？

〔文〕Na sara no nga lit ni?
　　 你的 老师 还 在（尾）
〔盈〕na⁵⁵ să³¹ʒa³³ no⁵⁵ŋa³¹ lit³¹ni⁵¹?
　　 你的 老师　 还　在 （尾）
〔草〕na⁵⁵ să³¹ʒa³³ no⁵⁵ŋa³¹ a³¹ni⁵¹?
　　 你的 老师　 还　在（尾）
〔新〕na⁵⁵ să³¹ʒa³³ no⁵⁵ŋa³¹ ai³³ i⁵¹?
　　 你的 老师　 还　在（尾）（语）

64. 我的裤子洗完了吗？

〔文〕Nye labu hkrut ngut sali ni (li ni)?
　　 我的 裤子 洗　完 （尾）
〔盈〕ŋje⁵⁵ lă³¹pu³¹ khʒut³¹ ŋut⁵⁵ să⁵⁵li⁵⁵ni⁵¹（li⁵⁵ni⁵¹）?
　　 我的 裤子　　 洗　　完　 （尾）
〔草〕ŋje⁵⁵ lă³¹pu³¹ khʒut³¹ ma³³ să⁵⁵ni⁵¹?
　　 我的 裤子　　 洗　 完　 （尾）

〔新〕ŋje⁵⁵ lă³¹pu³¹ khʒut³¹ ma³³ sai³³ i⁵¹(li⁵⁵ni⁵¹)？
　　　我的　裤子　洗　完（尾）（语）

65．他回来了吗？

〔文〕Shi wa ra ni？
　　　他　回　（尾）

〔盈〕ʃi³³ wa³¹ ʒa⁵³¹ni⁵¹？
　　　他　回　（尾）

〔草〕ɕi³³ wa³¹ să⁵⁵ni⁵¹？／să³³ta⁵¹？
　　　他　回　（尾）　（尾）

〔新〕ɕi³³ wa³¹ sai³³ i⁵¹？
　　　他　回　（尾）（语）

66．我给他了吗？

〔文〕Ngai shi hpe ya ni⁵⁵ni⁵¹？
　　　我　他（宾）给（尾）

〔盈〕ŋai³³ ʃi³³ phe⁵⁵ ja³³ ni⁵⁵ni⁵¹？
　　　我　他（宾）给　（尾）

〔草〕ŋai³³ ɕi³³ e⁵⁵ ja³³ să⁵⁵ni⁵¹？
　　　我　他（宾）给　（尾）

〔新〕ŋai³³ ɕi³³ ja³³ sai³³ i⁵¹？
　　　我　他　给（尾）（语）

67．你给他了吗？

〔文〕Nang shi hpe ya nit ni？
　　　你　他（宾）给（尾）

〔盈〕naŋ³³ ʃi³³ phe⁵⁵ ja³³ nit⁵⁵ni⁵¹？
　　　你　他（宾）给　（尾）

〔草〕naŋ³³ ɕi³³ e⁵⁵ ja³³ să⁵⁵ni⁵¹？
　　　你　他（宾）给　（尾）

〔新〕naŋ³³ ɕi³³ ja³³ sai³³ i⁵¹？
　　　你　　他　给（尾）（语）

68．我们都到齐了吧？

〔文〕Anhte yong du ra saga dong?
　　　我们　全部 到 齐（尾）

〔盈〕an⁵⁵the³³　joŋ³¹ tu³¹ ʒa³³ sǎ⁵⁵ka⁵⁵toŋ³³?
　　　我们　　全部 到 齐　（尾）

〔草〕an⁵⁵the³³　ma⁵⁵khʒa³¹ tu³¹ sǎ⁵⁵ni⁵¹?
　　　我们　　全部　　到（尾）

〔新〕an⁵⁵the³³　joŋ³¹ khum³¹ sai³³ i⁵¹?
　　　我们　　全部 到 （尾）（语）

69. 你的衣服太长了吧？

〔文〕Na　palong nau galu lit dong?
　　　你的 衣服　太 长 （尾）

〔盈〕na⁵⁵ pǎ³³loŋ³³ nau³¹ kǎ³¹lu³¹ lit³¹toŋ³³?
　　　你的 衣服　　太　 长　　（尾）

〔草〕na⁵⁵ pǎ³³loŋ³³ nau³¹ kǎ³¹lu³¹ sai³³ n⁵⁵then⁵⁵?
　　　你的 衣服　　太　 长　（尾）可能

〔新〕na⁵⁵ pǎ³³loŋ³³ kʒai³³ kǎ³¹lu³¹ sai³³ i⁵¹/ ai³³ i⁵¹?
　　　你的 衣服　　很　 长　（尾）（语）（尾）（语）

70. 你看见你母亲了吧？

〔文〕Nang　nnu　hpe　mu nit dong i?
　　　你　你母亲(宾) 见 （尾）（语）

〔盈〕naŋ³³ n⁵⁵nu̱⁵¹ phe⁵⁵ mu³¹ nit⁵⁵toŋ³³ i⁵¹?
　　　你　你母亲（宾）见　（尾）（语）

〔草〕naŋ³³ na⁵⁵ n⁵⁵nu̱⁵¹ e³¹ mu³¹ sǎ⁵⁵ni⁵¹?
　　　你　你的 母亲（宾）见 （尾）

〔新〕naŋ³³ na⁵⁵ n⁵⁵nu̱⁵¹ mu³¹ sai³³ i⁵¹?
　　　你　你的 母亲 见 （尾）（语）

四　盈江、新寨、草坝三个点的1000个基本词

序号	汉义	盈江景颇语	耿马景颇语新寨话	耿马景颇语草坝寨话
1	天	lă³¹ mu³¹	lă³¹ mu³¹	lă³¹ mu³¹
2	太阳	tʃan³³	a³¹ tɕan³³	a³¹ tɕan³³
3	月亮	ʃă³³ ta³³	să³³ ta³³	să³³ ta³³
4	星星	ʃă³³ kan³³	tsă³³ kan³³	să³³ kan³³
5	云	să³³ mui³³	să³³ mui³³	să³³ mui³³
6	风	n³¹ puŋ³³	n³¹ puŋ³³	n³¹ puŋ³³
7	雨	mă³¹ ʒaŋ³³	mă³¹ ʒaŋ³³	mă³¹ ʒaŋ³³
8	霜	khjen³³	a³¹ khjen³³	a³¹ khjen³³
9	露水	num³¹ ʒi⁷⁵⁵	num³¹ ʒi⁷⁵⁵	num³¹ ʒi⁷⁵⁵
10	火	wan³¹	a³¹ wan³¹	a³¹ wan³¹
11	（火）烟	wan³¹ khut³¹	wan³¹ khut³¹	wan³¹ khut³¹
12	气	n³¹ sa⁷³¹	n³¹ sa⁷³¹	n³¹ sa⁷³¹
13	山	pum³¹	a³¹ pum³¹	a³¹ pum³¹
14	河	kha⁷³¹	a³¹ kha⁷³¹ ; kha⁷³¹	a³¹ kha⁷³¹
15	洞	khu³³	a³¹ khu³³	a³¹ khu³³
16	井	kha⁷³¹ thuŋ³³	kha⁷³¹ thuŋ³³	kha⁷³¹ thuŋ³³
17	沟	kha⁷³¹ khoŋ³¹	kha⁷³¹ khoŋ³¹	kha⁷³¹ khoŋ³¹
18	路	lam³³	a³¹ lam³³	a³¹ lam³³
19	平坝	lă³¹ ja³³	lă³¹ ja³³	a³¹ pa³³
20	土	ka⁵⁵	a³¹ ka⁵⁵	a³¹ ka⁵¹
21	水田	khau³³ na³¹	khă⁵⁵ na⁵¹	khau⁵⁵ na⁵¹
22	（田）地	ji⁷⁵⁵ sun³³ khau³³ na³¹	ji⁷⁵⁵	khau⁵⁵ na⁵¹ ji⁷⁵⁵
23	石头	n³¹ luŋ³¹	n³¹ luŋ³¹	n³¹ luŋ³¹
24	沙子	tsai³¹ pʒu³¹	sai³¹ pʒu³¹	sai³¹ pʒu³¹
25	尘土	num⁵⁵ phu⁵¹	num⁵⁵ phu⁵¹	num⁵⁵ phu⁵¹
26	水	kha⁷³¹ ; n³¹ tsin³³	kha⁷³¹ ; n³¹ tsin³³	kha⁷³¹ ; n³¹ tsin³³
27	金子	tʃa³¹	a³¹ tɕa³¹ ; tɕa³¹	a³¹ tɕa³¹
28	银子	kum³¹ pʒo³¹	kum³¹ pʒo³¹	kum³¹ pʒo³¹
29	铜	mă³¹ kʒi³³	mă³¹ kʒi³³	mă³¹ kʒi³³
30	铁	phʒi³¹	a³¹ phʒi³¹	a³¹ phʒi³¹
31	锈	n³¹ khan³³	n³¹ khan³³	nam³¹ khan³³

32	炭	n³¹ ʒa⁽ʔ⁾³¹	n³¹ ʒa⁽ʔ⁾³¹	n³¹ ka⁵¹
33	盐	tʃum³¹	a³¹ tɕum³¹	a³¹ tɕum³¹
34	草木灰	tap³¹	a³¹ tap³¹	a³¹ tap³¹
35	村子	kă³¹ thoŋ³¹	kă³¹ thoŋ³¹	kă³¹ thoŋ³¹
36	桥	mă³¹ khʒai³³	mă³¹ khʒai³³	mă³¹ khʒai³³
37	坟	lup³¹	a³¹ lup³¹	a³¹ lup³¹
38	身体	khum³¹	a³¹ khum³¹	a³¹ khum³¹
39	头	po³³	a³¹ po³³; po³³	a³¹ po³³
40	头发	kă̠⁵⁵ ʒa⁵⁵	kă̠⁵⁵ ʒa⁵⁵	kă̠⁵⁵ ʒa⁵⁵
41	辫子	sam⁵⁵ pan⁵¹	kă̠⁵⁵ ʒa⁵⁵ mă³¹ khʒi⁽ʔ⁾³¹	kă̠⁵⁵ ʒa⁵⁵ khʒi⁽ʔ⁾³¹
42	额头	kă³¹ than³³	kă³¹ than³³	kă³¹ than³³
43	眉毛	mji⁽ʔ⁾³¹ ko̠³³ mun³³	mji⁽ʔ⁾³¹ ko̠³³ mun³³	mji⁽ʔ⁾³¹ ko̠³³ mun³³
44	眼睛	mji⁽ʔ⁾³¹	a³¹ mji⁽ʔ⁾³¹	a³¹ mji⁽ʔ⁾³¹
45	鼻子	lă⁵⁵ ti⁵¹	lă⁵⁵ ti⁵¹	lă⁵⁵ ti⁵¹
46	耳朵	na³³	a³¹ na³³; na³³	a³¹ na³³
47	脸	man³³	man³³	a³¹ man³³
48	嘴	n³¹ kup³¹	n³¹ kup³¹	n³¹ kup³¹
49	嘴唇	n³¹ te̠n³³	n³¹ te̠n³³	n³¹ te̠n³³
50	胡子	n³¹ mun³³	n³¹ kha⁵⁵ mun³³	n³¹ kha⁵⁵ mun³³
51	下巴	n³¹ kha⁵⁵	n³¹ kha⁵⁵	n³¹ kha⁵⁵
52	脖子	tu⁽ʔ⁾³¹	a³¹ tu⁽ʔ⁾³¹	a³¹ tu⁽ʔ⁾³¹
53	肩膀	kă³¹ pha⁽ʔ⁾³¹	kă³¹ pha⁽ʔ⁾³¹	kă³¹ pha⁽ʔ⁾³¹
54	背	ʃiŋ³¹ ma³³	sum³¹ ma³³	ɕiŋ³¹ ma³³
55	腋	kă³¹ pha⁽ʔ⁾³¹ n⁵⁵ pu̠⁽ʔ⁾⁵⁵	kă³¹ pha⁽ʔ⁾³¹ n⁵⁵ pu̠⁽ʔ⁾⁵⁵	kă³¹ pha⁽ʔ⁾³¹ n⁵⁵ pu̠⁽ʔ⁾⁵⁵
56	胸	sin³¹ ta⁽ʔ⁾³¹	sin³¹ ta⁽ʔ⁾³¹	sin³¹ ta⁽ʔ⁾³¹
57	乳房	tʃu̠⁽ʔ⁾⁵⁵	a³¹ tɕu̠⁽ʔ⁾⁵⁵	a³¹ tɕu̠⁽ʔ⁾⁵⁵
58	肚子	ka̠n³³	a³¹ ka̠n³³	a³¹ ka̠n³³
59	肚脐	ʃă³¹ tai³³	să³¹ tai³³	ɕit³¹ tai³³
60	腰	n³¹ ʃaŋ³³	n³¹ ɕaŋ³³	n³¹ ɕaŋ³³
61	屁股	taŋ³¹ ka̠ŋ³³	taŋ³¹ ka̠ŋ³³	taŋ³¹ ka̠ŋ³³
62	大腿	mă³¹ kji³³	mă³¹ kji³³	mă³¹ kji³³
63	膝盖	lă³¹ phut³¹	lă³¹ phut³¹	lă³¹ phut³¹
64	小腿	lă³¹ pop³¹	lă³¹ pop³¹	lă³¹ pop³¹
65	脚	lă³¹ ko³³	lă³¹ ko³³	lă³¹ ko³³
66	脚踝	khă³³ ʒu³³ tu̠m³³	tsă³³ ʒu³³ tu̠m³³	lă³³ tu̠m³³
67	胳膊	lă³¹ phum³¹	lă³¹ phum³¹	lă³¹ phum³¹
68	手	ta̠⁽ʔ⁾⁵⁵; lă³¹ ta̠⁽ʔ⁾⁵⁵	ta̠⁽ʔ⁾⁵⁵; lă³¹ ta̠⁽ʔ⁾⁵⁵	ta̠⁽ʔ⁾⁵⁵; lă³¹ ta̠⁽ʔ⁾⁵⁵
69	手指	lă³¹ juŋ³³	ta̠⁽ʔ⁾⁵⁵ lă³¹ tsa̠⁽ʔ⁾³³	ta̠⁽ʔ⁾⁵⁵ lă³¹ tsa̠⁽ʔ⁾³³
70	拇指	juŋ³¹ nu³¹	juŋ³¹ nu³¹	juŋ³¹ nu³¹

71	中指	juŋ³¹ lat³¹	juŋ³¹ lat³¹	juŋ³¹ lat³¹
72	小指	juŋ³¹ khji⁵⁵	juŋ³¹ khji⁵⁵	juŋ³¹ khji⁵⁵
73	指甲	lă³¹ mjin³³	lă³¹ mjin³³	lă³¹ mjin³³
74	拳	lă³¹ tu̱p⁵⁵	lă³¹ tu̱p⁵⁵	lă³¹ tu̱p⁵⁵
75	肛门	tʃă³³ khje³³	taŋ³¹ ka̱ŋ³³ khu³³	taŋ³¹ ka̱ŋ³³ khu³³
76	男生殖器	mă³¹ ŋje³¹	mă³¹ ŋje³¹	mă³¹ ŋje³¹
77	睾丸	ne³¹ ti³¹	ne³¹ ti³¹	ne³¹ ti³¹
78	女生殖器	tʃin³¹ ti̱³³	tɕin³¹ ti̱³³	tɕin³¹ ti̱³³
79	胎盘	ma³¹ n³¹ pat³¹	ma³¹ n³¹ pat³¹	ma³¹ n³¹ pat³¹
80	皮肤	phjiʔ³¹	a³¹ phjiʔ³¹	a³¹ phjiʔ³¹
81	痣	pʒat³¹	pʒat³¹	pʒat³¹
82	疮	ʃă³¹ kʒu̱i³³	să³¹ kʒu̱i³³	să³¹ kʒu̱i³³
83	疤	n³¹ ma³¹ kha³³	n³¹ ma³¹ kha³³	neŋ³¹ ma³¹ kha³³
84	肌肉	ʃan³¹	ɕan³¹ tsi̱ŋ³³	ɕan³¹ tsi̱ŋ³³
85	血	sai³¹	a³¹ sai³¹	a³¹ sai³¹
86	筋	lă⁵⁵ sa⁵⁵	lă⁵⁵ sa⁵⁵	lă⁵⁵ sa⁵⁵
87	脑髓	nuʔ⁵⁵	po³³ nuʔ⁵⁵	nuʔ⁵⁵
88	骨头	n³¹ ʒa³³	n³¹ ʒa³³	n³¹ ʒa³³
89	肋骨	kă³¹ ʒep³¹	kă³¹ ʒep³¹	kă³¹ ʒep³¹
90	骨节	khʒiʔ³¹ khʒoʔ³¹	khʒiʔ³¹ khʒoʔ³¹	khʒiʔ³¹ khʒoʔ³¹
91	牙齿	wa³³	a³¹ wa³³	a³¹ wa³³
92	牙龈	wa³³ po̱t³¹	wa³³ po̱t³¹	wa³³ po̱t³¹
93	舌头	ʃiŋ³¹ let³¹	siŋ³¹ let³¹	siŋ³¹ let³¹
94	喉咙	mă³¹ juʔ³¹	mă³¹ juʔ³¹	mă³¹ juʔ³¹
95	肺	sin³¹ wop⁵⁵	sin³¹ wop⁵⁵	sin³¹ wop⁵⁵
96	心脏	să³¹ lum³³	să³¹ lum³³	să³¹ lum³³ ; mă³¹ sin³¹
97	肝	sin³¹ tʃaʔ³¹	mă³¹ sin³¹	mă³¹ sin³¹
98	肾	să³¹ te⁵⁵	să³¹ te⁵⁵	să³¹ te⁵⁵
99	胆	ʃă³¹ kʒi³¹	tsă³¹ kʒi³¹	să³¹ kʒi³¹
100	胃	ka̱n³³	a³¹ ka̱n³³	a³¹ ka̱n³³
101	肠子	pu̱³¹	a³¹ pu̱³¹	a³¹ pu̱³¹
102	膀胱	tʃit³¹ poŋ³³	tɕit³¹ poŋ³³	tɕit³¹ poŋ³³
103	屎	khji⁵⁵	khji⁵⁵	khji⁵⁵
104	尿	tʃit³¹	tɕit³¹	tɕit³¹
105	屁	phjet³¹	phjet³¹	phjet³¹
106	汗	să³¹ lat³¹	să³¹ lat³¹	să³¹ lat³¹
107	痰	mă³¹ kha⁵⁵	mă³¹ kha⁵⁵	mă³¹ kha⁵⁵
108	口水	mă³¹ jen³³	mă³¹ jen³³	mă³¹ jen³³
109	鼻涕	nep³¹	nep³¹	nep³¹ ; ti³¹ khji⁵⁵

110	眼泪	mji⁵⁵ pʒui³³ si³¹	mji⁵⁵ pʒi³³ si³¹	mji⁵⁵ pʒi³³ si³¹
111	脓	mă³³ tsui³³	mă³¹ tɕui³³	mă³¹ tɕui³³
112	污垢	khă⁵⁵ kʒi⁵⁵	khă⁵⁵ kʒi⁵⁵	khum⁵⁵ pup⁵⁵
113	声音	n³¹ sen⁵⁵	n³¹ sen⁵⁵	n³¹ sen⁵⁵
114	尸体	maŋ³³	maŋ³³	maŋ³³
115	生命	sum³¹ ʒi³¹ ; kan⁵⁵	sum³¹ ʒi³¹ ; kan⁵⁵	sum³¹ ʒi³¹ ; kan⁵⁵
116	汉族	mji³¹ wa³¹	mji³¹ wa³¹	mu³¹ wa³¹
117	人	mă³¹ ʃa³¹	mă³¹ ɕa³¹	mă³¹ ɕa³¹
118	成年人	a³¹ sak³¹ kă³¹ pa³¹	a³¹ sak³¹ kă³¹ pa³¹	să³¹ pʒaŋ³¹
119	小孩儿	ma³¹	a³¹ ma³¹	a³¹ ma³¹
120	老头儿	tiŋ³¹ la³³	tiŋ³¹ la³³	teŋ³¹ la³³
121	老太太	kum³¹ kai³³	kum³¹ kai³³	kum³¹ kai³³
122	男人	la³³	a³¹ la³³ ; la³³	a³¹ la³³
123	妇女	num³³	a³¹ num³³	a³¹ num³³
124	小伙子	ʃă³¹ pʒaŋ³¹	să³¹ pʒaŋ³¹	să³¹ pʒaŋ³¹
125	姑娘	mă³¹ khon³³	mă³¹ khon³³	mă³¹ khon³³
126	士兵	phjen³³ ma³¹	phjen³³ la³¹	phjen³³ ma³¹
127	头人(寨首)	tu³³	a³¹ tu³³	a³¹ tu³³
128	巫师	tum³¹ sa³³	tum³¹ sa³³	tum³¹ sa³³
129	贼	lă³¹ kut³¹	lă³¹ kut³¹	lă³¹ kut³¹
130	病人	mă³¹ tʃi⁵⁵ mă³¹ ʃa³¹	mă³¹ tɕi⁵⁵ mă³¹ ɕa³¹	mă³¹ tɕi⁵⁵ (mă³¹) ɕa³¹
131	官	tu³³	a³¹ tu³³	a³¹ tu³³
132	朋友	mă³¹ naŋ³³	mă³¹ naŋ³³	tɕuŋ³¹ khu³¹
133	瞎子	mji³¹ ti⁵⁵	mji³¹ ti⁵⁵	mji³¹ ti⁵⁵
134	跛子	lă³¹ jot³¹	lă³¹ jot³¹	lă³¹ khjeŋ³¹
135	秃子	puŋ³³ kʒin³³	puŋ³³ kʒin³³	po³³ tum³³
136	麻子	man³³ khjiŋ³³	man³³ khjiŋ³³	man³³ tɕut⁵⁵
137	聋子	na³¹ phaŋ⁵⁵	na³¹ phaŋ⁵⁵ ; na³¹ tɕi³¹	na³¹ phaŋ⁵⁵ ; na³¹ tɕi³¹
138	驼子	ʒuŋ³¹ ku⁵⁵	ʒuŋ³¹ ku⁵⁵	ʒoŋ³¹ kok⁵⁵
139	傻子	mă³¹ ŋja³¹	ma³¹ ŋja³¹	ma³¹ ŋja³¹
140	疯子	ma³¹ mu³³	ma³¹ mu³³	ma³¹ mu³³
141	结巴	mă³¹ a³¹	mă³¹ a³¹	mă³¹ a³¹
142	哑巴	mă³¹ na³¹	mă³¹ na³¹	mă³¹ na³¹
143	主人	mă³¹ tu⁵⁵	mă³¹ tu⁵⁵	mă³¹ tu⁵⁵ ; num³¹ tu⁵⁵
144	客人	mă³¹ nam³¹	mă³¹ nam³¹	mă³¹ nam³¹ tɕuŋ³¹ khu⁵⁵
145	爷爷	tʃi³³ tui³¹	khai³¹ la³³	tɕi³³ tui³¹
146	奶奶	tui³¹	khai³¹ num³³	woi³³ tui³¹
147	父亲	wa⁵¹	wa⁵¹	wa⁵¹
148	母亲	nu⁵¹	nu⁵¹	nu⁵¹

149	儿子	la³³ ʃa³¹	la³³ ɕa³¹ ; ɕa⁵¹	la³³ kă³¹ ɕa³¹
150	儿媳妇	na̱m³³	kă³¹ na̱m³³	kă³¹ na̱m³³
151	女儿	num³³ ʃa³¹	num³³ ɕa³¹	num³³ kă³¹ ɕa³¹
152	女婿	ta³¹ ma⁽⁵⁵⁾	kă³¹ khʒi³³	kă³¹ khʒi³³
153	孙子	ʃu⁵¹	kă³¹ ɕu⁵¹	kă³¹ ɕu⁵¹
154	孙女儿	ʃu⁵¹	kă³¹ ɕu³¹ num³³	kă³¹ ɕu³¹ num³³
155	哥哥	phu⁵¹	kă³¹ phu³¹	phu⁵¹
156	姐姐	na³³	kă³¹ na³³	na³³
157	弟弟	na̱u³³	kă³¹ na̱u³³	na̱u³³
158	妹妹	na̱u³³	kă³¹ tɕan³³	tɕan³³
159	伯父	wa⁵⁵ pa⁵¹	wa⁵⁵ ti³³	wa⁵⁵ ti³³
160	伯母	nu⁵⁵ pa³¹	a³¹ tu̱ŋ³³	tu̱ŋ³³
161	叔叔	wa⁵¹ pok⁵⁵	wa⁵⁵ pa⁵¹	wa⁵⁵ pok⁵⁵
162	婶母	nu⁵¹ pok⁵⁵	nu̱⁵¹ pa⁵¹	nu̱⁵¹ pa⁵¹
163	侄子	ʃa⁵¹	kă³¹ ɕa³¹	kă³¹ ɕa³¹
164	嫂子	ʒat⁵⁵	ʒat⁵⁵	ʒat⁵⁵
165	舅父	tsa̱⁵¹	a⁵⁵ tsa̱⁵¹	a⁵⁵ tsa̱⁵¹
166	舅母	ni̱³³	a³³ ni̱³³	a³³ ni̱³³
167	姨父	wa⁵⁵ pa⁵¹	wa⁵⁵ pok⁵⁵	wa⁵⁵ pok⁵⁵
168	姨母	nu⁵¹ pa³¹	nu̱⁵¹ pok⁵⁵	nu̱⁵¹ pok⁵⁵
169	姑父	ku⁵¹	a⁵⁵ ku⁵¹	a⁵⁵ ku⁵¹
170	姑母	mo̱i³³	a³³ mo̱i³³	mo̱i³³
171	亲戚	tʃiŋ³¹ khu⁽³¹⁾	tɕiŋ³¹ khu⁽³¹⁾	tɕiŋ³¹ khu⁽³¹⁾
172	岳父	tsa̱⁵¹	a⁵⁵ tsa̱⁵¹	a⁵⁵ tsa̱⁵¹
173	岳母	ni̱³³	a³³ ni̱³³	a³³ ni̱³³
174	丈夫	mă³¹ tu⁽³¹⁾ wa³³	mă³¹ tu⁽³¹⁾ wa³³	mă³¹ tu⁽³¹⁾ wa³³
175	妻子	mă³¹ tu⁽³¹⁾ tʃan³³	mă³¹ tu⁽³¹⁾ tɕan³³	mă³¹ tu⁽³¹⁾ tɕan³³
176	寡妇	kai³¹ ta⁵⁵	kai³¹ ta⁵⁵	kai³¹ ta⁵⁵
177	孤儿	tʃă³¹ khʒai³³	tsă³¹ khʒai³³	tɕă³¹ khʒai³³ ma³¹
178	牲畜	jam³³ ŋa³³	jam³³ ŋa³³	jam³³ ŋa³³
179	牛	ŋa³³	a³¹ ŋa³³ ; ŋa³³	a³¹ ŋa³³
180	黄牛	tum³¹ su³³	tum³¹ su³³	tum³¹ su³³
181	水牛	wă³³ loi³³	wă³³ loi³³	wă³³ loi³³
182	牛犊	ŋa³³ kă³¹ ʃa³¹	ŋa³³ kă³¹ ɕa³¹	ŋa³³ kă³¹ ɕa³¹
183	公牛	wă⁵⁵ la⁵¹	wă⁵⁵ la⁵¹	ŋa³³ wă⁵⁵ la⁵¹
184	母牛	ŋa³³ kă³¹ nu³¹	ŋa³³ kă³¹ nu³¹	ŋa³³ kă³¹ nu³¹
185	犄角	n³¹ ʒuŋ³³	n³¹ ʒuŋ³³	n³¹ ʒuŋ³³
186	蹄	lă³¹ khʒu⁽³¹⁾	lă³¹ khʒu⁽³¹⁾	lă³¹ khʒu⁽³¹⁾
187	毛	mun³³	a³¹ mun³³	a³¹ mun³³

188	尾巴	mai³¹	la³¹ mai³¹	neŋ³¹ mai³¹
189	马	kum³¹ ʒa³¹	kum³¹ ʒa³¹	kum³¹ ʒa³¹
190	马驹	kum³¹ ʒa³¹ kă³¹ ʃa³¹	kum³¹ ʒa³¹ kă³¹ ɕa³¹	kum³¹ ʒa³¹ kă³¹ ɕa³¹
191	公马	kum³¹ ʒa³¹ wă⁵⁵ la⁵¹	kum³¹ ʒa³¹ wă⁵⁵ la⁵¹	kum³¹ ʒa³¹ wă⁵⁵ la⁵¹
192	母马	kum³¹ ʒa³¹ kă³¹ nu³¹	kum³¹ ʒa³¹ kă³¹ nu³¹	kum³¹ ʒa³¹ wă⁵⁵ ji⁵¹
193	绵羊	să⁵⁵ ku⁵¹	tsă⁵⁵ ku⁵¹	să⁵⁵ ku⁵¹
194	山羊	pai³¹ nam³³	pai³¹ nam³³	pai³¹ nam³³
195	猪	wa⁷³¹	a³¹ wa⁷³¹；wa⁷³¹	a³¹ wa⁷³¹
196	公猪	wa⁷³¹ la³¹	wa⁷³¹ la³¹	wa⁷³¹ lam³³；wa⁷³¹ la³¹
197	母猪	wa⁷³¹ kă³¹ nu³¹	wa⁷³¹ kă³¹ nu³¹	wa⁷³¹ kă³¹ nu³¹
198	猪崽	wa⁷³¹ kă³¹ ʃa³¹	wa⁷³¹ kă³¹ ɕa³¹	wa⁷³¹ kă³¹ ɕa³¹
199	狗	kui³¹	a³¹ kui³¹	a³¹ kui³¹
200	猫	ŋjau³³	a³¹ ŋjau³³；ŋjau³³	a³¹ ŋjau³³
201	兔子	pʒaŋ³¹ tai⁵⁵	pʒaŋ³¹ tai⁵⁵	pʒaŋ³¹ tai⁵⁵
202	鸡	u³¹	a³¹ u³¹	a³¹ u³¹
203	公鸡	u³¹ ʒa³³	u³¹ la³¹	u³¹ la³¹
204	母鸡	u³¹ kă³¹ nu³¹	u³¹ kă³¹ nu³¹	u³¹ ji³¹
205	雏鸡	u³¹ khai⁵⁵	u³¹ khai⁵⁵	u³¹ khai⁵⁵
206	鸡冠	tʃo⁷³¹ pan³¹	tɕo⁷³¹ pan³¹	tɕo⁷³¹ pan³¹
207	翅膀	siŋ³¹ ko³³	suŋ³¹ ko³³	sum³¹ ko³³
208	鸭子	khai³³ pjek⁵⁵	kha³³ pjek⁵⁵	khai³³ pjek⁵⁵
209	鹅	khʒaŋ³³ ma³³	ɕaŋ³³ ma³³	khjaŋ³³ ma³³
210	鸽子	u³¹ ʒa⁵⁵	u³¹ ʒa⁵⁵	u³¹ ʒa⁵⁵
211	老虎	ʒoŋ³¹ pa³¹	să³³ ʒo³³	ɕă³³ ʒo³³
212	龙	pă³¹ ʒen³¹	pă³¹ ʒen³¹	pă³¹ ʒen³¹
213	爪子	lă³¹ mjin³³	lă³¹ mjin³³	lă³¹ mjin³³
214	猴子	woi³³	a³¹ woi³³	a³¹ woi³³
215	象	mă³¹ kui³³	mă³¹ kui³³	mă³¹ kui³³
216	熊	tsap⁵⁵	tsap⁵⁵	tsap⁵⁵
217	野猪	wa⁷³¹ tu³¹	wa⁷³¹ tu³¹	wa⁷³¹ tu³¹
218	鹿	ʃan³¹ ŋa³³	ɕan³¹ ŋa³³	ɕan³¹ ŋa³³
219	麂子	tʃă³³ khji³³	tsă³³ khji³³	tsă³³ khji³³
220	水獭	ʃă³¹ ʒam³³	să³¹ ʒam³³	să³¹ ʒam³³
221	豪猪	tum³¹ si³³	tum³¹ si³³	tum³¹ si³³
222	老鼠	ju⁵⁵	a³¹ ju⁵⁵	a³¹ ju⁵⁵
223	松鼠	khă⁵⁵ tu⁵¹ kha⁵⁵	khă⁵⁵ tu⁵¹ kha⁵⁵；tu⁵⁵ kha⁵⁵	khă⁵⁵ tu⁵¹ kha⁵⁵；tu⁵⁵ kha⁵⁵
224	狼	tʃă³³ khʒon³³	să³³ khʒon³³	tɕă³³ khʒon³³
225	鸟	u³¹	a³¹ u³¹	a³¹ u³¹
226	鸟窝	u³¹ tsip⁵⁵	u³¹ tsip⁵⁵	u³¹ tsip⁵⁵

227	老鹰	kă³¹ la³³	kă³¹ laŋ³³	kă³¹ laŋ³³
228	猫头鹰	u³¹ khu⁵⁵	mji⁷³¹ khu⁵⁵ mji⁷³¹ lot⁵⁵	u³¹ mji⁷³¹ khu³³
229	燕子	lă³¹ mu³¹ pji³³ lan³¹	pji³³ lan³¹	pji³³ lan³¹
230	麻雀	u³¹ tsa̠³³	u³¹ tsa̠³³	u³¹ tsa̠³³
231	蝙蝠	phă⁵⁵ tsip⁵⁵	phuŋ⁵⁵ tsip⁵⁵	phu³³ tsip⁵⁵
232	乌鸦	kă³³ kha³³	kă³³ kha³³	kă³³ kha³³
233	野鸡	u³¹ kan³³	u³¹ kan³³	u³¹ kan³³
234	斑鸠	kă³³ khʒu³³	kă³³ khʒu³³ tu³¹	kă³³ khʒu³³ tu³¹
235	布谷鸟	ko̠k⁵⁵ tui³³	ko̠k⁵⁵ tui³³	ko̠k⁵⁵ tui³³
236	孔雀	u³¹ to̠ŋ³³	u³¹ to̠ŋ³³	u³¹ to̠ŋ³³
237	乌龟	tau³³ ko̠k⁵⁵	tau³³ pje̠n⁵¹	tau³³ pje̠n⁵¹
238	蛇	lă³³ pu̠³³	lă³³ pu̠³³	lă³³ pu̠³³
239	四脚蛇	kă³³ saŋ³³ son³¹	să³³ ŋjen⁵¹	khaŋ⁵⁵ sa⁵¹
240	青蛙	ʃu⁷³¹	a³¹ ɕu⁷³¹	a³¹ ɕu⁷³¹
241	蝌蚪	mo³¹ pjin³³ pa̠u³³	mo³¹ pjin³³ pa̠u³³	mji⁷³¹ pjin³³ pa̠u³³
242	鱼	ŋa⁵⁵	a³¹ ŋa⁵⁵	a³¹ ŋa⁵⁵
243	鳞	ŋa⁵⁵ sep³¹	să³¹ lap³¹	să³¹ lap³¹
244	虫	ʃiŋ³³ ta̠i³³	ɕiŋ³³ ta̠i³³	ɕiŋ³³ ta̠i³³
245	臭虫	ʃă⁵⁵ kʒe̠p⁵⁵	să⁵⁵ kʒe̠p⁵⁵	să⁵⁵ kʒe̠p⁵⁵
246	跳蚤	wa⁷³¹ khă³³ li³³	wa⁷³¹ khă³³ li³³	wa⁷³¹ khă³³ li³³
247	虱	ʃă⁵⁵ kʒa̠t⁵⁵	tsă⁵⁵ kʒa̠t⁵⁵	tsă⁵⁵ kʒa̠t⁵⁵
248	头虱	tsi̠ʔ⁵⁵	tsi̠ʔ⁵⁵ u³¹	po³³ tsi̠ʔ⁵⁵
249	苍蝇	mă⁵⁵ tʃi⁵¹	mă⁵⁵ tɕi⁵¹	tɕi⁷³¹ nu³¹
250	蛆	pje̠t³¹	pje̠t³¹	pje̠t³¹
251	蚊子	tʃi̠ʔ⁷³¹ kʒoŋ³¹	tɕi̠ʔ⁷³¹ kʒoŋ³¹	tsi̠ʔ⁷³¹ kʒoŋ³¹
252	蜘蛛	n³¹ ti³¹ kʒam³¹	n³¹ ti³¹ kʒam³¹	n³¹ kʒi³¹ kʒam³¹
253	蜈蚣	wa⁷³¹ n⁵⁵ tu⁵¹ jan³³	wa⁷³¹ n⁵⁵ tu⁵¹ jan³³	ken³³ tu³³ jaŋ³³
254	蚯蚓	kă³³ tʃin³³ tʃa̠i³³	kă³³ tɕin³³ tɕa̠i³³	kă³³ tɕin³³ tɕa̠i³³
255	(水) 蚂蟥	toŋ³¹ pjin³¹	toŋ³¹ pjin³¹	toŋ³¹ pjin³¹
256	蚂蚁	kă³³ kjin³³	kă³³ kjin³³	kă³³ kjin³³
257	蜜蜂	lă³¹ kat³¹	lă³¹ kat³¹	lă³¹ kat³¹
258	蚂蚱	tiŋ³¹ kam³³ jo³³	kă³¹ ton³³	kă³¹ ton³³
259	蜻蜓	kha⁷³¹ n³¹ sen³¹	kha⁷³¹ n³¹ sen³¹	kha⁷³¹ n³¹ sen³¹
260	蝴蝶	pă⁵⁵ lam⁵¹ la⁷⁵⁵	pă⁵⁵ lam⁵¹ la⁷⁵⁵	pu⁵⁵ lam⁵¹ la⁷⁵⁵
261	蜗牛	lă⁵⁵ po̠p⁵⁵	lă⁵⁵ po̠p⁵⁵	lă⁵⁵ po̠p⁵⁵
262	树	phun⁵⁵	a³¹ phun⁵⁵	a³¹ phun⁵⁵
263	树干	phun³¹ mat³¹	phun³¹ mat³¹	phun⁵⁵ mă³¹ tu̠ŋ³³
264	树枝	lă³¹ kji̠ŋ³¹	lă³¹ kji̠ŋ³¹	phun⁵⁵ lă³¹ kji̠ŋ³¹
265	根	ʒu³¹	a³¹ ʒu³¹	phun⁵⁵ ʒu³¹

266	叶子	lap³¹	a³¹ lap³¹	phun⁵⁵ lap³¹
267	花	nam³¹ pan³³	a³¹ pu³¹	nam³¹ pan³³
268	水果	nam³¹ si³¹	nam³¹ si³¹	nam³¹ si³¹
269	核儿	kʒi³³	a³¹ tum³³	nam³¹ si³¹ tum³³
270	芽儿	mă³¹ ku⁷⁵⁵	mă³¹ ku⁷⁵⁵	mă³¹ ku⁷⁵⁵
271	蓓蕾	a³¹ pum³¹	mă³¹ tɕon³³	mă³¹ tɕo⁷³¹
272	柳树	kha⁷³¹ num⁵⁵ ʒu⁵¹ phun⁵⁵	kha⁷³¹ num⁵⁵ ʒi⁵¹ phun⁵⁵	kha⁷³¹ khum⁵⁵ ʒi⁵¹ phun⁵⁵
273	松树	mă³¹ ʒau³³ phun⁵⁵	mă³¹ ʒau³³ phun⁵⁵	mă³¹ ʒau³³ phun⁵⁵
274	竹子	kă⁵⁵ wa⁵⁵	kă⁵⁵ wa⁵⁵	kă⁵⁵ wa⁵⁵
275	藤子	ʒi³³	sum⁵⁵ ʒu⁵¹	sum⁵⁵ ʒu⁵¹
276	刺儿	tʃu⁵⁵	a³¹ tɕu⁵⁵	a³¹ tɕu⁵⁵
277	桃子	sum³³ wum³³ si³¹	sum³³ wum³³ si³¹	sum³³ wum³³ si³¹
278	梨	mă³³ ko³³ si³¹	mă³³ ko³³ si³¹	mă³³ ko³³ si³¹
279	橘子	să⁵⁵ lui⁵¹ si³¹	să⁵⁵ lui⁵¹ si³¹	să⁵⁵ lui⁵¹ si³¹
280	芭蕉	lă³³ ŋu³³	lă³³ ŋu³³	lă³³ ŋu³³
281	甘蔗	kum⁵⁵ ʃu⁵⁵	kum⁵⁵ ɕu⁵⁵	kum⁵⁵ ɕu⁵⁵
282	核桃	n³¹ pu³¹	po³¹ si³¹	n³¹ pu³¹ si³¹
283	庄稼	khai⁵⁵ n⁵⁵ mai⁵¹	khai⁵⁵ n⁵⁵ mai⁵¹	khai⁵⁵ mu⁵⁵
284	粮食	lu⁷³¹ ʃa⁵⁵	lu⁷³¹ ɕa⁵⁵	mam³³
285	水稻	mam³³	a³¹ mam³³	a³¹ mam³³
286	糯米	n³³ po³³	n³¹ ku³³	n³³ po³³ mam³³
287	种子	li³³	a³¹ li³³	n³³ li³³ ; a³¹ li³³
288	秧	poŋ³¹	a³¹ poŋ³¹	ta³¹ ka³¹
289	穗	n⁵⁵ si⁵¹	n⁵⁵ si⁵¹	n⁵⁵ si⁵¹
290	稻草	ji⁷⁵⁵ khu⁵⁵	ji⁷⁵⁵ khu⁵⁵	ji⁷⁵⁵ khu⁵⁵
291	谷粒	n⁵⁵ khjep⁵⁵	mam³³ si³¹	mam³³ si³¹
292	玉米	khai⁵⁵ nu³³	khai⁵⁵ nu³³	khai⁵⁵ nu³³
293	小米	ʃă³³ kji³³	tsă³³ kji³³	tsă³³ kji³³
294	棉花	pă³¹ si³³	pă³¹ si³³	pă³¹ si³³
295	麻	lă⁵⁵ tʃit⁵⁵	lă⁵⁵ tɕit⁵⁵	lă⁵⁵ tɕit⁵⁵
296	蔬菜	ʃat³¹ mai⁵⁵	ɕat³¹ mai⁵⁵	ɕat³¹ mai⁵⁵
297	萝卜	khʒaŋ³¹ khji⁵⁵ pot³¹	lo³¹ pu³³	lau³¹ pu³³
298	辣椒	mă⁵⁵ tʃap⁵⁵	mă⁵⁵ tɕap⁵⁵	mă⁵⁵ tɕap⁵⁵
299	葱	kau³¹ poŋ³³	kho³¹ poŋ³³	kau³¹ poŋ³³
300	蒜	kau³¹ phʒo³¹	kho³¹ phʒo³¹	kau³¹ po³³
301	姜	ʃă⁵⁵ nam⁵⁵	să⁵⁵ nam⁵⁵	ɕă⁵⁵ nam⁵⁵
302	马铃薯	jaŋ³¹ ji³³	jaŋ³¹ ji³³	jaŋ³¹ ji³³
303	南瓜	kă⁵⁵ khum⁵¹	kă⁵⁵ khum⁵¹	kă⁵⁵ khum⁵¹
304	黄瓜	n³³ kjin³³	n³³ kjin³³	kum³³ kjin³³

305	黄豆	lă⁵⁵ si⁵¹	lă⁵⁵ si⁵¹	lă⁵⁵ si⁵¹
306	花生	ka⁵⁵ lă⁵⁵ si⁵¹	ka⁵⁵ lă⁵⁵ si⁵¹	noʔ⁵⁵ khun³³
307	芝麻	tʃin̠⁵⁵ nam⁵¹	tɕin̠⁵⁵ nam⁵¹	tɕin̠⁵⁵ nam⁵¹
308	草	tsin̠³³	nam³¹	nam³¹
309	蘑菇	mă⁵⁵ ti̠⁵¹	mă⁵⁵ ti̠⁵¹	mă⁵⁵ ti̠⁵¹
310	木耳	mă⁵⁵ kʒa̠t⁵⁵	mă⁵⁵ kʒa̠t⁵⁵	mă⁵⁵ kʒa̠t⁵⁵
311	米	n³³ ku³³	n³³ ku³³	n³³ ku³³
312	饭	ʃat³¹	a³¹ ɕat³¹	a³¹ ɕat³¹
313	粥 (稀饭)	phaʔ³¹	phaʔ³¹	phaʔ³¹
314	肉	ʃan³¹	a³¹ ɕan³¹	a³¹ ɕan³¹
315	脂肪油	sau⁵⁵	a³¹ sau⁵⁵	a³¹ sau⁵⁵
316	花椒	mă³³ tʃa̠ŋ³³ si³¹	mă³³ tɕa̠ŋ³³ si³¹	mă³³ tɕa̠ŋ³³ si³¹
317	(鸡) 蛋	ti³¹	ti³¹	u³¹ ti⁵¹
318	汤	tʃă³¹ khu³¹	tsă³¹ khu³¹	tsă³¹ khu³³
319	酒	tʃă⁵⁵ ʒu⁵¹	tsa̠ʔ⁵⁵	tɕă⁵⁵ ʒu⁵¹
320	开水	phun³¹ lum³³	phun³¹ lum³³	phun³¹ lum³³
321	茶	phaʔ³¹ lap³¹	phaʔ³¹ lap³¹	phaʔ³¹ lap³¹
322	(吸的) 烟	lut³¹ jom³¹	mă⁵⁵ nut⁵⁵	mă⁵⁵ nut⁵⁵
323	药	tsi̠³¹	tsi̠³¹	tsi̠³¹
324	糠	num⁵⁵ kho⁵⁵	num⁵⁵ kho⁵⁵	num⁵⁵ kho⁵⁵
325	猪食	waʔ³¹ ʃat³¹	waʔ³¹ ɕat³¹	waʔ³¹ ɕat³¹
326	线	ʒi³¹	a³¹ ʒi³¹	a³¹ ʒi³¹
327	布	sum³³ pa̠n³³	sum³³ pa̠n³³	sum³³ pa̠n³³
328	丝	lai³³	lai³³	lai³³ ʒi³¹
329	衣服	pă³³ lo̠ŋ³³	pă³³ lo̠ŋ³³	pă³³ lo̠ŋ³³
330	衣领	loŋ³¹ tuʔ³¹	loŋ³¹ tuʔ³¹	loŋ³¹ tuʔ³¹
331	衣袖	loŋ³¹ ta̠ʔ⁵⁵	loŋ³¹ ta̠ʔ⁵⁵	loŋ³¹ ta̠ʔ⁵⁵
332	扣子	khin³¹ taŋ⁵⁵	khin³¹ taŋ⁵⁵	khin³¹ taŋ⁵⁵
333	裤子	lă³¹ pu³¹	lă³¹ pu³¹	lă³¹ pu³¹
334	裙子	pă³¹ siŋ³³ ; taŋ³¹ pai³¹	pu³¹ khʒoŋ³³	pu³¹ khʒoŋ³³
335	头帕	puŋ³¹ khoʔ⁵⁵	puŋ³¹ khoʔ⁵⁵	puŋ³¹ khoʔ⁵⁵
336	帽子	po³³ tʃop⁵⁵	po³³ tɕop⁵⁵	kup³¹ tɕop⁵⁵
337	腰带	ʃin³¹ kji̠t⁵⁵	sin³¹ kji̠t⁵⁵	sin³¹ kji̠t⁵⁵
338	裹腿	ko³³ khjen³¹	lă³¹ ʒoʔ⁵⁵	lă³¹ ʒoʔ⁵⁵
339	鞋	lă³¹ pjeʔ³¹	tsau³¹ khai³¹	tsau³¹ khai³¹
340	梳子	pă⁵⁵ si⁵⁵	pă⁵⁵ si⁵⁵	pă⁵⁵ si⁵⁵
341	耳环	lă⁵⁵ tan⁵⁵	lă⁵⁵ tan⁵⁵	na³³ lă⁵⁵ tan⁵⁵
342	项圈	khă⁵⁵ tʃi⁵¹	khă⁵⁵ tɕi⁵¹	khă⁵⁵ tɕi⁵¹
343	戒指	laʔ³¹ tʃop⁵⁵	la³¹ tɕop⁵⁵	la³¹ tɕop⁵⁵

344	手镯	lă⁵⁵ khon⁵¹	lă⁵⁵ khon⁵¹	lă⁵⁵ khon⁵¹
345	枕头	puŋ³¹ khum⁵⁵	puŋ³¹ khum⁵⁵	puŋ³¹ khum⁵⁵
346	席子	să⁵⁵ tse⁵¹	să⁵⁵ tse⁵¹ ; thai³¹ ŋjep⁵⁵	să⁵⁵ tse⁵¹ ; thai³¹ ŋjep⁵⁵
347	蓑衣	so³¹ ji³¹	so³¹ ji³¹	so³¹ ji³¹
348	房子	n⁵⁵ ta̠⁵¹	n⁵⁵ ta̠⁵¹	n⁵⁵ ta̠⁵¹
349	地基	thiŋ³¹ ʒa³¹	thiŋ³¹ ʒa³¹	thiŋ³¹ ʒa³¹
350	房檐	kă³¹ wun³³	kă³¹ wun³³	n³¹ ko³³
351	牛圈	wă⁵⁵ loŋ⁵¹	wă⁵⁵ loŋ⁵¹	wă⁵⁵ loŋ⁵¹
352	墙	ʃă⁵⁵ ku̠m⁵¹	tsă⁵⁵ ku̠m⁵¹	ɕă⁵⁵ ku̠m⁵¹
353	木头	phun⁵⁵ to̠ŋ³³	phun⁵⁵ to̠ŋ³³	phun⁵⁵ to̠ŋ³³
354	木板	phun⁵⁵ pje̠³³	phun⁵⁵ pje̠³³	phun⁵⁵ pje̠³³
355	柱子	ʃă⁵⁵ to⁵⁵	tsă⁵⁵ to⁵⁵	ɕă⁵⁵ to⁵⁵
356	门	n³³ kha³³	tɕiŋ³³ kha³³	tɕiŋ³³ kha³³
357	门坎	khă⁵⁵ tun⁵⁵	khă⁵⁵ tun⁵⁵	khă⁵⁵ tun⁵⁵
358	窗子	khă⁵⁵ lap⁵⁵	khă⁵⁵ wat⁵⁵	khă⁵⁵ wat⁵⁵
359	梁	num³¹ ko³³	num³¹ ko³³	num³¹ ko³³
360	椽子	lă⁵⁵ pa̠ʔ⁵⁵	lă⁵⁵ pa̠ʔ⁵⁵	lă⁵⁵ pa̠ʔ⁵⁵
361	篱笆	n³¹ phan³³	n³¹ phan³³	n³¹ phan³³
362	园子	sun⁵⁵	a³¹ sun⁵⁵	a³¹ sun⁵⁵
363	桌子	să³¹ poi⁵⁵	tsă³¹ poi⁵⁵ ; phun³³	să³¹ poi⁵⁵ ; phun³³
364	凳子	puŋ⁵⁵ khum⁵¹	lă⁵⁵ khum⁵¹	lă⁵⁵ khum⁵¹
365	镜子	pa̠t⁵⁵ ; man³³ ju³³	tɕam³¹ na³³	tɕam³¹ na³³
366	扫帚	tiŋ³¹ je⁵⁵	tiŋ³¹ je⁵⁵	tiŋ³¹ je⁵⁵
367	灯	tat⁵⁵ wan³¹	wan³¹ tat⁵⁵	wan³¹ tat⁵⁵
368	柴	phun⁵⁵	phun⁵⁵	phun⁵⁵
369	火炭	wan³¹ n⁵⁵ ka⁵¹	wan³¹ n⁵⁵ ka⁵¹	wan³¹ n⁵⁵ ka⁵¹
370	火石	phai³¹ luŋ³¹	phai³¹ luŋ³¹	phai³¹ luŋ³¹
371	火柴	wan³¹ khʒet³¹	khʒet⁵⁵	phai³¹ khʒet⁵⁵
372	火把	ʃă³³ nan³³	să³³ nan³³	să³³ nan³³
373	铁锅	phʒi³¹ ti⁷³¹	phʒi³¹ ti⁷³¹	phʒi³¹ ti⁷³¹
374	盖子	mă³¹ kap³¹	mă³¹ kap³¹	mă³¹ kap³¹
375	蒸笼	puŋ³¹ khʒoŋ³³	puŋ³¹ khʒoŋ³³	puŋ³¹ khʒoŋ³³
376	刀	n³¹ thu³³	n³¹ thu³³	n³¹ thu³³
377	(刀)把儿	n³¹ khu³³	n³¹ khu³³	n³¹ khu³³
378	勺子	tsun⁵⁵	la⁷³¹ tɕau³³	la⁷³¹ tɕau³³
379	碗	wan³³	a³¹ wan³³	wan³³
380	筷子	khoi³³ tse³¹	khoi³³ tse⁵¹	khoi³³ tse⁵¹
381	罐子	jam³¹ pu³³	jam³¹	jam³¹
382	坛子	tham³¹	ti⁷³¹	jam³¹ pu³³

383	水桶	kha⁷³¹ puŋ⁵⁵	kha⁷³¹ puŋ⁵⁵	kha⁷³¹ puŋ⁵⁵
384	箍儿	kin³¹ ʃi³¹	tiŋ³¹ khʒi⁷⁵⁵	tiŋ³¹ khʒi⁷⁵⁵
385	三脚架	khʒa³¹	mă³¹ khʒa³¹	a³¹ khʒa³¹
386	火钳	lă⁵⁵ kap⁵⁵	lă⁵⁵ kap⁵⁵	phʒi³¹ lă⁵⁵ kap⁵⁵
387	吹火筒	wan³¹ wut³¹ tum³¹ loŋ³³	wan³¹ wut³¹ n³¹ tum⁵⁵	wan³¹ wut³¹ n³¹ tum⁵⁵
388	(小孩)背带	n³¹ pat³¹ ; sum³¹ to⁵⁵	sum³¹ pat³¹	sum³¹ pat³¹
389	钱(货币)	kum³¹ phʒo³¹	kum³¹ phʒo³¹	kum³¹ phʒo³¹
390	针	să⁵⁵ mjit⁵⁵	să⁵⁵ mjit⁵⁵	să⁵⁵ mjit⁵⁵
391	锥子	kai³¹ tʃui³¹	sum³¹ pʒan³³	sum³¹ pʒan³³
392	剪子	n³¹ tep⁵⁵	tɕen³¹ tau³¹	tɕen³¹ tau³¹
393	梯子	lă³³ kan³³	lă³³ kaŋ³³	lă³³ kaŋ³³
394	伞	tʃoŋ³³	tɕoŋ³³	tɕoŋ³³
395	锁	tso⁷³¹ khă⁵⁵ lok⁵⁵	a³¹ tso⁷³¹	a³¹ tso⁷³¹
396	钥匙	tso⁷³¹ si³¹	tso⁷³¹ si³¹	tso⁷³¹ si³¹
397	棍子	ʃiŋ⁵⁵ na⁵⁵	phun³³ thum³³	ɕiŋ⁵⁵ na⁵⁵
398	船	li³³	li³³ ; kha⁷³¹ won³³	li³³ ; kha⁷³¹ won³³
399	木筏	won³³	won³³	won³³
400	斧头	n³¹ wa³³	n³¹ wa³³	neŋ³¹ wa³³
401	锤子	sum³¹ tu³³	saŋ³¹ tu³³	sum³¹ tu³³
402	锯子	tsiŋ³¹ ʒet³¹	tiŋ³¹ ʒet⁵⁵	tɕiŋ³¹ ʒet⁵⁵
403	锄头	na³¹ tʃe⁷⁵⁵	ɕaŋ⁵⁵ khop⁵⁵	ɕaŋ⁵⁵ khop⁵⁵
404	扁担	khap⁵⁵ kan³¹	phă⁵⁵ kan⁵⁵	phă⁵⁵ kan⁵⁵
405	绳子	sum³³ ʒi³³	sum³¹ ʒi³³	sum³³ ʒi³³
406	楔子	sum³¹ pʒat³¹	sum³¹ pʒat³¹	sum³¹ pʒat³¹
407	镰刀	n³¹ ʃau³³	n³¹ tɕhau³³	n³¹ khjau³³
408	(水)碓	kha⁷³¹ thum³¹	kha⁷³¹ thum³¹	kha⁷³¹ thum³¹
409	臼	thum³¹	thum³¹	thum³¹
410	杵	thu³¹ mun³³	thu³¹ mun³³	thu³¹ mun³³
411	筛子	khiŋ³³	a³¹ khiŋ³³	a³¹ khiŋ³³
412	簸箕	khă³³ won³³ pa⁵⁵ lam³³	u⁵⁵ won³³	khu⁵⁵ won³³
413	(石)磨	thum³¹ ʒin⁵⁵	mo³³	lui³³
414	织布机	ta⁷³¹ ta⁷³¹ koŋ³¹	ta⁷³¹ ta⁷³¹ tɕak³¹	ta⁷³¹ ta⁷³¹ tɕak³¹
415	刀鞘	n³¹ ka³³	n³¹ ka³³	n³¹ ka³³
416	枪	să⁵⁵ nat⁵⁵	să⁵⁵ nat⁵⁵	să⁵⁵ nat⁵⁵
417	弓	n³¹ tan³³	n³¹ tan³³	n³¹ tan³³
418	箭	pă⁵⁵ la⁵⁵	la³¹ li³¹	pă⁵⁵ la⁵⁵
419	火药	wan³¹ tsi³¹	wan³¹ tsi³¹	wan³¹ tsi³¹
420	书	lai³¹ ka³³	lai³¹ ka³³	lai³¹ ka³³
421	话	ka³¹	a³¹ ka³¹	ka³¹

422	故事	mau³¹ mji³¹	mau³¹ mji³¹	mau³¹ mji³¹
423	鼓	tʃiŋ³³ ; thoŋ³¹	thoŋ³¹	thoŋ³¹
424	锣	pau³¹	pau³¹	pau³¹
425	钹	ʃup⁵⁵ ʃeŋ³³	ɕup⁵⁵ ɕeŋ³³	ɕup⁵⁵ ɕeŋ³³
426	笛子	thu³¹ ʒen³³	sum⁵⁵ pji⁵⁵	sum⁵⁵ pji⁵⁵
427	铃	tiŋ³¹ si³¹	tiŋ³¹ si³¹	tiŋ³¹ si³¹
428	喇叭（唢呐）	pă³³ khe³³ ; tum³¹ pa³³	tum³¹ pa³³	tum³¹ pa³³
429	鬼	nat⁵⁵	nat⁵⁵	nat⁵⁵
430	灵魂	num³¹ la³³	num³¹ la³³	num³¹ la³³
431	记号	mă³¹ than⁵⁵	mă³¹ than⁵⁵	mă³¹ than⁵⁵
432	力气	n³¹ kun³¹	n³¹ kun³¹	n³¹ kun³¹
433	礼物	kum⁵⁵ phaʔ⁵⁵	kum⁵⁵ phaʔ⁵⁵	kum⁵⁵ phaʔ⁵⁵
434	名字	mjiŋ³³	a³¹ mjiŋ³³	a³¹ mjiŋ³³
435	裂缝	kă³¹ pʒaŋ³³ khu³³	pʒaŋ³³ khu³³	pʒaŋ³³ khu³³
436	痕迹	kha³³	kha³³	a³¹ khaŋ³³
437	渣滓	paʔ⁵⁵	paʔ⁵⁵	paʔ⁵⁵
438	影子	ʒiŋ³¹ na³¹ ʃiŋ³¹ na³¹	să³¹ na³¹	sum³¹ la³³
439	梦	jup³¹ maŋ³³	jup³¹ maŋ³³	jup³¹ maŋ³³
440	东	sin³¹ pʒoʔ⁵⁵	sum³¹ pʒoʔ⁵⁵	sum³¹ pʒoʔ⁵⁵
441	西	sin³¹ naʔ⁵⁵	sin³¹ naʔ⁵⁵	sin³¹ naʔ⁵⁵
442	中间	ka³¹ aŋ³³	ka³¹ aŋ³³	ka³¹ aŋ³³
443	旁边	mă³¹ kau³³	mă³¹ kau³³	mă³¹ kau³³
444	左	pai³³	pai³³	pai³³
445	右	khʒa⁵⁵	khʒa⁵⁵	khʒa⁵⁵
446	前	ʃoŋ³³	ɕoŋ³³	ɕoŋ³³
447	后	phaŋ³³	phaŋ³³	phaŋ³³
448	外	ʃiŋ³¹ kan³¹	ɕiŋ³¹ kan³¹	ɕiŋ³¹ kan³¹
449	里	kă³¹ ta³¹	kă³¹ ta³¹	kă³¹ ta³¹
450	角ㄦ	tʃut³¹	ɕiŋ³¹ tɕut³¹	ɕiŋ³¹ tɕut³¹
451	尖ㄦ	n³¹ tuŋ³¹	n³¹ tuŋ³³	n³¹ tuŋ³³
452	边ㄦ	mă³¹ tu³³	mă³¹ tu³³	mă³¹ kau³³
453	上方（地势，河流）	lă³¹ thaʔ³¹	lă³¹ thaʔ³¹	lă³¹ thaʔ³¹
454	下方（地势，河流）	lă³¹ wuʔ⁵⁵ ; khaʔ³¹ nam³³	lă³¹ wuʔ⁵⁵ ; khaʔ³¹ nam³³	lă³¹ wuʔ⁵⁵ ; khaʔ³¹ nam³³
455	上（桌子上）	n³¹ tsa³³	n³¹ tsa³³	n³¹ tsa³³
456	下（桌子下）	kă³¹ ta³¹	kă³¹ ta³¹	kă³¹ ta³¹
457	今天	tai³¹ ni⁵⁵	tai³¹ ni⁵⁵	tai³¹ ni⁵⁵
458	昨天	mă⁵⁵ ni⁵⁵	mă⁵⁵ ni⁵⁵	mă⁵⁵ ni⁵⁵
459	前天	mă⁵⁵ ni⁵⁵ tin³¹	ɕoŋ³³ să³¹ ni⁵⁵	ɕoŋ³³ că³¹ ni⁵⁵
460	明天	phot⁵⁵ ni⁵⁵	phot⁵⁵ ni⁵⁵	phot⁵⁵ ni⁵⁵

461	后天	phot⁵⁵ tin³¹ ni⁵⁵	phot⁵⁵ tin³¹ ni⁵⁵	phot⁵⁵ tin³¹ ni⁵⁵
462	白天	ʃă³¹ ni⁵⁵	să³¹ ni⁵⁵	ɕă³¹ ni⁵⁵
463	早晨	tʃă³¹ phot³¹	tsă³¹ phot³¹	tɕă³¹ phot³¹
464	晚上	ʃă³¹ na̠ʔ⁵⁵	să³¹ na̠ʔ⁵⁵	ɕă³¹ na̠ʔ⁵⁵
465	月	ta̠³³ ; ʃă³³ ta̠³³	ta̠³³ ; să³³ ta̠³³	ta̠³³ ; ɕă³³ ta̠³³
466	年	niŋ³³	niŋ³³	niŋ³³
467	今年	tai³¹ niŋ³³	tai³¹ niŋ³³	tai³¹ niŋ³³
468	去年	mă³³ niŋ³³	mă³³ niŋ³³	mă³³ niŋ³³
469	前年	mă³³ niŋ³³ tin³¹	ɕoŋ³³ să³¹ niŋ³³	moi³¹ niŋ³³
470	明年	thă³¹ niŋ³³	thă³¹ niŋ³³	thă³¹ niŋ³³
471	后年	phʒa³¹ niŋ³³	phʒa³¹ niŋ³³	phʒa³¹ niŋ³³
472	从前	ʃoŋ³³ te̠ʔ³¹	ɕoŋ³³ te̠ʔ³¹	moi³¹
473	现在	ja⁷⁵⁵	ja⁷⁵⁵	ja⁷⁵⁵
474	夏	n³¹ lum⁵⁵ ta̠³³	ji³³ nam³³ ta̠³³	ji³³ nam³³ ta̠³³
475	冬	niŋ³¹ ʃuŋ³³ ta̠³³	niŋ³¹ ɕuŋ³³ ta̠³³	niŋ³¹ ɕuŋ³³ ta̠³³
476	新年	ʃă³¹ niŋ³³ n³¹ nan³³	să³¹ niŋ³³ n³¹ nan³³	să³¹ niŋ³³ n³¹ nan³³
477	一	lă⁵⁵ ŋai⁵¹	lă⁵⁵ ŋai⁵¹	lă⁵⁵ ŋai⁵¹
478	二	lă⁵⁵ khoŋ⁵¹	lă⁵⁵ khoŋ⁵¹	lă⁵⁵ khoŋ⁵¹
479	三	mă³¹ sum³³	mă³¹ sum³³	mă³¹ sum³³
480	四	mă³¹ li³³	mă³¹ li³³	mă³¹ li³³
481	五	mă³¹ ŋa³³	mă³¹ ŋa³³	mă³¹ ŋa³³
482	六	kʒu̠⁷⁵⁵	kʒu̠⁷⁵⁵	kʒu̠⁷⁵⁵
483	七	să³¹ nit³¹	să³¹ nit³¹	să³¹ nit³¹
484	八	mă³¹ tsa̠t⁵⁵	mă³¹ tsa̠t⁵⁵	mă³¹ tsa̠t⁵⁵
485	九	tʃă³¹ khu³¹	tsă³¹ khu³¹	tsă³¹ khu³¹
486	十	ʃi³³	ɕi³³	ɕi³³
487	百	tsa̠³³	tsa̠³³	tsa̠³³
488	千	khjiŋ³³	khjiŋ³³	khjiŋ³³
489	万	mun³¹	mun³¹	mun³¹
490	(一)个 (人)	mă³¹ ʒai³³	mă³¹ ʒai³³	mă³¹ ʒai³³
491	(一)个 (碗)	khum³¹	khum³¹	khum³¹
492	(一)条 (绳子)	tsiŋ³¹ khat⁵⁵	khat⁵⁵	khat⁵⁵
493	(一)张 (纸)	lap³¹ ; pa̠³³	lap³¹ ; pa̠³³	lap³¹ ; pa̠³³
494	(一)个 (鸡蛋)	khum³¹	khum³¹	khum³¹
495	(一)根 (草)	tsiŋ³¹ khat⁵⁵	tsiŋ³¹ khat⁵⁵	khat⁵⁵
496	(一)粒 (米)	khjep⁵⁵	tu̠m³³	tu̠m³³
497	(一)把 (扫帚)	khum³¹	khum³¹	khum³¹
498	(一)把 (米)	lă³¹ ku̠³¹	lă³¹ kʒa̠ʔ³¹	lă³¹ kʒa̠ʔ³¹
499	(一)堆 (粪)	sum³¹ pu̠m³¹	sum³¹ pu̠m³¹	sum³¹ pu̠m³¹

500	(一) 桶 (水)	puŋ⁵⁵	puŋ⁵⁵	puŋ⁵⁵
501	(一) 碗 (饭)	wan³³	wan³³	wan³³
502	(一) 片 (树叶)	lap³¹	lap³¹	lap³¹
503	(一) 朵 (花)	siŋ³¹ jaŋ⁵⁵	thiŋ³¹ kjaŋ⁵⁵	thiŋ³¹ kjaŋ⁵⁵
504	(一) 句 (话)	kho³¹	kho³¹	kho³¹
505	(一) 双 (鞋)	man³³	tsum³³	tsum³³
506	(一) 群 (羊)	wă³³ noŋ³³	wă³³ noŋ³³	wă³³ noŋ³³
507	(一) 节 (竹子)	lă³¹ man⁵⁵	lă³¹ man⁵⁵	lă³¹ man⁵⁵
508	(一) 只 (鞋)	tai³³	tai³³	tai³³
509	(一) 筐 (菜)	thiŋ³³ ka³³	sum³³ ka³³	sum³³ ka³³
510	(一) 背 (柴)	mă³¹ kun⁵⁵	lit⁵⁵	lit⁵⁵
511	(一) 捆	ʃă³¹ pon³¹	tsă³¹ pon³¹	ɕă³¹ pon³¹
512	(一) 捧	lă³¹ phom⁵⁵	lă³¹ kʒa⁷³¹	lă³¹ kʒa⁷³¹
513	(一) 串 (珠子)	sum³¹ pjau³¹	sum³¹ ʒi³¹	sum³¹ pʒau³¹
514	(一) 滴 (油)	n³¹ the⁷³¹	n⁵⁵ te⁷⁵⁵	kă³¹ the⁷³¹
515	(一) 层 (楼)	tsaŋ³³	tsaŋ³³	tsaŋ³³
516	(一) 间 (房)	kok³¹	kok³¹	kok³¹
517	(一) 包 (东西)	mă³¹ kai³¹	mă³¹ kai³¹	mă³¹ kai³¹
518	(一) 庹	lă³¹ lam³³	lă³¹ lam³³	lă³¹ lam³³
519	(一) 拃	lă³¹ kham³³	lă³¹ kham³³	lă³¹ kham³³
520	(一) 天	ni⁵⁵	ni⁵⁵	lă³¹ ni⁵⁵
521	(一) 夜	na⁷⁵⁵	na⁷⁵⁵	lă³¹ na⁷⁵⁵
522	(一) 年	lă³¹ niŋ³³	lă³¹ niŋ³³	lă³¹ niŋ³³
523	(走一) 步	lă³¹ kham³³	lă³¹ kham³³	lă³¹ kham³³
524	(去一) 次	laŋ³¹	laŋ³¹	laŋ³¹
525	(吃一) 顿	ma⁵⁵	ta³¹	ta³¹
526	一些	loi³¹ mi³³	loi³¹ mi³³	n⁵⁵ kau³³ mi³³
527	我	ŋai³³	ŋai³³	ŋai³³
528	我们	an⁵⁵ the³³	an⁵⁵ the³³	an⁵⁵ the³³
529	我俩	an⁵⁵	an⁵⁵	jan⁵⁵
530	你	naŋ³³	naŋ³³	naŋ³³
531	你们	nan⁵⁵ the³³	nan⁵⁵ the³³	nan⁵⁵ the³³
532	你俩	nan⁵⁵	nan⁵⁵	ni³³ jan⁵⁵
533	他	ʃi³³	ɕi³³	ɕi³³
534	他们	ʃan⁵⁵ the³³	ɕan⁵⁵ the³³	ɕan⁵⁵ the³³
535	他俩	ʃan⁵⁵	khan⁵⁵ ŋjan⁵⁵	ɕi³³ jan⁵⁵
536	自己	ti⁷⁵⁵ naŋ³³	mă³¹ tu⁷³¹	mă³¹ tu⁷³¹
537	别人	mă³¹ ʃa³¹ ni³³	mă³¹ naŋ³³ ni³³	mă³¹ naŋ³³ ni³³
538	这	n³³ tai³³	n³³ tai³³	n³³ tai³³

539	这些	n³³ tai³³ the³³	n³³ tai³³ the³³	n³³ tai³³ ni³³
540	这里	n³³ tai³³ ko̱ʔ⁵⁵	n³³ tai³³ ko̱ʔ⁵⁵	n³³ tai³³ ko̱ʔ⁵⁵
541	这样	niŋ⁵¹	niŋ⁵¹	n³³ tai³³ tson⁵¹
542	(近指) 那	wo⁵⁵	wo⁵⁵	wo⁵⁵
543	那些	wo⁵⁵ ʒa³¹ the³³	wo⁵⁵ ʒa³¹ the³³	wo⁵⁵ ʒa³¹ the³³
544	那里	wo⁵⁵ ʒa³¹ ko̱ʔ⁵⁵	wo⁵⁵ ʒa³¹ ko̱ʔ⁵⁵	wo⁵⁵ ʒa³¹ ko̱ʔ⁵⁵
545	那样	wo⁵⁵ ʒa³¹ tson³¹	wo⁵⁵ ʒa³¹ tson³¹	wo⁵⁵ ʒa³¹ tson³¹
546	谁	kă³¹ tai³³	kă³¹ tai³³	kă³¹ tai³³
547	什么	pha³³	pha³³	pha³³ po̱ʔ³¹
548	哪里	kă³¹ ʒa³¹ ko̱ʔ⁵⁵	kă³¹ ʒa³¹ ko̱ʔ⁵⁵	kă³¹ ʒa³¹ ko̱ʔ⁵⁵
549	几时	kă³¹ loi⁵⁵	kă³¹ loi⁵⁵	kă³¹ ʒa³¹ ten³¹
550	怎么	kă³¹ niŋ³¹	kă³¹ niŋ³¹	kă³¹ niŋ³¹
551	多少	kă³¹ te³¹	kă³¹ te³¹	kă³¹ te³¹
552	其他	kă³¹ ka³¹	kă³¹ ka³¹	kă³¹ ka³¹
553	全部	joŋ³¹	joŋ³¹	joŋ³¹ ; ma⁵⁵ khʒa³¹
554	大	kă³¹ pa³¹	kă³¹ pa³¹	kă³¹ pa³¹
555	小	kă³¹ tʃi³¹	kă³¹ tɕi³¹	kă³¹ tɕi³¹
556	高	tso̱³¹	tso̱³¹	tso̱³¹
557	低 (矮)	nem³¹	nem³¹	nem³¹
558	凸	poŋ³³	poŋ³³	poŋ³³
559	凹	khjok⁵⁵	khjok⁵⁵	khjok⁵⁵
560	长	kă³¹ lu³¹	kă³¹ lu³¹	kă³¹ lu³¹
561	短	kă³¹ tun³¹	kă³¹ tun³¹	kă³¹ tun³¹
562	远	tsa̱n³³	tsa̱n³³	tsa̱n³³
563	近	ni³¹	ni³¹	ni³¹
564	宽	tam³¹	tam³¹	tam³¹
565	窄	kjip⁵⁵	kjip⁵⁵	kjip⁵⁵
566	厚	that³¹	that³¹	that³¹
567	薄	pha³¹	pha³¹	pha³¹
568	深	suŋ³¹	suŋ³¹	suŋ³¹
569	浅	ta̱ŋ³³	n⁵⁵ suŋ⁵¹	n⁵⁵ suŋ⁵¹
570	满	phʒiŋ⁵⁵	phʒiŋ⁵⁵	phʒiŋ⁵⁵
571	瘦	ŋjop⁵⁵	ŋjop³¹	lă³¹ si³¹
572	多	lo⁵⁵	lo⁵⁵	lo⁵⁵
573	少	ʃau³¹ ; n⁵⁵ lo⁵⁵	ɕau³¹	n⁵⁵ lo⁵⁵
574	圆	tin³¹	tin³¹	tin³¹
575	扁	pjet³¹	pjet³¹	pjet³¹
576	尖	mă³¹ sen³¹	mă³¹ sen³¹	mă³¹ sen³¹
577	平	ʒa³³	ʒa³³	ʒa³³

578	歪	n³¹ khjeŋ³¹	n³¹ khjeŋ³¹	n³¹ khjeŋ³¹
579	横(的)	n³¹ ta⁷³¹	n³¹ ta⁷³¹	n³¹ ta⁷³¹
580	竖(的)	tiŋ³¹ tuŋ³³	tiŋ³¹ tuŋ³³	tiŋ³¹ tuŋ³³
581	直(的)	tiŋ³³	pʑeŋ³³	pʑeŋ³³
582	弯(的)	mă³¹ ko⁷³¹	mă³¹ ko⁷³¹	mă³¹ ko⁷³¹
583	黑	tʃaŋ³³;na⁷³¹	tɕaŋ³³;na⁷³¹	tɕaŋ³³;na⁷³¹
584	白	phʑo³¹	phʑo³¹	phʑo³¹
585	红	khje³³	khje³³	khje³³
586	黄	thoi³³	thoi³¹;saŋ³³ kan³¹	thoi³¹;saŋ³³ kan³¹
587	绿	tsit³¹	tsit³¹	tsit³¹
588	蓝	paŋ³³ lai³³ n³¹ sam⁵⁵	paŋ³³ lai³³ n³¹ sam⁵⁵	paŋ³³ lai³³ n³¹ sam⁵⁵
589	灰(的)	mut³¹	mut³¹	mut³¹
590	重	li³³	li³³	li³³
591	轻	tsaŋ³³	tsaŋ³³	tsaŋ³³
592	快	lă³¹ wan³³	lă³¹ wan³³	lă³¹ wan³³
593	慢	lă³¹ ŋjan³¹	lă³¹ ŋjan³¹	lă³¹ ŋjan³¹
594	早	tʃau³³	tɕau³³	tɕau³³
595	迟	phaŋ³³ khʑat³¹	phaŋ³³ khʑat³¹	phaŋ³³ khʑat³¹
596	锋利	tai³³	tai³³	tai³³
597	钝	ton³³	ton³³	n³¹ tup⁵⁵
598	清(的)	san³¹	san³¹	san³¹
599	浑浊	khă³¹ nu⁷³¹	khă³¹ nu⁷³¹	khă³¹ nu⁷³¹
600	(猪)肥	phum³³	phum³³	phum³³
601	瘦	lă³¹ si³¹	lă³¹ si³¹	lă³¹ si³¹
602	干	khʑo⁷⁵⁵	khʑo⁷⁵⁵	khʑo⁷⁵⁵
603	湿	mă³¹ ti³³	mă³¹ ti³³	mă³¹ ti³³
604	(布)密	tik⁵⁵	ŋja⁷³¹;tik⁵⁵	tɕip⁵⁵
605	硬	tʃa⁷³¹	tɕa⁷³¹	tɕa⁷³¹
606	软	kja³¹	kja³¹	kja³¹
607	粘	mă³¹ kjep³¹	mă³¹ kjep³¹	mă³¹ kjep³¹
608	(路)滑	mă³¹ nen³³	mă³¹ nen³³	mă³¹ jen³³
609	紧	kaŋ³³	kaŋ³³	kaŋ³¹
610	松	nu³³	nu³³	nu³³
611	脆	khʑop⁵⁵	khʑop⁵⁵	kă³¹ tha⁷⁵⁵
612	对	tʃo³¹	tɕo³¹	ʑe⁵⁵
613	错	ʃut⁵⁵	ɕut⁵⁵;n⁵⁵ kho⁵¹	n⁵⁵ ʑe⁵¹
614	真	teŋ³¹	teŋ³¹	teŋ³¹
615	假	sot⁵⁵	n⁵⁵ teŋ⁵¹	n⁵⁵ teŋ⁵¹
616	生(的)	kă³¹ tsiŋ³³	kă³¹ tsiŋ³³	kă³¹ tsiŋ³³

617	新	n³¹ nan³³	n³¹ nan³³	n³¹ nan³³
618	旧	n³¹ sa³¹	n³¹ sa³¹	n³¹ sa³¹
619	好	kă³¹ tʃa³³	kă³¹ tɕa³³	mai³³
620	坏	then³¹	then³¹	n⁵⁵ mai³³
621	(价钱)贵	pʰu³³	pʰu³³	pʰu³³
622	(植物)嫩	kʰă³¹ luŋ³³	kʰă³¹ luŋ³³	kʰă³¹ luŋ³³
623	年老	kin³¹ sa⁵⁵	kin³¹ sa⁵⁵	kin³¹ sa⁵⁵
624	美	tso̱m³¹	tso̱m³¹	tso̱m³¹
625	热	kă³¹ tʰet³¹	kă³¹ tʰet⁵⁵	kă³¹ tʰet⁵⁵
626	冷	kă³¹ ʃuŋ³³	kă³¹ ɕuŋ³³	kă³¹ ɕuŋ³³
627	暖和	lum³³	lum³³	lum³³
628	难	jak³¹	jak³¹	jak³¹
629	(气味)香	mă³¹ nam³³ ŋon³³	xom³¹	xom³¹
630	臭	kʰaŋ³³	mă³¹ nam³³	mă³¹ nam³³
631	酸	kʰʒi³³	kʰʒi³³	kʰʒi³³
632	甜	tui³¹	tui³¹	tui³¹
633	苦	kʰa̱⁵⁵	kʰa⁵⁵	kʰa⁵⁵
634	辣	tʃap³¹	tɕap³¹	tɕap³¹
635	咸	ʃum³³	kʰa⁵⁵	kʰa⁵⁵
636	涩	kʰup³¹	kʰup³¹	kʰup³¹
637	腻	lau³³ ; tʃin³³	lau³³ ; tɕin³³	lau³³ ; tɕin³³
638	忙	kji̱n⁵⁵	kji̱n⁵⁵	kji̱n⁵⁵
639	富	lu³¹ su⁵⁵	lu³¹ su⁵⁵	lu³¹ su⁵⁵
640	穷	mă³¹ tsa̱n³¹	mă³¹ tsa̱n³¹	mă³¹ tsa̱n³¹
641	干净	san³¹ seŋ⁵⁵	san³¹ seŋ⁵⁵	san³¹ seŋ⁵⁵
642	好吃	mu³³	mu³³	mu³³
643	响	ŋoi³³	ŋoi³³	ŋoi³³
644	聪明	mjit³¹ let⁵⁵	mjit³¹ let⁵⁵ ; tsen³³	lak⁵⁵ ; tsen³³
645	蠢	ŋok³¹ ; pam³¹	ŋok³¹ ; pam³¹	ŋok³¹ ; pam³¹
646	懒	lă³¹ kon³¹	lă³¹ kon³¹	lă³¹ kon³¹
647	爱	tso̱ʔ⁵⁵	tso̱ʔ⁵⁵	tso̱ʔ⁵⁵ ; ʒa³¹
648	按	tip³¹	tip³¹	tip³¹
649	拔(草)	mă³¹ kaŋ³³	mă³¹ kaŋ³³	mă³¹ kaŋ³³
650	耙(田)	mă³¹ sit³¹	mă³¹ sit³¹	mă³¹ sit³¹
651	掰开	to⁷³¹	kaŋ³³ to⁷³¹	to⁷³¹
652	摆动	kă³¹ ŋat³¹	kă³¹ ŋat³¹	kă³¹ ŋat³¹
653	搬(家)	tʰot³¹	tʰot³¹	tʰot³¹
654	绑	ʃă³¹ pon³¹	tsă³¹ pon³¹	kjit³¹
655	包(药)	mă³¹ kai³¹	mă³¹ tep⁵⁵	mă³¹ kai³¹

656	剥 (花生)	po⁷³¹	po⁷³¹	po⁷³¹
657	饱	khʒu⁵⁵	khʒu⁵⁵	khʒu⁵⁵
658	抱	poṇ³³	poṇ⁵⁵	poṇ⁵⁵
659	背 (孩子)	pa⁷³¹	pa⁷³¹	pa⁷³¹
660	闭 (口)	tʃă³¹ thep³¹	să³¹ thep³¹	să³¹ thep³¹
661	编 (辫子)	khʒi⁷³¹	khʒi⁷³¹	khʒi⁷³¹
662	编 (篮子)	wa³¹	khʒi⁷³¹	khʒi⁷³¹
663	病	mă³¹ tʃi⁷⁵⁵	mă³¹ tɕi⁷⁵⁵	mă³¹ tɕi⁷⁵⁵
664	补 (衣)	kă³¹ pa̱³¹	kă³¹ pa̱³¹	kă³¹ pa̱³¹
665	擦 (桌子)	kă³¹ tsu̱t⁵⁵	kă³¹ tsu̱t⁵⁵	kă³¹ tsu̱t⁵⁵
666	踩	kă³¹ pje⁷³¹	kă³¹ pje⁷³¹	kă³¹ pje⁷³¹
667	藏 (东西)	mă³¹ ko̱i³³	mă³¹ ko̱i³³	mă³¹ ko̱i³³
668	插 (秧)	khai⁵⁵	khai⁵⁵	khai⁵⁵
669	拆 (房子)	ʒun³¹	ʒun³¹	ʒun³¹
670	搀扶	a³¹ pje̱n⁵⁵	a³¹ pje̱n⁵⁵	khum³¹ ti³³
671	缠 (线)	lă³¹ khon⁵⁵	lă³¹ khon⁵⁵	lă³¹ khon⁵⁵
672	馋 (肉)	mă³¹ lu³³	mă³¹ lu³³	mă³¹ lu³³
673	尝	tʃim⁵⁵	tɕi̱m⁵⁵	tɕi̱m⁵⁵
674	唱	mă³¹ khon⁵⁵	mă³¹ khon⁵⁵	mă³¹ khon⁵⁵
675	吵	kă³¹ ʒu³¹	kă³¹ ʒu³¹	kă³¹ ʒu³¹
676	炒	kă³¹ ŋau³³	kă³¹ ŋau³³	kă³¹ ŋau³³
677	沉	lup³¹	thim³¹	tsi̱m³³
678	称 (粮食)	ʃen³³	ɕen³³	tɕaŋ³¹
679	撑住	mă³¹ ti̱⁷³¹	mă³¹ ti̱⁷³¹	mă³¹ ti̱⁷³¹
680	成了	pjin³¹	pjin³¹	pjin³¹
681	盛 (饭)	ʃap³¹	ɕap³¹	kă³¹ mai³³
682	吃	ʃa⁵⁵	ɕa⁵⁵	ɕa⁵⁵
683	舂	thu³¹	thu³¹	thu³¹
684	抽 (出)	ʃo⁷³¹	ɕo⁷³¹	ɕo⁷³³
685	抽 (烟)	pa̱k³¹	pa̱k³¹	pa̱k³¹
686	出去	pʒu̱³³ sa³³	pʒu̱³³ sa³³	pʒu̱³³ wa³¹
687	锄 (草)	ʃot³¹	ɕot³¹	ɕot³¹
688	穿 (衣)	phun⁵⁵	phun⁵⁵	phun⁵⁵
689	穿 (鞋)	tin³³	tin³³	khai³¹
690	穿 (针)	ʃon⁵⁵	ɕon⁵⁵ ; wut³¹	ɕon⁵⁵
691	吹 (喇叭)	tum³¹	tum³¹	tum³¹
692	戳	a³¹ tʃo̱⁷⁵⁵	a³¹ tɕo̱⁷⁵⁵	a³¹ tɕo̱⁷⁵⁵
693	催	ʃă³¹ tut³¹	să³¹ tut³¹	să³¹ tut³¹
694	搓 (绳)	ʒit³¹	a³¹ nu̱t³¹	a³¹ nu̱t³¹

695	错（了）	ʃut⁵⁵	ɕut⁵⁵	ɕut⁵⁵
696	打（人）	kǎ³¹ jat³¹	kǎ³¹ jat³¹	kǎ³¹ jat³¹
697	打枪	kap³¹	kap³¹	kap³¹
698	打瞌睡	jup³¹ ŋaʔ³¹	jup³¹ ŋaʔ³¹	jup⁵⁵ ŋaʔ³¹
699	打嗝儿	kǎ³¹ eʔ⁵⁵	kǎ³¹ eʔ⁵⁵	kǎ³¹ eʔ⁵⁵
700	带（钱）	kun³³	kun³³	kun³³
701	带（孩子）	woi³³	woi³³	woi³³
702	戴（帽子）	tʃop⁵⁵	tsop⁵⁵	tɕop⁵⁵
703	戴（包头）	khoʔ⁵⁵	khoʔ⁵⁵	khoʔ⁵⁵
704	戴（手镯）	khon⁵⁵	khon⁵⁵	khon⁵⁵
705	挡（风）	ʃiŋ³¹ kun⁵⁵	ɕiŋ³¹ kun⁵⁵	ɕiŋ³¹ kun⁵⁵
706	（墙）倒	kǎ³¹ toŋ³³	kǎ³¹ toŋ³³	kǎ³¹ toŋ³³
707	弄倒（墙）	noŋ⁵⁵ kǎ³¹ toŋ³³	moŋ⁵⁵ thu⁵⁵ kǎ³¹ toŋ³³	thu⁵⁵ kǎ³¹ toŋ³³
708	到达	tu³¹	tu³¹	tu³¹
709	得到	lu³¹ la⁵⁵	lu³¹ la⁵⁵	lu³¹ la⁵⁵
710	等待	la³¹	la³¹	la³¹
711	地震	n³³ naŋ³³ non³¹ non³¹	n³³ naŋ³³ non³¹ non³¹	n³³ naŋ³³ non³¹
712	低（头）	kum³¹	kum³¹	kum³¹
713	点（头）	ŋaʔ⁵⁵	ŋaʔ⁵⁵	ŋaʔ⁵⁵
714	点（火）	ʃǎ³¹ tɕiʔ⁵⁵	sǎ³¹ tɕiʔ⁵⁵	nat³¹
715	燃烧	tʃiʔ⁵⁵	tɕiʔ⁵⁵	wan³¹ khʒu³¹
716	垫	nep⁵⁵	nep³¹	nep³¹
717	凋谢	ʒun³³	wai⁵⁵	wai⁵⁵
718	叼	mǎ³¹ kʒaŋ³³	mǎ³¹ kʒaŋ³³	mǎ³¹ kʒaŋ³³
719	掉（下）	khʒat³¹	khʒat³¹	khʒat³¹
720	钓（鱼）	ton⁵⁵	ton⁵⁵	ton⁵⁵
721	吊	noi⁵⁵	noi⁵⁵	noi⁵⁵
722	跌倒	kǎ³¹ to³³	kǎ³¹ to³³	kǎ³¹ to³³
723	叠（被）	kǎ³¹ thap³¹	kǎ³¹ thap³¹	kǎ³¹ thap³¹
724	（蚊子）叮	kǎ³¹ wa⁵⁵	tɕuʔ⁵⁵	kǎ³¹ wa⁵⁵
725	懂	tʃe³³	tɕe³³	tɕe³³
726	（虫子在）动	ʃǎ³¹ mu³³	sǎ³¹ mu³³	ɕǎ³¹ mu³³
727	读	thi⁵⁵	thi⁵⁵	thi⁵⁵
728	堵塞	pat⁵⁵	pat⁵⁵	pat⁵⁵
729	渡（河）	ʒap⁵⁵	ʒap⁵⁵	ʒap⁵⁵
730	（线）断	tiʔ³¹	tiʔ³¹	tiʔ³¹
731	弄断（线）	ʃǎ³¹ tiʔ³¹	sǎ³¹ tiʔ³¹	sǎ³¹ tiʔ³¹
732	（棍子）断	toʔ³¹	toʔ³¹	toʔ³¹
733	弄断（棍子）	ʃǎ³¹ toʔ³¹	sǎ³¹ toʔ³¹	sǎ³¹ toʔ³¹

734	堆 (草)	sum³¹ pum³¹	sum³¹ pum³¹	pum³¹
735	躲藏	mă³¹ kọi³³	mă³¹ kọi³³	mă³¹ kọi³³
736	剁 (肉)	tọk⁵⁵	a³¹ tsaṭ³¹	tọk⁵⁵
737	踩 (踩脚)	khin³¹ tit³¹	khin³¹ tit³¹	khin³¹ tit³¹
738	饿	kọ⁷⁵⁵ si³³	kọ⁷⁵⁵	kọ⁷⁵⁵
739	发抖	kă³¹ ʒi⁷⁵⁵	kă³¹ ʒi⁷⁵⁵	kă³¹ ʒi⁷⁵⁵
740	发 (芽)	pʒu³³	kʒu⁵⁵	pʒu³³
741	(把衣服) 翻 (过来)	kă³¹ le⁵⁵	kă³¹ le⁵⁵	kă³¹ le⁵⁵ tat³¹
742	放 (盐)	paŋ³³	paŋ³³	paŋ³³
743	放牧	ʒem³³	ʒem³³	ʒem³³
744	飞	pjen³³	pjen³³	pjen³³
745	分 (东西)	kă³¹ ʒan⁵⁵	kă³¹ ʒan⁵⁵	kă³¹ ʒan⁵⁵
746	疯	pu⁷³¹	pu⁷³¹	pu⁷³¹
747	缝	tʃui³³	tɕui³³	tɕui³³
748	孵	phum⁵⁵	phum⁵⁵	phum⁵⁵
749	腐烂	jat³¹	jat³¹	jat³¹
750	盖 (土)	up⁵⁵	up⁵⁵	kă³¹ lup⁵⁵
751	盖 (被)	phun⁵⁵	phun⁵⁵	phun⁵⁵
752	干 (了)	ka³³	ka³³	khʒo⁷⁵⁵ ; ka³³
753	敢	wam³³	wam³³	wam³³
754	干活儿	puŋ³¹ li³¹ kă³¹ lo³³	mu⁵⁵ kă³¹ lo³³	mu⁵⁵ kă³¹ lo³³
755	告诉	tsun³³ tan⁵⁵	tsun³³ tan⁵⁵	tsun³³ tan⁵⁵
756	割 (肉)	kă³¹ toi³¹	kă³¹ toi³¹	kă³¹ toi³¹
757	割 (草)	tan³¹	tan³¹	tan³¹
758	硌 (脚)	a³¹ thu³¹	a³¹ thu³¹	a³¹ thu³¹
759	给	ja³³	ja³³	ja³³
760	跟 (跟在后面)	khan⁵⁵	khan⁵⁵	khan⁵⁵
761	够	ʒam³³	lo⁷⁵⁵	lo⁷⁵⁵
762	刮 (毛)	a³¹ khut³¹	a³¹ khut³¹	a³¹ khut³¹
763	刮 (风)	puŋ³³	puŋ³³	puŋ³³
764	挂 (在墙上)	noi⁵⁵	noi⁵⁵	noi⁵⁵
765	关 (门)	la⁷³¹	la⁷³¹	la⁷³¹
766	滚	tʃai³³	tɕai³³	tɕai³³
767	过 (桥)	ʒap⁵⁵	lai³¹	lai³¹
768	过 (了两年)	lai³¹	lai³¹	lai³¹
769	害羞	kă³¹ ja⁷³¹	kă³¹ ja⁷³¹	kă³¹ ja⁷³¹
770	害怕	khʒit³¹	khʒit³¹	khʒit³¹
771	喊 (人开会)	ʃă³¹ ka⁵⁵	mă³¹ ʒon⁵⁵	ɕă³¹ ka⁵⁵ ; mă³¹ ʒon⁵⁵
772	喝	lu⁷³¹	lu⁷³¹	lu⁷³¹

773	恨	n³³ tʃu³³	n³³ tɕu³³	n³³ tɕu³³
774	烘	kă³¹ tip⁵⁵	kă³¹ kaŋ³³	kă³¹ kaŋ³³
775	哄	nem³³	nem³³	nem³³
776	划 (船)	ʃap³¹	khaŋ⁵⁵	on⁵⁵
777	怀孕	ma³¹ kun³³	ma³¹ kun³³	ma³¹ khum³¹
778	还 (账)	wa⁷⁵⁵	wa⁷⁵⁵	wa⁷⁵⁵
779	换	ka³¹ lai⁵⁵	ka³¹ lai⁵⁵	kă³¹ lai⁵⁵
780	回	wa³¹	wa³¹	wa³¹
781	回答	than⁵⁵	than⁵⁵	than⁵⁵
782	会 (写)	tʃe̠³³	tɕe̠³³	tɕe̠³³
783	搅浑	khă³¹ nu⁷³¹	khă³¹ nu⁷³¹	ɕi³³ lau³³ khă³¹ nu⁷³¹
784	活 (了)	khʒuŋ³³	khʒuŋ³³	khʒuŋ³³
785	获得	lu³¹ la⁵⁵	lu³¹ la⁵⁵	lu³¹ la⁵⁵
786	挤 (奶)	ʃup³¹	pʒup³¹	pʒup³¹
787	记得	mă³¹ tsi̠ŋ³³	mă³¹ tsi̠ŋ³³	mă³¹ tsi̠ŋ³³
788	系 (腰带)	kji̠t⁵⁵	kji̠t⁵⁵	kji̠t⁵⁵
789	夹 (菜)	lă⁵⁵ ka̠p⁵⁵	lă⁵⁵ ka̠p⁵⁵	lă⁵⁵ ka̠p⁵⁵
790	捡	tha⁷³¹	tha⁷³¹	tha⁷³¹
791	剪	ʒep³¹	ʒep³¹	tsen³¹
792	讲 (故事)	khai³¹	khai³¹	khai³¹
793	降落	khʒat³¹	khʒat³¹	khʒat³¹
794	交换	kă³¹ lai⁵⁵ khat⁵⁵	kă³¹ lai⁵⁵ khat⁵⁵	kă³¹ lai⁵⁵ khat⁵⁵
795	(烧) 焦	khat³¹	khat³¹	khat³¹
796	嚼	mă³¹ ja⁵⁵	mă³¹ ja⁵⁵	mă³¹ ja⁵⁵
797	教	ʃă³¹ ʒin⁵⁵	să³¹ ʒin⁵⁵	să³¹ ʒin⁵⁵
798	(公鸡) 叫	koi³¹	koi³¹	koi³¹
799	(母鸡) 叫	kʒu̠k⁵⁵	kʒu̠k⁵⁵	kă³¹ te̠k⁵⁵
800	(马) 叫	ŋjot⁵⁵	ŋjot⁵⁵	ŋjot⁵⁵
801	(狗) 叫	wau⁵⁵	wau⁵⁵	wau⁵⁵
802	叫 (名字)	mji̠ŋ³³ ʃă³¹ ka⁵⁵	mji̠ŋ³³ să³¹ ka⁵⁵	mji̠ŋ³³ să³¹ ka⁵⁵
803	揭 (盖子)	pho⁷³¹	pho⁷³¹	pho⁷³¹
804	结 (果子)	si³¹	si³¹	si³¹
805	结婚	khin³¹ ʒan⁵⁵	khin³¹ ʒan⁵⁵	khin³¹ ʒan⁵⁵
806	借 (钱)	khoi³¹	khoi³¹	khoi³¹
807	借 (工具)	ʃap³¹	ɕap³¹	khoi³¹
808	浸泡	tsi̠ŋ³¹	tsi̠ŋ³¹	tsi̠ŋ³¹
809	进 (屋)	ʃaŋ³¹	ɕaŋ³¹	ɕaŋ³¹
810	经过	lai³¹	lai³¹	lai³¹
811	居住	ŋa³¹	ŋa³¹	ŋa³¹

812	锯	ʒet³¹	ʒet⁵⁵	ʒet⁵⁵
813	卷（布）	ka⁷³¹ tsu⁷⁵⁵	ka⁷³¹ tsu⁷⁵⁵	ka⁷³¹ tsu⁷⁵⁵
814	开（门）	pho⁷³¹	pho⁷³¹	pho⁷³¹
815	（水）开（了）	pʒut³¹	pʒut³¹	pʒut³¹
816	（花）开（了）	pu³¹	pu³¹	pu³¹
817	开（车）	kot³¹	kot³¹	khaŋ⁵⁵
818	砍（树）	kʒan³³	kʒan³³	kă³¹ tham³¹
819	看	ju³³	ju³³	ju³³
820	看见	mu³¹	mu³¹	mu³¹
821	扛	phai³³	phai³³	phai³³
822	烤（火）	kʒa³¹	kʒa³¹	kʒa³¹
823	靠	ʃă³¹ mjet³¹	să³¹ mjet³¹	să³¹ mjet³¹
824	咳嗽	tʃă³¹ khʒu³¹	tsă³¹ khʒu³¹	tsă³¹ khʒu³¹
825	渴	phaŋ³¹ kă³¹ ʒa⁷³¹	mă³¹ ju⁷³¹ kʒop⁵⁵	mă³¹ ju⁷³¹ kʒop⁵⁵
826	刻	kʒok⁵⁵	kʒok⁵⁵	kʒok⁵⁵
827	肯	khʒo⁵⁵；kam³³	khʒo⁵⁵；kam³³	kam³³
828	啃	mă³¹ kʒet³¹	mă³¹ kʒet³¹	mă³¹ kʒet³¹
829	抠	lai³³；a³¹ kʒo⁷⁵⁵	a³¹ kʒo⁷⁵⁵	a³¹ kʒo⁷⁵⁵；kʒo⁷⁵⁵
830	扣（扣子）	taŋ⁵⁵	taŋ⁵⁵	taŋ⁵⁵
831	哭	khʒap³¹	khʒap³¹	khʒap³¹
832	拉	kaŋ³³	kaŋ³³	kaŋ³³
833	拉（屎）	ŋji⁵⁵	ŋji⁵⁵	ŋji⁵⁵
834	来	sa³³	sa³³	sa³³
835	捞	sai³¹	sai³¹	mă³¹ som³³
836	勒	kjit³¹	kjit³¹	kjit³¹
837	累	pa⁵⁵	pa⁵⁵	pa⁵⁵
838	连接	mă³¹ tut⁵⁵	mă³¹ tut⁵⁵	mă³¹ tut⁵⁵
839	量	ʃă³¹ ton⁵⁵	să³¹ ton⁵⁵	să³¹ ton³³
840	裂开	ka⁷³¹；kă³¹ pʒaŋ³³	ka⁷³¹；kă³¹ pʒaŋ³³	ka⁷³¹；kă³¹ pʒaŋ³³
841	（水）流	lui³³	lui³³	lui³³
842	留（种）	mă³¹ tat³¹	mă³¹ tat³¹	mă³¹ tat³¹
843	聋	na³¹ phaŋ⁵⁵	na³¹ phaŋ⁵⁵	na³¹ phaŋ⁵⁵
844	漏（水）	kă³¹ jun³³	kă³¹ jun³³	kă³¹ jun³³
845	滤	tʃen³¹	tɕen³¹	khjen³³
846	（太阳）落	ʃaŋ³¹	ɕaŋ³¹	ɕaŋ³¹
847	麻木	pham³¹	pham³¹	pham³¹
848	骂	mă³¹ tsa³³	mă³¹ tsa³³	tha³³
849	埋	lup³¹	lup³¹	lup³¹
850	买	mă³¹ ʒi³³	mă³¹ ʒi³³	mă³¹ ʒi³³

851	卖	tut³¹	tut³¹	tut³¹
852	满（了）	phʒiŋ⁵⁵	phʒiŋ⁵⁵	phʒiŋ⁵⁵
853	没有	n⁵⁵ lu⁵¹	n⁵⁵ lu⁵¹	n⁵⁵ lu⁵¹
854	（火）灭	kʒip⁵⁵	mjit³¹	mjit³¹
855	摸	mă³¹ sop³¹	mă³¹ sop³¹	mă³¹ sop³¹
856	磨（刀）	kă³¹ ʒaŋ³³	kă³¹ ʒaŋ³³	kă³¹ ʒaŋ³³
857	磨（面）	ʒin⁵⁵	ʒin⁵⁵	ʒin⁵⁵
858	拿	la⁵⁵	la⁵⁵	la⁵⁵
859	挠（痒）	mă³¹ khjit³¹	mă³¹ khjit³¹	mă³¹ khjit³¹
860	能够	lu³¹	lu³¹	lu³¹
861	（花）蔫	kjip³¹	kjip³¹	kjip³¹
862	拧（毛巾）	ʃup³¹	ɕup³¹	ɕup³¹
863	凝固	keʔ⁵⁵	keʔ⁵⁵	keʔ⁵⁵
864	呕吐	mă³¹ ton³³	mă³¹ ton³³	mă³¹ ton³³
865	（人）爬	kum³¹ ʒot³¹	luŋ³¹	khum³³
866	（虫子）爬	kum³¹ tsun³³	kum³¹ tsun³³	kap⁵⁵
867	爬（树）	luŋ³¹	luŋ³¹	luŋ³¹
868	拍（桌子）	lă³¹ thum⁵⁵	thum⁵⁵	thum⁵⁵
869	跑	kat³¹	kat³¹	kat³¹
870	泡（茶）	tsiŋ³¹	tsiŋ³¹	tsiŋ³¹
871	佩带	phje⁵⁵	phje⁵⁵	phje⁵⁵
872	膨胀	pom³³；wom³³	pom³³；wom³³	pom³³；wom³³
873	碰撞	a³¹ thu³¹ a³¹ koŋ³¹	a³¹ thu³¹ a³¹ koŋ³¹	a³¹ thu³¹ a³¹ koŋ³¹
874	劈（柴）	tʃe⁵⁵	kă³¹ laʔ⁵⁵	kă³¹ laʔ⁵⁵
875	漂浮	wo⁵⁵	wo⁵⁵	wo⁵⁵
876	泼（水）	tʃo⁵⁵	tɕo⁵⁵	tɕo⁵⁵
877	破（篾）	ʃit³¹	kaʔ³¹	kaʔ³¹
878	（衣服）破（了）	tʃe⁵⁵；woʔ³¹	tɕe⁵⁵；woʔ³¹	tɕe⁵⁵；woʔ³¹
879	（碗）破（了）	kaʔ³¹	kaʔ³¹	kaʔ³¹
880	打破（碗）	ʃă³¹ kaʔ³¹	să³¹ kaʔ³¹	pjen³³ kaʔ³¹
881	剖	kaʔ³¹	kaʔ³¹	kaʔ³¹
882	铺	nep⁵⁵	nep⁵⁵	nep⁵⁵
883	欺骗	mă³¹ suʔ³¹	mă³¹ suʔ³¹	mă³¹ suʔ³¹
884	骑	tʃon³¹	tɕon³¹	tɕon³¹
885	起来	ʒot³¹	ʒot³¹	ʒot³¹
886	牵（牛）	tun³³	tun³³	tun³³
887	欠（钱）	kap⁵⁵	kap⁵⁵	kap⁵⁵
888	抢	kă³¹ ʃun⁵⁵	kă³¹ ɕun⁵⁵	kă³¹ ɕun⁵⁵
889	敲	a³¹ kok³¹	a³¹ kok³¹	a³¹ kok³¹

890	翘 (尾巴)	ʃă³¹ tap³¹	să³¹ tap³¹	să³¹ tap³¹
891	撬	mă³¹ la⁷³¹	mă³¹ la⁷³¹	mă³¹ la⁷³¹
892	切 (菜)	mot³¹	mot³¹	mot³¹
893	取	la⁵⁵	la⁵⁵	la⁵⁵
894	娶	num³³ la⁵⁵	num³³ la⁵⁵	num³³ la⁵⁵
895	去	sa³³	sa³³	sa³³
896	(病)痊愈	pʒan³³	pʒan³³ ; mai³³	pʒan³³ ; mai³³
897	缺 (个口)	je⁷⁵⁵	je⁷⁵⁵	tɕe⁵⁵
898	染	tʃo⁵⁵ ; tʃa³³	tɕo⁵⁵ ; tɕa³³	tɕo⁵⁵ ; tɕa³³
899	嚷	kă³¹ ʒu³¹	kă³¹ ʒu³¹	kă³¹ ʒu³¹
900	让 (路)	jen⁵⁵	jen⁵⁵	jen⁵⁵
901	扔	kă³¹ pai³¹	kă³¹ pai³¹	kă³¹ pai³¹
902	熔化	pjo³³ ; pju³¹	pjo³³ ; pju³¹	pjo⁷⁵⁵ ; pju³¹
903	使熔化	ʃă³¹ pjo³³	să³¹ pjo³³	să³¹ pjo³³
904	揉 (面)	a³¹ nut³¹	a³¹ nut³¹	mă³¹ nai³¹
905	洒 (水)	ma̠t⁵⁵	ma̠t⁵⁵	ma̠t⁵⁵
906	撒 (尿)	tʃi⁵⁵	tɕi⁵⁵	tɕi⁵⁵
907	撒种	kat³¹	kat³¹	kat³¹
908	散 (会)	pʒa⁵⁵	pʒa⁵⁵	pʒa⁵⁵
909	散开	pʒa⁵⁵	pʒa⁵⁵	pʒan⁵⁵
910	解开	ʒo⁷³¹	ʒo⁷³¹	ʒo⁷³¹
911	扫地	je⁵⁵	je⁵⁵	je⁵⁵
912	杀	sat³¹	sat³¹	sat³¹
913	筛 (米)	khiŋ³³	khiŋ³³	khiŋ³³
914	晒 (衣服)	lam³³	lam³³	lam³³
915	伸	lă³¹ ton⁵⁵	lă³¹ ton⁵⁵	lă³¹ ton⁵⁵
916	生 (孩子)	ʃă³¹ ŋai³¹	să³¹ ŋai³¹	ɕă³¹ ŋai³¹
917	剩	ŋam³¹	ŋam³¹	ŋam³¹
918	是	ʒe⁵¹	ʒe⁵¹	ʒe⁵¹
919	梳	mă³¹ sit³¹	mă³¹ sit³¹	mă³¹ sit³¹
920	(饭) 熟	khut³¹	khut³¹	khut³¹
921	数 (数)	thi⁵⁵	thi⁵⁵	thi⁵⁵
922	漱 (口)	kă³¹ ʒu⁷⁵⁵	kă³¹ ʒu⁷⁵⁵	kă³¹ ʒu⁷⁵⁵
923	摔 (下来)	ti⁷³¹ khʒat³¹	ti⁷³¹ khʒat³¹	ti⁷³¹ khʒat³¹
924	闩 (门)	thiŋ³¹ kʒaŋ⁵⁵	thiŋ³¹ kʒaŋ⁵⁵	thiŋ³¹ kʒaŋ⁵⁵
925	拴 (牛)	tun⁵⁵	tun⁵⁵	tun⁵⁵
926	睡	jup⁵⁵	jup⁵⁵	jup⁵⁵
927	吮	tʃu̠⁷⁵⁵	tɕu̠p³¹	tɕu̠p³¹
928	说	tsu̠n³³	tsu̠n³³	tsu̠n³³

929	撕	a³¹ ʃep³¹	a³¹ ɕep³¹	a³¹ ɕep³¹
930	死	si³³	si³³	si³³
931	(米粒)碎	kʒop³¹	kʒop³¹	kʒop³¹
932	锁(门)	la⁽³¹	la⁽³¹	la⁽³¹
933	塌	kjĩ³¹	ʒu⁵⁵	ʒu⁵⁵
934	抬	phai³³	phai³³	phai³³
935	淌(泪)	kă³¹ pja³¹	kă³¹ pja³¹	kă³¹ pja³¹
936	躺	kă³¹ leŋ³¹	kă³¹ leŋ³¹	kă³¹ leŋ³¹
937	讨(饭)	phji⁵⁵	phji⁵⁵	phji⁵⁵
938	(头)痛	mă³¹ tʃi⁽⁵⁵	mă³¹ tɕi⁽⁵⁵	mă³¹ tɕi⁽⁵⁵
939	踢	thoŋ³¹	thoŋ³¹	thoŋ³¹
940	剃(头)	ʃă³¹ ŋun³³	să³¹ ŋun³³	să³¹ ŋun³³
941	舔	mă³¹ ta̱⁽⁵⁵	mă³¹ ta̱⁽⁵⁵	mă³¹ ta̱⁽⁵⁵
942	挑选	lă³¹ ta̱⁽⁵⁵	lă³¹ ta̱⁽⁵⁵	lă³¹ ta̱⁽⁵⁵
943	挑担	phai³³	phai³³	phai³³
944	跳舞	ka³¹	pja̱⁽⁵⁵	pja̱⁽⁵⁵
945	跳(远)	kan³³ to̱t⁵⁵	kă³¹ no̱t⁵⁵	kum³¹ thon³¹
946	贴	ʃă³¹ ka̱p⁵⁵	să³¹ ka̱p⁵⁵	să³¹ ka̱p⁵⁵
947	听	mă³¹ tat³¹	mă³¹ tat³¹	mă³¹ tat³¹
948	听见	na³¹	na³¹	na³¹
949	停止	khʒiŋ³¹	khʒiŋ³¹	khʒiŋ³¹
950	偷	lă³¹ ku⁵⁵	lă³¹ ku⁵⁵	lă³¹ ku⁵⁵
951	吐(痰)	mă³¹ tho⁵⁵	mă³¹ tho⁵⁵	mă³¹ thoi⁵⁵
952	推	noŋ³³ ; kă³¹ noŋ⁵⁵	noŋ³³ ; kă³¹ noŋ⁵⁵	noŋ³³ ; kă³¹ noŋ⁵⁵
953	吞	mă³¹ ut⁵⁵	mă³¹ ju⁽³¹	mă³¹ ju⁽³¹
954	(蛇)蜕(皮)	kă³¹ lai³³	kă³¹ lai³³	kă³¹ lai³³
955	拖(木头)	kă³¹ ʒot³¹	kă³¹ ʒot³¹	kă³¹ ʒot³¹
956	脱(衣)	ʒo⁽³¹	ʒo⁽³¹	ʒo⁽³¹
957	挖	thu³¹ ; tʃe̱⁽⁵⁵	thu³¹ ; tɕe̱⁽⁵⁵	thu³¹ ; tɕe̱⁽⁵⁵
958	弯	mă³¹ ko⁽³¹	mă³¹ ko⁽³¹	mă³¹ ko⁽³¹
959	弄弯	kaŋ³³ mă³¹ ko⁽³¹	mă³¹ ko⁽³¹ să³¹ ŋun⁵⁵	kaŋ³³ mă³¹ ko⁽³¹
960	忘记	mă³¹ lap³¹	mă³¹ lap³¹	mă³¹ lap³¹
961	闻(嗅)	mă³¹ nam⁵⁵	mă³¹ nam⁵⁵	mă³¹ nam⁵⁵
962	问	san⁵⁵	san⁵⁵	san⁵⁵
963	洗(衣)	khʒut³¹	khʒut³¹	khʒut³¹
964	瞎	mji⁽³¹ ti⁵⁵	mji⁽³¹ ti⁵⁵	mji⁽³¹ ti⁵⁵
965	下蛋	ti³¹	ti³¹	ti³¹
966	下雨	thu⁽³¹	thu⁽³¹	thu⁽³¹
967	想	mjit³¹	mjit³¹	mjit³¹

968	像	tson³¹	tson³¹	tson³¹
969	削	mă³¹ sen³¹ ; mă³¹ joi³¹	sep³¹	sep³¹
970	笑	mă³¹ ni³³	mă³¹ ni³³	mă³¹ ni³³
971	写	ka̱³³	ka̱³³	ka̱³³
972	擤	khji³¹	khji³¹	khji³¹
973	醒	su³¹	su³¹	su³¹
974	休息	sa⁽⁵⁵	sa⁽⁵⁵	sa⁽⁵⁵
975	学	ʃă³¹ ʒin⁵⁵	să³¹ ʒin⁵⁵	să³¹ ʒin⁵⁵
976	寻找	ta̱m³³	ta̱m³³	ta̱m³³
977	压	tip³¹	tip³¹	tip³¹
978	痒	kă³¹ ja⁵⁵	kă³¹ ja⁵⁵	kă³¹ ja⁵⁵
979	养 (鸡)	ʒem³³	ʒem³³	ʒem³³
980	咬	kă³¹ wa⁵⁵	kă³¹ wa⁵⁵ ; a³¹ tɕe̱⁽⁵⁵	kă³¹ wa⁵⁵ ; a³¹ tɕe̱⁽⁵⁵
981	舀水	kă³¹ mai³³	kă³¹ mai³³	kă³¹ mai³³
982	要	ʒa⁽³¹	ʒa⁽³¹	ʒa⁽³¹
983	有 (钱)	su⁵⁵	lu³¹	lu³¹
984	栽 (树)	khai⁵⁵	khai⁵⁵	khai⁵⁵
985	在 (屋里)	ŋa³¹	ŋa³¹	ŋa³¹
986	眨 (眼)	kjip³¹	kʒip³¹	kʒip³¹
987	摘	ʃo⁽³¹	ti⁽³¹	ti⁽³¹
988	站	tsa̱p⁵⁵	tsa̱p⁵⁵	tsa̱p⁵⁵
989	张 (嘴)	mă³¹ kha³¹	mă³¹ kha³¹	mă³¹ kha³¹
990	蒸	kă³¹ po³³	kă³¹ po³³	kă³¹ po³³
991	织	ta⁽³¹	ta⁽³¹	ta⁽³¹
992	指	mă³¹ tun⁵⁵	mă³¹ tun⁵⁵	mă³¹ tun⁵⁵
993	肿	pum⁵⁵	pum⁵⁵	pum⁵⁵
994	煮	ʃă³¹ tu³³	să³¹ tu³³	să³¹ tu³³
995	追	ʃă³¹ tʃut⁵⁵	să³¹ tɕut⁵⁵	să³¹ tɕut⁵⁵
996	走	khom³³	khom³³	khom³³
997	醉	na³³	na³³	na³³
998	坐	tuŋ³³	tuŋ³³	tuŋ³³
999	做	kă³¹ lo³³	kă³¹ lo³³	kă³¹ lo³³
1000	做 (梦)	ma̱ŋ³³	ma̱ŋ³³	ma̱ŋ³³

五　调查日志

2009 年 6 月 28 日

　　《耿马县景颇族语言使用现状及其演变》课题组成员戴庆厦、蒋颖、余金枝、乔翔、余成林、林新宇、朱艳华、范丽君一行八人下午 3:55 由昆明乘机起飞,4:40 到达临沧机场。临沧县科协何主席到机场迎接,在温泉酒店住下。晚 9 时,课题组举行第一次会议,商讨下一步工作计划。

2009 年 6 月 29 日

　　上午 8 时半,由临沧动身前往耿马,12 时半到达目的地,入住金孔雀宾馆。下午 2 时,在耿马景颇族协会会长何荣、副会长岳世明、副会长赵智明以及何文等陪同下,到景颇新寨参观景颇族传统文化展室和景颇族新居。下午 4 时,由协会会长何荣、副会长赵智明介绍耿马县景颇族概况。戴老师在会上用景颇语简单介绍了课题组的任务,并向景颇族协会致谢。课题组成员抽空向小学校长李智和、退休干部何文等调查家庭语言使用情况。

　　晚 6 时,该村村民设宴招待课题组,县委副书记孙树兵专程赶到寨子与课题组交流。在宴会上,县委副书记致辞说:"我代表县委热烈欢迎戴老师和他的学生们来耿马调查。"整个宴会气氛热烈,景颇族兄弟唱起了团结歌。他们频频向调查组成员敬酒,说"你们从北京来到我们景颇山寨,我们非常感动"、"我们景颇族虽小,但思想大"、"我们非常感谢你们关心我们,希望你们以后不要忘记我们"。

　　晚 9 时半,回到住处,大家在一起交流一天的感受,都深深体会到景颇族的热情、真诚、上进。并对 6 月 30 日和 7 月 1 日的工作进行了安排。

2009 年 6 月 30 日

　　范丽君、林新宇访问耿马景颇族协会会长何荣,向他了解全县景颇族和景颇族协会的情况。其他成员整理材料。

2009 年 7 月 1 日

　　上午 9 时,在何荣会长、岳世明书记、赵智明局长的陪同下,课题组参观了耿马民俗博物馆。博物馆里的展板上记载了耿马的历史沿革、土司制度;展厅陈列着耿马各民族服饰、生产器具等。更为难得的是,这里陈列着原收藏于台湾"中研院"反映耿马地区各民族 1936 年生活的照片。这些照片是当时随军记者拍摄的,极为珍贵。

上午 10 时半回到驻地,朱艳华、余成林对耿马林业局书记岳世明进行访问,范丽君、林新宇对耿马旅游局局长赵智明进行访问。

中午,课题组召开了简短会议,布置下一步工作。

下午 3 时,乔翔接待小学校长李智和,核对景颇新寨的户口统计情况。4 时,朱艳华对校长进行了采访。其他成员继续整理材料。

2009 年 7 月 2 日

上午,课题组离开金孔雀宾馆,前往距离耿马 10 多公里处的弄巴村委那拢组进行入户调查。那拢组是一个佤族、景颇族、汉族混居的村寨。这里的景颇族在分布上被其他民族包围,其语言使用情况到底怎样,是课题组要着重探讨的问题。到达后,课题组先了解了那里的社会状况、民族关系等问题,然后分组调查了那里景颇族家庭的语言使用情况及与其他民族语言的关系等,并对具有典型性混合家庭的村民做了访谈。

乔翔对岳麻路、王麻土、岳小兰、岳正红四位那拢组的老大妈进行了访谈,向她们了解景颇族的民俗传统的保持、语言使用等情况。蒋颖对佤族村民肖新红做了访谈,向她了解那拢组的语言情况和她家庭内部的语言情况。林新宇、余成林对弄巴村委会支书进行了访谈,向他了解这里的民族关系等情况。朱艳华对那拢组岳正光进行访谈,主要了解其家庭内外语言使用情况。余金枝访问了耿马县教育局局长虞清发和村民岳正祥(景颇族)、赵国祥(佤族),了解了耿马地区的语言分布情况。范丽君对村民岳成明进行了访谈,向他了解那拢组的历史沿革等情况。

下午,驱车到达耿马孟定镇。途中,经过孟定景信村,村长鲁德忠(拉祜族)在村口迎接我们,在那里参观了知青园。

晚,孟定镇设宴招待课题组,参加者有镇干部、小学教师。课题组向他们询问了孟定镇的语言使用情况。

2009 年 7 月 3 日

上午 10 时至 11 时,课题组参观了位于中缅边境的清水河口岸。

上午 11 时,课题组到达孟定镇景信村委贺稳生产组进行入户调查。贺稳组是一个比较纯的景颇族寨了。调查组成员分头记录了每个村民的民族成分、年龄、文化程度、语言使用等情况,对该寨的语言使用特点有了基本的了解。

乔翔对岳卫国进行了采访,向他了解村子基本情况、景颇村民对景颇文字和语言使用的态度。蒋颖对李学忠进行了访谈,李学忠介绍了国内的景颇人和缅甸景颇族之间的交往情况,以及两国景颇人的相同点和不同点。林新宇向传道员李忠进行了访问,向他了解景颇族信奉基督教的情况以及基督教对景颇族的影响等问题。余成林对岳春进行了访谈。

下午,课题组应邀到教堂参观。在那里调查了该村的基督教信仰情况并了解了信教与语言使用的关系。几位信教村民还热情地为我们唱了赞美诗。

课题组原打算下午4时赶回驻地。可是热情的景颇人执意不让课题组离开,要留课题组晚上与他们一起联欢。于是,课题组临时改变计划,就地继续做调查和整理材料。至天黑,等大部分村民从田间劳动归来后,开始了难得的联欢活动。村民们让课题组每个成员都穿上景颇族服装,一起在欢快的锣鼓声中跳起了象脚鼓舞。他们说:"你们穿上景颇族服装,都成了我们景颇人了。"

晚10时,离村寨。由于村路难行,村民用拖拉机把课题组送到5公里外的公路边。正巧遇上大雨,大家虽然被大雨淋湿,但一路欢歌、兴致未尽。拖拉机手尽管也淋得全身湿透,但一定要等我们上了汽车才走。我们在风雨中依依惜别,不禁发出了"多好的景颇人啊"的感叹。

2009年7月4日

上午,来到孟定镇芒艾村草坝寨调查语言使用情况。课题组成员先了解了整个寨子每个村民的民族成分、文化程度、语言掌握等情况。发现这个寨子的老人和青壮年景颇语保持较好,但是少年儿童景颇语有衰变的现象。其衰变主要表现在:他们不太说景颇语,而使用汉语。不像在其他几个聚居寨子,少年儿童主动与我们说景颇语,而是因为说不好而回避说景颇语。有些孩子从一到十的十个数字也说不完整。之后,我们调查了几个村民的家庭内部的语言使用情况。

期间,乔翔对村支书岳大(曾被评为民兵英雄)进行了专访,向其了解村子的社会经济、基础建设和景颇族风俗习惯的保留等情况。蒋颖访问了草坝寨二组会计岳林。岳林向她介绍了村里的经济情况和教育情况。余成林对岳文学进行了访谈,向他了解家庭语言使用情况。余金枝分别对张健梅、岳文祥进行了访谈,向他们了解家庭语言使用情况和景颇语使用场合问题。范丽君访谈了村民陈晓琴(佤族),陈晓琴介绍了她家庭的语言使用情况及孩子受教育情况。

虽然只有几个小时与村民相处,但大家谈得很融洽。他们说:"你们从那么远的地方来看我们,我们不知以后还能否再见到你们。我们景颇族人数少,需要你们来帮助我们,指出我们做不到的地方。"午饭时,他们为我们精心准备了景颇族的竹筒饭、竹筒菜、竹筒茶。这些带有景颇族风味的菜肴他们平时也很少做,因为要花很长时间来准备。

下午5时离寨时,村民洒泪相送,一直送到三里外的停车场。课题组成员深受感动,也流下了热泪。

晚7时,回到耿马,下榻天鹅湖酒店。课题组召开会议,进一步落实调查任务。

2009年7月5日

上午8时至9时,乔翔对课题组成员进行表格统计培训。之后,大家分别整理调查资料,进行相关的表格统计和数据分析。

2009 年 7 月 6 日

早饭期间,布置了撰写材料的任务以及下一步的打算。

上午,课题组成员在住处继续整理资料,撰写文章。

下午,从景颇新寨请来 3 位不同年龄的景颇族人,分别由戴庆厦、蒋颖、朱艳华对他们进行了"景颇语 1000 词"测试。朱艳华还对她的测试对象——岳忠伟进行了访谈,了解其家庭语言使用情况。

从语言测试中,发现青少年的语言能力出现衰退现象。

晚,耿马县教育局虞清发局长、杨副局长、王副局长、办公室王主任等与课题组聚会,双方交流了情况,课题组从中获得耿马县民族教育方面的一些信息。

2009 年 7 月 7 日

课题组聘请景颇族协会会长何荣、副会长岳世明担任特邀审稿人。上午,何荣来到我们的住处,帮我们审查修订写好的稿子。余成林到教育局对教育督导室主任张炳武进行访谈。其他成员继续做个案分析。

下午,发音人岳忠伟、何文、赵智勇、杨春、岳志明、岳云飞来到我们住处,课题组成员分工分别对他们进行了 400 词测试。朱艳华、蒋颖、余成林、余金枝还分别对赵智勇、岳颖、岳云飞、岳忠伟进行了访谈。

晚,民宗局南桂香局长、南红江主任,以及民族研究所的秦丽云、赵婧与我们聚会,通过他们,我们了解了耿马民族宗教、节日风俗等方面的情况。

2009 年 7 月 8 日

上午,余成林到民族与宗教事务局收集资料。其他课题组成员陆续完成稿子,经组内修改之后,再让特邀审稿人何荣审稿。

下午,戴庆厦等进行 1000 词的测试。余成林、范丽君对岳志明进行了访谈,向他了解景颇新寨的民族宗教信仰问题。

2009 年 7 月 9 日

上午,课题组开会汇报工作进度,根据各部分完成情况,对人员分工做进一步调整。之后,课题组在住处继续整理材料,对调查的个案材料进行统计、分析,并按计划撰写各章节初稿。特邀审稿人何荣对完成的初稿做进一步核实。

2009 年 7 月 10 日

上午,戴庆厦对景颇新寨少年杨军进行 400 词测试,朱艳华对何荣进行 1000 词测试,范丽君向岳云飞调查景颇语 70 个句子的使用情况。其他成员继续撰写材料。

2009 年 7 月 11 日

上午,范丽君向何荣调查景颇语 70 个句子的使用情况。乔翔对岳向东进行访谈,向他了解耿马县景颇族情况,并进一步了解景颇族在耿马城镇的分布及其语言使用特点。

其他成员继续撰写材料。

2009 年 7 月 12 日

上午,课题组开会布置此次调查的收尾工作,讨论如何提高我们这本书的理论高度问题,提出在撰写文章时要考虑以下几个方面:语言兼用的单向性和双向性,听和说的关系,一般交际和深入交际的不一致性,深层交际和表层交际的区分等问题。同时,把我们统好的稿子交特约审稿人岳世明审阅。

傍晚,景颇族协会设宴为我们送行。县人大教科文委副主任岳新忠参加了宴会。他满怀深情地对戴老师说:"你们关心我们人口少的景颇族,我们从心里面感到高兴,你在我们父母之上。"席间大家难舍之情溢于言表。景颇族兄弟感谢我们为他们本民族文化、语言的保留做了很多工作,我们感谢他们为我们调查提供了很多方便。大家沉浸在激动、祥和的气氛中。

2009 年 7 月 13 日

上午,乔翔和朱艳华去冲洗我们在村寨和老乡的合影,打算在离开耿马之前把照片寄到老乡手中。

其他成员继续补充材料,对完成的稿子做进一步修改。

下午,特约审稿人何荣、岳世明来到住处审阅完成的稿子。

晚,课题组成员继续完成书稿,工作至深夜。蒋颖、余金枝一直工作到凌晨。

2009 年 7 月 14 日

上午,书稿各章节汇总,统一体例。

中午 11 时,县委孙树兵副书记设宴为调查组饯行。

下午 1 时半,从耿马返回临沧。

晚,临沧政协副主席杨老三代表市政协招待我们,感谢我们对临沧地区少数民族做了好事。乔翔、范丽君对他进行了访谈。

2009 年 7 月 15 日

课题组圆满完成了任务,在耿马的调查暂时告一段落,开始奔赴下一个目的地。

六　照片

一、耿马景颇族(中,杨老三,临沧市政协副主席,耿马景颇族协会名誉会长;右二,孙树兵,耿马县委副书记,耿马景颇族协会副会长;右一,何荣,耿马景颇族协会会长;左二,岳世明,耿马县林业局党总支书记,耿马景颇族协会副会长)

二、景颇族少女

三、"我们都会说景颇语和汉语。"

四、耿马景颇族旧居

五、耿马景颇族新居

六、孟定镇贺稳组支部书记、全国民兵英雄岳大陪同课题组进寨调查

七、"这个词会说吗？再想想。"

八、在草坝寨向村民了解当地社会经济情况

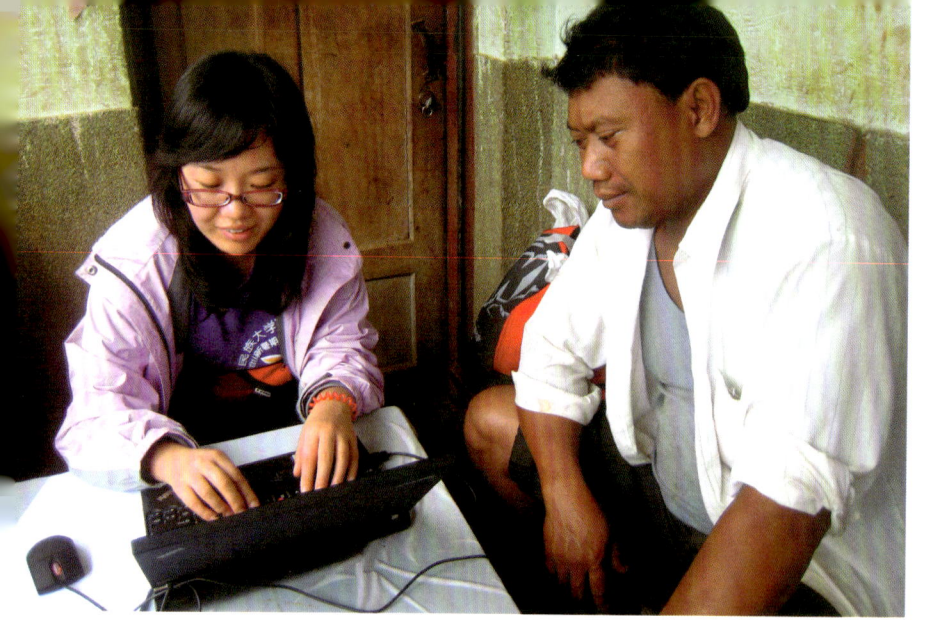

九、在那拢组测试村民景颇语语言能力

十、向草坝寨村长调查村文化教育情况

十一、在那拢组向肖新红一家调查族际婚姻家庭的语言使用情况

十二、向景颇新寨组长核实各户景颇语使用情况

十三、向那拢组老大妈了解她们年轻时村寨的语言使用情况

十四、在贺稳组向基督教信仰者调查宗教与语言生活的关系

参 考 文 献

1. 戴庆厦主编　2007《基诺族语言使用现状及其演变》,商务印书馆。
2. 戴庆厦主编　2008《阿昌族语言使用现状及其演变》,商务印书馆。
3. 戴庆厦主编　2008《云南蒙古族喀卓人语言使用现状及其演变》,商务印书馆。
4. 耿马傣族佤族自治县地方志编辑委员会　1995《耿马傣族佤族自治县志》,云南民族出版社。
5. 龚佩华、陈克进、戴庆厦　2006《景颇族》,民族出版社。
6. 郭老景　1999《景颇族风俗文化》,德宏民族出版社。
7. 景颇族简史编写组　1983《景颇族简史》,云南人民出版社。
8. 景颇族简史编写组、景颇族简史修订组　2008《景颇族简史》,民族出版社。
9. 刘璐　1959《景颇语语法纲要》,科学出版社。
10. 祁德川　2001《景颇族支系语言文字》,德宏民族出版社。
11. 徐悉艰、肖家成、岳相昆、戴庆厦　1983《景汉词典》,云南民族出版社。
12. 杨老三　2007《耿马景颇族》,德宏民族出版社。
13. 岳相昆、戴庆厦、肖家成、徐悉艰　1981《汉景词典》,云南民族出版社。
14. 云南民族事务委员会　1999《景颇族文化大观》,云南民族出版社。

后　　记

　　我长期做景颇族语言研究，景颇语是我主攻的语言之一。我与景颇人有着说不出的特殊感情。

　　景颇族主要分布在云南省德宏傣族景颇族自治州，但在临沧市的耿马县、怒江州泸水县也有少量分布。几十年来，我一直辗转在德宏州景颇山寨做景颇族语言的研究，在那里取得了较多的感性知识。但我一直想去耿马、泸水再调查那里的景颇语。因为这两个地方的景颇语与主体的德宏州景颇语分离已有上百年，形成了"语言孤岛"。到现在，它究竟有什么变化？有什么不同于德宏景颇语的特点？它能否为景颇语的共时研究和历时研究提供有用的证据？这些问题一直萦绕在我的脑海里，成为我学术追求的一个未知领域。为此，我一直盼望能有机会到这两个地方做语言调查。但过去由于各种条件的限制，未能如愿。

　　中央民族大学"985工程"创新基地"新时期中国少数民族语言使用情况研究"课题的建立，为开展耿马、泸水的景颇语调查研究提供了可能的条件。2009年初，当完成了跨境语言研究之一的《泰国万伟乡阿卡语使用现状研究》、《泰国万伟乡阿卡语研究》两部书稿后，我很快就萌生了到这两个地方调查的念头，于是开始了实施《耿马县景颇族语言使用现状及其演变》课题调查研究的安排。

　　我们计划利用暑假时间来完成这一任务。整个筹备工作都很顺利。我们抽调了青年教师、博士研究生7人，即蒋颖、余金枝、乔翔、余成林、林新宇、朱艳华、范丽君（按年级、年龄先后排列），连同我共8人，组成了课题组。其中部分成员已参加过多次语言国情调查，都有一些实际经验。2009年6月29日，我们课题组到达了调查目的地，开始了一个陌生地区、新方言的调查。

　　半个多月的田野调查，我们日夜兼程，连续工作，非常辛苦。大家都有一个强烈的信念，一定要出一本好书，能为耿马景颇族留下一份传之后代的、有价值的历史记录。

　　我们能够在如此短的时间里完成这一本专著，多亏有耿马景颇族协会会长何荣先生、副会长岳世明（耿马县林业局党总支书记）的鼎力相助。他们都是土生土长的耿马景颇人，对当地的情况非常熟悉。大概是因为有着共同的目标、相同的兴趣，他们主动为我们创造好的工作条件，帮助我们做好工作。课题组每次下寨前，他们都精心与寨子的村长、村民联系，准备好村寨的社会人文材料，约好发音合作人和信息咨询人。而且还亲自全程陪同我们下寨做调查，并担任景颇语的翻译。他们二位对发展民族事业的忠诚，以及对友人的和善、热情，深深感染了我们。半个多月的朝夕相处，我们成了难得的知心朋友。

我们还要感谢县委副书记孙树兵、教育局局长虞清发、民宗局局长南桂香以及旅游局局长赵智明对我们的帮助。

村寨的景颇族以及佤族、拉祜族等族父老兄弟们对我们的真心帮助，给我们留下了永远难以忘怀的纪念。我们不会忘记 7 月 3 日下午我们到孟定镇景信村贺稳组进行入户调查的美好情景。贺稳组是一个景颇族聚居的寨子。调查中短短几个小时的接触，我们的心与景颇人沟通了。课题组原打算下午 4 点赶回驻地。可是热情的景颇人执意不让我们走，要留我们等大部分村民从田间劳动归来后与我们一起联欢。于是，调查组临时改变计划，就地继续做调查和整理材料。夜幕降临后，我们与村民一起在欢快的锣鼓声中跳起了象脚鼓舞。他们还让课题组每个成员都穿上景颇族服装，说："你们穿上景颇族服装，都成了我们景颇人了。"晚 10 时离村寨。由于村路难行，村民用拖拉机把课题组送到 5 公里外的公路边。正巧遇上大雨，大家都被淋湿了，但一路欢歌、兴致未尽。两位拖拉机手尽管也淋得全身湿透，但一定要等我们上了汽车后才走。我们在风雨中依依惜别。多么淳朴的景颇人啊！

7 月 4 日下午，我们去孟定镇草坝寨调查。这是一个景颇族和傈僳族、拉祜族杂居的寨子。虽然也只有几个小时与村民相处，但大家谈得很融洽。他们说："你们从那么远的地方来关心我们，我们非常高兴。""我们景颇人人数少，需要你们来帮助我们，指出我们做不到的地方。""你们在那么远的地方，我们不知以后还能否再见到你们！"午饭时，他们为我们精心准备了景颇族的竹筒饭、竹筒菜、竹筒茶。这些带有景颇族风味的菜肴他们平时也很少做，因为要花时间。下午 5 时离寨时，村民洒泪相送，一直送到三里外的停车场。课题组成员感动得流下了热泪。我们真切感到，我们与他们虽然民族不同，各在南北，但大家都有善良的心、博爱的心、向上的心。正是这些美好的东西，才把我们紧紧连接在一起。

7 月 15 日，我们依依不舍地离开了充满民族和谐与人间真情的、祥和而又宁静的耿马县。但愿以后还有机会重返这块留下了我们深厚情感的热土。

我们愿把这本饱含自己汗水的书，献给耿马景颇人，愿他们今后的日子过得更好！

祝耿马景颇族协会在今后的公益事业中做出更大的贡献！

戴庆厦

2009 年 7 月 15 日于耿马